David Klebs

Irrtum und Irreführung

Ein Rechtsvergleich zwischen deutschem, englischem, japanischem und europäischem Recht

PETER LANG

Bibliografische Information der Deutschen Nationalbibliothek
Die Deutsche Nationalbibliothek verzeichnet diese Publikation in der Deutschen Nationalbibliografie; detaillierte bibliografische Daten sind im Internet über http://dnb.d-nb.de abrufbar.

Zugl.: Bonn, Univ., Diss., 2018

Umschlagabbildung: @Christian Weigl

Gedruckt auf alterungsbeständigem, säurefreiem Papier.
Druck und Bindung: CPI books GmbH, Leck

D5
ISBN 978-3-631-80572-5 (Print)
E-ISBN 978-3-631-81547-2 (E-PDF)
E-ISBN 978-3-631-81548-9 (EPUB)
E-ISBN 978-3-631-81549-6 (MOBI)
DOI 10.3726/b16672

Peter Lang – Berlin · Bern · Bruxelles · New York ·
Oxford · Warszawa · Wien

Diese Publikation wurde begutachtet.

www.peterlang.com

Danksagung

Eine solche Arbeit, wie die vorgelegte, schreibt sich nicht von allein. Sie erfordert die Unterstützung vieler Helfer, die jeweils einen Beitrag zum Gelingen geleistet haben.

Daher möchte ich meinen beiden Betreuern Herrn Prof. Dr. Schermaier und zuvor Herrn Prof. Dr. Dr. Grundmann für die Inspiration zum Thema und für die Betreuung, die auf die Distanz nicht immer leicht zu erfüllen war, danken. Herrn Prof. Dr. Lehmann danke ich für das Zweitgutachten.

Danken möchte ich auch der Robert Bosch Stiftung, die meiner Frau und mir im Rahmen des Rechtsreferendariats einen Aufenthalt in Japan ermöglicht und so die Grundlage dafür geschaffen hat, dass ich einen Teil zum japanischen Recht in die Arbeit aufnehmen konnte. Dies wäre auch nicht ohne die Hilfe von Frau Prof. Dr. Shindo, Herrn Prof. Dr. Sono, Herrn Prof. Dr. Tamura, Herrn Prof. Dr. Tamai, Herrn Prof. Dr. Goddar sowie Frau Dr. Nagakoshi und Herrn Dr. Ban möglich gewesen.

Ebenso möchte ich der Deutsch-Britischen Juristenvereinigung danken, die mir ein Konferenzstipendium und einen Besuch beim Supreme Court in London ermöglichte.

Herrn Pfarrer Weigl danke ich für die angefertigte Zeichnung, die das Thema der Arbeit bildlich erfasst. Prof. Dr. Dr. Säcker danke ich für die Begleitung der Publikation.

Weiterhin möchte ich meiner Mutter, Frau Dipl. Päd. Christine Klebs, und meinem Vater, Herrn VorsRiVG a.D. Jürgen Klebs, für die emotionale Unterstützung und die mehrfache Lektüre der Arbeit herzlich danken.

Schließlich gebührt besonderer Dank meiner Frau Farah Hasan, die mir in all den Jahren auf vielfältige Weise beigestanden und an meinen Auslandsaufenthalten tatkräftig mitgewirkt hat.

Inhalt

Teil I Einleitung

A. Ziele dieser Arbeit

Der Konflikt zwischen Willens- und Erklärungstheorie ist nicht neu. Er wird in Deutschland unter diesen Begriffen seit etwa 150 Jahren diskutiert; Vorläuferdiskussionen gibt es in Europa aber schon seit dem frühen 17. Jahrhundert.

Ziel dieser Arbeit soll nicht die Fortsetzung dieser theoretischen Diskussion sein. Vielmehr will diese Arbeit durch die Betrachtung des deutschen, japanischen und englischen Rechts einen Beitrag dazu leisten, die praktische Anwendung dieser Theorien darzustellen. Interessant werden dabei vor allem solche Stellen innerhalb der Rechtssysteme sein, in denen es Spannungen und Verwerfungen gibt. Diese sollen aufgezeigt und danach untersucht werden, ob sie einen Beleg für die Praktikabilität einer der beiden Theorien liefern.

Im Hinblick auf die Schaffung eines einheitlichen europäischen Zivilgesetzbuches soll diese Untersuchung einen Beitrag dazu leisten, Fehler zu vermeiden. Die vergleichende Betrachtung beider Rechtssysteme soll der Frage nachgehen, welches System als vorzugswürdig anzusehen sein könnte. Es wird sich dabei herausstellen, dass keines der beiden Rechtssysteme die besseren Lösungen in allen Bereichen zu liefern vermag.

Nach der Untersuchung der nationalen Rechte wird der Frage nachgegangen, inwieweit die gegenwärtigen europäischen Entwürfe bereits die gefundenen Ergebnisse berücksichtigen.

B. Gang der Untersuchung

Die Arbeit wird zunächst das Spannungsfeld zwischen Willens- und Erklärungstheorie abstrakt und in Bezug auf das deutsche und englische Recht[1] darstellen (Teile II bis IV). Da sowohl das deutsche als auch das englische Recht die Irreführung nicht als Teil des allgemeinen Irrtumsrechts ansehen, sondern diese traditionell getrennt betrachten, soll diese Trennung zunächst aufrechterhalten werden. Es wird sich dabei herausstellen, dass diese Bereiche sich aber nicht überzeugend vom Irrtumsrecht abgrenzen lassen, sodass diese Bereiche ebenfalls in die Untersuchung einzubeziehen sind und deswegen in Rahmen dieser Arbeit dargestellt werden sollen (Teil V). Anschließend sollen

---

1 *Friedmann LQR 2003, 68, 93*

die gefundenen Ergebnisse herangezogen werden, um die jüngsten Regelungsvorschläge zu beurteilen, die im Rahmen der Vorbereitungsarbeiten für die europäische Zivilrechtsvereinheitlichung bisher erarbeitet worden sind (Teil VI). Alle Ergebnisse werden im letzten Teil noch einmal zusammengetragen und bewertet (Teil VII).

Teil II Irrtumsrecht im historischen Spannungsfeld zwischen Willens- und Erklärungstheorie

A. Unvereinbarkeit der Willens- und Erklärungstheorien

Willens- und Erklärungstheorie versuchen jede auf ihre Weise die Verbindlichkeit von Willenserklärungen zu begründen. Diese Theorien haben sich in ihrer prononcierten Gegensätzlichkeit im Laufe des 19. Jahrhunderts entwickelt, wobei sich beide allerdings auf Vorläufer stützen konnten.

Während die Willenstheorie als Grundannahme die Freiheit des einzelnen ansieht, sich selbst rechtlich zu binden, und nur nach erfolgreicher und selbstbestimmter Bindung das Gebundensein als gerechtfertigt ansieht, folgt die Erklärungstheorie einem eher praktischen Ansatz und stellt auf die äußere Form des Bindungsakts ab. Denn Ziel der Erklärungstheorie ist, dass sich jemand auf einen scheinbaren Selbstbindungsakt eines anderen verlassen können müsse, um diesen als Grundlage für die eigene Bindung annehmen zu können. Nach der Willenstheorie ist das tatsächliche Vorhandensein des inneren Willens für das rechtsgeschäftliche Gebundensein erforderlich, nach der Erklärungstheorie entbehrlich.

Daraus ergibt sich, dass die von beiden Theorien verfolgten Ansätze im Grundsätzlichen nicht miteinander vereinbar sind[2].

I. Willenstheorie und zwingende Schlüsse zur Behandlung von Irrtümern

Die willenstheoretische Argumentation ist immer gleich aufgebaut, und ihre Ableitungen für den Begriff der Willenserklärung bzw. des Rechtsgeschäfts und für die Behandlung von Irrtümern sind logisch zwingend. Sie folgt seit 150 Jahren, gleichgültig – ob von Savigny[3] oder kürzlich von Singer[4] formuliert – stets demselben Muster: Zunächst wird der Wille oder die Selbstbestimmung

---

2 Letzte Versuche einer Vereinheitlichung unternahm Larenz in den 1970ern durch die Schaffung der Geltungstheorie, welche aber ebenfalls scheiterte und sich vielmehr als verkappte Erklärungstheorie entpuppte.

3 *Savigny, System des heutigen Römischen Rechts, S. 264*

4 *Singer, Selbstbestimmung und Verkehrsschutz im Recht der Willenserklärungen, S. 2*

als Grund für die Bindung von Willenserklärungen (und damit von Rechtsgeschäften wie Verträgen) hergeleitet. Anschließend wird im Umkehrschluss daraus gefolgert, dass bei Fehlen des Willens eine Willenserklärung nicht vorliegen könne. Entsetzt schaut sich der Jurist das Ergebnis an und sucht sodann nach Wegen, dieses völlig impraktikable Ergebnis wieder zu korrigieren, indem der Grundsatz „ohne Wille keine Willenserklärung" auf verschiedene Weisen eingeengt wird.

1. Grundsatz: Ohne Wille keine Erklärung

Am Anfang steht die Aufstellung des Grundsatzes, dass der Wille des Erklärenden maßgeblich sein müsse, damit er sich wirksam binden könne.

Dabei gibt es verschiedene Herleitungsmöglichkeiten für die Maßgeblichkeit des Willens. Als guter deutscher Jurist versucht man, die Antwort auf alle großen Fragen aus dem Grundgesetz abzuleiten. Das BGB ist jedoch vor dem Grundgesetz entstanden. Ebenso wurden Verträge nicht erst nach Inkrafttreten des Grundgesetzes abgeschlossen, sondern beginnen in ihrer rechtlichen Entwicklung viel früher, daher soll mit diesen Herleitungen angefangen werden.

a. Vorkonstitutionelle Herleitungen

Bereits bei den Römern waren verschiedene Formen von Verträgen bekannt, die von einander zunächst nach formalen Kriterien abgegrenzt wurden. Grundlage des Vertrags war ein *consensus*, etwa bei Kaufverträgen[5]. Ob ein Irrtum diesen *consensus* aufhob, entschieden die Römer eher intuitiv; unter anderem Ulpian[6] war es zu verdanken, dass er Einzelfälle relevanter Irrtümer zusammenfasste. Allerdings blieb es wegen seiner kasuistischen Herangehensweise der Nachwelt überlassen, die maßgeblichen Gesichtspunkte hinter den Einzelfällen herauszuarbeiten[7]. Fälle wurden durch ihn und die nachfolgenden Glossatoren nach Ähnlichkeit geordnet, wodurch eine feingliedrige Kasuistik, ausgehend vom Objekt des Irrtums, herausarbeitet werden konnte, welche sich bis ins 18. und 19. Jahrhundert hielt. Dies sind die bekannten Kategorien des *error in persona, in objecto, in substantia.*

Durch das aufkommende Naturrecht ab dem 16. Jahrhundert zeigten sich Ansätze einer neuen Systematisierung. So war es Grotius, der in seinem Werk

5 Ulpian, Dig. 18.1.9; *Gordley, Foundations of private law, S. 307*

6 Ulpian, Dig. 18.1

7 *Oebike, Wille und Erklärung beim Irrtum in der Dogmengeschichte der beiden letzten Jahrhunderte, S. 5*

De iure belli ac pacis[8] die Wesentlichkeit und Erheblichkeit eines Irrtums von innerem Willen abhängig machen wollte und damit individualistische und subjektive Konzepte schuf[9]. In seiner Theorie vom verbindlichen Versprechen ging er von einem vollkommenen Versprechen als einer verbindlichen Willensäußerung aus. Aufbauend auf der Handlungslehre Thomas von Aquins[10] war nach Grotius' Ansicht ein Versprechen dann nicht verbindlich, wenn es aufgrund der Annahme falscher Tatsachen gegeben worden ist. Aquin wiederum griff hier auf den aristotelischen Gedanken der Ausgeglichenheit bei gegenseitigen Versprechen zurück[11]. Um die Bindung des Versprechens zu lösen, wählte Grotius die Konstruktion der stillschweigenden Bedingung, wonach jedes Versprechen nur unter der Prämisse abgegeben werde, dass der tatsächliche Sachverhalt auch so sei, wie man ihn sich vorgestellt habe[12]. Neu am Naturrecht war aber auch die „geschichtslose“[13] Methodik, die sich von den römischen Quellen entfernte, denn das römische Recht sah noch eine Klassifizierung des Irrtums nach Irrtumsobjekten vor[14]. Stattdessen streben die naturrechtlichen Vertreter an, aus sich heraus das Irrtumsrecht mittels logisch-deduktiver Schlüsse zu entwickeln[15]. Auch besaß das Naturrecht bereits den erforderlichen Abstrahierungsgrad und die logische Konsequenz, um den Begriff der Willenserklärung zu entwickeln, was sich etwa darin zeigt, dass das naturrechtlich beeinflusste Allgemeine Landrecht für die Preußischen Staaten von 1794 diesen Begriff bereits verwendete[16].

---

8 Buch II, Kapitel xvi, Rn. 25.2

9 *Pfeffermann, Der Begriff des wesentlichen Irrtums bei Rechtsgeschäften in der gemeinrechtlichen Lehre und nach dem Bürgerlichen Gesetzbuche, S. 55*

10 Thomas von Acquin, Summa II^{a}-IIae q. 88 a. 10, *Schneider (Hrsg.), Die katholische Wahrheit oder die theologische Summa des Thomas von Aquin.*; *Schermaier, Die Bestimmung des wesentlichen Irrtums von den Glossatoren bis zum BGB, S. 69; Gordley, Foundations of private law, S. 287.*

11 *Gordley, Foundations of private law, S. 328*

12 *Oebike, Wille und Erklärung beim Irrtum in der Dogmengeschichte der beiden letzten Jahrhunderte, S. 8*, insbesondere in der Fn. 14; *Schermaier, Die Bestimmung des wesentlichen Irrtums von den Glossatoren bis zum BGB, S. 69*

13 *Roever, Über die Bedeutung des Willens bei Willenserklärungen, S. 240*

14 *Schermaier, Die Bestimmung des wesentlichen Irrtums von den Glossatoren bis zum BGB, S. 69*

15 *Oebike, Wille und Erklärung beim Irrtum in der Dogmengeschichte der beiden letzten Jahrhunderte, S. 15; Flume, Allgemeiner Teil des bürgerlichen Rechts, S. 32; Gordley, Foundations of private law, S. 287*

16 *Oebike, Wille und Erklärung beim Irrtum in der Dogmengeschichte der beiden letzten Jahrhunderte, S. 15; Eisenhardt JZ 1986, 875, 877*

Nach vollzogener Abgrenzung des Naturrechts vom tradierten römischen Recht fand dann wiederum eine Annäherung statt. Pufendorf etwa machte sich daran, im römischen Recht das verborgene Naturrecht zu erkennen und ins naturrechtliche System zu übernehmen. Rechtsgelehrte des römischen Rechts übernahmen anschließend die Führung im wissenschaftlichen Diskurs. So war es etwa Thibaut, der das römische Recht von der kasuistischen Verhaftung löste und die gewonnenen Freiheiten für eine systematischere Erfassung der Quellen verwendete[17]. Die Wirkung des Irrtums nach Thibaut war, dass dem Vertrag der notwendige Konsens fehlte[18]. Savigny, der in der modernen Diskussion um die Schaffung eines gesamtdeutschen zivilrechtlichen Gesetzbuches eine Vorreiterrolle einnahm und mit seinem „System des römischen Rechts“[19] das maßgebliche Werk schuf, welches Generationen von Juristen befasste, gelang es schließlich, den Begriff der Willenserklärung auf alle Zivilrechtsgebiete anzuwenden. Zu den Wirksamkeitsvoraussetzungen der Willenserklärung postulierte er, dass „der Wille an sich als das einzig Wichtige und Wirksame gedacht“ werden müsse[20].

b. Herleitung aufgrund des Grundgesetzes

Will man den Grundsatz „ohne Wille keine Willenserklärung“ aufgrund von Verfassungsprinzipien herleiten, so müsste man etwa an den Grundsatz der Privatautonomie denken, der wiederum aus den Grundrechten oder dem Rechtsstaatsprinzip abgeleitet wird[21].

Der Wille wäre nach diesem Verständnis Rechtfertigungsgrund staatlicher Machtausübung: Zur Durchsetzung von Verträgen eröffnet der Staat dem Bürger die Möglichkeit, das staatliche Gewaltmonopol zum privaten Nutzen in Anspruch zu nehmen. Wie jede staatliche Gewaltausübung bedarf es auch bei der Durchsetzung von Verträgen eines Rechtfertigungsgrundes[22]. Die Durchsetzung

---

17 *Thibaut, System des Pandekten-Rechts, S. 107*

18 *Thibaut, System des Pandekten-Rechts, S. 111*

19 *Savigny, System des heutigen Römischen Rechts, S. 264*

20 *Savigny, System des heutigen Römischen Rechts, S. 258*

21 So *Flume, Allgemeiner Teil des bürgerlichen Rechts, S. 17–18*, auch wenn er zurecht darauf hinweist, dass die Ausgestaltung der Privatautonomie immer noch dem Gesetzgeber vorbehalten ist

22 So auch *Singer in: Staudinger 2012, Vorbemerkung zu §§ 116ff BGB, Rn. 9*, der mit Recht darauf hinweist, dass die Anerkennung der Verbindlichkeit einer Willenserklärung der Ausgestaltung der Rechtsordnung bedarf und diese sich nicht schon aus dem Versprechensakt selbst, etwa kraft Naturrecht oder kraft originärer Rechtschöpfung, ergebe.

von Verträgen lässt sich dabei aufgrund von zwei verschiedenen Argumentationsmustern rechtfertigen:

Die Rechtfertigung der Durchsetzung von Verträgen liegt zum einen in der gesetzlich vorgesehenen marktwirtschaftlichen Grundordnung, nach der der Bürger seine Daseinsbedürfnisse eigenständig durch den Abschluss von Verträgen stillen soll[23]. Privatautonomie und die Möglichkeit, Verträge zu schließen, sind mithin vertragsrechtlich garantierte Institute[24]. Der Vertrag ist die primäre Form zur Durchführung menschlicher Kooperation, welche die Produktion von gegenseitigen Gewinnen bzw. Nutzen ermöglicht[25]. Der Gewinn liegt darin, dass für jeden Vertragspartner die erhaltene Leistung von größerem Nutzen ist als die von ihm aufgegebene[26]. Um einen solchen Leistungsaustausch durch Verträge effektiv zu ermöglichen, verleiht der Staat Verträgen den notwendigen Bestandsschutz gegen nachträgliches willkürliches Lösen vom Vertrag[27].

Zum anderen lässt sich eine individuelle Rechtfertigungsgrundlage ableiten. Denn der Vertrag wird nur deswegen durchgesetzt, weil der betroffene Bürger den Vertrag als Grundlage des Eingriffs durch seinen Willen und nach seinem Willen geschaffen[28] hat. Im Willen des Bürgers beim Vertragsschluss und dem dadurch geschaffenen Vertrauen des Vertragspartners liegt die Rechtfertigung dafür[29], dass der Vertragspartner ihn daran nachträglich festhält.

---

23 *Brox/Walker, Allgemeiner Teil des BGB, Rn. 71*

24 *Flume, Allgemeiner Teil des bürgerlichen Rechts, S. 17–18*

25 *Graf, Vertrag und Vernunft, S. 1*

26 *Zweigert/Kötz, Einführung in die Rechtsvergleichung auf dem Gebiete des Privatrechts, S. 315*; *Lange, Treu und Glauben und Effizienz, S. 23–24*; *Graf, Vertrag und Vernunft, S. 1*

27 *Graf, Vertrag und Vernunft, S. 2; Singer in: Staudinger 2012, Vorbemerkung zu §§ 116ff BGB, Rn. 9*; die nachträgliche Bindung an Verträge ist eine notwendige Voraussetzung, damit der Vertrag die ihm zugedachte Funktion überhaupt erfüllen kann, denn nur wenn sich der Austauschbereite auch im Nachhinein an seine Austauscherklärung von Rechts wegen festhalten lassen muss, kann der Vertragspartner auf Absicherungs- und Bekräftigungsmaßnahmen im Regelfall verzichten; vgl. *Mankowski, Beseitigungsrechte, S. 2*

28 Larenz und Wolf bezeichnen den Rechtsfolgewillen als Grund für die Geltung des Rechtsgeschäfts, vgl. *Larenz/Wolf, Allgemeiner Teil des bürgerlichen Rechts, § 22 Rn. 3*; nach Flume gilt das vertraglich Vereinbarte deshalb, weil die Vertragsschließenden, ein jeder in freier Selbstbestimmung, vereinbart haben, dass es so rechtens sein solle, *Flume, Allgemeiner Teil des bürgerlichen Rechts, S. 7*; hinter diesen Gedanken scheint wohl immer noch die hobbessche Staatsvertragslehre durch, vgl. *Schermaier ZEuP 1998, 60, 80–82*

29 Singer beschreibt, dass die Selbstbestimmung mit der Selbstverantwortung einhergehe, vgl. *Singer in: Staudinger 2012, § 119 BGB, Rn. 5*; ebenso *Eisenhardt JZ 1986, 875, 877*

Ausgeführt wird diese staatliche Garantie mithilfe der Gerichte, die dafür Sorge tragen, dass ein einmal geschlossener Vertrag auch dann aufrechterhalten und erfüllt wird, wenn die andere Partei im Nachhinein ihren Willen ändert und den Vertrag nicht mehr aufrechterhalten will. Gegen die widerstrebende Partei können Zwangsmittel im Wege der Zwangsvollstreckung eingesetzt werden.

2. *Schlussfolgerung bezüglich des Irrtums*

Ob naturrechtlich oder römisch-rechtlich begründet, der Grundsatz „ohne Wille keine wirksame Willenserklärung" wird dabei zu einer Art Axiom[30], von welchem sich für den Irrtum ableiten lässt, dass aufgrund eines Irrtums kein wirklicher Wille vorliege und daher auch keine wirksame Willenserklärung. Denn der Irrtum führt dazu, dass die Willenserklärung in der abgegebenen Form nicht gewollt war.

Der Irrtum wird nach der Willenstheorie als ein Fall angesehen, bei dem die abgegebene Willenserklärung nicht dem Willen des Erklärenden entspricht. Dies hat zur Folge, dass gar keine bindende Willenserklärung vorliegt, weil es am erforderlichen Willen fehlt.

Der Irrtum bewirkt demnach zweierlei. Erstens bewirkt er, dass keine Willenserklärung abgegeben worden ist; zweitens bewirkt er, dass nach außen der Schein einer Willenserklärung entsteht und der Erklärungsgegner mithin das Vorliegen einer Willenserklärung annimmt[31]. Diese Wirkungen lassen sich auch in § 142 Abs. 1 BGB wiederfinden, wenn dort steht, dass das Rechtsgeschäft als von Anfang an nichtig anzusehen ist.

3. *Verkehrsschutz als Grenze des Willensaxioms*

Da diese Nichtigkeit natürlich impraktikabel[32] ist, musste man Ausnahmen vom willenstheoretischen Grundsatz finden. Denn viele Willenserklärungen sind geeignet, ein Vertrauen des Rechtsverkehrs auszulösen, und bei all diesen Erklärungen würde eine unbeschränkte Anwendung des Willensaxioms dazu führen,

---

mit historischen Ausführungen der naturrechtlichen Entwicklung des Verpflichtungswillens

30 Zur Verwendung des Begriffs „Axiom": *Kramer, Grundfragen der vertraglichen Einigung, S. 120*; schon Schlossmann verwendete die Begriffe „Axiom" und „Willensdogma", vgl. *Schlossmann, Der Vertrag, S. 4 und 8*

31 So *Haupt, Die Entwicklung der Lehre vom Irrtum beim Rechtsgeschäft seit der Rezeption, S. 6*

32 *Hefermehl in: Soergel, 13. Aufl. 1999, vor § 116 BGB, Rn. 16*

dass sich der Verkehr nicht sicher auf diese Erklärungen verlassen könnte. Sich auf das Wort eines Vertragspartners verlassen zu können, ist aber gerade Voraussetzung für das Funktionieren der Marktwirtschaft[33].

Das Axiom „ohne Wille keine rechtlich verbindliche Erklärung" kann also nicht aufrechterhalten werden, da nicht nur auf die Person des Erklärenden, sondern auch auf den Erklärungsempfänger abzustellen ist. So schreibt Flume: „Die Willenserklärung ist als Akt der Gestaltung von Rechtsverhältnissen nicht nur auf den Erklärenden bezogen, sondern ein Sozialakt, der andere angeht. Aus dem Wesen der Willenserklärung als Gestaltung von Rechtsverhältnissen ergibt sich das Problem, wer das Risiko einer Verfehlung der Selbstbestimmung zu tragen hat."[34] Es geht also um die Frage, wie Selbstbestimmung und Verkehrsschutz miteinander vereinbart werden können.

Unabhängig davon, welchen Ansatz man im Detail zur Begrenzung der Willenstheorie vorziehen mag, so ist allen Ansätzen gemein, dass sie nach Möglichkeiten suchen, wie das Sicherungsinteresse des Verkehrs unter Fortgeltung eines mehr oder weniger großen Restes des Willensaxioms gewährleistet werden kann. Dafür wird man einen gewissen Teil an Willensmängeln als unbeachtlich und den anderen Teil als beachtlich ansehen müssen[35]. Zusätzlich kann man die Rechtsfolgen des beachtlichen Irrtums abändern und insbesondere einen kleineren oder größeren finanziellen Ausgleich des Geschäftspartners vorsehen.

Hierfür gab es in der historischen Diskussion der Irrtumslehre zahlreiche Parallelen:

a. Naturrechtliche Irrtumslehren von Grotius, Pufendorf und Thomasius

So waren es bereits Naturrechtler wie Pufendorf und später Thomasius[36], die bemerkten, dass ein zu individualistisches System zu unpraktikablen Ergebnissen führte. Während Grotius noch die Konstruktion einer Bedingung verwendete, wonach alle Erklärungen nur soweit gelten, wie sie auf der richtigen Tatsachengrundlage beruhen, wandelte Pufendorf diesen Ansatz ab und schränkte ihn dahingehend ein, dass die Bedingung für den Vertragspartner erkennbar werden

33 Bork spricht sogar vom Primat des Vertrauensschutzes, vgl. *Bork, Allgemeiner Teil des Bürgerlichen Gesetzbuchs, Rn. 787*

34 *Flume, Allgemeiner Teil des bürgerlichen Rechts, S. 61*

35 So auch *Brox, Die Einschränkung der Irrtumsanfechtung, S. 49*

36 *Schermaier ZEuP 1998, 60, 75–80*

müsse, um Teil des Rechtsgeschäfts zu werden[37]. Andere Ansätze, die insbesondere zum Eigenschafts- und Personenirrtum entwickelt worden sind, verlangten eine größere Einbeziehung von wertenden Kriterien wie einer allgemein verständigen Nachvollziehbarkeit oder Entschuldbarkeit des Irrtums. Neben diesen Konzepten zur Einschränkung des beachtlichen Irrtums gibt es auch Konzepte auf der Sekundärebene: Insbesondere wurde eine Schadenersatzpflicht auch immer wieder in Erwägung gezogen, wie beispielhaft das Allgemeine Landrecht für die Preußischen Staaten zeigt[38].

b. Römisch-rechtliche Irrtumslehren von Savigny und Zitelmann

Auch die Gelehrten des römischen Rechts haben die praktischen Schwierigkeiten ihrer Konsensus-Lehren gesehen. Das traf schon auf Savigny zu: Er begann das Irrtumsrecht aufzuteilen in Fälle des „unechten" und des „echten" Irrtums. Erstere Fälle seien demnach gar keine „echten" Irrtumsfälle, weil die Nichtigkeit der Willenserklärung nicht wegen des Irrtums eintrete, sondern eine Willenserklärung überhaupt gar nicht vorliege. „Echte" Irrtumsfälle seien hingegen solche Fälle, bei denen der Irrtum die (erforderliche) Willensbildung beeinflusst habe. „Echt" seien damit nur solche Irrtümer, die die Nichtigkeit einer Willenserklärung bewirken, während „unechte" deren Entstehung verhinderten.

Savignys Trennung in „unechte" und „echte" Irrtümer konnte aber das Problem nicht lösen, denn nur vordergründig wurden einige Fälle aus dem Irrtumsrecht ausgegliedert; die Rechtsfolge des unechten Irrtums blieb effektiv dieselbe wie die des echten Irrtums[39]. Trotzdem legte er durch diese Unterscheidung den Grundstein für spätere Beschränkungen des Irrtums nach dessen Eigenart, die

---

37 *Oebike, Wille und Erklärung beim Irrtum in der Dogmengeschichte der beiden letzten Jahrhunderte, S. 8*; *Schermaier, Die Bestimmung des wesentlichen Irrtums von den Glossatoren bis zum BGB, S. 69*

38 So etwa in § 79 des Vierten Teils des ALR: „Ist jedoch derselbe durch eignes grobes oder mäßiges Versehen in den Irrthum gerathen, und der Andre hat nicht gewußt, daß der Erklärende sich irre, so ist der Erklärende zum Ersatz des durch seine Schuld entstandnen Schadens verpflichtet."

39 Eine unterschiedliche Behandlung klingt bei Savigny möglicherweise an: In seinen allgemeinen Bemerkungen will er die Umstände des unechten Irrtums nur dann berücksichtigt wissen, wenn sie für den Erklärungsgegner erkennbar waren, *Savigny, System des heutigen Römischen Rechts, S. 259*. Leider behält Savigny dieses Merkmal dann in den einzelnen diskutierten Fällen nicht bei. Dass ihm dieser Widerspruch nicht aufgefallen ist, wird wohl daran liegen, dass er dem Merkmal der Erkennbarkeit keine besondere Bedeutung beigemessen hat, zustimmend *Schlossmann, Der Vertrag, S. 113*

insbesondere Zitelmann aufgriff und abwandelte[40] (dazu unter Teil III.I.4 im Einzelnen).

4. *Konsequenzen der Unterscheidung nach der Art des Irrtums*

Die Unterscheidung nach der Art des Irrtums bewirkt natürlich nur einen Schutz des Rechtsverkehrs, soweit der Irrtum als unbeachtlich angesehen wird. Für die beachtlichen Irrtümer besteht kein Schutz. Der Kritik, dass deswegen der Verkehrsschutz noch nicht weit genug gewährleistet sei, wird man wohl nicht entgehen können. Dies liegt insbesondere daran, dass bei einer Unterscheidung nach der Art des Irrtums noch immer der Geschäftspartner der Gefahr der Nichtigkeit einer Willenserklärung ausgesetzt ist, ohne sich hiergegen schützen zu können. Denn *ex ante* ist nicht erkennbar, ob bestimmte relevante Elemente der Willenserklärung fehlerbehaftet sind. Das Problem liegt darin, dass der Verkehrsschutz noch an Merkmale auf Seiten des Irrenden anknüpft. Der Verkehrsschutz ist also das nicht primäre Ziel, sondern nur die mittelbare Folge der Regelung; damit ist er nur ein wünschenswerter Reflex der Einschränkung der maßgeblichen Irrtümer.

Um diesen Umstand zu mildern, ohne die Unterscheidung nach der Art des Irrtums dem Grunde nach aufzugeben, bieten sich weitere Vorkehrungen im Anfechtungstatbestand als Lösung an. Im deutschen Recht finden sich hierzu drei Ansätze: In §§ 119, 142 BGB wird etwa die automatische Nichtigkeitsfolge in eine Aufhebbarkeit/Anfechtung geändert und eine Frist („unverzüglich", § 121 BGB) eingeführt, innerhalb deren der Willensmangel geltend gemacht werden muss. Eine weitere Möglichkeit zur Einschränkung der Beachtlichkeit des Irrtums ist die kritische Überprüfung der Maßgeblichkeit des Irrtums nach objektiven Kriterien (wie in § 119 Abs. 1 BGB das Kausalitätskriterium) und Vorhaltung einer Ausgleichszahlungspflicht (wie etwa in § 122 BGB) für durch den Irrtum entstandene Schäden des Geschäftspartners.

Bei der Aufhebbarkeit wird der Zeitpunkt der Nichtigkeit nach hinten verlagert, d.h. die Nichtigkeit der Erklärung tritt erst *ex post* ein (außer im deutschen Recht, wo die Anfechtung eine Rückwirkungsfiktion hat). Bei einer Fristenregelung wird die Beachtlichkeit des Willensmangels zeitlich beschränkt, da die Nichtigkeit nach Ablauf der Frist nicht mehr geltend gemacht werden kann. Die objektive Kausalität wiederum hindert den Irrenden daran, seine „subjektiven Launen" geltend zu machen, so dass der Erklärungsempfänger nicht grenzenlos der Willkür des Irrenden ausgeliefert ist. Bei der Ausgleichspflicht werden die

---

40 *Schermaier in: HKK 2003, §§ 116–124 BGB, Rn. 6*

Auswirkungen der Geltendmachung des Willensmangels beschränkt, entweder indem der Geschäftspartner einen gewissen finanziellen Ausgleich enthält oder indem der Irrende im schärfsten Falle von der Ausübung der Anfechtung abgehalten wird, weil er die ihm auferlegte Schadenersatzpflicht fürchtet.

5. Eine Kompromisslösung zwischen Willens- und Erklärungstheorie?

Wie bereits erwähnt, verwendet das deutsche Recht in §§ 119 ff. BGB eine Kombination dieser Gestaltungen.

Dabei ging die BGB-Kommission davon aus, dass ein Kompromiss zwischen der Willens- und der Erklärungstheorie gefunden worden sei. So heißt es in den Motiven zum BGB, dass die Kommission keiner der Theorien folge, sondern einen angemessenen Ausgleich zwischen der Willens- und der Erklärungstheorie vornehmen wolle. Denn es sei das Ziel der im BGB vorgeschlagenen Regelung gewesen, eine Lösung zu finden, „die den verschiedenen in Betracht kommenden Interessen tunlichst gerecht wird", ohne sich hierbei auf eine Theorie zu beschränken[41]. Die Ansicht einer Kompromisslösung[42] zwischen der Willens- und der Erklärungstheorie hält sich als herrschende Meinung weiterhin in der wissenschaftlichen Diskussion. So schreibt etwa Singer von der „kombinatorischen Lösung" zwischen beiden Theorien und meint, allein aufgrund der Tatsache, dass keine sofortige Nichtigkeit eintrete, seien „beide Theorien nicht Gesetz" geworden[43].

Allerdings sind durchaus Zweifel angebracht, ob wirklich eine Kompromisslösung vorliegt. Denn ein Kompromiss läge nur dann vor, wenn zu Lasten einer jeden Theorie Abweichungen vorgenommen worden wären. Dass zu Lasten der Erklärungstheorie Abweichungen zu finden sind, lässt sich wohl nicht bestreiten[44]. Denn bereits die Existenz eines Anfechtungsrechts[45] oder aber jedenfalls der Umstand, dass die Irrtumsanfechtung auch für nicht erkennbare Irrtümer

---

41 *Mugdan, Einführungsgesetz und allgemeiner Teil, S. 832*

42 *Singer, Selbstbestimmung und Verkehrsschutz im Recht der Willenserklärungen, S. 2* Fn. 8; *Flume, Allgemeiner Teil des bürgerlichen Rechts, S. 56*

43 *Singer, Selbstbestimmung und Verkehrsschutz im Recht der Willenserklärungen, S. 2*

44 Zustimmend *Schapp, Grundfragen der Rechtsgeschäftslehre, S. 38*, der den Schwerpunkt der gesetzlichen Regelung in der Willenstheorie sieht und an anderer Stelle von einer „Verklammerung" von Willens- und Erklärungstheorie spricht, *Schapp, Grundfragen der Rechtsgeschäftslehre, S. 42*

45 Kritisch daher, ob die Erklärungstheorie überhaupt mit dem BGB vereinbar sei, *Singer, Selbstbestimmung und Verkehrsschutz im Recht der Willenserklärungen, S. 4*

herangezogen werden kann, lässt keinen Zweifel daran, dass sich die Erklärungstheorie nicht vollständig durchsetzen konnte.

Schwieriger zu ermitteln ist hingegen, welche Abstriche die Willenstheorie machen musste. Zwar wird man wohl sagen können, dass sich das anfängliche Axiom der Willenstheorie nicht im BGB wiederfindet, denn es lässt sich nicht mit der ursprünglichen oder reinen Willenstheorie vereinbaren, dass die Nichtigkeit zur Anfechtbarkeit gemildert und die Anfechtung auf einzelne Gründe beschränkt wird, ferner, dass der Irrende seinen Irrtum nur innerhalb einer Frist und nur gegen Ausgleich des Vertrauensschadens geltend machen kann.

Aber nicht alle diese Abstriche sind meines Erachtens maßgeblich, um eine Abweichung zu Lasten der Willenstheorie annehmen zu können. Denn man unterläge einer grundlegenden Fehlbewertung, wenn man die Modifikationen, die die Willenstheorie erfahren muss, mit einem Nachgeben gegenüber der Erklärungstheorie gleichsetzen würde. Denn vielmehr muss die Willenstheorie einige Modifikationen zwingend vornehmen, um aus sich heraus überhaupt einigermaßen praktikabel zu sein. Abgewandelt könnte man nach Schlossmann[46] formulieren: Die Willenstheorie darf ihr Prinzip gar nicht ausnahmslos durchführen, um sich nicht selbst zu widerlegen[47].

Das gilt schon bezüglich des Grundgedankens der Maßgeblichkeit des inneren Willens des Erklärenden. Zunächst gilt dies für Fälle der Mentalreservation, bei denen der Erklärende bewusst seinen wahren Willen verschweigt und damit sein Gegenüber treuwidrig zu falschen Annahmen bezüglich seines Willens verleitet. Ein solches Verhalten kann die Rechtsordnung nicht dulden.

Desweiteren muss sich der innere Wille zumindest bei der gerichtlichen Überprüfung des Irrtumsgrundes eine gewisse Objektivierung gefallen lassen. Ich will dies an folgendem hypothetischen Beispiel verdeutlichen: Nähme man an, es gäbe eine willenstheoretische Rechtsordnung, die im materiellen Recht die absolute Nichtigkeit für jeden Willensmangel beim Vertragsschluss zuließe, wie würde man dann einen Willensmangel vor Gericht wirklich geltend machen können? Selbst eine solche Rechtsordnung müsste zumindest für den prozessualen Beweis des Vorliegens eines solchen Mangels wiederum objektivierende Grenzen des Beweisrechts anwenden[48]. Denn das Gericht muss immer aufklären,

---

46 Schlossmann formulierte durchaus polemisch, dass die sich die Willenstheorie selbst widerlege, weil sie ihr Prinzip nicht ausnahmslos durchführe, *Schlossmann, Der Vertrag, S. 101; Oebike, Wille und Erklärung beim Irrtum in der Dogmengeschichte der beiden letzten Jahrhunderte, S. 64*

47 Ebenso *Drexelius, Irrtum und Risiko, S. 10*

48 Dieses Argument findet sich schon bei *Bähr JherJb 14 (1875), 393, 406*

ob ein Willensmangel zum Zeitpunkt des Vertragsschlusses vorlag oder aber der Äußernde seine Meinung nur nachträglich geändert hat. Ginge man sogar noch weiter und ließe auch nachträgliche Meinungsänderungen als Irrtumsgrund zu, dann wäre bald jeder Vertrag unwirksam, da sich die Umstände immer im Nachhinein ändern können und dies stets zu Lasten mindestens einer Partei ginge, die dann die Nichtigkeit geltend machen würde. Es muss wohl nicht weiter dargelegt werden, dass eine solche willenstheoretische Rechtsordnung kaum noch wirksame Verträge zustande brächte – und ein verlässlicher Austausch von Gütern nicht mehr gewährleitet ist[49].

Damit ist gezeigt, dass es der Willenstheorie immanent ist, Ausnahmen zuzulassen, und deswegen sind diese Ausnahmen eben gerade kein „Kompromiss" gegenüber der Erklärungstheorie. Wenn Ausnahmen stets erforderlich sind, stellt sich immer noch die Frage des Umfangs dieser Ausnahmen. Eigentlich könnten sich ja die Ausnahmen darauf beschränken, vom Irrenden den Nachweis darüber zu fordern, dass ein Irrtum beim Vertragsschluss vorlag, der für den Vertragsschluss maßgeblich war.

Hiergegen stellen sich wiederum praktische Erwägungen ein. Gerade weil der Nachweis des Irrtums und dessen Maßgeblichkeit für den Vertragsschluss auf die innere Gedankenwelt des Irrenden angewiesen ist und im Prozess der redliche Irrende vom unredlichen Irrenden nicht effektiv zu unterscheiden ist, bietet sich ein Art „Kuhhandel" an. Man könnte den Irrtum dem Grunde nach eher zulassen, wenn der Erklärungsempfänger auf andere Weise geschützt wäre. Für diese alternativen Schutzmöglichkeiten eröffnet sich ein breites Spektrum an Maßnahmen, aus welchem man sich „nach Belieben" bedienen kann. Diese Beliebigkeit lässt sich dann mit der Natur eines Kompromisses relativ leicht verdecken. Zugespitzt formuliert: Im Streben nach einem Mittelweg muss man sich nicht rechtfertigen, warum nun hier ein wenig mehr Willensaxiom oder dort ein wenig mehr Verkehrssicherheit im Rezept des Gesamtkompromisses verwendet worden sind.

Genau wegen der Willkürlichkeit der die Willenstheorie komplementierenden Maßnahmen ist der Übergang von der Willenstheorie zur Erklärungstheorie fließend. Es verwundert daher nicht, dass selbst die Protagonisten im Theorienstreit oft Schwierigkeiten hatten, sich richtig einzuordnen. Ein Beispiel ist v. Jhering, der durch die Heranziehung der vorvertraglichen *culpa* eine Zahlungspflicht zum Ersatz des negativen Interesses begründet. Zwar erhält v. Jhering den willenstheoretischen Kern dergestalt, dass der Vertrag wegen des

---

49 Hierzu unter Teil IIA.I.1.b

Irrtums nichtig ist. Aber er kombiniert diese vertragliche Nichtigkeit mit einem vorvertraglichen Schadenersatzanspruch, welcher sich allein nach der Erklärungstheorie rechtfertigen lässt. Ein weiteres Beispiel ist Otto Bähr. Obwohl er später als Begründer der Erklärungstheorie identifiziert worden ist, hielt Bähr selbst seinen Ansatz der Willensfiktion nur für eine Modifikation der Willenstheorie[50].

II. Was ist die Logik der Erklärungstheorie?

Nachdem nun die Argumentation der Willenstheorie in ihren Grundzügen dargestellt wurde, soll das gleiche mit der Erklärungstheorie vorgenommen werden. Dabei ist schnell zu erkennen, dass die Erklärungstheorie stärkere praktische Bezüge aufweist. Sie baut auf keinem Axiom[51] auf, sondern wendet praktische Vernunft an. Während die praktische Vernunft bei der Willenstheorie nur als Korrekturmittel eingesetzt wird, ist sie der Kern der Erklärungstheorie.

Die Erklärungstheorie entwickelte sich in Deutschland als Reaktion[52] auf die sich ausbreitende Willenstheorie, die nach Ansicht mancher trotz einiger Modifikationen[53] immer noch keine praktikablen Ergebnisse hervorzubringen schien. Es verwundert daher nicht, dass gerade Praktiker jener Zeit, wie der schon erwähnte Otto Bähr, zu den Mitbegründern der Erklärungstheorie zählen. Denn Bähr störte sich daran, dass der Rechtsverkehr noch immer nicht hinreichend geschützt sei, denn „mag der Erklärende relativ sehr unschuldig sein, so ist doch der ihm Gegenüberstehende noch weit unschuldiger“[54].

Dabei wollte Bähr keinesfalls einen Gegensatz zur Willenstheorie schaffen, sondern diese vielmehr nur dadurch verändern, dass in bestimmten Fällen der innere Wille fingiert werden sollte[55]. Erst im Laufe der Zeit verselbständigte sich

---

50 *Bähr JherJb 14 (1875), 393, 400*

51 Wenn man ein Axiom für die Erklärungstheorie finden wollte, so müsste man es entsprechend der hobbesschen Gesellschaftsvertragslehre darin sehen, dass der Versprechende die Konsequenz des eigenen Wortbruchs fürchte, da damit ein Ausschluss aus der staatlichen Friedensordnung drohe, vgl. *Schermaier ZEuP 1998, 60*

52 *Flume, Allgemeiner Teil des bürgerlichen Rechts, S. 55*

53 Z.B. Jhering durch Schaffung eines Ausgleichsmechanismus über die *c.i.c.*, die dem heutigen § 122 Abs. 1 BGB schon nahekommt, oder durch Windscheid, der bei einem auf grober Fahrlässigkeit beruhenden Irrtum die Erklärung analog zur Mentalreservation voll gelten lassen will, *Windscheid, Lehrbuch des Pandektenrechts; S. 220, Schapp, Grundfragen der Rechtsgeschäftslehre, S. 42*

54 *Bähr JherJb 14 (1875), 393, 407*

55 *Bähr JherJb 14 (1875), 393, 400*

die Erklärungstheorie[56] und der durch sie hergeleitete Willenserklärungsbegriff entfernte sich weiter von willenstheoretischen Begründungen. Dies ist durchaus verständlich. Denn Bährs „Modifikation“ der Willenstheorie kann eigentlich nicht mehr als Modifikation bezeichnet werden, wenn man sich vergegenwärtigt, dass bei ihr der Wille fingiert werden muss. Wenn das Kernstück einer Theorie sich nicht mehr auf die Wirklichkeit bezieht, dann ist von dieser Theorie nichts mehr zu halten.

1. Erklärungs- oder Vertrauenstheorie

Bisher wurde immer von Erklärungstheorie gesprochen, was aber unpräzise ist. Eine erste Modifikation erfährt die Erklärungstheorie nämlich schon dadurch, dass sie sinnvollerweise nicht auf die Erklärung als solche abstellt, sondern auf das Vertrauen des Empfängers auf den Bestand der Erklärung. Dass dies sinnvoll erscheint, zeigt sich in den – zugegebenermaßen seltenen – Fällen der *falsa demonstratio.*

a. Unvereinbarkeit der falsa demonstratio mit der Erklärungstheorie

Die reine Erklärungstheorie lässt sich mit dem Grundsatz *falsa demonstratio non nocet* nicht vereinbaren. Wenn nämlich die Erkennbarkeit des Willens das maßgebliche Kriterium ist, kann die Erklärungstheorie die anerkannte Figur der *falsa demonstratio* nicht befriedigend erklären.

Unter dem Grundsatz *falsa demonstratio non nocet* wird eine Fallkonstellation behandelt, in der sich die Willen beider Vertragspartner decken, aber die geäußerten Willen unterscheiden, so dass ein Dritter niemals von einem Vertragsschluss ausgehen würde. Dennoch wird in solchen Fällen einhellig ein Vertragsschluss entsprechend dem inneren Willen angenommen. Mithin ist in dieser Konstellation allein der innere Wille maßgeblich, obwohl dieser äußerlich nicht erkennbar ist, und der innere Wille verdrängt sogar das äußere Erscheinungsbild. Die *falsa demonstratio* tritt allerdings äußert selten auf, denn

---

56 Zuerst von *Roever, Über die Bedeutung des Willens bei Willenserklärungen, S. 19*, vorgenommen, der fordert, dass die Regel „ohne Willens keine Erklärung“ unter Lebenden unrichtig sei; vielmehr müsse gelten: „Wenn wir also der Natur der Sache folgen, müssen wir annehmen, dass das Recht dem Verkehr nicht ein unbrauchbares Bindemittel, sondern ein brauchbares bietet, nicht ein unbrauchbares Bindemittel in Gestalt der Willenserklärung, die nur bindet, wenn der Erklärende das gewollt Erklärte wirklich will, sondern ein brauchbares in Gestalt der Willenserklärung, die bindet, gleichviel ob der Wille des Erklärenden ihr entspricht oder nicht“.

sie erfordert, dass beide Parteien dem gleichen Erklärungsirrtum unterliegen. Wenn aber schon ein Erklärungsirrtum eher selten auftritt, so ist das gleichzeitige Aufstehen zweier solcher Irrtümer (die sich dann auch noch inhaltlich decken müssen) umso seltener.

Um die Figur der *falsa demonstratio* zu integrieren, muss die Erklärungstheorie deswegen im Lichte ihres Regelungsziels betrachtet werden. Sie ist kein Selbstzweck, sondern dient dem Ziel, das Vertrauen des Erklärungsempfängers in den Bestand der Willenserklärung zu schützen. Unterliegen beide Vertragspartner aber demselben Irrtum, so ist keiner von beiden schutzwürdig, da keiner auf den objektiven Gehalt der Erklärung vertraut hat. Deswegen wird die Erklärungstheorie z.T. auch als Vertrauenstheorie bezeichnet[57].

b. Vertrauensschutz als Zweck der Erklärungstheorie

Die Korrektur der Erklärungstheorie geschieht sinnvollerweise dadurch, dass man zur Verdeutlichung ihres Zwecks, das Vertrauen in den Bestand der Willenserklärung zu gewährleisten, den Tatbestand der Willenserklärung in zwei Stufen aufteilt. Man ermittelt zuerst die inneren Willen und wendet die Erklärungstheorie nur dann an, wenn sich ein eindeutiges Ergebnis nicht mit Hilfe der inneren Willen ermitteln lässt. Der Umstand, dass aufgrund der übereinstimmenden inneren Willen bereits eine für beide Vertragspartner zufriedenstellende Lösung gefunden worden ist, lässt die Erforderlichkeit entfallen, in die Entscheidungsfreiheit einzugreifen.

Ein solches Vorgehen ist durchaus konsequent. Denn die Erklärungstheorie stellt nicht um ihrer selbst willen auf den äußeren Anschein der Erklärung ab, sondern zum Schutz des Erklärungsempfängers. Wenn dieser aber gar nicht des Schutzes bedarf, ist auch das Abstellen auf den äußeren Schein der Erklärung nicht mehr erforderlich. Vielmehr ist Rechtfertigungsgrund für das Abstellen auf das äußere Erscheinungsbild, dass der Vertragspartner auf die Maßgeblichkeit des Erscheinungsbildes vertraut hat. Unterliegt er aber demselben Irrtum, begründete er zufälligerweise gerade nicht ein solches Vertrauen.

2. Äußeres Geschehensbild als Anknüpfungsmerkmal des Vertrauensschutzes

Nach der Erklärungstheorie liegt eine Willenserklärung dann vor, wenn der Geschäftspartner aufgrund des erkennbaren Geschehens eine Willenserklärung

57 *Schermaier, Die Bestimmung des wesentlichen Irrtums von den Glossatoren bis zum BGB, S. 69*

annehmen durfte. Es muss das äußere Erscheinungsbild einer Willenserklärung vorliegen[58]. Man muss die Willenserklärung den Umständen entnehmen können. Es muss daher aufgrund der Umstände erkennbar sein, dass eine Willenserklärung vorliegt.

Die Frage ist also, ob und was für eine Willenserklärung vorliegt. Dieser Klärungsprozess wird als Auslegung bezeichnet. Maßgeblich sind stets die Gesamtumstände. Umgekehrt führt die Erkennbarkeit etwaiger die Willenserklärung ausschließender Umstände dazu, dass eine Willenserklärung gerade nicht vorliegt. Denn in diesem Falle sind auch die eine Willenserklärung negierenden Elemente zum Vorschein getreten und damit objektiv erkennbar. Um auf einen bekannten Übungsfall zurückzugreifen: Eine Mutter in der Weinauktion, die erkennbar bloß ihrem Kind zuwinkt, gibt keine Willenserklärung ab und muss sich nicht so behandeln lassen, als hätte sie eine Willenserklärung abgeben[59].

Offen gelassen habe ich damit noch die Frage, welche Umstände zum Ausschluss des Vorliegens einer Willenserklärung führen. Es stellt sich die Frage, ob sich der Erklärungsempfänger für alle Umstände interessieren muss oder ob es etwa Umstände gibt, die der Erklärungsempfänger ignorieren darf. Dass es solche Bereiche geben muss, zeigt wiederum ein Extrembeispiel: Man stelle sich einen sehr gewissenhaften Erklärungsempfänger vor, der auch alle Umstände zu ermitteln versucht, die einen Vertragsschluss potentiell ausschließen könnten. Für diese Ermittlung wird er zum einem viel Zeit benötigen und zum anderen wird er mehr solcher Umstände finden als ein durchschnittlich aufmerksamer Empfänger. Dies führt aber zu der paradoxen Situation, dass der weniger pflichtbewusste Erklärungsempfänger im Ergebnis eher und öfter aufgrund seines tatsächlichen Vertrauens geschützt wäre als der gewissenhaft agierende Empfänger. Um dieses offensichtlich unbillige Ergebnis zu verhindern, muss man von Rechts wegen Bereiche von Umständen schaffen, die nicht zum Ausschluss einer Willenserklärung führen. Man muss also normative Kriterien festlegen, die *ex ante* bestimmen, ob bestimmte Umstände als für den Vertragsschluss als beachtlich anzusehen sind.

Wenn es aber Bereiche gibt, deren sich der Empfänger von Rechts wegen nicht bewusst sein muss, dann stellt sich die Frage, wie diese Bereiche zu bestimmen sind.

---

58 So fordert Roever, dass man der Willenserklärung „ansehen [müsse], ob sie bindet oder nicht", vgl. *Roever, Über die Bedeutung des Willens bei Willenserklärungen, S. 18*

59 *Isay, Die Willenserklärung im Thatbestande des Rechtsgeschäfts nach dem Bürgerlichen Gesetzbuch für das Deutsche Reich, S. 25*

3. *Zurechenbarkeit der Anscheinserweckung*

Zunächst aber noch einmal zurück zum Grundsätzlichen: Denn wenn schon die Anscheinserweckung ausreicht, um eine Willenserklärung anzunehmen, dann stellt sich die Frage, inwieweit die Anscheinserweckung auf die Veranlassung des scheinbar Erklärenden zurückgehen muss.

So fordert v. Bähr:

> „Wer beim Kontrahieren in einer ihm zuzurechnenden Weise die äußere Erscheinung seines Willens hervorruft, so dass der ihm Gegenüberstehende *bona fide* Rechte daraus erlangt zu haben glaubt und glauben darf, wird mit seiner Behauptung, dass ihm in Wirklichkeit der entsprechende Wille gefehlt habe, gar nicht gehört. Er haftet aus der äußeren Erscheinung seines Willens gerade so, als ob er wirklich gewollt habe."[60] [Hervorhebung hinzugefügt]

Dass ein Zurechnungskriterium aus Billigkeitsgründen erforderlich ist, zeigt wiederum ein Extrembeispiel: Fälscht ein Dritter täuschungsecht eine Willenserklärung (ohne dass der Schein-Erklärende hierzu auch nur irgendwie beigetragen hat), so wird man trotz der Härte für den Erklärungsempfänger nicht den unbeteiligten Schein-Erklärenden haften lassen wollen. Schwieriger wird es schon in folgendem Fall: Jemand verfasst einen Brief, der offensichtlich eine wichtige Willenserklärung enthält. Da er sich aber noch nicht sicher ist, ob er diese Erklärung abgeben möchte, lässt er den Brief auf seinem Schreibtisch liegen. Nachts brechen Diebe ein, stehlen u.a. den Brief, welchen sie aufgrund ihres schlechten Gewissens zur Post geben. Oder als Fallalternative: Die eifrige Sekretärin gibt den Brief entgegen oder ohne entsprechende Weisung auf.

Diese Varianten zeigen, dass auch für die erklärungstheoretische Lösung eine juristische Wertungsentscheidung erforderlich ist, welchen Grad an Zurechenbarkeit man vom dem Schein-Erklärenden verlangt.[61] Hierfür kann auch eine Rolle spielen, ob und in welchem Umfang man subjektive Elemente berücksichtigen sollte, wobei alle Variationen von bloßer kausaler Verursachung, schuldloser, bewusster Veranlassung, fahrlässiger oder grobfahrlässiger, vorsätzlicher oder arglistiger Verursachung der Anscheinssetzung zur Auswahl stehen. Auch lassen sich verschiedene Abstufungen entlang der bekannten Einteilung zwischen Handlungs-, Erklärungs- und Geschäftswillen vornehmen, wobei der

---

60 *Bähr JherJb 14 (1875), 393, 401*; *Kramer, Grundfragen der vertraglichen Einigung, S. 120 Fn. 11*

61 Ähnliche Probleme ergeben sich im Rahmen der Rechtscheinvollmachten, vgl. *Schubert* in: MüKoBGB, 7. Aufl. 2015, § 167 BGB, Rn. 108–116

Handlungswille wohl am ehesten als erforderlich angesehen wird, während der Geschäftswille eher entbehrlich ist.

4. Zeitliche Aspekte der Vertrauensbildung

Das zweite Problem ist, dass es Situationen gibt, in denen der Irrende seinen Irrtum schnell bemerkt, ohne dass der Empfänger bereits reagiert hat, insbesondere keine Dispositionen zur Erfüllung des Vertrags getroffen hat. Hier ließe die Erklärungstheorie eigentlich nicht mehr die Korrektur des Irrtums zu.[62] Dies erscheint in einigen Situationen unbillig[63].

Als Lösung dieses Problems bietet sich ebenfalls ein Ausnahmetatbestand innerhalb des Irrtumsrechts an, etwa wie im österreichischen Recht in § 871 ABGB für den „noch rechtzeitig aufgeklärten" Irrtum[64]. Oder man versagt zwar das Anfechtungsrecht wegen Irrtums, hält den Vertrag aber für nicht vollziehbar, weil man fordert, dass der Erklärungsgegner in diesem Falle den Irrenden nicht treuwidrig am Vertrag festhalten darf. Treuwidrig handelt der Erklärungsempfänger deshalb, weil die Rechtsfolgen der Aufrechterhaltung des Vertrags ein grobes Ungleichgewicht aufweisen: Während dem Erklärungsempfänger beim rechtzeitig aufgeklärten Irrtum noch keine Nachteile entstanden sind, würde er durch die Aufrechterhaltung des Vertrags dem Irrenden solche nunmehr zufügen. Im Bereich dieser auf Billigkeit begründeten Rechtsfolgenabwägung stellt sich nun die Frage, welches Maß an Unbilligkeit man ertragen möchte. Im oben beschriebenen Fall hatte der Empfänger noch gar keine ihn belastenden Dispositionen getroffen. Wie sollte man aber solche Fälle entscheiden, in denen der Erklärungsempfänger nur marginale Dispositionen getroffen hat, die im Vergleich zum befürchteten Schaden des Erklärenden bei Aufrechterhaltung immer noch als geringer anzusehen sind. Zusätzlich könnte man überlegen, ob der Erklärende auch dann in den Genuss der Aufhebung des Vertrags kommen sollte, wenn der Empfänger zwar schon Dispositionen getroffen hat, aber sich der Erklärende zum Ausgleich der Folgen solcher Dispositionen verpflichtet. Dann allerdings entstehen noch weitere Abgrenzungsprobleme.

---

62 *Schermaier ZEuP 1998, 60*

63 Etwa wenn ein Kunde im Laden, eine Sekunde nach Äußerung seiner Willenserklärung bemerkt, dass er sich versprochen hat, und der Ladenbesitzer noch keine Nachteile erlitten hat.

64 *Schermaier ZEuP 1998, 60*

5. *Notwendige Modifikationen der Erklärungstheorie*

Alle diese Fälle zeigen, dass die Erklärungstheorie – anders als man zunächst hätte annehmen können – auch nicht von sich aus überzeugt. Im Gegenteil benötigt auch sie Anpassungen und Eingriffe. Dabei sind selbst solche Eingriffe erforderlich, vor denen sich der Erklärungsempfänger nicht schützen kann, sondern bei denen sein Vertrauen in den Bestand der Willenserklärung gebrochen werden muss.

Aufgrund dieser Anpassungen verliert die Erklärungstheorie einen Teil ihrer Attraktivität, da die erforderlichen Anpassungen wiederum dazu führen, dass keine pauschalen Lösungen möglich sind und ein umfassender Schutz des Rechtsverkehrs auch nicht möglich ist.

B. Fazit

Die Untersuchung beider Theorien führt dazu, dass keine der beiden Theorien allein Bestand haben kann. Sie widersprechen sich zwar, benötigen aber einander, um ihre jeweils eigenen Schwächen auszugleichen.

Ziel der folgenden Untersuchung kann es daher nur sein, welche verschiedenen Ansätze eines Kompromisses es gibt. Dafür sollen das deutsche, japanische und das englische Recht herangezogen werden, wie sie sich auf die Suche nach dem Kompromiss aus verschiedenen Richtungen begeben haben.

Teil III Willenstheorie und Verkehrsschutz im deutschen BGB und japanischen ZGB

Wie also sieht eine Rechtsordnung aus, die als Ausgangspunkt der Rechtsgeschäftslehre die Willenstheorie ansieht?

Diese Antwort kann uns ein Blick in das deutsche und japanische Recht geben. Denn wie bereits oben ausgeführt wurde, stellt die deutsche Rechtslage ein typisches Beispiel für ein Rechtssystem dar, welches der Willenstheorie anhängt. Als rechtshistorisch zum deutschen Recht gehörend ist auch das japanische Zivilrecht anzusehen. Da in Japan gerade eine Reform im zu untersuchenden Bereich ansteht, soll auf das japanische Recht zusätzlich eingegangen werden.

Hauptinstrument des klassischen Irrtumsrechts im BGB ist die Irrtumsanfechtung, die in §§ 119 bis 122 BGB niedergelegt ist. Daneben finden sich in §§ 123, 124 BGB Regelungen zur Anfechtung wegen arglistiger Täuschung; auf diese Regelungen soll hier nicht eingegangen werden, da es sich bei der arglistigen Täuschung um einen besonderen Fall der Irreführung handelt, sodass es sich anbietet, die arglistige Täuschung dort zu behandeln. Denn diese Arbeit folgt, wie eingangs erläutert, der im deutschen und englischen Recht vorgenommenen Trennung zwischen klassischem Irrtumsrecht und Irreführung.

Wie in der Einleitung zur Willenstheorie beschrieben, war dem Gesetzgeber durchaus die Unvereinbarkeit von Willens- und Erklärungstheorie bekannt, er hat aber versucht, einen gangbaren Kompromiss zwischen den Reinformen beider Theorien herbeizuführen. Für diesen Kompromiss griff er auf die Maßnahmen zurück, die sich typischerweise zur Modifikation der Willenstheorie eignen und darüber hinaus dem Verkehrsschutz ausreichend Rechnung zu tragen schienen:

Zum einen wollte man die Beachtlichkeit des Irrtums abstrakt-generell nach der Art des jeweiligen Irrtums[65] regeln und ggf. einschränken, wobei man sich – trotz erkennbarer dogmatischer Unsicherheiten während der Beratungen – von der Dichotomie zwischen dem unbeachtlichen Motivirrtum auf der einen Seite und einem wie auch immer gearteten sonstigen beachtlichen Irrtum auf der anderen Seite leiten ließ. Welchen Inhalt diese Dichotomie genau hat, war allerdings gar nicht so klar. Die mittlerweile herrschende Meinung stellt als

65 Titze spricht davon, dass die Kriterien dem Irrtum immanent sind, vgl. *Titze, Vom sogenannten Motivirrtum, Festschrift Ernst Heymann, S. 72, 73*

Abgrenzungsmerkmal auf den Erklärungsvorgang ab, nach dem mechanische Erklärungsfehler als Erklärungs- bzw. Inhaltsirrtum beachtlich sein sollen und alle anderen außerhalb des Erklärungsvorgangs liegenden Sachverhaltsirrtümer grundsätzlich unbeachtlich sein sollen (mit ausdrücklicher Ausnahme für den Eigenschaftsirrtum).

Zum anderen sollte die Anfechtbarkeit durch weitere Elemente auf der Tatbestands- und Rechtsfolgenseite eingeschränkt oder zumindest in ihren Folgen abgemildert werden. Auf der Tatbestandsseite sollte die Anfechtbarkeit durch subjektive und objektive Wesentlichkeitserfordernisse begrenzt werden. Für die Rechtsfolgen des Irrtums setzte man auf eine Reihe von Hürden, welche die Anfechtung erschweren bzw. den Anfechtungsberechtigten ganz von ihr abhalten sollten, wozu insbesondere die Anfechtungsfrist und die Anordnung einer Ausgleichszahlungspflicht zählen.

A. Begrenzung des Anfechtungsrechts nach der Art des Irrtums

Kernelement der deutschen Irrtumslösung ist die Begrenzung nach der Art des Irrtums.

Diese Begrenzung wird im BGB dadurch vorgenommen, dass ausgehend von der generellen Unbeachtlichkeit des Irrtums[66] einzelne Ausnahmetatbestände festgelegt werden, bei denen ein Irrtum beachtlich sein soll. Diese Tatbestände werden als Anfechtungsgründe bezeichnet und sind in den §§ 119 Abs. 1 und 2 sowie § 120 BGB aufgeführt.

Diese Methodik erlaubt es dem Gesetzgeber zumindest theoretisch, auf flexible Weise einzelne Tatbestände als Irrtum anzuerkennen, ohne sich auf abstrakte Wertungsfragen festlegen zu müssen, weshalb genau der eine Irrtum beachtlich und der andere unbeachtlich sein soll.

Dennoch erfolgte die Anerkennung einzelner Irrtümer nicht willkürlich, sondern man ließ sich von einem die einzelnen Anfechtungsgründe übergreifenden Prinzip leiten. Nach der herrschenden Meinung ist dies die Aufteilung zwischen unbeachtlichen und beachtlichen Irrtümern nach der Art des Irrtums. Die Aufteilung nach der Art des Irrtums sollte vor allem die Abgrenzung der beachtlichen Irrtümer vom grundsätzlich „unbeachtlichen Motivirrtum" (wie auch

66 *Lorenz, Der Schutz vor dem unerwünschten Vertrag, S. 262*; Schermaier schreibt von „Inseln im großen Meer aller nur denkbaren Irrtümer", vgl. *Schermaier in: HKK 2003, §§ 116–124 BGB, Rn. 51; Singer in: Staudinger 2012, Vorbemerkung zu §§ 116ff BGB, Rn. 1*

immer man diesen verstehen mag) bewirken. Entsprechend wird der Motivirrtum auch von der herrschenden Meinung als „eigentliche Schlüsselstelle des Rechts der Willensmängel“[67] angesehen.

Wenn man sich die Gesetzeshistorie anschaut, verwundert diese Aussage zum Motivirrtum, denn zunächst war in einem früheren Entwurf in § 102 Abs. 1 die Unbeachtlichkeit des Motivirrtums ausdrücklich geregelt, wurde dann aber im Laufe des Gesetzgebungsverfahrens ersatzlos gestrichen[68]. Es erscheint also so, als ob sich der Gesetzgeber vom Motivirrtum überhaupt und der althergebrachten Dichotomie zwischen dem unbeachtlichen Motivirrtum und anderen beachtlichen Irrtümern habe verabschieden wollen[69].

Dass der Gesetzgeber den Motivirrtum als Kategorie gänzlich aufgeben wollte, wird dennoch von der herrschenden Meinung nicht angenommen. Sie verwendet im Gegenteil die unzureichende Bestimmung, was genau ein „unbeachtlicher Motivirrtum“ sei, um seinen Fortbestand im BGB argumentativ zu begründen. So wird von der herrschenden Meinung argumentiert, dass der Gesetzgeber wegen der Abgrenzungsschwierigkeiten den Motivirrtum zwar nicht ausdrücklich als Gegenpol festschreiben, wohl aber fortbestehen lassen wollte. Allerdings sollte der Wissenschaft eine gewisse Flexibilität belassen werden, wie genau der unbeachtliche Irrtum am Ende definiert werden könne. Auch wenn dem Gesetzgeber damit bewusst war, dass die althergebrachte Dichotomie als Abgrenzungskriterium zwischen beachtlichen und unbeachtlichen Irrtümern gar nicht geeignet war, so hoffte er doch, dass sich ein neues ähnliches Abgrenzungskriterium finden lassen würde.

---

67 *Lorenz, Der Schutz vor dem unerwünschten Vertrag, S. 279; Kötz, Abschluß, Gültigkeit und Inhalt des Vertrages, Die Beteiligung Dritter am Vertrag, S. 277; Medicus, Allgemeiner Teil des BGB, Rn. 744*; a.A. *Schermaier in: HKK 2003, §§ 116–124 BGB, Rn. 79*, der die Kategorie des Motivirrtums nur dann zulässt, wann man ihn als inhaltslosen Sammelbegriff für alle unbeachtlichen Irrtümer verwendet, da nach der herkömmlichen Definition eine Unterscheidung zwischen beachtlichen Sachverhaltsirrtümern und unbeachtlichen sonstigen Motivirrtümern nicht möglich sei

68 *Mugdan, Einführungsgesetz und allgemeiner Teil, S. 721–722*; *Schermaier in: HKK 2003, §§ 116–124 BGB, Rn. 79*

69 Die Aufgabe dieser Unterscheidung wäre möglicherweise konsequent gewesen, wie ich unter Teil IIIA.III zeigen werde. Jedoch zog die Kommission diesen Schluss nicht. Man darf vermuten, dass die Kommission dies auch gar nicht gewollt hätte, denn sie wollte ja der wissenschaftlichen Diskussion gerade nicht vorgreifen. Die Aufgabe der althergebrachten Dichotomie wäre aber ein solcher Vorgriff gewesen.

Geleitet von dem Willen, eine Abgrenzung nach der Art des Irrtums vorzunehmen, stand die BGB-Kommission also vor der Aufgabe, die bis dahin bekannten und anerkannten Irrtumsarten sinnvoll zu strukturieren. Ziemlich leicht ließen sich die eindeutigen Fälle des Erklärungsirrtums auf der einen Seite und des unbeachtlichen Motivirrtums auf der anderen Seite einordnen. Wenn man die verschiedenen bekannten Irrtümer einmal auf einer Skala darstellen würde, so hätte diese in etwa so aussehen können:

Klargestellt werden soll an dieser Stelle, dass dieser Skala keine Wertung oder Kategorisierung zu entnehmen ist, sondern sie soll allein die Schwierigkeit einer Grenzziehung verdeutlichen: Denn unabhängig von der Frage, wo nun genau die Grenze zum unbeachtlichen Irrtum gezogen wird, es bleibt immer die schwierige Frage der Abgrenzung erhalten. Sobald man irgendeinen Irrtum (z.B. den Erklärungsirrtum als wohl am wenigsten umstrittene Irrtumsart) für beachtlich hält, muss man sich mit der Frage befassen, wo genau die Grenze zu allen anderen Irrtümern zu ziehen ist, die man für unbeachtlich hält.

Für das Bürgerliche Gesetzbuch entschied sich die Kommission dafür, die Grenze zwischen beachtlichen und unbeachtlichen Irrtümern relativ weit auf der rechten Seite der Skala zu ziehen. Soweit ausdrückliche gesetzliche Reglungen vorhanden sind, sehen diese seit Erlass des BGB so aus: Der Erklärungs- und Inhaltsirrtum sind in § 119 Abs. 1 BGB, der Übermittlungsirrtum in § 120 BGB und der Eigenschaftsirrtum in § 119 Abs. 2 BGB geregelt.

Ob auch der Sachverhaltsirrtum im BGB geregelt ist, ist umstritten. Die herrschende Meinung ist der Ansicht, dass der Sachverhaltsirrtum unter keine der zuvor genannten Normen subsumiert werden kann, und gelangt daher zu dessen Unbeachtlichkeit.

Im Folgenden soll zunächst die herrschende Meinung (unter I.) dargestellt werden und verdeutlicht werden, welche Abgrenzungsprobleme sich hieraus ergeben (unter II.). Sodann sollen dogmatische Überlegungen dargestellt werden, die von der herrschenden Meinung abkehren (unter III.).

I. Verständnis des mechanischen Erklärungsvorgangs

Die herrschende Meinung schließt aus den Normen des BGB,[70] dass die Grenze zum unbeachtlichen Irrtum zwischen dem Eigenschaftsirrtum und Sachverhaltsirrtum liege. Eigenschaftsirrtümer sollen gerade noch beachtlich sein, (sonstige oder allgemeine) Sachverhaltsirrtümer hingegen nicht.

Dieser Ansicht liegt das Verständnis einer Dichotomie zwischen den verschiedenen Irrtümern zugrunde, die zwischen Fehlern im Willensbildungs- und Willensentäußerungsprozess unterscheidet[71]. Nur solche Fehler, die im Entäußerungsprozess geschehen, sollen grundsätzlich als beachtlich angesehen werden. Mithin ist unerheblich, ob ein Fehler bei der Willensbildung aufgetreten ist – etwa wegen fehlerhafter Informationen oder fehlerhafter Verarbeitung solcher Informationen im Gedankenbildungsprozess des Erklärenden. Sofern er sich dazu entschlossen hat, ein bestimmtes Geschäft abzuschließen, ist dieser Wille maßgeblich. Ein beachtlicher Irrtum wird allerdings dann angenommen, wenn sich ein Fehler im anschließenden mechanischen Erklärungsvorgang eingeschlichen hat. Deswegen wird der Irrtum auch als Abweichen von Wille und Erklärung dergestalt verstanden, dass die getätigte Erklärung vom zuvor gefassten Geschäftswillen abweicht.

Diese Beschränkung führt dazu, dass der Sachverhaltsirrtum nicht erfasst wird, da er auf Fehleinschätzungen in der Wirklichkeit beruht, also außerhalb des Erklärungsvorgangs liegt. Auch Eigenschaftsirrtümer hätten eigentlich nicht erfasst werden dürfen, denn bei der Annahme, dass ein Gegenstand bestimmte Eigenschaften aufweise, handelt es sich ebenfalls um Vorstellungen außerhalb des Erklärungsvorgangs. Aufgrund der ausdrücklichen Anordnung durch den Gesetzgeber hält die herrschende Meinung den Eigenschaftsirrtum daher auch für einen „ausnahmsweise beachtlichen Motivirrtum“[72]. Ausgehend von diesem Verständnis der Dichotomie, hätten sich alle übrigen bekannten Irrtümer theoretisch einfach einordnen lassen.

---

70 Möglicherweise unter Verkennung des Willen des Gesetzgebers, dazu im Detail unter Teil IIIA.III.1.b.

71 *Flume, Allgemeiner Teil des bürgerlichen Rechts, S. 50–52*

72 *Ellenberger* in: Palandt, 76. Aufl. 2017, § 119 BGB, Rn. 23, s. auch unter Teil IIIA.I.4.

1. Erklärungsirrtum gem. § 119 Abs. 1 F. 2 BGB

Der eindeutigste Fall ist der Erklärungsirrtum. Denn hier unterläuft dem Irrenden ein mechanischer Fehler im Erklärungsvorgang.

Während der Erklärende bewusst eine Willenserklärung abgibt, unterläuft ihm ein Fehler dergestalt, dass der geäußerte Wortlaut nicht demjenigen Wortlaut entspricht, den er sich innerlich vorgestellt hat[73]. Das sind die typischen Fälle des Verschreibens, Versprechens, Vergreifens[74], Vertippens[75], Verklickens[76]. Dies wird daher auch als Irrung bezeichnet[77].

Der Erklärende unterliegt einem Irrtum, weil er nicht den tatsächlich erklärten Wortlaut erklären wollte, sondern einen anderen. Würde man den Erklärenden mit dem wahren Erklärungswortlaut konfrontieren (etwa indem man ihm eine Tonaufnahme seiner Erklärung vorspielte), wäre seine spontane Reaktion: „Das habe ich gar nicht sagen wollen."

Dem Erklärungsirrtum kommt als äußere Grenze auch eine Ausschlussfunktion gegenüber allen anderen denkbaren Irrtümern zu. Ausgeschlossen sind vor allem solche Irrtümer, bei denen kein unbewusstes Abweichen zwischen Wille und Erklärung vorliegt. Dies soll zunächst solche Fälle ausschließen, in denen der Erklärende bewusst etwas anderes erklärt, als er tatsächlich erklären wollte. Diese Fälle sind in den §§ 116 bis 118 BGB geregelt und sollen hier nicht weiter betrachtet werden.

Ausgeschlossen sind aber auch solche Fälle, in denen sich der Erklärende überhaupt keine Vorstellung vom Inhalt seiner Erklärung gemacht hat[78], etwa wenn der Unterzeichner einer Urkunde von der Kenntnisnahme ihres Inhalts bewusst abgesehen hat, aber diese dennoch unterschreibt[79]. Die Willenserklärung ist nicht wegen Irrtums anfechtbar, weil mangels bestehenden innerlichen Willens ein Abweichen zwischen Willen und äußerer Erklärung nicht angenommen werden kann[80].

---

73 *Hefermehl in: Soergel, 13. Aufl. 1999, § 119 BGB, Rn. 11*; BGH NJW 2005, 976

74 *Bork, Allgemeiner Teil des Bürgerlichen Gesetzbuchs, Rn. 840; Hefermehl in: Soergel, 13. Aufl. 1999, § 119 BGB, Rn. 11*

75 *Andreae NJW 2009, 344, 346*

76 *Armbrüster in: MüKoBGB, 7. Aufl. 2015, §119, Rn. 46*

77 *Bork, Allgemeiner Teil des Bürgerlichen Gesetzbuchs, Rn. 840; Hefermehl in: Soergel, 13. Aufl. 1999, § 119 BGB, Rn. 11*

78 RGZ 77, 309, 312; *Armbrüster in: MüKoBGB, 7. Aufl. 2015, §119, Rn. 50; Brox, Die Einschränkung der Irrtumsanfechtung, S. 18; Musielak JuS 2014, 491, 586*

79 *Hefermehl in: Soergel, 13. Aufl. 1999, § 119 BGB, Rn. 12*

80 Hohe Anforderungen an die Vorstellungen des Inhalts werden anderseits nicht gestellt; so genügt für das Bestehen eines Anfechtungsgrundes, dass der Erklärende

Nicht unter den Erklärungsirrtum fällt auch ein solches Geschehen, in dem bereits vor Ausfertigung eines schriftlichen Vertrags eine wirksame mündlich geschlossene Vereinbarung vorlag. Da der Vertragsschluss mit dem mündlichen Austausch von Angebot und Annahme vollzogen ist, zählt die Ausfertigung[81] der Urkunde zu nachvertraglichem Verhalten, sodass dieses materiellrechtlich[82] keine unmittelbaren Auswirkungen auf den Inhalt des Vertrags hat[83]. Dies gilt sogar unabhängig davon, ob der Vertrag eine Klausel enthält, nach der mündliche Vereinbarungen unwirksam seien, denn auch insoweit wird man einen „normativen Konsens“[84] der Parteien annehmen dürften.

Nach der herrschenden Meinung wird unter den Erklärungsirrtum auch der Fall gefasst, dass die Abgabe der Willenserklärung einer automatisierten Computersoftware überlassen wird und diese Software aufgrund eines Bearbeitungsfehlers eine falsche Willenserklärung tätigt[85].

2. *Inhaltsirrtum gem. § 119 Abs. 1 F. 1 BGB*

Ähnlich wie der Erklärungsirrtum ist der Inhaltsirrtum nach der herrschenden Meinung gelagert, denn auch hier liegt ein Abweichen von innerlichem Willen

---

angenommen hatte, dass die Urkunde die vorangegangenen Vertragsverhandlungen zutreffend wiedergebe, denn darin liegt eine Vorstellung über den Inhalt der Erklärung, vgl. BAG NJW 1971, 639, 640; RGZ 88, 278, 282; RGZ 77, 309, 312; *Hefermehl in: Soergel, 13. Aufl. 1999, § 119 BGB, Rn. 13*

81 Ähnliche Ansätze lassen sich bei der *rectification* nach englischem Recht erkennen, jedoch mit dem Unterschied, dass die *rectification* ein dem deutschen Recht unbekanntes formales Verfahren zur Korrektur von objektiv falschen Urkunden eröffnet.

82 Prozessual hat der schriftliche Vertrag dennoch Auswirkungen, da den Unterzeichnenden die Beweislast dafür trifft, dass statt des Urkundeninhalts ein anderer Vertragsinhalt vereinbart war.

83 Hiergegen könnte eine sog. doppelte Schriftformklausel helfen, allerdings wäre diese dann entsprechend anfechtbar gem. § 119 BGB und zusätzlich möglicherweise auch nach AGB-Recht unwirksam.

84 Gemeint ist von Armbrüster ein von der Rechtsordnung angeordneter Konsens nach den Regeln der Auslegung, wonach entgegen dieser Klausel die von der Urkunde abweichende mündliche Vereinbarung doch gelten solle, vgl. *Armbrüster in: MüKoBGB, 7. Aufl. 2015, §119, Rn. 49*

85 BGH NJW 2005, 976, 977 mit der Begründung, dass sich hierbei deswegen um einen Erklärungsirrtum und nicht um einen Willensbildungs- (und damit Motiv-)Irrtum handele, weil die Willensbildung vor Eingabe der richtigen Erklärung in die Software abgeschlossen sei und die falsche Datenverarbeitung nur ein Übertragungsirrtum sei, welcher (wie § 120 BGB insgesamt) ein Unterfall des Erklärungsirrtums sei.

und äußerer Erklärung vor. Zwar entspricht der nach außen erklärte Wortlaut denjenigen Wörtern, die der Erklärende tatsächlich abgeben wollte. Aber es ist dem Erklärenden nicht bewusst, dass der verwendete Wortlaut einen anderen Sinn hat, als vom Erklärenden angenommen worden ist. Der gewählte Wortlaut ist mithin nicht geeignet, das zu vermitteln, was der Erklärende eigentlich erklären wollte. Würde man den Erklärenden mit dem wahren Erklärungsinhalt konfrontieren, wäre seine spontane Reaktion: „Das habe ich zwar so gesagt, aber nicht so gemeint." Der Irrende war sich des wahren, objektiven Sinns der von ihm verwendeten Erklärungsmittel (Wörter, Zeichen etc.) nicht bewusst[86].

Solche Irrtümer können sich daraus ergeben, dass der Erklärende Maß-, Mengen- oder Geldbezeichnungen nicht richtig einordnen kann oder die verwendete Sprache oder Fachsprache nicht hinreichend beherrscht. „Beliebte" Fehlerquelle sind hier auch juristische Begriffe, so dass mache Fälle des Rechtsirrtums als Inhaltsirrtum erfasst werden können[87]. Der Inhaltsirrtum kann sich auf alle Bereiche der Willenserklärung beziehen, die für ein Zustandekommen des Rechtsgeschäfts notwendig sind (die sog. *essentialia negotii*), mithin über den Geschäftsgegenstand, die Geschäftsart und den Geschäftspartner[88], aber auch auf weitere Bereiche, sofern diese ausdrücklich im Rechtsgeschäft geregelt werden sollen.

3. *Übermittlungsirrtum gem. § 120 BGB*

Nur kurz zu erwähnen ist als weiterer, den mechanischen Erklärungsvorgang betreffender Irrtum: der Übermittlungsirrtum. Auch hierbei handelt es sich um einen mechanischen Fehler im Erklärungsvorgang, allerdings ist dieser Fehler nicht schon bei der Entäußerung geschehen, sondern erst auf dem Transportweg zum abwesenden Empfänger. Denn erst mit dem Zugang wird gem. § 130 Abs. 1 BGB die Willenserklärung wirksam.

Hierbei schwebte dem Gesetzgeber insbesondere die Kommunikation mittels Telegraphen vor, bei der es gelegentlich wegen der menschlichen Übersetzung von Text in elektrische Impulse und deren Rückübertragung in Text am anderen Ende der Leitung zu gelegentlichen Fehlübertragungen kam, ohne dass dies stets aufgefallen war.

---

86 *Hefermehl in: Soergel, 13. Aufl. 1999, § 119 BGB, Rn. 22*

87 *Hefermehl in: Soergel, 13. Aufl. 1999, § 119 BGB, Rn. 22;* zum Rechtsirrtum s. gesondert unter Teil IIIA.II.3

88 *Lessmann JuS 1969, 478, 481*

Die praktische Relevanz dieses Falls ist erheblich gesunken, denn die heutzutage vorgenommene Übertragung mittels Computer verwendet Prüfziffern, die eine automatische Fehlerkorrektur beinhalten.

4. *Eigenschaftsirrtum gem. § 119 Abs. 2 BGB als ausnahmsweise beachtlicher Motivirrtum*

Wie schon eingangs ausgeführt, war die Einordnung des Eigenschaftsirrtums bereits bei der Kodifizierung des BGB eine umstrittene dogmatische Frage. Der Gesetzgeber sah sich daher dazu veranlasst, diese Frage offen zu lassen und sich auf die Gestaltung des Tatbestandes zu beschränken, was in § 119 Abs. 2 BGB geschehen ist. Denn die Frage, ob der Eigenschaftsirrtum überhaupt zugelassen werden sollte, war nicht unumstritten und deckte sich mit dem Geist jener Zeit, wonach fast alle Rechtsordnungen den Eigenschaftsirrtum zuließen[89].

Die heute herrschende Meinung hält den Eigenschaftsirrtum für einen Motivirrtum. Denn es liege kein mechanischer Erklärungsfehler vor. Der Irrende wollte eine Willenserklärung bezüglich eines Gegenstandes abgeben, und er hat genau die passende Willenserklärung abgegeben. Allerdings war sein Wille getragen von falschen Vorstellungen über die Wirklichkeit[90], denn der von seiner Willenserklärung erfasste Gegenstand besaß andere Eigenschaften als vom Erklärenden angenommen. Das Vorhandensein bestimmter Eigenschaften war das Motiv für die Erklärung.

Dem liegt der Ansatz Zitelmanns zugrunde, dass sich bei einer genau bezeichneten Sache, etwa bei einer Stückschuld, der Inhalt der Willenserklärung auf die Bezeichnung der Sache beschränke und eine Erklärung zu einzelnen Eigenschaften nicht vorgenommen werden könne[91]. Zitelmann wandte sich damit gegen die ältere Lehre, nach der der Irrtum über einzelne Eigenschaften beachtlich sei, wenn diese Eigenschaften das Wesen der Sache ausmachten. Die Lehre griff dabei auf den bereits von Aristoteles gewählten Begriff der οὐσία zurück[92]. Den Begriff der οὐσία verwendete später Ulpian[93]. Nach Ulpian können bestimmte

89 *Flume, Allgemeiner Teil des bürgerlichen Rechts, S. 472*

90 *Lessmann JuS 1969, 525, 525; Ellenberger in: Palandt, 76. Aufl. 2017, § 119 BGB, Rn. 23; Wolf/Neuner (Hrsg.), Allgemeiner Teil des bürgerlichen Rechts, § 41 Rn. 51*

91 Kritisch *Flume, Allgemeiner Teil des bürgerlichen Rechts, S. 472; Hefermehl in: Soergel, 13. Aufl. 1999, § 119 BGB, Rn. 33*

92 altgr. für Sein, Wesen, vgl. *Gemoll, Griechisch-deutsches Schul- und Handwörterbuch;* zum Eigenschaftsirrtum s. auch *Gordley, Foundations of private law, S. 307*

93 Dig. 18.1.9.2

Eigenschaften die οὐσία einer Sache bestimmen. Irrte der Käufer nun über eine solche Eigenschaft, so habe er dem Wesen nach eine andere Sache kaufen wollen, als ihm verkauft worden sei, mit der Folge, dass die notwendige Identität zwischen der gekauften und der verkauften Sache nicht gegeben sei. Zitelmann lehnte diese Lehre als „eine unter dem Einfluss unverstandener Philosopheme erwachsene Gedankenverirrung" ab[94]. Insbesondere für den Stückkauf gelangte er zum gegenteiligen Schluss, da der Kaufgegenstand allein durch die Bezeichnung des Kaufobjekts abschließend bestimmt sei. Deswegen könne ein Irrtum über die Eigenschaften beim Rechtsgeschäft bezüglich einer konkreten Sache niemals ein Identitätsirrtum, sondern nur ein Motivirrtum sein.

Die herrschende Meinung hält sich an Zitelmann. Will man dennoch den Eigenschaftsirrtum zulassen, so muss man sich gegen die oben dargestellten Abgrenzungsgrundsätze wenden. Eine solche Möglichkeit hatte natürlich der Gesetzgeber im Rahmen seiner legislativen Entscheidungsbefugnis, von welcher er auch Gebrauch machte und in § 119 Abs. 2 BGB den Eigenschaftsirrtum ausdrücklich zuließ. Von der Gesetzessystematik her war dies kein Problem, da alle Anfechtungsgründe Ausnahmetatbestände waren und man ohne Weiteres einen weiteren anfügen konnte.

Warum hat sich der Gesetzgeber zur Zulassung des Eigenschaftsirrtums entschlossen?

Dies liegt wohl an der Nähe zum Inhaltsirrtum. Denn es lassen sich viele Fälle finden, in denen es oft nur eine Frage des Zufalls ist, ob der Erklärende seine Erklärung auf bestimmte wesentliche Eigenschaften einer Sache oder Person bezieht oder auf die Sache oder Person selbst in der festen Annahme, dass diese die entsprechenden Eigenschaften besitze. Im ersten Falle läge ein Inhaltsirrtum vor, im letzten Falle nicht. Um unbillige, aus praktischer Sicht willkürliche Ergebnisse zu vermeiden, entschied man sich dazu, den Eigenschaftsirrtum ebenso als Anfechtungsgrund zuzulassen. Wie Enneccerus schreibt, habe das BGB den Eigenschaftsirrtum dem Inhaltsirrtum gleichgestellt, weil der Irrende „wirtschaftlich" etwas anderes erklärt als er gewollt habe[95].

Ein typisches Beispiel ist der Erwerb eines vergoldeten Rings in einem Juweliergeschäft. Zeigt der Käufer auf einen bestimmten Ring in der Erwartung, dass dieser ausschließlich aus Gold bestehe, so bezieht sich die kaufvertragliche Willenserklärung nur auf den Ring als solchen; das Vorhandensein der Eigenschaft „aus Gold" ist nur Motiv des Kaufs[96]. Genauso stellt es sich dar, wenn jemand

94 *Zitelmann, Irrtum und Rechtsgeschäft, S. 568*
95 *Enneccerus/Kipp/Wolff, Lehrbuch des Bürgerlichen Rechts, S. 206*
96 *Hefermehl in: Soergel, 13. Aufl. 1999, § 119 BGB, Rn. 33*

eine Flasche „Deidesheimer" erwirbt und dabei der Fehlvorstellung unterliegt, dass es sich dabei um Moselwein handelt[97]. Auch hier ist die Eigenschaft Moselwein (trotz Vorliegens einer Gattungsschuld) bloßes Motiv des Kaufs. Ähnliches lässt sich für den Personenirrtum annehmen: Schließt jemand mit einem Sänger einen Werkvertrag über einen Auftritt, so ist die Eigenschaft „berühmt" bloßes Motiv.

Hätte im Falle des Ringes der Käufer allerdings auf den Ring gezeigt und dabei gesagt, er möchten einen „goldenen Ring wie diesen" haben, dann hätte der verständige Verkäufer die Eigenschaft „golden" unmittelbar verstanden. In Kenntnis, dass der Ring nicht golden ist, hätte der Verkäufer entweder eine Gattungsschuld annehmen müssen, wonach Ringe geschuldet sind, die „aus Gold" sind und so aussehen, wie der vorliegende. Oder der Verkäufer hätte die Erklärung so verstanden, dass der aufgezeigte Ring golden sein müsse und den Käufer aufgeklärt, dass der vorliegende Ring nicht golden ist.

Gerade letzterer Fall zeigt, wie eng beim Eigenschaftsirrtum die Grenzen zwischen Inhalts- und Sachverhaltsirrtum verlaufen. Es ist daher mehr als verständlich, dass man eine so wichtige Frage wie die Beachtlichkeit des Irrtums nicht an juristischen Spitzfindigkeiten ausmachen will.

Zu beachten ist aber, dass der Gesetzgeber die Zulassung des Eigenschaftsirrtums nicht zu weit fassen wollte und mittels zweier Kriterien versucht hat, eine Begrenzung vorzunehmen. Erforderlich ist nämlich ein Irrtum über „verkehrswesentlichen Eigenschaften". Hierin liegen zwei Begrenzungen, nämlich bezüglich der Definitionen der Eigenschaft und der Verkehrswesentlichkeit.

Eigenschaften im Sinne von § 119 Abs. 2 BGB sind solche Verhältnisse, die den Gegenstand selbständig und unmittelbar kennzeichnen[98]. Das ist klar gegeben bei der Beschaffenheit einer Sache, die dieser als natürliches Verhältnis innewohnt. Es genügt aber auch, dass die Eigenschaften auf Verhältnissen beruhen, die aus tatsächlichen oder rechtlichen Gründen zufolge ihrer Beschaffenheit nach den Verkehrsanschauungen einen Einfluss auf die Wertschätzung oder die Brauchbarkeit[99] der Sache auszuüben pflegen[100]. Deshalb kann der Eigenschaftsirrtum auch bei nicht-körperlichen Gegenständen, wie Forderungen und Rechten, angenommen werden, sofern diese Eigenschaften den Gegenstand

---

97 *Flume, Allgemeiner Teil des bürgerlichen Rechts, S. 463*

98 *Hefermehl in: Soergel, 13. Aufl. 1999, § 119 BGB, Rn. 37*; *Armbrüster in: MüKoBGB, 7. Aufl. 2015, §119, Rn. 103*; RGZ 149, 235, 238; BGH NJW 1978, 370

99 *Hefermehl in: Soergel, 13. Aufl. 1999, § 119 BGB, Rn. 37*

100 RGZ 64, 266, 269; *Musielak JuS 2014, 491, 494*

selbständig und unmittelbar kennzeichnen. Erforderlich ist weiterhin, dass die Eigenschaften der Sache auf Dauer[101] anhaften. Ausgeschlossen als Eigenschaft ist der Wert einer Sache (Verkehrswert, Marktpreis, Einkaufspreis etc.), da der Wert das Ergebnis einer Bewertung ist und jede Partei das Risiko für eine Fehlbewertung selbst tragen muss[102].

Das zweite Abgrenzungskriterium ist das der Verkehrswesentlichkeit. Dieses will ich im Rahmen der Kausalitätskriterien unter B.II darstellen.

II. Notwendigkeit einer Grenzziehung nach der Art des Irrtums

Folgt man der herrschenden Meinung, so muss man eine Grenzziehung mitten durch die Arten der Irrtümer machen, teilweise auch den Tatbestand einschränken. Das Problem ist dabei stets das gleiche: Die an sich zumindest theoretisch saubere Trennung zwischen beachtlichen mechanischen Erklärungsirrtümern und unbeachtlichen Motivirrtümern erscheint allzu oft als willkürlich. Das Problem ist immer, wie mit dem unbeachtlichen, aber nahe an der Beachtlichkeit liegenden Irrtum umzugehen ist.

Dann werden zwei Lösungsansätze verfolgt: Entweder wird versucht, die Dichotomie mit einem Ausnahmetatbestand zu durchbrechen, um ihre als unbillig empfundenen Härten abzumildern. Oder es wird die Dichotomie

---

101 Das Merkmal der Dauerhaftigkeit ist meines Erachtens etwas missverständlich. Es lässt sich eigentlich nicht mit dem Eigenschaftsbegriff erklären, da Sachen oder Personen ihre Eigenschaften auch ändern können. Eine Frau bleibt nicht dauerhaft schwanger und ein Wein kann vergären und zu Essig werden, um nur ein paar typische Abgrenzungsbeispiele zu nennen. Vielmehr sollte die Maßgeblichkeit dieser Eigenschaften nach der Verkehrswesentlichkeit entschieden werden. Als offenes Tatbestandsmerkmal ist die Verkehrswesentlichkeit auch übergesetzlichen Wertungen eher zugänglich. Ob die Schwangerschaft im konkreten Fall „verkehrswesentlich" ist, lässt sich als verfassungsmäßig gebotene Abwägungsentscheidung leicht lösen, vgl. *Schermaier,* Von Hochstablern, schlechten Schuldnern und vermeintlichen Jungfrauen, in: Beck-Mannagetta, Der Gerechtigkeitsanspruch des Rechts, S. 661, 673

102 *Musielak JuS 2014, 491, 494*; dass der Wert keine Eigenschaft ist, klingt zunächst etwas verwunderlich, insbesondere weil der Wert sich ja aus den einzelnen Eigenschaften ergibt. Dennoch ist dem zuzustimmen, denn zum einen bestimmt sich der Wert auch maßgeblich nach anderen Faktoren, z.B. nach der Verfügbarkeit gleichartiger Sachen auf dem Markt und nach der Nachfrage, sowie nach Transaktionskosten, und zum anderen ist eine solche Einschränkung auch sinnvoll, weil sonst der Spekulation Tür und Tor geöffnet wären; zustimmend hierzu *Kötz, Abschluß, Gültigkeit und Inhalt des Vertrages, Die Beteiligung Dritter am Vertrag, S. 279–280.*

aufrechterhalten, aber dem Irrenden auf anderem Weg geholfen, entweder durch verstärkte Anwendung der Auslegung, durch die Anwendung von den Prinzipien des Wegfalls der Geschäftsgrundlage oder durch Missbrauchseinwände aus Treu und Glauben. Diese Flucht aus der Irrtumsanfechtung verlagert das Problem nur. Sie führt dazu, dass eine Vielzahl von Rechtsbehelfen[103] gegeneinander abgegrenzt werden muss. Besonders problematisch ist die exzessive Anwendung von Treu und Glauben, denn sie mag zwar das Gerechtigkeitsbedürfnis des mit dem Fall befassten Richters befriedigen, führt aber dazu, dass das Prozessrisiko im Vorhinein schlechter abgeschätzt werden kann, und erhöht so die Prozesskosten bzw. Transaktionskosten.

Aber auch die gegenwärtige Lösung innerhalb der Irrtumsanfechtung überzeugt nicht. Denn sie versucht ja, eine Grenze nach der Art des Irrtums einfach etwas weiter nach links oder rechts zu verschieben, bis das richtige Maß gefunden sein könnte. Ein solches Unterfangen kann aber nicht gelingen. Es wird nämlich hierbei übersehen, dass der Übergang zwischen all diesen Irrtümern fließend ist und jede Grenzziehung willkürlich wirkt, wenn man sich diejenigen Fälle anschaut, die diesseits und jenseits der Grenze liegen und sich nur in Details unterscheiden. Die Verschiebung der Grenze weg von der noch relativ klaren Dichotomie zwischen Erklärungsirrtum und allen sonstigen Irrtümern in Richtung des Motivirrtums verstärkt eher die Grenzziehungsschwierigkeiten, als dass sie sie verringert.

Diese Abgrenzungsprobleme zeigen sich beim Eigenschaftsirrtum, beim Kalkulationsirrtum und beim Rechtsirrtum. Diese sollen daher einzeln betrachtet werden.

1. Abgrenzungsprobleme beim Eigenschaftsirrtum

Dieses Dilemma zeigt sich auf zwei Arten beim Eigenschaftsirrtum. Zunächst ist die Abgrenzung zwischen Inhalts- und Eigenschaftsirrtümern in vielen Fällen willkürlich, insbesondere dann, wenn eine hinreichend genaue Bestimmung in der Willenserklärung bereits ohne Rückgriff auf bestimmte Eigenschaften möglich ist. Überwindet man dieses Problem dadurch, dass man den

---

103 Der Begriff des Rechtsbehelfs ist hier so zu verstehen, dass ich ihn als Obergriff für jegliche Art von Gestaltungsmöglichkeiten einer Partei im vertraglichen Kontext ansehe: also Gestaltungsrechte wie die Anfechtung, Einwendungen und Einreden, aber auch Ansprüche wie Schadenersatzansprüche. Der Begriff soll daher als Oberbegriff ohne Eingrenzung auf eine bestimmte Konstruktion oder Konstellation verstanden werden.

Eigenschaftsirrtum zulässt, weil dies der Billigkeit entsprechen möge, merkt man allzu schnell, dass eine allzu weite Zulassung ebenfalls unbillig wäre.

Deswegen fordert man im Begriff der Eigenschaft einen engen Gegenstandsbezug. Problem ist hierbei, dass die Unterscheidung zwischen einem Gegenstandsbezug, der gerade noch eng genug ist, einem solchen, der nicht mehr eng genug ist, auch wiederum willkürlich ist: Um nur die seltsamsten Fälle zu nennen: Bei einer Frau kann der Umstand ihrer Schwangerschaft eine Eigenschaft sein, muss es aber nicht. Zwar wird man wohl die Körperlichkeit des Umstands nicht bestreiten können, aber erforderlich ist ja auch, dass der Umstand von gewisser Dauer ist, so dass man sich nun überlegen muss, ob eine Schwangerschaft hinreichend lang ist, um unter den Eigenschaftsbegriff gefasst zu werden[104].

Gänzlich absurd ist der Versuch, diesen engen Gegenstandsbezug auf Willenserklärungen zu nicht-körperlichen Gegenständen anzuwenden, z.B. auf Erklärungen zum Erwerb von Anteilen an juristischen Personen: Zählen dort auch die Eigenschaften der von der juristischen Person gehaltenen Gegenstände als Eigenschaften der juristischen Person? Eigentlich nicht, denn die Beschaffenheit der Anteile wird dadurch nicht beeinträchtigt. Allerdings dürfte man wohl nicht bestreiten können, dass es beim Erwerb von Aktien aus einem Bergbaubetrieb wohl schon wichtig ist, wie das Bergwerk beschaffen ist. Ein zu enger Gegenstandsbezug wäre also unbillig. Vielmehr soll nun die Abgrenzung danach vorgenommen werden, ob die Eigenschaften der Sache die Rechte „selbständig und unmittelbar" kennzeichnen. Wenn aber eine Rechtsordnung auf die Abgrenzung nach dem Kriterium „unmittelbar/mittelbar" angewiesen ist, lässt sich kaum noch die Rechtssicherheit und Vorhersehbarkeit der Ergebnisse sicherstellen.

2. Abgrenzungsprobleme beim Kalkulationsirrtum

Gleiche Abgrenzungsprobleme gibt es auch beim Kalkulationsirrtum. Diese Fälle stellten die Gerichte kurz nach Inkrafttreten des BGB vor große Herausforderungen.

Unter dem Fall des Kalkulationsirrtums werden zwei verschiedene Fallkonstellationen[105] gefasst, nämlich der offene und der verdeckte Kalkulationsirrtum. Beim offenen Kalkulationsirrtum ist die Berechnungsgrundlage der anderen Partei bekannt oder es einigen sich die Parteien auf eine gemeinsame Berechnungsformel. Nur bei der Berechnung der Endsumme unterläuft einer oder

---

104 Deswegen kritisch *Schermaier in: HKK 2003, §§ 116–124 BGB, Rn. 72*

105 *Lorenz, Der Schutz vor dem unerwünschten Vertrag, S. 271*

beiden Parteien ein Rechenfehler, so dass die Parteien – meist in Unkenntnis des Fehlers – den falschen Endbetrag zum Inhalt ihrer Vereinbarung machen, ohne dass über diesen erneut verhandelt worden wäre. Beim verdeckten Kalkulationsirrtum deckt der Antragende seine Kalkulation nicht auf, sondern nennt nur einen Endpreis.

Anders als noch beim Eigenschaftsirrtum, bei dem die Grenzen zwischen beachtlichem und unbeachtlichem Irrtum scheinbar willkürlich verschoben worden sind, ist dies beim Kalkulationsirrtum eigentlich nicht der Fall. Denn im Kalkulationsirrtum liegt ein Irrtum in der Willensbildung vor, so dass nach der herrschenden Meinung ein eigentlich unbeachtlicher Motivirrtum vorläge.

Dennoch versuchte das Reichsgericht zunächst, diese Fälle innerhalb des Irrtumsrechts zu lösen. Es hielt es für erforderlich, eine neue Rechtsfigur zu entwickeln, nämlich den erweiterten Inhaltsirrtum[106]. Später verlagerte sich die Lösung immer mehr weg von den Irrtumstatbeständen ins allgemeine Schuldrecht, insbesondere ging es um den Wegfall der Geschäftsgrundlage und Treu und Glauben.

Nach der Rechtsfigur des erweiterten Inhaltsirrtums konnte die Berechnungsgrundlage ausdrücklich zum Inhalt der Vertragsverhandlungen gemacht werden, mit der Folge, dass der Kalkulationsirrtum zu einem Inhaltsirrtum wurde. Mittlerweile wird der erweiterte Inhaltsirrtum von der herrschenden Meinung in Rechtsprechung[107] und Wissenschaft abgelehnt. Teilweise ist dies ohne weiteres nachvollziehbar, soweit zunächst auf die Auslegung verwiesen wird, deren Potential sich erst später zeigte[108]. Denn wenn die Parteien über einzelne Rechnungsposten ausführlich verhandelt haben und auch vereinbart haben, dass aus diesen eine Endsumme gebildet werden solle, dann lässt sich leicht der wirkliche Wille der Parteien ermitteln, dass die richtige Summe hätte erklärt werden sollen (statt der falschen)[109]. Kritik hieran äußerte zwar das OLG München[110], nach dessen Ansicht eine Lösung mittels der Auslegung und der *falsa demonstratio* verfehlt sei, weil sich „die Parteien letztlich auf das [falsche] Ergebnis geeinigt haben und dieses jedenfalls nach dem äußeren Erscheinungsbild ihren

---

106 *Ellenberger in: Palandt, 76. Aufl. 2017, § 119 BGB, Rn. 19*; z.B. im Silberfall RGZ 101, 107, 108; im Rubelfall RGZ 105, 406, 407–408; bei Börsenkursen RGZ 116, 15, 17

107 BGH NJW 1998, 3192, 3193

108 *Brox/Walker, Allgemeiner Teil des BGB, Rn. 130; Brox/Walker, Allgemeiner Teil des BGB, Rn. 127; Wolf/Neuner (Hrsg.), Allgemeiner Teil des bürgerlichen Rechts, §35 Rn. 5*

109 *Wendtland in: Bamberger/Roth, 3. Aufl. 2012, § 119 BGB, Rn. 34; Wieser JZ 1985, 407, 407*

110 OLG München in NJW-RR 1990, 1406

Erklärungen entsprach". Dabei übersieht das OLG aber, dass der falsche objektive Anschein ein typisches Merkmal der *falsa demonstratio* ist, weil diese nämlich gerade entgegen dem objektiven Anschein den subjektiven tatsächlichen Willen gelten lässt.

Sollte die Auslegung einmal aufgrund besonderer Umstände scheitern, will die herrschende Meinung auf die Störung der Geschäftsgrundlage gem. § 313 Abs. 1 BGB[111] ausweichen. In extremen Fällen scheint auch die Zulassung eines Missbrauchseinwands, der vom BGH für den verdeckten Kalkulationsirrtum angenommen wird (dazu sogleich) und *a fortiori* auch beim offenen gelten sollte[112], erwogen zu werden.

Beim verdeckten Kalkulationsirrtum kann nur ein unbeachtlicher Motivirrtum[113] vorliegen, denn neben dem Endpreis ist die Berechnungsgrundlage jedenfalls nicht Inhalt des Angebots geworden. Die Figur des erweiterten Inhaltsirrtums kann nicht herangezogen werden. Auch liegt die Kalkulation außerhalb des mechanischen Erklärungsvorgangs, so dass ein Inhalts- oder Erklärungsirrtum ausscheidet. Es liegt vielmehr der typische Fall eines Willensbildungsfehlers vor, der aber nach der herrschenden Meinung nicht zur Anfechtung berechtigt. Auch die Auslegung stößt hier an ihre Grenzen, da die Begleitumstände der Willenserklärung nicht offenbar geworden sind und mithin das Gericht keine Anknüpfungspunkte für eine Auslegung finden kann. Höchstens wäre eine sog. ergänzende Auslegung nach dem hypothetischen Parteiwillen denkbar[114], von der aber zurecht selten Gebrauch gemacht wird. Denn die ergänzende Vertragsauslegung droht schnell zu einem Mittel „richterlicher Gängelung"[115] zu werden, dergestalt dass der Richter den Parteien seine *ex post*

---

111 *Lorenz, Der Schutz vor dem unerwünschten Vertrag, S. 272*; *Dörner in: NomosKommentar, 7. Aufl. 2012, § 119 BGB, Rn. 14*

112 So auch *Ellenberger in: Palandt, 76. Aufl. 2017, § 119 BGB, 21b*; *Titze, Vom sogenannten Motivirrtum, Festschrift Ernst Heymann, S. 72, 87–88*

113 Für die Annahme eines unbeachtlichen Motivirrtums schon RGZ 64, 266, 268

114 *Brox, Die Einschränkung der Irrtumsanfechtung, S. 131*

115 *Medicus, Allgemeiner Teil des BGB, Rn. 344*; „kein Mittel zum Erreichen allgemeiner, ausgleichender Gerechtigkeit", vgl. *Cziupka JuS 2009, 103, 105*; ebenfalls steht den Gerichten nicht die Möglichkeit offen, z.B. mittels des Modells des *homo oeconomicus* einfach eine billige Lösung anzunehmen, wenn nicht konkret angenommen werden kann, dass die Parteien selbst in der konkreten Situation rational gehandelt hätten, *Eidenmüller, Effizienz als Rechtsprinzip, S. 458; Bar, Outline Edition DCFR, S. 142*

für angemessen gehaltene Lösung aufzwingen würde[116], was der Privatautonomie widerspräche[117].

Deshalb werden weitere Möglichkeiten gesucht, um dem Irrenden zu helfen. Beliebt sind mittlerweile Hinweispflichten, die dem Erklärungsempfänger nach Treu und Glauben auferlegt werden[118], insbesondere wenn er sich über einen ungewöhnlich niedrigen Preis wundern musste. Denn bei einem sich aufdrängenden Kalkulationsfehler nimmt die Rechtsprechung an, dass der Erklärungsempfänger den Erklärenden auf den Kalkulationsfehler hinzuweisen habe[119]. Diese Hinweispflichtverletzung führt im Wege der Naturalrestitution zu einer Aufhebung oder Anpassung des Vertrags, je nachdem ob der Vertrag bei hypothetischer Betrachtung mit anderem Inhalt oder gar nicht zustande gekommen wäre[120].

In einigen extremen Fällen wird man dem Irrenden einen Missbrauchseinwand gegen die Vertragserfüllung zugestehen, wenn es für den Erklärungsgegner wegen der Unzumutbarkeit der Vertragserfüllung treuwidrig wäre, den Antragenden an seinem Angebot festzuhalten.

3. *Abgrenzungsprobleme beim Rechts- und Rechtsfolgenirrtum*

Auch die Zulassung von Rechtsirrtümern bereitet Schwierigkeiten. Die herrschende Meinung unterscheidet hierbei zwischen Rechts- und Rechtsfolgenirrtümern bzw. Irrtümern über die unmittelbaren oder bloß mittelbaren Rechtsfolgen. Dabei verlässt die herrschende Meinung das ursprüngliche Abgrenzungsschema zwischen Erklärungs- und Motivirrtum.

---

116 *Medicus, Allgemeiner Teil des BGB, Rn. 344; Cziupka JuS 2009, 103, 105; Kötz JuS 2013, 289, 295*

117 Gerade weil der Grundsatz der Privatautonomie von so erheblicher Bedeutung ist, hält sich unsere Rechtsordnung bewusst zurück, inhaltliche Maßstäbe vertraglicher Gerechtigkeit vorzugeben, sondern beschränkt sich auf eine Kontrolle der Grenzen der Privatautonomie, wie z.B. durch die §§ 134 und 138 BGB, vgl. *Armbrüster in: MüKoBGB, 7. Aufl. 2015, Vorbemerkung (Vor § 116), Rn. 20.* Außerdem werden nur für bestimmte Situationen weitere inhaltliche Kontrollen vorgenommen (so z.B. mittels des Verbraucherwiderrufsrechts und der AGB-Kontrolle), welche jedoch den prinzipiellen Vorrang einer eine bloß formalen Kontrolle des Vertragsschlussmechanismus nicht in Fragen stellen, vgl. *Singer in: Staudinger 2012, § 119 BGB, Rn. 5.*

118 Vgl. hierzu die Ausführungen zur fahrlässigen Irreführung in Teil VIIB.I.2.b.ii

119 BGH NJW 1998, 3192, 3194; BGH NJW 2001, 284, 285

120 Vgl. hier zu den gleichen Rechtsfolgen der Irreführung, für welche das deutsche Recht ebenfalls schadenersatzrechtliche Folgen vorsieht, Teil VC.II.2

Die Behandlung von Rechtsirrtümern ist im BGB nicht ausdrücklich geregelt, so dass wohl angenommen werden kann, dass diese seit Inkrafttreten des BGB über §§ 119 ff. BGB zu lösen sind. Vor Inkrafttreten des BGB hingegen wurde für die Maßgeblichkeit eines Rechtsirrtums auf dessen Entschuldbarkeit abgestellt. Dies war nach Inkrafttreten der Irrtumsanfechtung im BGB nicht mehr möglich, da die Entschuldbarkeit gerade kein maßgebliches Kriterium mehr sein sollte[121]. Vielmehr musste nun der Rechtsirrtum in das Schema aus Erklärungs- und Motivirrtum eingefügt werden. Das wird nach herrschender Meinung danach vorgenommen, ob ein Rechts- oder Rechtsfolgenirrtum vorliegt:

Der Rechtsirrtum ist teils beachtlich, teils nicht. Dies muss danach entschieden werden, ob der Irrtum Teil der Willenserklärung ist. Inhaltsirrtum und damit beachtlich ist der Irrtum, wenn der Irrende einen rechtlichen Begriff verwendet und dabei die Vorstellung hat, dass er etwas anderes bedeute[122]. Meistens liegt aber ein Fehler in der Willensbildung vor, so dass die herrschende Meinung einen unbeachtlichen Motivirrtum annimmt. Allerdings kann in einem Rechtsirrtum ein nach § 119 Abs. 2 BGB beachtlicher Eigenschaftsirrtum liegen, denn zu den verkehrswesentlichen Eigenschaften gehören nach allgemeiner Definition rechtliche Verhältnisse, soweit sie infolge ihrer Eigenart und Dauer unmittelbar auf die Brauchbarkeit und den Wert von Einfluss sind[123]. Wie stets bei Eigenschaftsirrtümern ist die Abgrenzung zwischen Eigenschaft und unbeachtlichen sonstigen Verhältnisses schwierig. Dies hatte zur Folge, dass sich kein kohärentes System gebildet hat[124].

Ein Rechtsfolgenirrtum ist grundsätzlich unbeachtlich, da es Motiv der Willenserklärung ist, Rechtsfolgen zu erzielen. Allerdings kann die Rechtsfolge wie jedes Motiv als Inhaltsirrtum beachtlich werden, wenn sie zum Inhalt der

---

121 *Coester-Waltjen JURA 2006, 348; Mayer-Maly AcP 170 (1970), 133, 165*

122 *Kramer in: MüKoBGB, 5. Aufl. 2006, § 119 BGB, Rn. 83*, wenn z.B. der Erklärende seine gesetzlichen Erben bedenken will und dabei nicht beachtet, dass auch uneheliche Kinder nach dem Gesetz Erben sind

123 S. auch Teil IIIA.I.1

124 *Coester-Waltjen JURA 2006, 348, 210–212*: So ist bei Grundstücken z.B. als verkehrswesentliche Eigenschaft die Bebaubarkeit anerkannt, und zwar selbst dann wenn diese nur aufgrund einer Grunddienstbarkeit für ein Geh- und Fahrrecht beruht; bei Grundpfandrechten sind Rang, Fälligkeit und Zins verkehrswesentlich; ein Irrtum über die Richtigkeit von Grundpfandrechten im allgemeinen ist aber ein unbeachtlicher Rechtsfolgenirrtum; bei einem Erbteil ist die Erbquote eine verkehrswesentliche Eigenschaft; ebenso *Kramer in: MüKoBGB, 5. Aufl. 2006, § 119 BGB, Rn. 105*

Willenserklärung wird[125]. Dies klingt wieder nach der Figur des mittlerweile abgelehnten erweiterten Inhaltsirrtums[126], wird aber von der herrschenden Meinung nicht so gesehen. Denn dies würde ja erfordern, dass die gewünschte Rechtsfolge ausdrücklich miterklärt worden wäre, was aber von der herrschenden Meinung nicht für erforderlich gehalten wird[127]. Ein Inhaltsirrtum liegt nach der vom Reichsgericht entwickelten und immer noch verwendeten Formel vor[128], wenn „infolge der Verkennung oder Unkenntnis seiner rechtlichen Bedeutung ein Rechtsgeschäft erklärt ist, das nicht die mit seiner Vornahme erstrebte, sondern eine davon wesentlich verschiedene Rechtswirkung, die nicht gewollt ist, hervorbringt"[129]. Damit gibt die herrschende Meinung ihr für alle sonstigen Irrtümer entwickeltes Abgrenzungskriterium des mechanischen Erklärungsvorgangs für den Rechtsirrtum auf und schafft eine Sonderlösung[130].

Wie auch immer das dogmatisch überzeugend begründet werden könnte[131], es soll jedenfalls eine Abgrenzung zwischen unmittelbar gewollten und bloß mittelbaren Rechtsfolgen vorgenommen werden. Nur solche mittelbaren, nicht beabsichtigten „Nebenwirkungen"[132], die neben der beabsichtigten Rechtsfolge eintreten, sollen als Anfechtungsgrund ausscheiden[133]. Die stets gegebenen Abgrenzungsschwierigkeiten werden durch die Unterscheidung zwischen unmittelbar und mittelbar eintretenden Rechtsfolgen verlagert und erschwert[134].

---

125 *Feuerborn in: NomosKommentar, 2. Aufl. 2012, § 119 BGB, Rn. 51*; *Dörner in: NomosKommentar, 7. Aufl. 2012, § 119 BGB, Rn. 12; kritisch Lorenz, Der Schutz vor dem unerwünschten Vertrag, S. 266–267*;

126 *Feuerborn in: NomosKommentar, 2. Aufl. 2012, § 119 BGB, Rn. 51*

127 A.A. *Lorenz, Der Schutz vor dem unerwünschten Vertrag, S. 266–267*, der genau eine Privilegierungsmöglichkeit mittels der Aufnahme von Rechtsfolgen in die Erklärung für möglich hält.

128 RGZ 88, 278, 284; RGZ 134, 195, 197–198; BGH NJW 2006, 3353, 3355; BGH NJW 2008, 2442, 2443–2444; OLG München NJW 2010, 687; *Musielak JuS 2014, 491, 583; Armbrüster in: MüKoBGB, 7. Aufl. 2015, §119, Rn. 56*

129 RGZ 88, 278, 284

130 *Mayer-Maly AcP 170 (1970), 133, 170*

131 Zweifel werden vielfach geäußert, vgl. *Lorenz, Der Schutz vor dem unerwünschten Vertrag, S. 266–267; Medicus, Allgemeiner Teil des BGB, Rn. 751*

132 *Armbrüster in: MüKoBGB, 7. Aufl. 2015, §119, Rn. 84*

133 RGZ 88, 278, 284; RGZ 134, 195, 198; BGH NJW 2006, 3353, 3355; BGH NJW 2008, 2442, 2443–2444; OLG München NJW 2010, 687; *Wendtland in: Bamberger/Roth, 3. Aufl. 2012, § 119 BGB, Rn. 32*

134 *Musielak JuS 2014, 491, 584*

Die Ergebnisse wirken zum Teil auch willkürlich: Auch mittelbare Rechtsfolgen können für eine Partei von erheblicher Bedeutung sein, denn „in der Vorstellungswelt des Urhebers einer Willenserklärung [bilden] die rechtlichen und die wirtschaftlichen Zwecke eine untrennbare Einheit“, wie Titze schreibt[135]. Nimmt z.B. ein Verkäufer an, dass eine Sachmängelhaftung ausdrücklich vereinbart werden müsse, so kann man wohl nur schwer leugnen, dass dieser Irrtum für ihn wesentlich wäre. Die herrschende Meinung hält das Eingreifen der Sachmängelhaftung hingegen für eine bloß entfernte Folge des Kaufrechts und lehnt den Irrtum darüber als unbeachtlichen Motivirrtum ab[136]. Für die Unterscheidung spricht höchstens, dass ein Irrtum über eine mittelbare (und damit unbeachtliche) Rechtsfolge typischerweise bei Verträgen auftritt, die ein komplexes dispositives Recht aufweisen. Es mag daher gerade als rechtspolitische Entscheidung verstanden werden, eher das dispositive Recht anzuwenden als den Vertrag wegen Irrtums aufzuheben. Argument hierfür wäre, dass das dispositive Recht ausgeglichene Rechtsfolgen enthält und es daher im Zweifelsfalle vorrangig anwendbar sein solle[137].

III. Problem der Dichotomie und dessen Aufgabe

Das Irrtumsrecht mit der geforderten Abgrenzung nach der Art des Irrtums scheint zu keinen zufriedenstellenden Ergebnissen zu führen. Die einzig halbwegs sinnvolle Abgrenzung anhand des Kriteriums des mechanischen Erklärungsvorgangs wurde schon vom Gesetzgeber in § 119 Abs. 2 BGB aufgegeben und ist von Rechtsprechung und herrschender Meinung weiter aufgeweicht worden. Was als Alternative angewendet wurde, warf andere Abgrenzungsprobleme in der Folge auf. Die Ergebnisse erscheinen willkürlich[138]. Wertungsfragen werden anhand von unpassenden Kriterien eingeführt, und die Übersichtlichkeit und Nachvollziehbarkeit geht verloren.

An verschiedenen Stellen ist auch wieder die Unterscheidung zwischen „unmittelbar“ und „mittelbar“ aufgetaucht, wobei der Verweis, dass dies nach der Verkehrsanschauung zu beurteilen sei, die Sache nicht besser macht. Ein solches Abgrenzungskriterium ist besonders ungeeignet, über die Maßgeblichkeit

---

135 *Titze, Vom sogenannten Motivirrtum, Festschrift Ernst Heymann, S. 72, 94*

136 So auch *Lorenz, Der Schutz vor dem unerwünschten Vertrag, S. 267; Musielak JuS 2014, 491, 584*

137 *Medicus, Allgemeiner Teil des BGB, Rn. 761; Medicus, Allgemeiner Teil des BGB, Rn. 271*

138 Titze spricht von einem „Lotteriespiel“, ob ein das Gericht einen Irrtum als relevant einstuft, *Titze, Vom sogenannten Motivirrtum, Festschrift Ernst Heymann, S. 72, 91*

eines Irrtums zu entscheiden. Denn wie soll im Zweifel entschieden werden, ob z.B. eine Rechtsfolge noch nahe genug ist, um unmittelbar zu sein? Gleiches Problem stellt sich beim Eigenschaftsbegriff, ob eine rechtliche Beziehung noch unmittelbar einem Gegenstand anhaftet.

Wenn sich die Grenzziehung als nahezu unmöglich erweist, dann stellt sich doch die Frage, ob man dieses Unterfangen nicht besser aufgeben sollte. Diese Frage lässt sich vielleicht eher beantworten, wenn man meint, allein durch sonstige Kriterien eine sinnvolle Abgrenzung zwischen unbeachtlichen und beachtlichen Irrtümern herbeizuführen. Diese Möglichkeit könnte in der konsequenten Anwendung des Kausalitätskriteriums in § 119 Abs. 1 und/oder des Wesentlichkeitskriteriums in § 119 Abs. 2 BGB liegen. Darauf soll unter B. eingegangen werden.

Zuvor soll aber noch überlegt werden, wie sich die Aufgabe der Dichotomie rechtstechnisch durchführen ließe.

1. Aufgabe der Dichotomie durch Einbeziehung des Sachverhaltsirrtums

Eine Möglichkeit, die Dichotomie aufzugeben, ist den Sachverhaltsirrtums als zulässige Irrtumsart einzubeziehen. Dadurch gibt man die Unterscheidung nach der Art des Irrtums faktisch auf. Denn dann können alle Irrtümer der Art nach als Anfechtungsgrund herangezogen werden, weil sie entweder innerhalb oder außerhalb des Erklärungsvorgangs liegen.

Wie schon erwähnt, können nach dem obigen Verständnis der Irrtumsregelungen Sachverhaltsirrtümer nicht von den Regelungen in § 119 Abs. 1 oder 2 BGB erfasst werden und sind daher unbeachtlich. Denn nach der obigen Qualifizierung von Erklärungs- und Inhaltsirrtum betreffen diese den mechanischen Erklärungsvorgang. Folgerichtig muss man den Sachverhaltsirrtum als Anfechtungsgrund ablehnen, weil sich dieser auf Vorgänge außerhalb des Erklärungsvorgangs bezieht. Allerdings hatte ich ebenfalls schon gezeigt, dass dieses Verständnis vom mechanischen Erklärungsvorgang nicht ausdrücklich im Gesetz erwähnt ist und daher andere Interpretationen der Regelungen nicht grundsätzlich ausgeschlossen sein können. Dafür spricht insbesondere, dass die Zweite Kommission die weitere Entwicklung der Irrtumsregelungen durch die Einführung des BGB nicht behindert wollte.

Es stellt sich allein die Frage, wie die Einbeziehung des Sachverhaltsirrtums rechtstechnisch unter Beibehaltung der gesetzlichen Regelungen vorgenommen werden kann.

a. Sachverhaltsirrtum als weiterer beachtlicher Motivirrtum

Kramer schlägt vor, den Sachverhaltsirrtum in § 119 Abs. 2 BGB zu verorten[139]. Er argumentiert, dass in der Anordnung der Einbeziehung von Eigenschaftsirrtümern eine unvollständige Regelung für alle Arten von Sachverhaltsirrtümern zu finden sei. Denn es überzeuge nicht, dass Sachverhalte, die zufälligerweise als Eigenschaft angesehen werden können, beachtlich sein sollten, während andere mindestens genauso wesentliche Sachverhalte ausgeschlossen seien. Für die Einschränkung von § 119 Abs. 2 BGB auf den Eigenschaftsirrtum fehle daher „jegliche innere Rechtfertigung“[140].

Kramer ist insoweit zuzustimmen, als die Einbeziehung des Eigenschaftsirrtums als Ausnahme zu allen sonstigen Sachverhaltsirrtümern willkürlich erscheint. Allerdings berücksichtigt Kramer meines Erachtens zu wenig, dass § 119 Abs. 2 BGB den Charakter einer abschließenden Regelung hat, denn die Zulassung des Eigenschaftsirrtums sollte nur ausnahmsweise vorgenommen werden. Eine Rechtsfortbildung und Erweiterung einer Norm, die offensichtlich als Ausnahmetatbestand geschaffen worden ist, erscheint wenig probat.

b. Geschäftsirrtum als Obergriff für Erklärungs- und Sachverhaltsirrtümer

Schermaier hingegen sieht die Lösung in § 119 Abs. 1 BGB: Für ihn beschränkt sich der Inhaltsirrtum bzw. Geschäftsirrtum keineswegs auf mechanische Erklärungsvorgänge. Ein solches Verständnis des Inhaltsirrtums habe damals nicht (man möge ergänzen: oder jedenfalls nicht einhellig) vorgelegen, sondern man habe vielmehr die „Verwechselung“ von Personen oder Sachen (als *error in persona* bzw. *in corpore*) in die Reihe der beachtlichen Irrtümer einbeziehen wollen[141].

Damit ermögliche § 119 Abs. 1 BGB in der Form des Geschäftsirrtums, alle Arten von Sachverhaltsirrtümern anzuerkennen. Der Ansicht Schermaiers lässt sich der Wortlaut von § 119 Abs. 1 BGB zugutehalten. Denn in der Tat erscheint es fragwürdig, warum der Gesetzgeber für die einfach zu erfassenden Fälle eines mechanischen Fehlers im Erklärungsvorgang einen so komplizierten Wortlaut mit zwei Tatbestandsvarianten geschaffen hat („Wer bei der Abgabe einer

139 *Kramer in: MüKoBGB, 5. Aufl. 2006, § 119 BGB, Rn. 114–116*

140 *Kramer in: MüKoBGB, 5. Aufl. 2006, § 119 BGB, Rn. 115*

141 *Schermaier in: HKK 2003, §§ 116–124 BGB, Rn. 57*; dass die Verwechselung einer Person oder eines Gegenstandes den Willen ausschließen sollte, ist ausdrücklich in den Motiven erwähnt, *Mugdan, Einführungsgesetz und allgemeiner Teil, S. 462*

Willenserklärung über deren Inhalt im Irrtum war oder eine Erklärung dieses Inhalts überhaupt nicht abgeben wollte…").

Des Weiteren spricht eine Erläuterung in der Denkschrift zum BGB dagegen, die Abgrenzung allein nach dem mechanischen Erklärungsvorgang vorzunehmen. Denn in der Denkschrift werden anscheinend mehrere Motivirrtümer als beachtlich angesehen. Dies gilt klar für den Eigenschaftsirrtum, der nur „zur Abschneidung von Zweifeln"[142] ausdrücklich in den Gesetzestext aufgenommen worden sei. Worin liegen aber dann die Zweifel? Nach dem herrschenden Verständnis des mechanischen Erklärungsvorgangs kann es eigentlich keine Zweifel geben, da Eigenschaften zum allgemeinen Sachverhalt gehören und mithin außerhalb der Erklärung liegen. Wenn die Kommission dennoch zweifelte, ob ein solcher Eigenschaftsirrtum nicht als Inhaltsirrtum verstanden werden könne, dann spricht dies für ein Verständnis des Inhaltsirrtums, welches sich von dem des mechanischen Erklärungsfehlers unterscheidet. Aber anscheinend wollte sich die Kommission nicht einmal auf den Eigenschaftsirrtum als einzigen beachtlichen Motivirrtum beschränken. Dies wird bestätigt durch die Formulierung, dass der Inhaltsirrtum vom „bloßen [Irrtum] im Beweggrunde"[143] abzugrenzen sei. Es scheint also in der Vorstellung der Kommission einen Unterschied zwischen einem *bloßen* und einem *sonstigen* Irrtum im Beweggrunde zu gegeben zu haben[144].

Dieses erweiterte Verständnis des Inhaltsirrtums zeigt sich noch deutlicher in den Motiven zum ersten Entwurf des BGB. Dies ist umso erstaunlicher, als die Motive für diesen früheren Entwurf noch von der grundsätzlichen Unbeachtlichkeit des Eigenschaftsirrtums ausgingen[145], insoweit also strenger waren als

142 *Mugdan, Einführungsgesetz und allgemeiner Teil, S. 833*

143 *Mugdan, Einführungsgesetz und allgemeiner Teil, S. 833*

144 Ebenso schon *Isay, Die Willenserklärung im Thatbestande des Rechtsgeschäfts nach dem Bürgerlichen Gesetzbuch für das Deutsche Reich, S. 23*: Zum endgültigen Entwurf des BGB weist er im Jahre 1899 darauf hin, dass allen drei Irrtümern (§ 119 Abs. 1 und 2) ein gemeinsames Prinzip innewohnen müsse. Dieses könnte nicht die Abweichung von Willen und Erklärung sein, da dies nur für § 119 Abs. 1 gelte. Vielmehr sei die Erklärung (wie auch in § 123 BGB) deswegen nicht gültig, weil der Erklärende bei Kenntnis der Sachlage und bei verständiger Würdigung der Umstände sie nicht abgegeben hätte.

145 *Mugdan, Einführungsgesetz und allgemeiner Teil, S. 462.* Dort heißt es: „Irrtum in den Gattungseigenschaften ist ebenso wie Irrtum über die Eigenschaften einer gegenüberstehenden Person ein Irrtum in den Beweggründen, schließt mithin die Willenswirklichkeit nicht aus. Das letzte gleichwohl zu bestimmen, fehlt es an genügenden Gründen, auch würde eine solche Vorschrift bei der Unmöglichkeit, die Merkmale

das spätere BGB. Dennoch umfasste der Inhaltsirrtum mehr als bloße mechanische Erklärungsvorgänge: Für die Frage, welcher Irrtum die „Willenswirklichkeit“[146] (so die verwendete Formulierung) ausschließe und damit beachtlich sei, wird eine Dreiteilung vorgenommen. Dort heißt es:

> „Mitunter unterscheidet man auch zwischen Irrung (Fälle des Sichversprechens, Sichverschreibens, Sichvergreifens usw.), Verlautbarungsirrtum (Fälle, in welchen mit der Erklärung ein anderer Sinn verbunden wird, als den gewählten Erklärungszeichen zukommt) und Irrtum über den sachlichen Inhalt der Erklärung.“

Dabei fällt auf, dass die ersten beiden Unterfälle dem Verständnis der herrschenden Meinung von Erklärungs- und Inhaltsirrtum entsprechen. Dann bleibt aber die Frage offen, wie denn der dritte Fall zu verstehen sein könnte, wobei insbesondere die Frage relevant ist, was denn der „sachliche Inhalt“ der Erklärung wäre.

Klar ist, dass nach dem in den Motiven zum Ausdruck gekommenen Verständnis in allen drei Fällen „der Schluss auf das Vorhandensein einer Nichtübereinstimmung zwischen Wille und Erklärung mehr oder minder naheliegt; die rechtliche Beurteilung der Nichtübereinstimmung selbst, [...] die gleiche“ sein müsse[147]. Es muss also einen Irrtum geben, der außerhalb des mechanischen Fehlgehens des Erklärungsvorgangs liegt, aber dennoch ein rechtlich relevantes Abweichen von Wille und Erklärung bewirkt. Dies soll dann der sachliche Inhaltsirrtum sein.

Fraglich ist dann nur, wie ein solcher sachlicher Inhaltsirrtum wohl aussehen könnte: Die Kommission schlägt dafür die Unterscheidung vor, ob der Irrtum einen wesentlichen oder unwesentlichen Teil der Erklärung betreffe[148]. Allein bereitete „die Aufstellung eines geeigneten Maßstabes für die Bestimmung, dessen, was als wesentlich anzusehen ist“, Schwierigkeiten[149]. Jedoch scheint das Kriterium des sachlichen Inhaltsirrtums zu sein, ob ein Bestandteil „für das konkret vorliegende Rechtsgeschäft“[150] beachtlich sei. „Wesentlich für dieses ist jeder Bestandteil, welcher mit der Erklärung dergestalt in ursachlichem

---

ihrer Anwendbarkeit mit hinreichender Deutlichkeit zu bestimmen, eine Quelle von Streitigkeiten werden.“

146 *Mugdan, Einführungsgesetz und allgemeiner Teil, S. 460*; diesen sperrigen, aber nicht dogmatisch verstanden Begriff wählten die Motive, um Fälle des wesentlichen Irrtums zu beschreiben.

147 *Mugdan, Einführungsgesetz und allgemeiner Teil, S. 460–461*

148 *Mugdan, Einführungsgesetz und allgemeiner Teil, S. 461*

149 *Mugdan, Einführungsgesetz und allgemeiner Teil, S. 461*

150 *Mugdan, Einführungsgesetz und allgemeiner Teil, S. 462*

Zusammenhange steht, dass sich annehmen lässt, bei mangelndem Irrtume wäre die Willenserklärung nicht abgegeben worden.“[151] Diese Unterscheidung bei außerhalb des Erklärungsvorgangs liegenden sachlichen Inhaltsirrtümern ist mithin die reine Kausalitätsfrage, nach der gefragt werden muss, ob der Irrtum über diesen Umstand gerade zur Abgabe dieser Erklärung geführt hat.

Von diesem Verständnis des sachlichen Inhaltsirrtums, verknüpft mit einem Kausalitätskriterium, hat sich das BGB auch im Laufe des weiteren Gesetzgebungsverfahrens nicht mehr entfernt. Neu war nur, dass der noch in den Motiven verfolgte „subjektive Standpunkt“ um einen zusätzlichen objektivierenden Maßstab ergänzt worden ist[152]. Dies hat sich im Wortlaut dadurch niedergeschlagen, dass der Irrende die Erklärung nicht nur „bei Kenntnis der Sachlage“, sondern auch „bei verständiger Würdigung des Falles“ nicht abgegeben haben dürfe.

Mithin wird deutlich, dass der Gesetzgeber beim Irrtum über den „sachlichen Inhalt“ vom Gesetzgeber eine Entscheidung nach der subjektiven und objektiven Kausalität vorsah. Nicht überzeugend ist daher die herrschende Meinung, wenn sie solche „sachlichen Inhaltsirrtümer“ schon deswegen für unbeachtlich hält, weil sie außerhalb des Erklärungsvorgangs liegen.

2. *Erweiterung des Inhaltsirrtums durch einseitige Erklärung*

In die Richtung der Zulassung des Sachverhaltsirrtums führte schließlich auch die mittlerweile aufgegebene Rechtsprechung des Reichsgerichts zum erweiterten Inhaltsirrtum[153], die schon im Rahmen des Kalkulationsirrtums kurz erwähnt worden ist, der als Unterfall eines Sachverhaltsirrtums angesehen werden kann.

Daher kommt die Figur des erweiterten Inhaltsirrtums auch hier wieder zur Sprache. Denn mittels dieser Rechtsfigur ermöglichte das Reichsgericht dem Erklärenden, weitere Umstände als die *essentialia negotii* zum Teil der Willenserklärung zu machen, so dass damit der Sachverhaltsirrtum zu einer Art

---

151 *Mugdan, Einführungsgesetz und allgemeiner Teil, S. 461*

152 Ausführlich dazu: *Schermaier in: HKK 2003, §§ 116–124 BGB, Rn. 54*

153 Brox hält die Figur des erweiterten Inhaltsirrtums zwar für verfehlt, lobt aber dennoch den Ansatz des Reichsgerichts als eine „mutige Tat“, die vor allem aber daraus begründet sei, dass sich die übrige Dogmatik insbesondere zum Wegfall der Geschäftsgrundlage, aber auch der Auslegung zu dem Zeitpunkt hinreichend entwickelt hatte, vgl. *Brox, Die Einschränkung der Irrtumsanfechtung, S. 63*; ebenso kritisch zum erweiterten Inhaltsirrtum: *Looschelders/Olzen in: Staudinger 2009, § 242, Rn. 428;* Birk hingegen greift stillschweigend auf dieses Konzept wiederum zurück, verankert es aber in § 119 Abs. 2 BGB, um dort alle Motivirrtümer, die für den Erklärungsgegner erkennbar und nach der Verkehrsansicht wesentlich seien, zu erfassen, *Birk JZ 2002, 446, 448*

Inhaltsirrtum umgewandelt werden konnte. Ein Irrtum über diesen zusätzlichen Inhalt der Willenserklärung würde dann auch die Anfechtbarkeit wegen Inhaltsirrtums ermöglichen[154]. So sollte ein miterklärter Sachverhaltsumstand wie auch jedes sonstige miterklärte Motiv zur Anfechtung wegen Inhaltsirrtums berechtigen[155].

Hierfür bildeten bereits die Materialien zum BGB eine Vorlage; so hieß es wieder in der Denkschrift zum BGB: „Die Frage, ob der Irrtum einen Punkt betrifft, der zum Inhalte der Erklärung (im Gegensatze zu einem bloßen Beweggrunde) gehört, bleibt im Allgemeinen der Auslegung überlassen."[156] Ebenso war schon in den Motiven ausgeführt worden, „dass es sich nicht empfehle, die regelmäßigen Bestandteile eines Rechtsgeschäftes objektiv zu fordern und den durch Irrtum hervorgerufenen Willensmangel bezüglich des einen für beachtlich zu erklären, bezüglich des anderen nicht."[157]

Meines Erachtens lassen sich die Gesetzesmaterialien so verstehen, dass es dem Irrenden möglich sein solle, in seine vertragliche Erklärung weitere Motive als notwendige Bestandteile einzufügen. Stellt sich eines dieser Motive als irrtumsbehaftet heraus, könne der Erklärende seine Willenserklärung anfechten. Damit ähnelt der erweiterte Inhaltsirrtum einer vertraglichen Bedingung: Bei Wegfall des Motivs würde zwar „nur" die eine Willenserklärung anfechtbar sein. Durch die Anfechtung würde aber der Vertrag als ganzer wegfallen, weil Verträge nun einmal zweier Willenserklärungen bedürfen. Würde man den Irrenden auf seinen Irrtum ansprechen, wäre seine Entgegnung keck: „Was ich eigentlich bezwecken wollte, habe ich doch erklärt; die Erreichung des Zwecks war die Bedingung für mein Wort und da diese Bedingung weggefallen ist, gilt auch mein Wort nicht mehr."

Hierin liegt auch das Missverständnis bezüglich des erweiterten Inhaltsirrtums. Würde man ihn wie oben beschrieben anwenden, wäre die Vertragssicherheit erheblich gefährdet. Denn Motive, die nur für eine Partei von Belang sind, dürfen trotz Mitteilung nicht zu leicht den Bestand des Vertrags gefährden.

---

154 So auch als Rechtsfolge, der für die Erweiterung des Inhalts erfordert, dass dies vereinbart sei, wobei auch Lessmann schwerfällt, die Grenze zwischen einer konkludenten vertraglichen Vereinbarung und einer stillschweigenden, aber erkennbaren Voraussetzung für die Abgabe der Willenserklärung praktisch zu ziehen, vgl. *Lessmann JuS 1969, 478, 482* und *Lessmann JuS 1969, 525, 526*

155 So aber schon RGZ 64, 266, 268; RGZ 149, 235, 239 und schließlich OLG Münchens NJW-RR 1990, 1406; allerdings bezogen sich alle Entscheidungen auf den Fall des offenen Kalkulationsirrtums; vgl. mit zahlreichen Nachweisen *Feuerborn in: Nomos-Kommentar, 2. Aufl. 2012, § 119 BGB, Rn. 54*

156 *Mugdan, Einführungsgesetz und allgemeiner Teil, S. 833*

157 *Mugdan, Einführungsgesetz und allgemeiner Teil, S. 461*

Wenn eine Partei ein bestimmtes einseitiges Motiv beachtlich werden lassen will, an dessen Beachtung die andere Partei von sich aus kein Interesse hat, dann muss sich die erste Partei darum bemühen, dass dieses Motiv durch eine vertragliche Regelung, z.B. in Form einer Bedingung, in den Vertrag aufgenommen wird. Würde wirklich, wie vermeintlich beim erweiterten Inhaltsirrtum, die einseitige Mitteilung von Motiven genügen, würde das Vertragsrisiko für dieses Motiv allzu leicht auf den Erklärungsempfänger abgewälzt werden können[158].

Dass dieser Umstand vom Reichsgericht über Jahre hinweg übersehen worden ist, mag man bezweifeln. Meine Erklärung ist, dass das Reichsgericht nicht den vollen Tatbestand des erweiterten Inhaltsirrtums dargestellt hat. Möglicherweise lag es an der richterlichen Perspektive des Falles, dass die Wichtigkeit der Mitteilung des Motives beim Vertragsschluss überbetont worden ist. Denn die Mitteilung eines Motivs während des Vertragsschlusses hat durchaus auch in prozessualer Hinsicht positive Wirkungen für den Erklärenden, weil sich aus der Mitteilung des Motivs in tatsächlicher Hinsicht vermuten lässt, dass diese Mitteilung nicht ohne Grund erfolgte und daher das Motiv für den Vertragsschluss von Bedeutung ist. Die Mitteilung des Motivs indiziert zugunsten des Irrenden mithin eine günstigere Behandlung der Kausalitätsfrage.

Im Rahmen dieser Kausalitätsfrage muss der Irrende eigentlich nachweisen, dass das Motiv schon bei Vertragsschluss vorlag und maßgebliche Auswirkung auf seinen Entschluss zur Abgabe der Willenserklärung hatte. Natürlich ist der Nachweis des Vorliegens des Motivs beim Vertragsschluss besonders leicht zu erbringen, wenn nachgewiesen werden kann, dass der Irrende das Motiv bereits vor Vertragsschluss der anderen Partei mitgeteilt hat. Gleichzeitig verringert der Beweis, dass das Motiv frühzeitig vorlag, den richterlichen Argwohn gegenüber willkürlichem Verhalten des Irrenden. Die in der Kausalitätsprüfung mitvorgesehene Missbrauchskontrolle wird der Irrende so leichter überwinden können. Aus richterlicher Sicht kommt es mithin zum fließenden Übergang zwischen bloß faktischer Mitteilung und der rechtlichen Relevanz des Motivs[159].

---

158 S. hierzu auch die Diskussionen im japanischen Recht, wo dieses Thema noch deutlicher zur Sprache kommt, insbesondere weil dort z.T. auch die Unterscheidung zwischen Inhalts- und Motivirrtum im Gesetzestext nicht deutlich zum Ausdruck kommt und bedeutende Personen in der Wissenschaft sich dafür einsetzen, die Unterscheidung aufzugeben, in Teil IIID.II.2.b.ii

159 Dem gleichen Fehler unterliegt meines Erachtens Birk. Er will ähnlich wie Kramer § 119 Abs. 2 BGB ausbauen zu einer Regelung zum „Kommunikationsirrtum" hin, vgl. *Birk JZ 2002, 446.* Er will das „sprachliche Kriterium" als maßgebliches Kriterium des beachtlichen Irrtums etablieren, da dieses eine vergleichsweise „hohe Präzision" besitze. Denn wer „sich zu wenig um die Kundgabe seines Willens bemüht", gehe

Wenn man nun aber zusätzlich das Kausalitätskriterium auch beim erweiterten Inhaltsirrtum anwendet, dann unterscheidet sich der erweiterte Inhaltsirrtum nur noch in geringem Umfang vom sachlichen Inhaltsirrtum[160].

B. Kausalität bzw. Wesentlichkeit nach § 119 Abs. 1 und 2 BGB

Als weiteres will ich die sonstigen Elemente des Tatbestands erläutern, die in § 119 Abs. 1 und 2 BGB zu finden sind. Hierzu zählen die „wertende Kausalität"[161] nach § 119 Abs. 1 BGB und das hiermit verwandte Merkmal der Verkehrswesentlichkeit in § 119 Abs. 2 BGB. Trotz ihres unterschiedlichen Wortlautes liegt beiden Tatbestandsmerkmalen das gleiche Verständnis zugrunde. Es soll nämlich eine wertende Betrachtung zwischen wesentlichen und unwesentlichen Irrtümern vorgenommen werden.

Die Funktion und Bedeutung dieser Elemente wird in Wissenschaft und Praxis uneinheitlich behandelt. Für viele ist das Kausalitätselement in § 119 Abs. 1 BGB bedeutungslos geworden, da bereits die Zulassung des Irrtums nach § 119 Abs. 1 BGB hohe Hürden aufstellt. Außerdem wird wohl beim klassischen Erklärungsirrtum – mit Ausnahme von wenigen missbräuchlichen Fällen, die jeder Richter notfalls auch mit Treu und Glauben aussortiert – eine Maßgeblichkeit im Sinne der wertenden Kausalität angenommen werden können (I.). Anders

das höhere Risiko ein, missverstanden zu werden. Allerdings verkennt Birk die Maßgeblichkeit des Kausalitätskriteriums, da er die zusätzlichen Voraussetzungen von § 119 Abs. 2, dass ein Irrtum verkehrswesentlich sein müsse, heranziehen und auf alle Arten von Irrtümern, für welche eine gesteigerte Kommunikation der Vertragsparteien erforderlich zu sein scheint, anwenden will. Birk nennt hier neben dem Eigenschaftsirrtum den Kalkulationsirrtum, *Birk JZ 2002, 446, 449*, worin meines Erachtens die gedankliche Nähe zum erweiterten Inhaltsirrtum, von Birk unbemerkt, sichtbar wird. Dennoch verkennt er, dass die Verkehrswesentlichkeit in § 119 Abs. 2 (oder m.E. überzeugender die inhaltsgleiche Kausalität in § 119 Abs. 1) auch die Anfechtung unabhängig von der Mitteilung des Motivs beschränkt auf Irrtümer über solche Umstände, die „bei dem konkreten Geschäft typisch sind und daher von jedermann in den Geschäftswillen mit aufgenommen werden".

160 Der Unterschied läge nur noch darin, dass beim sachlichen Inhaltsirrtum gar keine Mitteilung des Motivs erforderlich wäre, beim erweiterten Inhaltsirrtum allerdings schon. Allerdings hat sich das deutsche Recht, wie stets beim Inhaltsirrtum, dazu entschieden, grundsätzlich auf die Erkennbarkeit des Irrtums als Anfechtungsvoraussetzung zu verzichten und stattdessen den Erklärungsempfänger durch den Schadenersatz nach § 122 Abs. 1 BGB zu schützen.

161 Vgl. Medicus „vernünftige Kausalität", *Medicus, Allgemeiner Teil des BGB, S. 773*

ist es bei § 119 Abs. 2 BGB. Hier ist bereits der Tatbestand großzügiger, was die Zulassung von Irrtümern anbelangt. Entsprechend kommt dem Merkmal der Verkehrswesentlichkeit größere Bedeutung in der Beschränkung des Irrtumstatbestands zu (II.).

Eine wohl höhere Bedeutung hätte § 119 Abs. 1 BGB erlangen können, wenn man anders als die herrschende Meinung den Tatbestand dort als nicht so eng gefasst angesehen und insbesondere auch einige Sachverhaltsirrtümer zugelassen hätte. Denn dann hätte die Maßgeblichkeit eines Irrtums viel eher über das Kriterium der wertenden Kausalität entschieden werden können – und müssen (III.).

I. Obsoleszenz des Kausalitätskriteriums gem. § 119 Abs. 1 BGB nach der herrschenden Meinung

Die Handhabung des Kausalitätskriteriums in § 119 Abs. 1 BGB ist nach der herrschenden Meinung davon geprägt, dass es fast nie zur Anwendung kommt, um einen Irrtum zu begrenzen[162]. Dies ist in gewisser Weise sogar konsequent, wenn man mit der herrschenden Meinung nur Fehler im mechanischen Erklärungsvorgang nach § 119 Abs. 1 BGB erfasst. Da diese Fehler in der Regel erhebliche Auswirkungen auf den Vertragsschluss haben, ist die Kausalität und Wesentlichkeit dieses Irrtums dann ohne weiteres anzunehmen.

Für § 119 Abs. 1 BGB ist nach dem Wortlaut erforderlich, dass der Irrende die Erklärung „bei Kenntnis der Sachlage und bei verständiger Würdigung des Falles nicht abgegeben haben würde". Es liegen also zwei Tatbestandsmerkmale vor, nach denen zu beurteilen ist, ob der Irrende die Erklärung eigentlich nicht so abgegeben hätte[163].

„Kenntnis der Sachlage" meint wohl die notwendige reine Kausalität, also dass der Irrende, wenn er vom Umstand seines Irrtums gewusst hätte, die Willenserklärung nicht abgegeben hätte. Die reine Kausalitätslehre ist notwendigerweise subjektiv, denn um die Kausalität eines Irrtums zu betrachten, muss der Weg der Willenserklärung vom inneren Willen bis zur Entäußerung der Erklärung nachverfolgt werden, und all diese Vorgänge finden im Kopf des Erklärenden statt.

Von größerer Bedeutung ist das Merkmal „bei verständiger Würdigung". Dieses weist auf eine objektivierende Betrachtung der Maßgeblichkeit des Irrtums

---

162 *Medicus, Allgemeiner Teil des BGB, S. 773*; *Flume, Allgemeiner Teil des bürgerlichen Rechts, S. 421*; ein Beispiel, welches mittels der Kausalität gelöst worden ist: RGZ 95, 112, 116

163 *Feuerborn in: NomosKommentar, 2. Aufl. 2012, § 119 BGB, Rn. 77–78*

hin, welche zusätzlich zur reinen Kausalität vorliegen muss. Erforderlich ist, dass der Irrtumsgrund vernünftig ist[164]. Es muss sich der Irrtum auf einen Umstand beziehen, den auch Dritte für maßgeblich halten, wobei in die Bewertung der Maßgeblichkeit alle individuellen Verhältnisses des Irrenden[165] miteinzubeziehen sind. Hierdurch sollte den „subjektiven Launen des Irrenden, deren Geltendmachung zum Schaden des anderen Teils nicht selten gerade unsittlich ist"[166] – so die Begründung in der Denkschrift – vorgebeugt werden. Ein solcher Fall liegt z.B. vor, wenn jemand in einem Hotel ein Zimmer bestellt und angeben möchte, wieder in Zimmer Nr. 31 nächtigen zu wollen, weil ihm dies das letzte Mal gut gefallen hat. Wegen eines Schreibfehlers gibt er jedoch „Nr. 13" an; dieses ist zufällig völlig gleichwertig. Hier kann der Irrende auch nicht anfechten, wenn er in Zimmer Nr. 13 aus Aberglauben nicht schlafen möchte[167].

Das Merkmal der Kausalität betrachtet die herrschende Meinung folglich als nicht viel mehr als eine Missbrauchskontrolle. In Folge dieses Verständnisses ist es konsequent, dass die Kausalität in der Praxis keine große Bedeutung hat, was im gewissen Widerspruch dazu steht, welche Bedeutung diesem Merkmal nach dem Willen des Gesetzgebers zukommen sollte. Die ausdrückliche Normierung des Rechtsmissbrauchs ist nämlich eigentlich entbehrlich.

Als Missbrauchskontrollnorm gehen die Anforderungen der Kausalität nach § 119 Abs. 1 BGB wohl nicht über das hinaus, was zum Beweis jeglicher Kausalität sowieso im Prozess verlangt wird. Weil der Irrtum die inneren Vorstellungen des Irrenden betrifft, wird ihm deren Nachweis sowieso nur gelingen, wenn sich aus dem Gesamtsachverhalt gewisse Anhaltspunkte für einen rechtlich beachtlichen Irrtum ergeben[168]. Der Irrende muss seine inneren Vorstellungen dem Richter so detailliert vortragen, dass dieser sie hinreichend nachvollziehen kann[169].

II. Verkehrswesentlichkeit in § 119 Abs. 2 BGB

Weniger stiefmütterlich wird das Kriterium der Verkehrswesentlichkeit in § 119 Abs. 2 BGB behandelt. Dies liegt allerdings auch daran, dass der Eigenschaftsirrtum in tatsächlicher Hinsicht häufiger in der Praxis als etwa der Erklärungs- bzw.

---

164 *Medicus, Allgemeiner Teil des BGB, S. 773*
165 BGH NJW 1988, 2597, 2599; *Wilhelm, Anfechtung und Reurecht, S. 53*
166 *Mugdan, Einführungsgesetz und allgemeiner Teil, S. 717*
167 *Musielak JuS 2014, 491, 492; Medicus, Allgemeiner Teil des BGB, S. 773*
168 *Hefermehl in: Soergel, 13. Aufl. 1999, § 119 BGB, Rn. 71*
169 *Feuerborn in: NomosKommentar, 2. Aufl. 2012, § 119 BGB, Rn. 80*

Inhaltsirrtum vorkommt. Der weitere Anwendungsbereich ergibt sich daraus, dass trotz eines engen, gegenstandsbezogenen Eigenschaftsbegriffes (s.o.) immer noch zahlreiche Umstände als Eigenschaften angesehen werden können.

Daher war eine weitergehende Einschränkung des Tatbestands des Eigenschaftsirrtums erforderlich, um die Sicherung des Rechtsverkehrs[170] zu gewährleisten. Die Einschränkung liegt darin, dass die Eigenschaften „verkehrswesentlich" sein müssen.

Nach der Rechtsprechung ist die Verkehrswesentlichkeit, wenn eine ausdrückliche oder konkludente Einigung der Parteien über die Verkehrswesentlichkeit fehlt[171], objektiv nach Sinn und Zweck des konkreten Rechtsgeschäfts[172] zu bewerten. Verkehrswesentlichkeit liegt vor, wenn aus einer Eigenschaft generell auf die Wertschätzung für das vorliegende Rechtsgeschäft geschlossen werden kann. Bei der Eigenschaft muss es sich mithin um ein „typisches Verhältnis" der Sache oder Person handeln[173]. So sind z.B. die Schwimmkenntnisse bei der Einstellung eines Arbeitnehmers je nach konkretem Arbeitsverhältnis verkehrswesentlich, also ob z.B. ein Bademeister oder ein Buchhalter eingestellt werden soll[174]. Auch andere Eigenschaften von Personen können durch dieses Element sinnvoll betrachtet werden. So ist die Schwangerschaft je nach Fall verkehrswesentlich. Es kommt darauf an, wie groß die Auswirkungen auf das Rechtsgeschäft sind, wobei die Dauer und der Zweck des Vertrags herangezogen werden.

---

170 So auch: *Lorenz, Der Schutz vor dem unerwünschten Vertrag, S. 296*

171 *Dörner in: NomosKommentar, 7. Aufl. 2012, § 119 BGB, Rn. 17*

172 RGZ 64, 266, 269; BGH NJW 1984, 230, 231; kritisch insbesondere zur älteren Rechtsprechung, da der Eigenschaftsbegriff wegen einer „Farblosigkeit und Neutralität" sich nicht als Unterscheidungskriterium eigne, *Fleischer, Informationsasymmetrie im Vertragsrecht, S. 340–341*; ebenso kritisch *Schermaier in: HKK 2003, §§ 116–124 BGB, Rn. 72*, weil die Eigenschaft kein Rechtsbegriff sei und sich daher als Grundlage einer rechtlichen Entscheidung nicht eigne

173 BGH DB 1972, 479, 481; *Armbrüster in: MüKoBGB, 7. Aufl. 2015, §119, Rn. 103*; Musielak sieht in der neuen Rechtsprechung des BGH (insbesondere BGH NJW 1984, 230, 231) eine Akzentverschiebung hin zum Wesentlichkeitsbegriff Flumes, da der BGH die Verkehrswesentlichkeit nicht mehr nach der Unmittelbarkeit des Einflusses auf die Bewertung einer Sache bestimmen würde, sondern vielmehr danach, ob die Eigenschaften „die von dem Erklärenden in irgendeiner Weise erkennbar dem Vertrag zugrunde gelegt worden sind, ohne dass er sie geradezu zum Inhalt seiner Erklärung gemacht haben muss", vgl. *Musielak JuS 2014, 491, 494–495*; Zitat aus BGH NJW 1984, 230, 231; ähnlich *Fleischer, Informationsasymmetrie im Vertragsrecht, S. 347*

174 *Dörner in: NomosKommentar, 7. Aufl. 2012, § 119 BGB, Rn. 17*; *Wendtland in: Bamberger/Roth, 3. Aufl. 2012, § 119 BGB, Rn. 41*

Insbesondere bei der Schwangerschaft kann auch zur Vorbeugung von Nachteilen für Frauen berücksichtigt werden, dass die verringerte Arbeitsfähigkeit von Arbeitsnehmerinnen aufgrund von Schwangerschaft nicht ohne weiteres vom Arbeitsgeber als Anfechtungsgrund herangezogen werden darf[175].

III. Wertende Kausalität in § 119 Abs. 1 BGB nach anderer Ansicht

Dem Kriterium der Kausalität in § 119 Abs. 1 BGB kommt dann eine gesteigerte Bedeutung zu, wenn man die Beachtlichkeit nach der Art des Irrtums weglässt und insbesondere auch Sachverhaltsirrtümer als Anfechtungsgrund zulässt. Denn dann ist das Kausalitätskriterium das einzige, das dem Irrenden entgegen gehalten werden kann[176].

Zugunsten einer stärkeren Beachtung des Kausalitätskriteriums spricht, dass dieses in § 119 Abs. 1 BGB schon nach dem Wortlaut relativ breiten Raum einnimmt. Denn es soll die Anfechtung nur zugelassen werden, wenn der Irrende seine Willenserklärung „bei Kenntnis der Sachlage und bei verständiger Würdigung des Falles nicht abgegeben haben würde". Dieser Tatbestand entwickelte sich in zwei Schritten während des Schaffungsprozesses des BGB, denn das zusätzliche Erfordernis „bei verständiger Würdigung des Falles" wurde erst im zweiten Entwurf aufgenommen, nachdem der „subjektive Standpunkt" des ersten Entwurfes als nicht ausreichend angesehen worden ist, um den Verkehr vor den Launen des Irrenden zu schützen.

Unter den Befürwortern des Sachverhaltsirrtums gibt es unterschiedliche Vorstellungen, wie das Kausalitätskriterium ausgestaltet sei und wo es im Gesetz verankert werden könne:

Schermaier will das Kriterium der Kausalität in § 119 Abs. 1 BGB fruchtbar machen, um zum einen den Motivirrtum „dogmatisch handhabbar" zu machen, zum anderen aber auch außergesetzliche Wertungen ins Spiel zu bringen[177]. Unter dem „Motivirrtum" versteht er daher keine bestimmte Irrtumsart, sondern sieht ihn schlicht als Gegenbegriff zum beachtlichen Irrtum[178]. Damit

---

175 Nach dem Urteil des Europäischen Gerichtshofs vom 4. Oktober 2001, Tele Danmark A/S, C-109/00, wird man die Verkehrswesentlichkeit einer Schwangerschaft zugunsten der Rechte der Frauen nur noch selten annehmen dürfen. Auch dieser Anpassung der gesellschaftlichen Vorstellungen im Sinne einer europarechtskonformen Auslegung steht der Begriff der Verkehrswesentlichkeit offen.

176 *Schermaier in: HKK 2003, §§ 116–124 BGB, Rn. 75*

177 *Schermaier in: HKK 2003, §§ 116–124 BGB, Rn. 81*

178 *Schermaier in: HKK 2003, §§ 116–124 BGB, Rn. 79*

vollzieht er, wie ich oben schon angedeutet habe, die vollständige Abkehr von der hergebrachten Unterscheidung nach der Art des Irrtums[179]. Zur objektiven Kausalität gehöre insbesondere die Frage, ob der Irrende nicht das Risiko für den Irrtum auf sich genommen habe, mit der Folge, dass der Irrtum unbeachtlich sei. Dies leitet Schermaier aus dem Grundsatz des *venire contra factum proprium* her.

Kramer gelangt zu einem ähnlichen Ergebnis, versucht dies aber durch eine Ausweitung von § 119 Abs. 2 BGB, in welchem er eine rudimentäre Regelung für alle Sachverhaltsirrtümer entdeckt. Rudimentär deshalb, weil sich die Anwendung von § 119 Abs. 2 BGB dem Wortlaut nach ohne nachvollziehbaren Grund auf einen Eigenschaftsirrtum beschränke[180]. In der Verkehrswesentlichkeit sieht Kramer ein Merkmal, welches genutzt werden könne, um zahlreiche externe Kriterien heranziehen, vornehmlich die Frage der materialen Risikotragung und der Vertrauensschutzgesichtspunkte[181]. Kramer will dadurch den Anschluss an die „moderne Rechtsentwicklung" ermöglichen und verweist dabei ausdrücklich auf die Erkenntnisse der europäischen Rechtsvergleichung[182].

Besonders der Gedanke der Risikotragung scheint dabei wichtig: Wer also Aktien in der Erwartung kauft, dass der Kurs steigen werde, kann den Kaufvertrag nicht anfechten, weil er das Risiko für Kursschwankungen übernommen hat. Man könnte aber auch sagen, dass für die Frage der objektiven Kausalität (also ob der Irrende die Erklärung abgegeben hätte) auf eine *ex ante*-Perspektive abzustellen ist und *ex ante* lässt sich eine zukünftige Entwicklung niemals bewerten. Oder, anders ausgedrückt, aufgrund der essentiellen Bedeutung des zeitlichen Ablaufs bei Risikogeschäften ist der Irrende daran gehindert, sich auf später eintretende Tatsachen als Irrtumsgründe zu berufen. Als zeitliches Element ist dabei nicht zwingend der spätere Eintritt der Tatsachen zu verstehen, sondern es kann auch schon die erst spätere Kenntniserlangungsmöglichkeit bezüglich gegenwärtiger oder vergangener Tatsachen ausreichen[183].

---

179 *Schermaier, Die Bestimmung des wesentlichen Irrtums von den Glossatoren bis zum BGB, Rn. 683*

180 *Kramer in: MüKoBGB, 5. Aufl. 2006, § 119 BGB, Rn. 116*

181 *Kramer in: MüKoBGB, 5. Aufl. 2006, § 119 BGB, Rn. 116*

182 *Kramer in: MüKoBGB, 5. Aufl. 2006, § 119 BGB, Rn. 116*

183 Beispiele lassen sich vor allem dann gut bilden, wenn man sich in Zeiten zurückversetzt, in denen eine weltweitere Kommunikation nicht in Echtzeit möglich war: Wird beispielsweise Ware verkauft, die auf einem Schiff Richtung England unterwegs ist, so berechtigt der Irrtum über den bereits eingetretenen Verlust der Ware wegen eines Wetterschadens auf See, dessen Mitteilung aber noch per Post auf dem Weg zum Verkäufer ist, nicht zur Anfechtung des Kaufvertrags (Fall dem englischen Recht nachgebildet, vgl. Teil IVC.II.2)

Hier ist aber auch die Verbindung zum Schuldrecht sichtbar. Viele Risiken unterliegen einer vertraglichen Risikoverteilung, die je nach Vertragstyp typischerweise feststeht. Dann aber wäre es unerträglich, wenn es seiner Partei möglich wäre, sich mittels der Irrtumsanfechtung diesen Risikoverteilungsregelungen zu entziehen. So trägt der Verkäufer das Risiko dafür, dass er die vertraglich geschuldete Ware aus tatsächlichen Gründen nicht liefern kann. Das ist bei der Gattungsschuld stets das Beschaffungsrisiko. Im Falle der Pflichtverletzung muss er verschuldensunabhängig Schadenersatz leisten (wegen §§ 280 I, III, 283, 276 I aE BGB). Bei der Stückschuld trägt er zumindest das Risiko, dass die gegenständliche Ware noch nicht untergegangen ist (leichte systemwidrige Modifikationen in § 311 Abs. 2 S. 1 BGB sollen hier nicht betrachtet werden).

Aus gleichen Gründen wird angenommen, dass der Verkäufer einer mangelhaften Sache sich nicht wegen des Irrtums über die Mangelhaftigkeit der Sache auf einen Eigenschaftsirrtum berufen kann. Was von der herrschenden Meinung nur als Konkurrenzfrage behandelt wird, kann somit wieder in das Irrtumsrecht zurückgeführt werden. Denn bereits nach den allgemeinen Prinzipien der Risikoverteilung ist eine Anfechtung ausgeschlossen. Die Behandlung als bloße Konkurrenzfrage ist insbesondere deswegen falsch, weil die Sachmängelhaftung ja erst nach Gefahrenübergang beginnt und deswegen davor der Käufer nicht durch den Vorrang der Sachmängelgewährleistung geschützt werden kann.

Dass all diese Erwägungen von der herrschenden Meinung in Literatur und Schrifttum nicht konsequent durchgeführt werden, ist meines Erachtens ein weiteres Indiz dafür, dass das Irrtumsrecht fälschlicherweise an den Rand gedrängt worden ist.

C. Begrenzung der Rechtsfolgen im deutschen Recht

Die weiteren Bestandteile der Irrtumsregelungen im BGB dienen der weiteren Begrenzung des Anfechtungsrechts bzw. sollen die Rechtsfolgen für den Anfechtungsgegner und unbeteiligte Dritte erträglicher machen. Es ist ein willkürliches Sammelsurium von Einzelregelungen ohne inneren Zusammenhang. Sie teilen sich nur den Zweck, die Anfechtbarkeit wegen Irrtums weiter einzuschränken, damit insgesamt ein angemessener Ausgleich zwischen der willenstheoretisch motivierten Anfechtbarkeit und dem Verkehrsschutz geschaffen wird. Es soll, bildlich gesprochen, das Pendel, das bei der Zulassung der Anfechtung nach der Art des Irrtums eher weit in Richtung Willenstheorie ausgeschlagen hatte, wieder in die Mitte zurückgerückt werden.

Dies geschieht zum einen dadurch, dass ein beachtlicher Irrtum nicht mehr zur Nichtigkeit der Willenserklärung führt, sondern nur zur Anfechtbarkeit. Mit der Anfechtbarkeit konnte zum anderen die zeitliche Begrenzung dieses Gestaltungsmittels auf einen engen Rahmen ermöglicht werden, welche durch die Festsetzung einer Anfechtungsfrist herbeigeführt worden ist.

I. Drittschutz nach § 142 Abs. 2 BGB

Zunächst ist kurz auf § 142 Abs. 2 BGB einzugehen. In Ergänzung zum sachenrechtlichen Abstraktionsprinzip und zu den sachenrechtlichen Gutglaubensvorschriften schuf der Gesetzgeber Schutzvorschriften zugunsten von schutzwürdigen Dritten[184].

Nach § 142 Abs. 2 BGB darf ein nicht am Rechtsgeschäft beteiligter Dritter, der auf das Rechtsgeschäft aufbauende weitere Verfügungen trifft, annehmen, dass solche Umstände, die den Erklärenden zur Anfechtung berechtigen würden, bei Tätigung des Rechtsgeschäfts nicht vorlagen, es sei denn, der Dritte kannte diese Umstände oder hätte sie kennen müssen.[185]

Da Dritte in der Regel die Umstände des konkreten Rechtsgeschäfts nicht kennen und auch nicht kennen müssen, wird ihr Vertrauen in den Fortbestand des Rechtsgeschäfts privilegiert und weitgehend geschützt. Dies hat zur Folge, dass alle weiteren Erwägungen zur Begrenzung etwaiger unbilliger Rechtsfolgen der Anfechtung in der Regel nur den Erklärungsempfänger bzw. Vertragspartner des Irrenden betreffen.

II. Bloße Anfechtbarkeit

Eine wesentliche Begrenzung der Irrtumsfolgen liegt darin, dass eine solche Willenserklärung nicht automatisch und nicht sofort nichtig ist. Vielmehr hat das BGB durch die Schaffung des Anfechtungserfordernisses die Nichtigkeit an

---

184 Das erste Schutznetz ist das Abstraktionsprinzip des Sachenrechts. Dieses Prinzip bewirkt, dass eine Nichtigkeit des Verpflichtungsgeschäfts sich nur dann auf das Verfügungsgeschäft auswirkt, wenn der Grund der Nichtigkeit auch gesondert für das Verfügungsgeschäft vorliegt. Wird ein Kaufvertrag wegen eines Irrtums angefochten, bleibt in der Regel die Eigentumsübertragung der Sache wirksam. Das zweite Sicherheitsnetz sind die Gutglaubensvorschriften. Diese bewirken, dass ein gutgläubiger Zweiterwerber auch bei Nichtigkeit des dinglichen Übertragungsgeschäfts von einem nichtberechtigten Ersterwerber erwerben kann, sofern der Zweiterwerber nicht bezüglich der Berechtigung des Zwischenerwerbers im bösen Glauben war (§ 932 ff. BGB), also z.B. annehmen musste, dass der Verfügende nicht Eigentümer der Sache gewesen war. Der gute Glauben in die Nichtanfechtbarkeit vorangegangener Verfügungen (§ 142 Abs. 2 BGB) ist ein drittes Schutznetz.

185 *Busche* in: MüKoBGB, 7. Aufl. 2015, § 142, Rn. 21–22

Verfahrenshürden geknüpft. Denn es ist nunmehr der Irrende gefordert, selbst aktiv zu werden, um die Nichtigkeit herbeizuführen, indem er seine Willenserklärung (bzw. das Rechtsgeschäft insgesamt) durch Erklärung gegenüber dem Erklärungsempfänger anficht[186]. Erst der Zugang der Anfechtungserklärung hat die gestaltende Wirkung[187].

Die Anfechtbarkeit hat gegenüber der automatischen, sofortigen Nichtigkeit erhebliche Vorteile: Zum einen ist nur über die Anfechtbarkeit die im BGB vorgesehene Fristenlösung möglich (dazu sogleich). Zum anderen dient die Anfechtbarkeit den Interessen des Irrenden, zumindest soweit wie er intellektuell in der Lage ist, die Anfechtung sinnvoll einzusetzen: Denn mit der Anfechtung wird dem Irrenden das zusätzliche Recht eingeräumt, im Nachhinein einen so nicht gewollten Vertrag doch noch anzunehmen und die Anfechtungsfrist verstreichen zu lassen. Schließlich dient die Anfechtbarkeit auch der Rechtssicherheit, denn sie erfordert, dass die Parteien im Falle eines Vertragsschlussfehlers erneut in Kommunikation miteinander treten, wodurch die Kenntnis der Parteien von der tatsächlichen Vertragslage potentiell gefördert wird[188].

Nicht zwingend mit der Natur eines Gestaltungsmittels verbunden ist die Rückwirkung der Nichtigkeitsfolge, die das deutsche Recht in § 142 BGB vorsieht[189]. Die gesetzlich angeordnete Rückwirkung führt dazu, dass durch die Anfechtung die Rechtswirkungen des tatsächlich stattgefundenen Rechtsgeschäfts nachträglich beseitigt werden und ein Zustand hergestellt wird[190], als ob das Rechtsgeschäft niemals vorgenommen worden wäre[191]. Man spricht auch von der Nichtigkeitsfiktion der Anfechtung. Im Umkehrschluss aus § 142 Abs. 2 BGB ist klar zu lesen, dass die Nichtigkeitswirkung nicht nur *inter partes*, sondern auch gegenüber Dritten eintritt. Sowohl die Rückwirkung als auch die Wirkung *inter omnes* sind als Reste der reinen Willenstheorie vom gesetzgeberischen Willen getragen.

---

186 *Medicus, Allgemeiner Teil des BGB, Rn. 717*

187 *Medicus, Allgemeiner Teil des BGB, Rn. 714*

188 *Lorenz, Der Schutz vor dem unerwünschten Vertrag, S. 259*

189 *Medicus, Allgemeiner Teil des BGB, Rn. 714*

190 *Mankowski, Beseitigungsrechte, S. 9–12*

191 *Medicus, Allgemeiner Teil des BGB, Rn. 714*; Beispiel für die rückwirkende Wirkung: Mittels Verfügung überträgt A sein Eigentum zunächst auf B und dann B auf C. Ficht A gegenüber B seine Verfügung an, so verliert B sein Eigentum rückwirkend. Und B wird dann gegenüber C im Nachhinein so behandelt, als wäre er nie Eigentümer gewesen. Ließe man den gutgläubigen Erwerb vom Nichtberechtigten außer Betracht, könnte C somit von B nicht mehr das Eigentum erwerben.

Zur Abmilderung der schweren Folgen der Rückwirkung war der Gesetzgeber aber darauf bedacht, dass der Erklärungsempfänger sowie Dritte diese für sie eigentlich verheerende Wirkung nicht in vollem Umfang zu spüren bekommen.

III. Fristenlösung für das Anfechtungsrecht

Weiterer Vorteil der Anfechtbarkeitslösung ist die Möglichkeit, die Auswirkungen der Anfechtbarkeit dadurch zu begrenzen und damit dem Vertrauensinteresse des Vertragspartners entgegen zu kommen, dass die Ausübung der Anfechtung an eine Frist gebunden ist. Diese Lösung wählte der Gesetzgeber in § 121 Abs. 1 BGB, wonach die Anfechtung unverzüglich nach Kenntniserlangung des Irrtums zu erklären ist.

1. Unverzügliche Erklärung der Anfechtung

Die Länge der Frist ist im deutschen Recht zwar nicht präzise zeitlich angegeben, sondern mittels des auslegungsbedürftigen Rechtsbegriffes „unverzüglich" bestimmt. Dieser Begriff ist in § 121 Abs. 1 BGB definiert als „ohne schuldhaftes Zögern". Die Frist beginnt gem. § 121 Abs. 1 S. 1 BGB mit Kenntniserlangung des Anfechtungsgrundes durch den Anfechtungsberechtigten[192]. Daher hat der Anfechtungsberechtigte die Anfechtung ohne schuldhaftes Zögern zu erklären, sobald ihm das Bestehen des Anfechtungsgrundes bewusstgeworden ist.

„Unverzüglich" bedeutet nicht, dass der Irrende die Anfechtung sofort erklären muss, sondern ihm steht eine nach den Umständen des Einzelfalls zu bemessende Prüfungs- und Überlegungsfrist zu[193], in welcher er auch den Rat eines Rechtskundigen einholen darf[194]. Trotz seiner abstrakten Unbestimmtheit sorgt der Rechtsbegriff der „Unverzüglichkeit" in der Praxis für relativ geringe Rechtsunsicherheit, da die Gerichte regelmäßig von einer Höchstgrenze von zwei Wochen ausgehen[195].

Die Frist ist gewahrt, wenn die Erklärung innerhalb der Frist auf den Weg gebracht worden ist. In Abweichung von sonstigen Fristenregelungen kann eine auf dem Weg verloren gegangene Erklärung fristwahrend wiederholt werden, sofern auch hier der Erklärende unverzüglich die Zweiterklärung auf den Weg bringt. Wird ein ungewöhnlich komplizierter Erklärungsweg gewählt

---

192 *Ellenberger in: Palandt, 76. Aufl. 2017, § 121 BGB, Rn. 2*

193 BGH NJW 2005, 1869

194 OLG Oldenburg NJW 2004, 168

195 *Ellenberger in: Palandt, 76. Aufl. 2017, § 121 BGB, Rn. 3*; OLG Hamm NJW-RR 1990, 523

(z.B. Anfechtung in einer Klageschrift, welche erst bei Gericht eingeht und dann im normalen Geschäftsgang dem Gegner zugestellt wird), so genügt dies zur Fristwahrung nicht[196]. Prozessual handelt es sich bei dieser Frist um eine materiellrechtliche Ausschlussfrist, deren Beachtung von Amts wegen bei entsprechendem Tatsachenvortrag zu beachten ist[197].

2. *Kritik an der konkreten Ausgestaltung der Fristenlösung im deutschen Recht*

Da das deutsche Recht dem Irrenden eine Wahlmöglichkeit gibt, ob er den Vertrag wegen des Irrtums anfechten will oder nicht, droht ein Reurecht zugunsten des Irrenden zu entstehen[198]. Als Reurecht wird die Möglichkeit bezeichnet, sich nachträglich vom Vertrag aus willkürlichen Gründen zu lösen.

Die deutlichste Kritik in diesem Bereich hat Wilhelm in einer bislang wenig beachteten Arbeit geäußert. Er gewann seine Erkenntnisse bezüglich der Irrtumsregelung hauptsächlich aus einem Vergleich mit anderen Regelungen des BGB, bei denen der Gesetzgeber Einwirkungsmöglichkeiten der Parteien bei einem fehlerhaften Rechtsgeschäft festlegen musste[199]. Wilhelm deckte hier systematische Unstimmigkeiten innerhalb des BGB auf, indem er den Vergleich zum Minderjährigen- und zum Stellvertretungsrecht zog. Schließt nämlich ein Minderjähriger einen Vertrag ohne Einwilligung des gesetzlichen Vertreters ab, besteht neben dem Recht des gesetzlichen Vertreters, den Vertrag zu widerrufen, gem. § 109 BGB eine solche Möglichkeit auch für den unschuldigen Geschäftspartner (unschuldig in dem Sinne, dass er die Minderjährigkeit nicht erkannt hat oder vom Minderjährigen über das Vorliegen der Einwilligung getäuscht worden ist)[200]. Ähnliches ergibt sich aus §§ 177, 178 BGB zur Stellvertretung.

Problematisch am Reurecht ist, dass der Irrende dieses als „Frucht für seinen Irrtum" erhält, obwohl er den Irrtum oft selbst verschuldet hat.[201] Eine solche Anreizwirkung erscheint unpassend, denn es könnte jemand zu möglichst sorglosem Erklären verleitet werden, weil ihm dann öfter ein Reurecht zustünde. Selbst ein Ausschluss für grob fahrlässig verschuldete Irrtümer ist im

---

196 BGH NJW 1975, 39

197 *Ellenberger in: Palandt, 76. Aufl. 2017, § 121 BGB, Rn. 1*

198 *Brox, Die Einschränkung der Irrtumsanfechtung, S. 24; Kötz, Abschluß, Gültigkeit und Inhalt des Vertrages, Die Beteiligung Dritter am Vertrag, S. 296*

199 *Wilhelm, Anfechtung und Reurecht, S. 36*

200 *Wilhelm, Anfechtung und Reurecht, S. 44*

201 So auch *Wilhelm, Anfechtung und Reurecht, S. 40*

gegenwärtigen Recht nicht zu finden; ein solcher Ausschluss befand sich im ersten Entwurf des BGB in § 99[202], konnte sich dort aber in der Endfassung des deutschen BGB nicht durchsetzen[203].

Ein solches Reurecht verträgt sich nicht mit der Vertragsfreiheit, denn der Irrende kann anhand der veränderten Lage entscheiden, ob er anfechten will. Nur dem Irrenden steht damit offen, den Vertrag neu zu bewerten. Stellt sich der von ihm so nicht gewollte Vertrag z.B. wegen der Preisschwankung als nunmehr günstig heraus, wird er ihn (durch Nicht-Ausübung der Anfechtung) einseitig aufrechterhalten[204]. Auf der anderen Seite wird er die ihm zustehende Irrtumsanfechtung nutzen, wenn ihm der Vertrag aufgrund nachträglicher Umstände als nachteilig erscheint. Er muss allerdings in die Betrachtung auch seine Schadenersatzpflicht nach § 122 BGB einstellen.

Diese Gefahr eines Reurechts kann durch die Anfechtungsfrist abgemildert werden. Jedoch eignet sich die vorgesehene Fristenregelung nur eingeschränkt: Das Problem liegt beim Beginn der Anfechtungsfrist. Denn der Beginn ist durch den Anfechtungsgegner nicht klar zu bestimmen. Ob ein Irrender schon frühzeitig Kenntnis des Irrtums hatte, wird sich im Prozess nicht ohne weiteres nachweisen lassen[205]. Selbst prozessuale Beweiserleichterungen[206] können hier keinen vollständigen Schutz gewähren. Am schwierigsten ist die Situation für den Anfechtungsgegner, wenn er Kenntnis des Irrtums als Anfechtungsgrund hat, er jedoch nicht sicher weiß (oder nicht beweisen kann), ob auch der Anfechtungsberechtigte bereits Kenntnis hat. Will er Rechtssicherheit über den Bestand des Vertrags, so ist er gezwungen, den Anfechtungsberechtigten selbst über den Anfechtungsgrund in Kenntnis zu setzen und dann die Frist abzuwarten[207]. Dass er hierdurch „schlafende Hunde“ weckt und damit eine Chance der Reue erst

202 *Mugdan, Einführungsgesetz und allgemeiner Teil, S. 83 und 463*; für diese Ausnahme trat schon Savigny ein, vgl. *Savigny, System des heutigen Römischen Rechts, S. 333*

203 Es fehlt dem Bericht der 2. Kommission die ausdrückliche Begründung für diese Änderung; es lässt sich nur anhand einer anderen Stelle schließen, dass die Kommission wohl die Abgrenzung zwischen einfacher und grober Fahrlässigkeit scheute, vgl. *Mugdan, Einführungsgesetz und allgemeiner Teil, S. 712*

204 *Wilhelm, Anfechtung und Reurecht, S. 38–40*

205 *Wilhelm, Anfechtung und Reurecht, S. 56–57*; zur Beweislastverteilung im allgemeinen: *Hefermehl in: Soergel, 13. Aufl. 1999, 121, Rn. 12*; BGH NJW 1983, 2034, 2035

206 So evtl. angedeutet vom BAG NJW 1980, 1302, 1303; gegen eine solche konkludent: *Feuerborn in: NomosKommentar, 2. Aufl. 2012, § 121 BGB, Rn. 18*

207 *Wilhelm, Anfechtung und Reurecht, S. 39*

hervorruft, die der andere ausnutzen könnte, verstärkt dieses Problem. Steht die Erfüllung des Vertrags noch an, kann auch das bloße Abwarten der Frist für den Anfechtungsgegner weitere Unbilligkeiten nach sich ziehen: Denn aufgrund der Unsicherheit, ob die Anfechtung ausgeübt werde, muss er die Vertragserfüllung soweit vorantreiben, dass er den Vertrag erfüllen könnte. Denn ein Leistungsverweigerungsrecht hat er während des Fristlaufs nicht[208].

Ein allgemeines Reurechtsproblem ist mit der Gewährung einer Frist untrennbar verbunden. Allerdings sollte man nicht zu dem Schluss gelangen, auch dem Anfechtungsgegner ein eigenständiges Widerrufs- oder Anfechtungsrecht zu geben, denn damit triebe man den „Teufel mit dem Beelzebub" aus: Zwar wäre dem Irrenden die Spekulation weitgehend verwehrt, aber dem Anfechtungsgegner würde hierdurch die Spekulation erst ermöglicht werden, und der Anfechtungsgegner würde sich seinerseits, sollte er ein Reurecht erlangen wollen, auf die Suche nach Irrtümern machen.

IV. Ausgleichspflicht für das negative Interesse

Als weitere Regelung zur Abmilderung der Folgen eines Anfechtungsrechts ist im deutschen Recht eine Ausgleichspflicht in Geld vorgesehen. Wie schon dargestellt, kann die reine Anfechtbarkeit für den Vertragspartner eine unbillige Härte darstellen. Gem. § 122 Abs. 1 BGB hat der Anfechtende dem unschuldigen Vertragsgegner den Schaden zu ersetzen, der dadurch entstanden ist, dass er auf die Gültigkeit der Erklärung vertraut hat.

Allerdings ist dieser Schadenersatz auf das sog. negative Interesse begrenzt: Das bedeutet, dass der Anfechtungsgegner so zu stellen ist, als hätte es die fehlerhafte Willenserklärung nicht gegeben. Um die Höhe des ersatzfähigen Schadens zu berechnen, berücksichtigt man innerhalb der Prüfung einer sog. alternativen Kausalität, dass bei irrtumsfreier Behandlung der tatsächlich abgeschlossene Vertrag nicht abgeschlossen wäre, sondern sich die Parteien entweder gar nicht oder aber auf für den Anfechtungsgegner schlechtere Bedingungen geeinigt hätten[209]. Es sind daher alle Schäden zu ersetzen, die in Folge

---

208 So *Ellenberger in: Palandt, 76. Aufl. 2017, § 142 BGB, Rn. 3*, wonach ein Leistungsverweigerungsrecht nur für mithaftende Dritte, z.B. Bürgen und Eigentümer der mit einem Pfandrecht belasteten Sache, besteht.

209 Singer nennt hier als Beispiel den Speisekartenfall, *Singer in: Staudinger 2012, § 122 BGB, Rn. 2; Singer in: Staudinger 2012, § 133 BGB, Rn. 20*: Hier stahl ein Student die Speisekarte eines Restaurants und legte sie nach zehn Jahren reumütig an die alte Stelle zurück. Ein anderer Gast las die Speisekarte und war von den günstigen Preisen des Restaurants so begeistert, dass er ein besonders teures und gutes Essen bestellte.

des Vertrauens in den Bestand der Willenserklärung entstanden sind. Nicht ersatzfähig ist die Erwartung, die mit dem Vertragsschluss verbunden ist (also die Herstellung der Situation, die wirtschaftlich bestünde, wenn der Vertrag erfüllt worden wäre). Der Schadenersatz des negativen Interesses beschränkt sich auf solche Kosten, die aufgrund des Vertragsschlusses entstanden sind und bei Nicht-Abschluss nicht entstanden wären. Dies sind in den meisten Fällen nur die Vertragsschlusskosten. Einzig bei einem Stückkauf oder Gattungskauf aus begrenzter Gattung könnte der Ersatz erheblichen Umfang erreichen, wenn aufgrund des Abschlusses des angefochtenen Geschäfts (und des Vertrauens in den Bestand dieses Geschäfts) der Abschluss eines weiteren späteren Geschäfts verhindert worden ist. In diesem Falle könnte der Anfechtungsgegner den Gewinn aus diesem Geschäft verlangen.

Ausgestaltet war dieser Anspruch zunächst, zurückgehend auf die von Jhering entwickelte *culpa in contrahendo*, als Haftung für fahrlässiges Verhalten. Es musste also den Irrenden ein Verschulden an seinem Irrtum treffen. Als Kompromiss gegenüber den Befürwortern einer erklärungstheoretischen Lösung ohne Anfechtungsmöglichkeit, wurde die die Anfechtung mildernde Ausgleichspflicht schließlich als verschuldensunabhängige Veranlassungshaftung ausgestaltet.[210]

Erst als der Wirt am Ende die Rechnung brachte, flog der Fehler auf. Es stellt sich zunächst die Frage, was Vertragsinhalt geworden ist: Legt man die Willenserklärung des Gastes aus, so ist nach objektivem Empfängerhorizont klar, dass er sich auf die Preise bezieht, die in der Speisekarte vor ihm liegen. Die Annahme des Wirtes nimmt objektiv auf das Angebot des Gastes Bezug, so dass der Vertrag wohl mit den günstigen Preisen zustande gekommen ist. Allerdings kann der Wirt den Vertrag wegen Inhaltsirrtums anfechten, wäre aber dennoch zum Ersatz des Vertrauensschadens verpflichtet. Alternativ lässt sich argumentieren, dass der Wirt in seiner Annahme auf die gegenwärtigen Preise bezugnimmt, so dass ein Dissens vorläge. (Besonderheit dieses Falles ist, dass den irrenden Wirt kein Verschulden am Irrtum zur Last gelegt werden kann und ihm – je nach konkreter Gestaltung der Umstände – auch nicht die Fehlerhaftigkeit der Speisekarte zugerechnet werden kann. Sowohl das Verschulden als auch die Zurechenbarkeit des Fehlers sind aber für die Betrachtung des Irrtums irrelevant.)

210 *Singer in: Staudinger 2012, § 122 BGB, Rn. 1*; *Larenz, Lehrbuch des Schulrechts, S. 108*; *Larenz, Bemerkungen zur Haftung für „culpa in contrahendo", in: Flume/Raisch/Steindorff, Festschrift für Kurt Ballerstedt zum 70. Geburtstag am 24. Dezember 1975, S. 397, 415–419*; es ist dennoch die Annahme eine gesetzlichen Falles einer *c.i.c.* nicht fernliegend. So führt Emmerich aus, dass die Verfasser des BGB zwar keine allgemeine *c.i.c.* im Gesetz verankerten, aber „nicht zögerten, zumindest insoweit eine Haftung

Allerdings ist auch hier dem Gesetzgeber ein seit 100 Jahren nicht korrigierter Fehler unterlaufen. Es ist nämlich das Verhältnis zum ursprünglichen Anspruch aus der c.i.c. nicht geklärt. Dieses wäre wohl dann unproblematisch, wenn der gesetzliche Anspruch stets über die c.i.c. hinausginge. Dem ist aber nicht so, denn in § 122 Abs. 2 BGB ist ein kompletter Ausschluss des Ausgleichsanspruchs vorgesehen, soweit der Anfechtungsgegner den Anfechtungsgrund kennen musste. Bei einer c.i.c.-Regelung nach den allgemeinen Prinzipien wäre für solche Fälle statt des kompletten Ausschlusses auch nur eine anteilige Begrenzung des Anspruchs nach den Regeln des Mitverschuldens (§ 254 BGB) möglich.

Es stellt sich also die Frage nach dem Konkurrenzverhältnis beider Ansprüche: Auch wenn sich ein kompletter Ausschluss systematisch leichter begründen ließe, da die Spezialregelung die allgemeine verdrängen würde[211], erscheint es vorzugswürdig, beide Ansprüche in Konkurrenz treten zu lassen, da nur so dem Willen des Gesetzgebers entsprochen werden kann, dass der Anfechtungsgegner durch § 122 BGB insgesamt bessergestellt werden soll.

Ähnliche Probleme stellen sich, wenn beide Ansprüche unterschiedlichen Verjährungsregelungen unterliegen, wobei hier das Problem eher zu sein scheint, dass die *c.i.c.* mit der gesetzlichen Verjährungsfrist von drei Jahren zum Jahresende über die auf den Ausgleichanspruch anwendbare vertragliche Verjährungsfrist hinausgehen könnte, z.B. im Rahmen des Kaufrechts, bei dem eine Frist von zwei Jahren ab Vertragsschluss vorgesehen ist.[212]

D. Alternative Konzepte einer willenstheoretischen Begrenzung der Irrtumsanfechtung im japanischen ZGB

Wie schon eingangs geschrieben, lohnt es sich, das japanische Recht für die Betrachtung der Irrtumsregelungen heranzuziehen. Dies liegt daran, dass sich Japan beim Irrtumsrecht in nicht unerheblichem Maße am deutschen Recht orientiert hat.

---

aus *c.i.c.* gesetzlich zu verankern", vgl. *Emmerich in: MüKoBGB, 6. Aufl. 2012, § 311 BGB, Rn. 37*

211 *Honsell, Negatives und positives Interesse wegen Verletzung der Aufklärungspflicht bei culpa in contrahendo und Delikt, in: Beuthien, Perspektiven des Privatrechts am Anfang des 21. Jahrhunderts, S. 181, 183,* nach dessen Ansicht der Ausschluss von § 122 Abs. 2 BGB durchgreift; *Singer,* Selbstbestimmung und Verkehrsschutz im Recht der Willenserklärungen, S. 91.

212 Ebenso *Hefermehl in: Soergel, 13. Aufl. 1999, § 122 BGB, Rn. 7*

Das japanische Recht ist ebenso wie das deutsche Recht der Willenstheorie verpflichtet und bleibt ebenfalls der Prämisse treu, einen Ausgleich zwischen Willensfreiheit und Rechtssicherheit zu finden. Die japanischen Juristen orientierten sich am deutschen Vorbild nicht nur bei der Schaffung ihres Zivilgesetzbuches am Ende des 19. Jahrhunderts, sondern auch in noch größerem Umfang bei der anschließenden Auslegung der Regelungen durch die Gerichte sowie bei der wissenschaftlichen Begleitung.

Die Frage nach dem Umgang mit dem deutschen Rechtserbe ist in Japan von aktueller Brisanz, denn gegenwärtig soll in Japan das Zivilgesetzbuch reformiert werden. Anders als bei der Schuldrechtsreform 2002 in Deutschland steht hierbei auch die Irrtumsregelung auf dem Prüfstand.

I. Selbstbestimmte Rezeption fremder Rechte

Die Betrachtung einer außereuropäischen Rechtsordnung beginnt in der Regel damit, in der kolonialen Geschichte des Landes nach der maßgeblichen europäischen Rechtsordnung zu suchen, da die europäischen Kolonialherren ihr Rechtssystem meist auf ihre Kolonien übertragen haben. Dies ist bei Japan anders. Denn Japan war niemals Kolonie eines ausländischen Staates. Angestoßen durch geopolitische Veränderungen, erfolgte die Rezeption aus eigenen Stücken[213]; die japanische Gesellschaft betrachtete nämlich die ausländischen

213 Die Rezeption fremder Rechte begann aufgrund einschneidender Veränderungen der geopolitischen Situation Japans in der Mitte des 19. Jahrhunderts. Zuvor hatte sich in Japan eine Gesellschaft gebildet, die über lange Zeit wenig Austausch mit anderen Kulturen hatte, *Kinoshita, Japanese law and Western law, in: Leser, Wege zum japanischen Recht, 209*. Dies mag zum einen an der geographischen Abgeschiedenheit gelegen haben, denn Japan besteht nur aus Inseln ohne Verbindung zum Festland, *Marutschke, Einführung in das japanische Recht, S. 15; Haley, The spirit of Japanese law, S. 7*; *Rahn, Rechtsdenken und Rechtsauffassung in Japan, S. 28*. Zum anderen wies die japanische Gesellschaft aufgrund der Knappheit an besiedelbarem Raum eine große Homogenität auf, und diese Homogenität bewirkte, dass äußere Einflüsse weniger in die Gesellschaft eindringen konnten. Dies änderte sich 1854, als die Amerikaner, dann die übrigen westlichen Mächte begannen, die Öffnung des Landes zu erzwingen. Aufgrund der Übermacht der amerikanischen Flotte aus Dampfschiffen musste die *Edo*-Regierung (*Bakufu*) die japanischen Häfen für den Handel öffnen, welcher mittels völkerrechtlicher Handelsverträgen abgesichert wurde (vgl. *Matsumoto, Transfer europäischer Rechtsnormen nach Japan,* http://nbn-resolving.de/urn:nbn:de:0159-20100921580 *(besucht am 15.04.2017), Rn. 4; Marutschke, Einführung in das japanische Recht, S. 27*). Die *Edo*-Regierung verlor bald darauf die Kontrolle über die einzelnen Fürstentümer in Japan, und das Land versank in eine Zwischenphase regionaler Unruhen. Erst die

Rechte als Erkenntnisquellen und wollte deren Errungenschaften im Zuge eigener Reformbestrebungen transferieren und adaptieren[214]. Dieser Transfer europäischer Normen erfolgte aber erst relativ spät, nämlich ab der zweiten Hälfte des 19. Jahrhunderts.

Mit dieser selbstbestimmten Rezeption ging auch einher, dass die Japaner festlegten, welche Aspekte und Bereiche sie übernehmen wollten, wobei sich die japanische Regierung durchaus von pragmatischen Motiven leiten ließ[215]: Passende Konzepte und Ansätze, die man u.a. durch Studienreisen erkundet hatte[216], wurden übernommen, unpassende ließ man links liegen. Dies lässt sich durch den politisch-philosophischen Gesamtentwurf der *Meiji*-Restauration erklären. Dieser bestand darin, zwar Staat und Wirtschaft zu erneuern und zu industrialisieren[217], gleichzeitig aber die traditionellen Denk- und Verhaltensweisen, die sich in der homogenen und weitgehend isolierten japanischen Gesellschaft gebildet hatten[218], aufrechtzuerhalten.

Machtübergabe an den *Meiji-Tenno* (Kaiser), der seine neue aristokratische Regierung weitgehend aus der Samurai-Klasse rekrutierte, stabilisierte das Land, weswegen diese Periode auch als *Meiji*-Restauration bzw. auch *Meiji*-Erneuerung (*Meihi Ishin*) bezeichnet wird, vgl. *Rahn, Rechtsdenken und Rechtsauffassung in Japan, S. 69*. Gleichzeitig leitete die Regierung eine groß angelegte Modernisierung des Landes ein, vgl. *Matsumoto, Transfer europäischer Rechtsnormen nach Japan*, http://nbn-resolving.de/urn:nbn:de:0159-20100921580 *(besucht am 15.04.2017), Rn. 2*; *Jones, The wonderful world of Japanese law*. Ziel war die Schaffung eines modernen Staats, wofür auch das japanische Rechtssystem modernisiert werden musste, *Haley, The spirit of Japanese law, S. 9*; *Jones, The wonderful world of Japanese law*; *Rahn, Rechtsdenken und Rechtsauffassung in Japan, S. 1*.

214 *Haley, The spirit of Japanese law, S. 11*, *Matsumoto, Transfer europäischer Rechtsnormen nach Japan*, http://nbn-resolving.de/urn:nbn:de:0159-20100921580 *(besucht am 15.04.2017), Rn. 14*. Was eine solch eigenständige Rezeption bedeutet, verdeutlicht Rahn: „Eine fremde Lehre oder ein fremder Gedanke sind wie eine ‚fertige Ware' importiert worden. Jeder Gedanke, der im Ursprungsland mit anderen Gedanken sowie mit sozialen, politischen, wirtschaftlichen Verhältnissen verwachsen entstanden ist, ist in Japan von seiner eigenen gedanklichen Umgebung befreit eingeführt worden", vgl. *Rahn, Rechtsdenken und Rechtsauffassung in Japan, S. 16*

215 *Rahn, Rechtsdenken und Rechtsauffassung in Japan, S. 77*

216 Z.B. während der *Iwakura*-Mission in den Jahren 1871–1873 in den USA, vgl. *Matsumoto, Transfer europäischer Rechtsnormen nach Japan*, http://nbn-resolving.de/urn:nbn:de:0159-20100921580 *(besucht am 15.04.2017), Rn. 3*

217 *Rahn, Rechtsdenken und Rechtsauffassung in Japan, S. 76*

218 *Rahn, Rechtsdenken und Rechtsauffassung in Japan, S. 77*

Deutschland stand dabei zunächst nicht im Mittelpunkt des Interesses; dies änderte sich erst mit dem Sieg des vereinigten Deutschlands über Frankreich im deutsch-französischen Krieg[219], wodurch zunächst das Militär, später aber auch das deutsche Rechtssystem an Interesse gewann[220], maßgeblich über den Rechtsgelehrten und späteren Hauptkodifikator des japanischen Zivilgesetzbuchs Nobushige Hozumi, der 1879 seinen Wohnsitz von London nach Berlin verlegte[221]. Weiterer Grund für die Hinwendung zum deutschen Recht war die zunehmende Befürchtung auf Seiten der aristokratischen Regierung, dass die als zu radikal empfundenen Lehren aus den bereits liberalistisch[222] geprägten Ländern wie den USA und Frankreich die Regierung unter Druck setzen könnten. Preußen und Deutschland lieferten hier ein vorzugswürdiges Gegenmodell, wonach eine Reform der Gesellschaft auch ohne eingehende Liberalisierung und Demokratisierung habe vollzogen werden können.[223]

---

219 *Matsumoto, Transfer europäischer Rechtsnormen nach Japan,* http://nbn-resolving.de/urn:nbn:de:0159-20100921580 *(besucht am 15.04.2017), Rn. 10*

220 *Matsumoto, Transfer europäischer Rechtsnormen nach Japan,* http://nbn-resolving.de/urn:nbn:de:0159-20100921580 *(besucht am 15.04.2017), Rn. 10*; neben den Ingenieurswissenschaften und der Medizin, vgl. *Rahn, Rechtsdenken und Rechtsauffassung in Japan, S. 75*

221 *Matsumoto, Transfer europäischer Rechtsnormen nach Japan,* http://nbn-resolving.de/urn:nbn:de:0159-20100921580 *(besucht am 15.04.2017), Rn. 10*

222 *Matsumoto, Transfer europäischer Rechtsnormen nach Japan,* http://nbn-resolving.de/urn:nbn:de:0159-20100921580 *(besucht am 15.04.2017), Rn. 18*

223 Matsumoto weist hier auf einen bedeutsamen Brief von Hirobumi Ito aus dem Jahre 1882 hin. Ito hatte zuvor Berlin und Wien besucht und u.a. bei Rudolf von Gneist und Lorenz von Stein Privatunterricht genommen. In einem Brief aus Wien an Iwakura schrieb er, dass die Stein'sche Lehre ihn zutiefst überzeugt habe. Er glaube, er habe endlich eine Lehre gefunden, die den Kampf gegen jene Bewegung unterstütze, deren Anhänger, so Ito, die Schriften von angloamerikanischen und französischen Radikalliberalen wie die Bibel verehrten und damit das Land fast zum Verfall gebracht hätten, *Matsumoto, Transfer europäischer Rechtsnormen nach Japan,* http://nbn-resolving.de/urn:nbn:de:0159-20100921580 *(besucht am 15.04.2017), Rn. 12* mwN; Kitagawa stellt fest, dass die Hinwendung zum deutschen Recht gerade von der japanischen Regierung im Jahre 1881 vor dem Hintergrund politischen Aufruhrs ausgegangen sei und wegen seiner strengen juristischen Konzepte und des soliden Rechtssystems attraktiv geworden sei; *Kitagawa, Japanese Civil Law and German Law, in: Kitagawa/Riesenhuber, The Identity of German and Japanese Civil Law in Comparative Perspectives, S. 11, 35*; *Rahn, Rechtsdenken und Rechtsauffassung in Japan, S. 93*

1. Schaffung des Zivilgesetzbuches nach deutschem Vorbild

Auch das Zivilgesetzbuch entstand im Zuge der Rezeption der deutschen Entwürfe zum BGB, insbesondere was das Vertragsrecht anbelangt. Zunächst orientierte man sich auch hier am französischen Recht: So gab es mehrere Entwürfe nach französischem Vorbild, zunächst eine weitgehende Übersetzung des französischen *Code Civil* (1880–1883[224]) und nach deren Scheitern[225] einen von Gustave Boissonade geschriebenen Entwurf, der sogar 1890 verkündet worden war[226], aber sich trotz eines bereits billigenden Senatsbeschlusses[227] nicht durchsetzen konnte[228]. Nachdem die bisherigen französischen Entwürfe gescheitert waren, wurde eine neue Gesetzeskommission („Kommission zur Untersuchung der Kodifikationen") eingesetzt, welche die vorangegangenen Entwürfe, u.a. den Boissonade-Entwurf sowie einen von Herrmann Rösler gefertigten Entwurf eines Handelsgesetzbuches untersuchen und deren Angemessenheit für das japanische Leben bewerten sollte[229]. Gleichzeitig zog die Kommission

224 Tatsächlich waren schon damals mehrere Anläufe erforderlich, um überhaupt diesen Entwurf fertigzustellen, *Rahn, Rechtsdenken und Rechtsauffassung in Japan, S. 84*

225 Dies lag vor allem daran, dass die Übersetzung des französischen *Code Civile* sich als weniger kompatibel mit den japanischen Rechtsvorstellungen herausstellte, als zunächst gedacht; insbesondere das mittlerweile unbestrittene Konzept von subjektiven Rechten (japanisch *kenri*) stieß auf Ablehnung, was teilweise auch daran lag, dass dasselbe Schriftzeichen *ken* ursprünglich Macht bedeutete, und es für die meisten Mitglieder der zivilrechtlichen Kommission undenkbar war, den Bürgern Macht zuzugestehen, *Rahn, Rechtsdenken und Rechtsauffassung in Japan, S. 83*; *Marutschke, Einführung in das japanische Recht, S. 31*. Diese Übersetzung blieb vielmehr, insbesondere wegen der dennoch in großen Teilen gefundenen Rechtsbegriffe, Referenzmaterial für spätere Entwürfe.

226 Boissonade arbeitete selbst zehn Jahre an diesem Entwurf, vgl. *Uchida Uniform Law Review 16 (2011), 705, 706*

227 *Marutschke, Einführung in das japanische Recht, S. 87*

228 Dies liegt an den am als „Kodifikationenstreit" beteiligten Anhängern der englischen und der französischen Rechtskreise, *Rahn, Rechtsdenken und Rechtsauffassung in Japan, S. 95*; *Uchida Uniform Law Review 16 (2011), 705, 706*; *Riesenhuber, On the Identity of Japanese Civil Law from a European Perspective, in: Kitagawa/Riesenhuber, The Identity of German and Japanese Civil Law in Comparative Perspectives, S. 223, 229*. Rahn führt aus, dass die beteiligten Personen die Begriffe nicht nach ihren westlichen Vorbildern verstanden hatten, sondern selbst vielmehr in den Dienst ihrer Politik stellten, weshalb die Teilung der Rechtswissenschaft noch lange anhielt, *Rahn, Rechtsdenken und Rechtsauffassung in Japan, S. 98–104*

229 *Marutschke, Einführung in das japanische Recht, S. 90*

verschiedene weitere Rechtsordnungen als Untersuchungsmaterial heran[230], u.a. auch die beiden Entwürfe des BGB[231], die als besonders fortschrittlich galten.

Das Ergebnis der Kommissionsarbeit orientierte sich zu weiten Teilen an den deutschen Entwürfen, sah aber eine bedeutend geringere Anzahl an Vorschriften vor[232]. An wenigen Stellen ist der französische Einfluss deutlich zu erkennen[233], z.B. in Form der nur auf Einigung beruhenden Übertragung dinglicher Rechte[234] und in einer deliktsrechtlichen Generalklausel. Andere Teile hingegen, insbesondere das Familien- und Erbrecht, übernahmen ein für die *Samurai*-Schicht zuvor übliches, auf die Primogenitur gestütztes Hauskonzept, welches einige lokale Gebräuche verdrängte[235].

230 Nobushige Hozumi, eines der Mitglieder der Überarbeitungskommission, verfasste 1894 eine Abhandlung unter dem Titel „Vergleich der englischen, französischen und deutschen Rechtswissenschaft“ (*Eifutsudoku hogaku no hikaku horon, Hogaku kyokai zasshi*, 90 (1884), S. 26-27, zitiert nach der Übersetzung von Marutschke, *Marutschke, Einführung in das japanische Recht, S. 91*. Hierzu war Hozumi insbesondere befähigt, da er selbst als Barrister im *Middle Temple* von London ausgebildet war, *Uchida Uniform Law Review 16 (2011), 705, 706*; ein weiteres Mitglied dieser Kommission war Ume Kenjiro, der seinen Doktor an der Universität von Lyon erworben hatte, *Uchida Uniform Law Review 16 (2011), 705, 706.*

231 *Rahn, Rechtsdenken und Rechtsauffassung in Japan, S. 108*

232 Diese lassen der auslegenden Richterschaft einen bedeutend größeren Freiraum, was die autoritäre Konfliktbeilegung wohl befördert, so allgemein *Jones, The wonderful world of Japanese law.* So sei es, wie Jones wohl etwas überspitzt formuliert, für die „gesetztreuen“ Japaner leichter, sich im angenehm warmen Regen des Rechts von oben („*top-down law*“, „*nourishing rain*“) wohl zu fühlen. Nach Uchida lag dies aber auch daran, dass einfach die Zeit fehlte, alle Vorschriften im Detail vollständig zu diskutieren, *Uchida Uniform Law Review 16 (2011), 705, 707.*

233 Dies lag auch daran, dass das alte BGB als Grundlage der Beratung der „Kommission zur Untersuchung der Kodifikationen“ verwendet worden ist, *Rahn, Rechtsdenken und Rechtsauffassung in Japan, S. 107*

234 *Marutschke, Einführung in das japanische Recht, S. 31*; *Rahn, Rechtsdenken und Rechtsauffassung in Japan, S. 109*

235 Das traditionelle Familien- und Erbrecht ist erst im Zuge der Demokratisierung nach dem Zweiten Weltkrieg an westliche Standards angepasst worden, vgl. *Matsumoto, Transfer europäischer Rechtsnormen nach Japan,* http://nbn-resolving.de/urn:nbn:de:0159-20100921580 *(besucht am 15.04.2017), Rn. 26*; *Marutschke, Einführung in das japanische Recht, S. 31*

2. Stärkung des Einflusses des deutschen Rechts in der Rechtsanwendung

War der deutsche Einfluss zum Zeitpunkt der Kodifikation schon beachtlich, vergrößerte und verfestigte er sich durch die anschließend von Wissenschaft und Gerichten vorgenommene Orientierung an der deutschen Dogmatik[236] sowie den Rückgriff auf deutsche Kommentare, die teilweise auch ins Japanische übersetzt wurden[237], oder aber durch japanische Autoren, die sich methodisch an der deutschen Dogmatik orientierten[238]. Erst als im Zuge der fortschreitenden

---

236 Kitagawa beschreibt den Rezeptionsprozess in mehreren Schritten. In der anfänglichen „Kommentar-Zeit" seien Kommentare geschrieben worden, die das japanische ZGB aus der jeweils ausländischen Rechtsordnung heraus interpretieren. In der folgenden „Theorien-Rezeptions-Zeit" seien dann diese verschiedenen Theorien zur Entwicklung der japanischen Dogmatik verwendet worden, wobei hier vor allem deutsches Zivilrecht rezipiert worden sei. Erst in einem letzten Schritt würden sich Rechtswissenschaftler auch nach den Rechten anderer Länder orientieren („rechtvergleichende Zeit"), *Kitagawa, The Identity of Japanese and German Civil Law, in: Kitagawa/Riesenhuber, The Identity of German and Japanese Civil Law in Comparative Perspectives, S. 3, 5*; *Kitagawa, The Identity of Japanese and German Civil Law, in: Kitagawa/Riesenhuber, The Identity of German and Japanese Civil Law in Comparative Perspectives, S. 3, 7*. An anderer Stelle schreibt Kitagawa sogar von Assimilation, welche nach der Verkündung des ZGB stattgefunden habe, *Kitagawa, Japanese Civil Law and German Law, in: Kitagawa/Riesenhuber, The Identity of German and Japanese Civil Law in Comparative Perspectives, S. 11, 34*. Nach Uchida fand die deutsche Dogmatik eine so große Wertschätzung, dass selbst die ursprünglich französisch-rechtlich inspirierten Vorschriften mittels deutscher Dogmatik ausgelegt worden seien, *Uchida Uniform Law Review 16 (2011), 705, 707.*

237 *Marutschke, Einführung in das japanische Recht, S. 93*; Rahn zitiert ein Sprichwort, welche die Stimmung unter japanischen Rechtswissenschaftlern auf den Punkt brachte: „Was nicht deutsches Recht ist, ist kein Recht.", vgl. *Rahn, Rechtsdenken und Rechtsauffassung in Japan, S. 113*

238 Zu nennen ist Hideo Hitoyama, dessen Lehrbücher wegen ihrer klaren Sprache und flüssigen Denkweise in Lehre und Praxis große Verbreitung fanden und auch von der Richterschaft oft zur Urteilsbegründung herangezogen wurden, *Rahn, Rechtsdenken und Rechtsauffassung in Japan, S. 121*. Er schaffte es jedoch auch, trotz dogmatischer Stringenz, durch die Betonung der Verkehrssicherheit dem Recht eine subtile Flexibilität zu verleihen, was als erstes japanisches Element im Recht gewürdigt wurde, *Rahn, Rechtsdenken und Rechtsauffassung in Japan, S. 122*. Den neuen sozialen Anforderungen war seine Lehre aber nicht mehr gewachsen, trotz seiner Bemühungen, diese mittels Treu und Glauben, das er als *„jori"* interpretierte, anzupassen und damit den Begriffen des ZGB Elastizität zu verleihen. Im Alter von nur 42 Jahren verzichtete er auf seinen Lehrstuhl und war seitdem als Anwalt tätig, *Rahn, Rechtsdenken und Rechtsauffassung in Japan, S. 148–149.*

Industrialisierung, des russisch-japanischen Krieges und des Ersten Weltkrieges, durch die die Probleme des bestehenden Rechts aufgedeckt wurden (insbesondere beim Mieter- und Arbeitsnehmerschutz), löste sich die Rechtsdogmatik vom deutschen Recht mit dem Versuch, eine Rechtswissenschaft „japanischer Färbung" zu begründen, langsam ab[239]; insbesondere entwickelten Ichiro Kato[240] und Eiichi Hoshino[241] mit gegenläufigen Ansätzen eine Interessenabwägungslehre, wonach das Recht Lösungen auf eine Weise finden solle, dass eine pragmatische, auf dem freien, gesunden Menschenverstand beruhende Interessenabwägung vorgenommen werde, hinter der die juristische Konstruktion zurückstehen oder allenfalls in Form von Fallgruppen eine Systematisierung und damit Rechtssicherheit ermöglichen solle[242].

---

239 *Marutschke, Einführung in das japanische Recht, S. 95*

240 Kato wendet sich gegen die syllogistische Subsumtion durch die deutsch-rechtliche Begriffsjurisprudenz, welche zu viele Faktoren ausschließe, und schlägt stattdessen eine Art „Relativismus" vor, um eine elastische und flexible Rechtsanwendung zu ermöglichen. Demnach soll das Ergebnis eines Rechtsstreits in Gestalt eines Gefühls vorweggenommen werden und anschließend in Form von Tatsachen und Rechtsvorschriften begründet werden, *Rahn, Rechtsdenken und Rechtsauffassung in Japan, S. 252–253.*

241 Hoshino sah in Kato's „Lehre vom praktischen Nutzen" den Beginn einer neuen Epoche, da erstmals eine Werturteilsdiskussion einsetzte, *Rahn, Rechtsdenken und Rechtsauffassung in Japan, S. 279.* Allerdings wollte er nicht wie Kato auf das subjektive Werturteil des Rechtsprechenden abstellen, was zu einem zu starken Relativismus in der japanischen Rechtswissenschaft geführt habe, sondern vielmehr müssten die dem Urteil zugrundeliegenden, von den Einzelheiten eines Falles losgelösten Wertvorstellungen objektiv bestimmt werden, und zwar nach der Meinung des Volkes im Allgemeinen, *Rahn, Rechtsdenken und Rechtsauffassung in Japan, S. 281.* Das Fundament des Werturteils lasse sich jedoch wegen des summarischen Charakters des ZGB dort nicht entnehmen, *Rahn, Rechtsdenken und Rechtsauffassung in Japan, S. 282,* und man müsse sowieso nicht zwingend der Auffassung des Gesetzgebers folgen, sondern es könne sofort das in der Auslegung enthaltene Werturteil und die Interessenabwägung diskutiert werden. Fundament der Werturteile umschreibt Hiroshino mit den Begriffen wie Philosophie, Denken, Weltsicht und Religion, vgl. *Rahn, Rechtsdenken und Rechtsauffassung in Japan, S. 283.*

242 *Marutschke, Einführung in das japanische Recht, S. 97*; dies fand seine Entsprechung in der shushi-konfuzianischen Lehre im Begriff *„dori"*, später *„jori"* (übersetzt: „Prinzip des Weges"), vgl. *Rahn, Rechtsdenken und Rechtsauffassung in Japan, S. 89*

II. Gegenwärtige Irrtumsregelung

Die Betrachtung der gegenwärtigen Rechtslage zum Irrtumsrecht in Japan ist für den deutschen Juristen relativ einfach. Denn alle wesentlichen Prinzipien sind dem deutschen Recht entnommen. So sind die Begriffe Rechtsgeschäft (*horitsu koi*) und Willenserklärung *(ishi hyoji)* nicht im ZGB definiert, werden aber als mit denen des deutschen Rechts identisch verstanden[243].

In Japan ist die Irrtumsanfechtung in Art. 95 ZGB geregelt. Dieser Artikel lautet wie folgt[244]:

> *Eine Willenserklärung, bei deren Abgabe sich der Erklärende über einen wesentlichen Inhalt des Rechtsgeschäfts geirrt hat, ist nichtig. Der Erklärende kann sich auf die Nichtigkeit dieser Erklärung dann nicht berufen, wenn er grob fahrlässig gehandelt hat.*

1. Weitgehende Orientierung am deutschen Vorbild

Zunächst fällt auf, dass die Regelung, wie sie auch im Ersten Entwurf des BGB vorgesehen war[245], die Nichtigkeit anstelle der Anfechtbarkeit vorsieht. Mittlerweile ist dies durch die Rechtsprechung durch Auslegung und Anwendung der Norm in eine Art Anfechtbarkeit korrigiert worden, und zwar mit dem Begriff der „relativen Nichtigkeit“[246]: Die Nichtigkeit tritt demnach nur zwischen den Parteien ein und auch erst dann, wenn sich eine Partei auf die Nichtigkeit der Willenserklärung wegen Irrtums beruft[247]. Diese Rechtsprechung ist

---

243 *Marutschke, Einführung in das japanische Recht, S. 108;* ein abweichendes Verständnis vom Rechtsgeschäftsbegriff hat das japanische Recht nur in dem hier nicht interessanten Aspekt, dass das Abstraktionsprinzip nicht konsequent durchgehalten wird (trotzdem kommt es zum gleichen Ergebnis wie das deutsche Recht), vgl. *Marutschke, Einführung in das japanische Recht, S. 108*

244 *Ishikawa/Leetsch, Das japanische BGB in deutscher Sprache, S. 18*

245 *Marutschke, Einführung in das japanische Recht, S. 114*; *Mugdan, Einführungsgesetz und allgemeiner Teil, S. 83*

246 Urteil des OGH vom 10.9.1965 *(Minshu 6-1512)* in *Eisenhardt, Japanische Entscheidungen zum Bürgerlichen Recht, S. 118*, welches die von der Lehre entwickelte relative Nichtigkeit stützt; *Kano Horitsujiho 2014, 5, 5, Dernauer ZJapanR 2014, 35, 58*; hierbei scheint es so zu sein, dass die Rechtsprechung nur den Willen des Gesetzgebers umsetzte, der eine solche Ungültigkeitsberufung schon während des Gesetzgebungsverfahrens forderte, vgl. *Hotz, Japanische, deutsche und schweizerische Irrtumsregelungen, S. 19*; diese Figur war auch dem deutschen Rechtskreis nicht unbekannt, vgl. *Schermaier in: HKK 2003, §§ 116–124 BGB, S. 113*

247 OGH, Urteil vom 26.3.1970 [1968 (o) Nr. 27], in der deutschen Übersetzung *Eisenhardt, Japanische Entscheidungen zum Bürgerlichen Recht, S. 114–118*

unumstritten und deswegen ist auch damit zu rechnen, dass Art. 95 ZGB an dieser Stelle durch die gegenwärtigen Reformpläne korrigiert und die Anfechtbarkeit als Rechtsfolge ausdrücklich festgeschrieben wird[248].

Weiter sieht das japanische Recht eine Einschränkung der Anfechtungsmöglichkeit dann vor, wenn der Irrende seinen Irrtum grob fahrlässig verursacht hat.

2. Behandlung von Motivirrtümern

Umstritten ist in Rechtsprechung und Literatur die Frage, was unter dem Irrtum im Sinne von Art. 95 S. 1 ZGB zu verstehen ist. Zu erklären ist dies vor dem Hintergrund, dass Motivirrtümer nach dem Willen der damaligen Gesetzgebungskommission nicht als zulässige Irrtümer anerkannt werden sollten[249].

Es scheint damit auch die deutsche Abgrenzung gegenüber dem Motivirrtum übernommen worden zu sein. Jedoch führte dies in der Praxis zu unbilligen Ergebnissen, was auch der Tatsache geschuldet ist, dass das japanische Recht weder den Eigenschaftsirrtum (entsprechend dem deutschen § 119 Abs. 2 BGB) noch den Wegfall der Geschäftsgrundlage (heute in § 313 BGB) kannte[250]. Daher ist der Anwendungsbereich des Art. 95 ZGB im Vergleich zum deutschen Äquivalent von § 119 Abs. 1 BGB[251] weiter verstanden worden, um solche Fälle ebenfalls zu erfassen.

Zu einem im Vergleich zur deutschen Regelung erweiterten Verständnis gelangte man, indem man entweder die dogmatische Trennung zwischen Inhalts- und Motivirrtum aufhob (sog. Monismus[252]) oder indem man die Trennung zwar grundsätzlich beibehielt, aber bestimmte Motive in den Erklärungsinhalt einbezog (sog. Dualismus[253]). Die dualistische Dogmatik es erlaubt dem Erklärenden, das Motiv zum Inhalt der Erklärung zu machen[254].

---

248 *Kano Horitsujiho 2014, 5, 6*

249 *Hotz, Japanische, deutsche und schweizerische Irrtumsregelungen, S. 18–19*

250 A.A. *Sawada, Subsequent conduct and supervening events, 142, 147,* der einen Fall nachweist, in welchem die Störung der Geschäftsgrundlage angenommen worden ist, ferner sieben weitere Fälle, in denen sie grundsätzlich für anwendbar gehalten worden ist, aber das Vorliegen der Voraussetzungen verneint worden ist.

251 Nach dem engen Verständnis dieser Norm im Sinne der in Deutschland herrschenden Meinung, s. Teil IIIA.I

252 Auch übersetzt als „Lehre der gemeinsamen Behandlung von Erklärungs- und Motivirrtum“, vgl. *Hotz, Japanische, deutsche und schweizerische Irrtumsregelungen, S. 47–49*

253 „Lehre der getrennten Behandlung von Erklärungs- und Motivirrtum“, vgl. *Hotz, Japanische, deutsche und schweizerische Irrtumsregelungen, S. 42*

254 *Hotz, Japanische, deutsche und schweizerische Irrtumsregelungen, S. 44*

Die sonst im Bereich des Motivs liegenden Umstände werden dadurch zum Inhalt der Erklärung, und auch ein Irrtum hierrüber führt zur Nichtigkeit des Vertrags wegen eines Inhaltsirrtums. Im deutschen Recht ist diese Figur als „erweiterter Inhaltsirrtum" aus der frühen Rechtsprechung des Reichsgerichts bekannt[255].

Andere Autoren hingegen lehnen beides ab und billigen Art. 95 ZGB entsprechend § 119 Abs. 1 BGB im deutschen Recht nur einen kleinen Anwendungsbereich zu[256]. Dann lösen sie aber die Fälle des Sachverhaltsirrtums auf andere Weise, etwa indem sie parallel zum deutschen Rechte ein ungeschriebenes Instrument des Wegfalls der Geschäftsgrundlage konstruieren. Alternativ konstruieren sie die konkludente Zustimmung des Vertragsgegners zu bestimmten Bedingungen, deren Nichtvorhandensein die Aufhebung des Vertrags bewirkt. Versucht wird auch, den Motivirrtum über das Deliktsrecht oder eine Analogie zur Täuschungsanfechtung[257] zu behandeln.

a. Rechtsprechung zum Motivirrtum

Die Rechtsprechung folgt grundsätzlich dem dualistischen Ansatz, lässt aber zu, dass das Motiv Teil der Willenserklärung werden kann[258], so dass bei deren Abweichen eine Anfechtungsmöglichkeit nach Art. 95 S. 1 ZGB entsteht.

Die Frage, welche Voraussetzungen vorliegen müssen, damit das Motiv zum Inhalt der Erklärung wird, ist allerdings innerhalb der Rechtsprechung nicht immer klar[259]. Wie auch in der deutschen Rechtsprechung des Reichsgerichts, war nach der früheren Rechtsprechung bloß erforderlich, dass das Motiv gegenüber der anderen Partei deutlich gemacht wird, so dass für diese klar erkennbar ist, welche Annahmen die erklärende Partei zur Grundlage ihrer Erklärung macht. Hierfür genügte es, dass das Motiv bei Vertragsschluss mitgeteilt wurde[260]. Innerhalb dieses Rahmens wurden dann verschiedene Abgrenzungsstufen entwickelt, inwieweit das Motiv ausdrücklich mitgeteilt werden muss oder sich

---

255 Siehe hierzu schon unter Teil IIIA.III.2

256 *Hotz, Japanische, deutsche und schweizerische Irrtumsregelungen, S. 53–56*

257 *Hotz, Japanische, deutsche und schweizerische Irrtumsregelungen, S. 53–56*

258 *Hotz, Japanische, deutsche und schweizerische Irrtumsregelungen, S. 43*; OGH, Urteil vom 26.11.1954 [1952 (o) Nr. 938] in der deutschen Übersetzung, *Eisenhardt, Japanische Entscheidungen zum Bürgerlichen Recht, S. 108–112*

259 *Hotz, Japanische, deutsche und schweizerische Irrtumsregelungen, S. 63*

260 *Kano Horitsujiho 2014, 5, 6;* OGH, Urteil vom 26.11.1954 [1952 (o) Nr. 938] in der deutschen Übersetzung, *Eisenhardt, Japanische Entscheidungen zum Bürgerlichen Recht, S. 108–112*

bereits aus den Umständen ergeben kann (z.B. Kauf eines alten Bildes in der Annahme, dass dieses echt sei, und der Preis eine solche Annahme auch rechtfertigt[261]).

b. Betrachtungen in der Wissenschaft

i. Dualismus

Die Wissenschaft folgte zunächst dem Gesetzentwurf und entwickelte Kriterien, die denen der deutschen Wissenschaft glichen. So kam die traditionelle herrschende Meinung zu einem dualistischen Ansatz. Bezüglich der Erweiterung des Inhaltsirrtums genügte die Bekanntgabe des Motivs während des Vertragsschlusses, um dieses zum Teil der Willenserklärung und damit aus dem Motivirrtum einen von Art. 95 ZGB erfassten Inhaltsirrtum zu machen[262].

ii. Monismus

Die späteren Autoren begannen den dualistischen Ansatz zu kritisieren, insbesondere deswegen, weil für den Motivirrtum die Bekanntgabe des Motivs erforderlich sei, wohingegen ein Inhaltsirrtum stets zur Anfechtung berechtige. Als Konsequenz wurde vorgeschlagen, beide Irrtümer unter einheitlichen Kriterien zuzulassen, weswegen diese auch als monistische Lehren bezeichnet werden[263].

So wird kritisiert, dass der Unterschied zwischen Inhalt und Motiv einer Willenserklärung gering sei und insbesondere unter Heranziehung des wahren Willens die Erklärung so nicht gewollt sei[264]. In gleicher Weise werde Vertragssicherheit auch im Bereich des Inhaltsirrtums benötigt, und das Abstellen auf die Bekanntgabe des Motivs gehe an den wahren Fällen vorbei, nämlich dann, wenn sich die Motivation auf einen wesentlichen Beweggrund für den Vertragsschluss bezieht, aber wegen des beiderseitigen Irrtums nicht ausgedrückt worden ist[265].

---

261 *Yamamoto, Minpō kōgi, 200-201*; ein ähnliches Beispiel aus der untergerichtlichen Rechtsprechung findet sich auch bei *Hotz, Japanische, deutsche und schweizerische Irrtumsregelungen, S. 65*

262 *Kano Horitsujiho 2014, 5, 6; Yamamoto, § 10 Vertragsrecht, in: Baum/Bälz, Handbuch Japanisches Handels- und Wirtschaftsrecht, S. 461, Rn. 91*

263 *Kano Horitsujiho 2014, 5, 6; Yamamoto, § 10 Vertragsrecht, in: Baum/Bälz, Handbuch Japanisches Handels- und Wirtschaftsrecht, S. 461, Rn. 95*

264 *Kano Horitsujiho 2014, 5, 7* nennt als prominenten Vertreter dieser Kritik Prof. Funahashi aus dem Jahre 1938; ähnliche Kritik ist auch zu finden bei *Yamamoto, Minpō kōgi, S. 190*

265 *Kano Horitsujiho 2014, 5, 7*

Als ein Vertreter dieses Ansatzes ist Prof. Kawashima[266] zu sehen, der stattdessen die Vorhersehbarkeit des Irrtums als allgemeines Kriterium für die Anfechtbarkeit des Rechtsgeschäfts wegen des Irrtums forderte, und zwar für alle Arten des Irrtums gleichermaßen[267]. Dies hätte zu einer Vereinheitlichung des Irrtumstatbestands geführt und damit die Voraussetzungen für den Inhalts- und Erklärungsirrtum erhöht, zugleich aber die für den Motivirrtum gesenkt.

iii. Konsensualer Ansatz zur Behandlung des Motivirrtums

Prof. Yamamoto will diese Wertungswidersprüche, die in der Behandlung des Motivirrtums bestehen, durch einen neuen Ansatz überwinden, den er selbst als Rekonstruktion der Irrtumslehre anhand des Prinzips des gemeinsamen Konsenses der Parteien[268] bezeichnet. Er widerspricht Ansätzen, wonach eine Anfechtung dann zulässig sein solle, wenn der Vertragspartner aufgrund der Kenntnis oder des Kennenmüssens des Motivirrtums oder der Wichtigkeit des Motivirrtums kein Vertrauen in den Bestand der Willenserklärung haben könne[269]. Vielmehr solle die Frage der Wirksamkeit und des Vertragsinhalts nach dem gemeinsamen Konsens der Parteien ermittelt werden[270].

Yamamoto kann seine Argumentation sowohl nach dem dualistischen als auch dem monistischen Ansatz begründen. Folge man dem dualistischen Ansatz, trage grundsätzlich jede Partei das Risiko eines Motivirrtums selbst, denn Art. 95 ZGB sei nicht anwendbar[271]. Ein Motivirrtum bedeute, dass der Erklärende Informationen nicht richtig eingeholt habe und deswegen einen fehlerhaften Willen gebildet habe. Es bestehe daher kein Grund, das Risiko des Motivirrtums auf die andere Partei abzuwälzen[272]. Weder die Erkennbarkeit noch die Kenntnis eines Motivs sollten die Anfechtbarkeit des Vertrags begründen, denn dies würde zu einer ausufernden Übernahme des Vertragsrisikos für Motivirrtümer führen. Yamamoto nennt ein im japanischen Recht geläufiges Beispiel: Es handelt von einem Kunden, der ein neues Auto kaufen will, weil er sein altes Auto an einer Stelle abgestellt hat, an die er sich nicht mehr erinnern kann. Würde er

266 *Hotz, Japanische, deutsche und schweizerische Irrtumsregelungen, S. 47*

267 *Kawashima, Ishi kekkan to doki sakugo (Willensmängel und Motivationsirrtum), in: Kobundo, Minpo kaishakugaku no shomondai, S. 188, 219–220*

268 *Yamamoto, Minpō kōgi, S. 202*

269 Ebenso *Kano Horitsujiho 2014, 5, 7*

270 *Yamamoto, Minpō kōgi, S. 199*

271 *Yamamoto, Minpō kōgi, S. 198*

272 *Yamamoto, Minpō kōgi, S. 198–199*

dem Verkäufer von dieser Geschichte erzählen und würde er anschließend das Auto wiederfinden, so dürfe das nicht zur Anfechtung des Kaufvertrags führen.

Für eine Übertragung dieses Informationsrisikos sei stattdessen die Zustimmung des Vertragspartners erforderlich. Das Risiko, dass Tatsachen von den Annahmen einer Partei abweichen, könne daher nur vertraglich geregelt werden[273]. Solche vertraglichen Abreden könnten zwar auch konkludent vereinbart werden, erforderlich sei aber, dass die andere Partei dem tatsächlich zugestimmt habe. Da der Gedanke der vertraglichen Risikoallokation maßgeblich werde, führe weder die Erkennbarkeit des Irrtums noch das Wissen um die Wichtigkeit eines Umstandes (beides Elemente einer Vertrauenstheorie[274]) zur Anfechtbarkeit des Vertrags; einzig sei bei treuwidrigem Verhalten eine Täuschungsanfechtung denkbar[275]. Sollte einmal ein Motiv für beide Parteien gleichermaßen von Bedeutung gewesen sein, ohne dass eine vertragliche Vereinbarung vorliege und keine Partei dieses Risiko aus normativen Gründen tragen solle, könne die Lehre des Wegfalls der Geschäftsgrundlage herangezogen werden[276], welche im

---

273 *Yamamoto, Minpō kōgi, S. 199*. Yamamoto führt diese vertraglichen Regelungsmöglichkeiten im Anschluss ausführlich aus: Liege die Unsicherheit der Tatsachen in der Zukunft, so könne dies durch die Aufnahme einer Bedingung in den Vertrag geregelt werden, wonach der Vertrag bei Eintritt dieser Bedingung eben unwirksam sei. Liege die Unsicherheit in den gegenwärtigen Voraussetzungen (vergangene oder gegenwärtige Tatsachen), so trete die Unwirksamkeit nur dann ein, wenn beide Parteien gemeinsam diese Tatsachen als Voraussetzung für einen Vertragsschluss angenommen haben (z.B. die Echtheit eines Gemäldes, *Yamamoto, Minpō kōgi, S. 200–201*). Ist hingegen unsicher, ob sich eine Erwartung in der Zukunft realisiert oder ein Zustand wirklich besteht [und will eine Partei diese Erwartung positiv absichern], müsse sie sich diese Tatsachen mittels einer Beschaffenheitsvereinbarung oder Garantie zusichern lassen, *Yamamoto, Minpō kōgi, S. 199–200.*

274 *Yamamoto, § 10 Vertragsrecht, in: Baum/Bälz, Handbuch Japanisches Handels- und Wirtschaftsrecht, S. 461, Rn. 92*

275 *Yamamoto, Minpō kōgi, S. 199*

276 *Yamamoto, Minpō kōgi, S. 198*; siehe ebenso *Isomura Hogakuronso 79 (1966), 20, 23*, wo er die deutsche Entwicklung der *clausula rebus sic stantibus* im Detail beschreibt, ohne jedoch ausdrücklich Position für deren Übernahme ins japanische Recht zu beziehen; erst später heißt er die neue deutsche Rechtsprechung zum Wegfall der Geschäftsgrundlage gut, vgl. *Isomura Hogakuronso 79 (1966), 20, 51*; zum gemeinen Recht in Deutschland, *Schulze in: NomosKommentar, 7. Aufl. 2012, § 313 BGB, S. 1*

ZGB – wie auch lange in Deutschland – nur nicht ausdrücklich geregelt, aber vorhanden sei[277].

Etwas weniger klar ist Yamamotos alternative Begründung nach dem monistischen Ansatz. Bei diesem müsse einzig gefragt werden, ob wirklich ein Konsens zwischen den Parteien zustande gekommen sei[278]. Dies sei nur dann nicht der Fall, wenn sich der Irrtum auf einen „wesentlichen Bestandteil" der Willenserklärung beziehe[279]. Denn der Konsens als Grundlage des Vertrags sei nur bindend, wenn eine Rechtfertigung für eine solche Bindung bestehe, welche im „Grund" des Konsenses liege[280]. Holtz vermutet, dass sich Yamamoto auf französische Konzepte der *cause* bezieht[281].

3. *Zwischenergebnis*

Damit nimmt das japanische Recht in seinen dogmatischen Grundzügen Anleihen von der deutschen Irrtumsregelung. Ursprünglich war zwar die Ähnlichkeit der textlichen Regelungen nicht allzu groß, da sich der japanische Gesetzgeber für einen kürzere und möglicherweise weitergehende Norm entschied. Allerdings näherte sich die japanische Anwendungspraxis und wissenschaftliche Begleitung wiederum derjenigen in Deutschland an. Es ist daher von besonderem Interesse, wie Japan mit diesem historischen Erbe umgehen wird, wenn es darum geht, die Irrtumsregelung im Gesetz neu zu fassen. Darauf soll im folgenden Teil eingegangen werden.

277 *Isomura Hogakuronso 79 (1966), 20, 21*; *Isomura Hogakuronso 79 (1966), 20, 51*; *Yamamoto, § 10 Vertragsrecht, in: Baum/Bälz, Handbuch Japanisches Handels- und Wirtschaftsrecht, S. 461, Rn. 97*

278 *Yamamoto, Minpō kōgi, S. 202*

279 *Yamamoto, Minpō kōgi, S. 202*

280 *Yamamoto, § 10 Vertragsrecht, in: Baum/Bälz, Handbuch Japanisches Handels- und Wirtschaftsrecht, S. 461, Rn. 98*; *zustimmend* Morita, der Wertungen des französischen Irrtumsrechts heranzieren will, um eine tiefergehende Klärung zu erreichen, wann sich der Konsens auf einen wesentlichen Bestandteil bezieht, vgl. *Hotz, Japanische, deutsche und schweizerische Irrtumsregelungen, S. 57–60*

281 Nach der Lehre der *cause* des französischen Rechts dürfe der für die Bindung des Vertrags rechtfertigende Grund nicht wegfallen, vgl. *Hotz, Japanische, deutsche und schweizerische Irrtumsregelungen, S. 57–60*

III. Anstehende Reform des ZGB

Im Jahr 2006 verkündete das Justizministerium, dass es über eine Reform des Zivilgesetzbuches nachdenke[282], was die Wissenschaft sogleich dazu anregte, entsprechende Entwürfe zu erarbeiten, u.a. eine Gruppe, die sich „Reformkommission" nannte[283] und ihre Entwurfsvorschläge nach über zweieinhalbjähriger Beratung im Jahre 2009 vorstellte[284]. Schließlich beauftragte das Justizministerium den Legislativen Rat[285], sich mit der Sache zu befassen. Der Legislative Rat ist ein ständiges beratendes Gremium des Justizministeriums. Der Rat soll am Ende seiner Beratungen dem Justizminister einen Reformvorschlag unterbreiten, der dann vom Kabinett ins Parlament eingebracht werden soll[286].

Wegen des umfangreichen Beratungserfordernisses ist anzunehmen, dass die entscheidende Arbeit nicht in diesem Gremium selbst, sondern in der eingesetzten Arbeitsgruppe für das Zivilrecht (Recht der Schuldverhältnisse) stattfinden wird[287]. Diese Gruppe besteht aus zahlreichen Mitgliedern verschiedener Interessengruppen, u.a. Akademikern, Anwälten, Richtern, Industrievertretern, einem Gewerkschaftsvertreter, einem Verbrauchervertreter, Vertretern des Justizministeriums und anderer Ministerien[288]. Trotz möglicher Mehrheitsentscheidungen wird allgemein Einstimmigkeit angestrebt[289].

---

282 *Uchida Uniform Law Review 16 (2011), 705, 708*

283 Die Liste der beteiligten Personen kann hier aufgerufen werden: *Japanese Civil Code (Law of Obligations) Reform Commission (Hrsg.), Member List,* http://www.shojihomu.or.jp/saikenhou/English/memberlist.pdf *(besucht am 16.04.2014)*

284 *Uchida Uniform Law Review 16 (2011), 705, 709,* weitere Bezeichnungen dieser Vorschläge sind: auch „Basic Reform Policy" oder „Basic Reform Plan". Diese Vorschläge sind in einer von Mina Shibahara und Kyoko Ishida erstellten und bearbeiteten Übersetzung auf English unter http://www.shojihomu.or.jp/saikenhou/English/index_e.html im Internet abrufbar.

285 *Uchida Uniform Law Review 16 (2011), 705, 705*

286 *Uchida Uniform Law Review 16 (2011), 705, 708*

287 *Uchida Uniform Law Review 16 (2011), 705, 708*

288 *Uchida Uniform Law Review 16 (2011), 705, 708*

289 *Uchida Uniform Law Review 16 (2011), 705, 708*

Der von der Arbeitsgruppe des Legislativen Rats ausgearbeitete und 2013 vorgestellte Vorschlag[290] lautet wie folgt[291]:

(1) Wenn ein Irrtum bei der Abgabe der Willenserklärung vorliegt und das Gericht feststellt, dass das Erklärte vom tatsächlichen Willen des Erklärenden abweicht, so dass er eine solche Erklärung nicht abgegeben hätte und auch ein Dritter diese Erklärung in dieser Situation so nicht abgegeben hätte, kann der Erklärende die Willenserklärung anfechten.

(2) Bei einem Irrtum über die Art und den Zustand (Eigenschaft) der Sache oder über andere Umstände, welche als Teil der Willenserklärung angesehen werden können, kann der Erklärende die Erklärung [nur] unter den folgenden Bedingungen anfechten:
   (a) wenn die Vorstellung des Erklärenden über die Umstände, die Voraussetzungen der Willenserklärung waren, Inhalt des Rechtsgeschäfts geworden sind [oder]
   (b) wenn der Irrtum des Erklärenden durch eine Erklärung der anderen Partei, die von den Tatsachen abweicht, verursacht worden ist.

(3) Hat Erklärende durch grobe Fahrlässigkeit die Erklärung abgegeben, kann die Willenserklärung nicht angefochten werden, es sei denn
   (a) die andere Partei wusste, dass die eine Partei einem Irrtum unterlag, oder die andere Partei verkannte den Irrtum der einen Partei aufgrund von eigener grober Fahrlässigkeit oder
   (b) die andere Partei unterlag demselben Irrtum.

IV. Bewertung der Vorschläge

Die Reform verstärkt die Tendenz in Japan, sich am deutschen Recht zu orientieren. Dies gilt insbesondere für die grundsätzliche Abgrenzung nach der Art des Irrtums, die in Japan als dualistische Theorie bezeichnet wird[292]. Wie im deutschen Recht auch soll der Motivirrtum als der grundsätzlich unbeachtliche Fall des Irrtums festgesetzt werden[293]. Damit wird eine ausdrückliche Absage an die monistischen Ansätze, die sich aus dem bisherigen Normentext ebenfalls herleiten ließen, erteilt.

---

290 Offizieller englischer Titel: "The interim draft 2013 for reforming the Civil Code (law of obligations)"; s. auch http://www.moj.go.jp/ENGLISH/ccr/CCR_00091.html

291 Eigene Übersetzung, ausgearbeitet mit Unterstützung von Herrn Dr. Tianke Ban.

292 *Justizministerium, Ergänzende Anmerkungen zum Interim-Vorschlag eines Zivilgesetzbuchs (Schuldrecht),* http://www.moj.go.jp/content/000112247.pdf *(besucht am 07.05.2017), S. 14*

293 S. auch *Dernauer ZJapanR 2014, 35, 57*

1. Behandlung von Eigenschafts- und Sachverhaltsirrtümern

Trotz der Orientierung im Grundsätzlichen ist auffällig, dass die Ansätze des deutschen Rechts zum Eigenschafts- und zum Sachverhaltsirrtum nicht übernommen werden. Während der Eigenschaftsirrtum im deutschen Recht stets beachtlich und der Sachverhaltsirrtum stets unbeachtlich ist, sollen beide Motivirrtümer nach gleichen Kriterien in Art. 95 Abs. 2 ZGB-E behandelt werden. In diesem neu geschaffenen Absatz 2 soll die von der Rechtsprechung geschaffene Figur des erweiterten Inhaltsirrtums (wörtlich übersetzt „Inhaltisierung") Eingang ins Gesetz erhalten[294].

Damit weist das japanische Recht einen bedeutenden Unterschied zum deutschen Recht auf. Denn es ist flexibler und einheitlicher, was die Behandlung von Ausnahmen zum unbeachtlichen Motivirrtum anbelangt. Ausgehend von der Abgrenzung zwischen Irrtümern im Willensbildungs- und Willenserklärungsprozess in § 95 Abs. 1 ZGB-E (nach deutschem Vorbild) wird die Unbeachtlichkeit des Motivirrtums durch zahlreiche Ausnahmen in § 95 Abs. 2 ZGB-E durchbrochen.

Dies ist insbesondere interessant für die in der Praxis häufig vorkommenden Sachverhaltsirrtümer[295], die mittels Art. 95 Abs. 2 (a) ZGB-E als Inhaltsirrtümer zu behandeln sind. Bedauerlicherweise zeigt der Gesetzeswortlaut nicht auf, wann denn genau das Motiv zum Inhalt wird, also „ein Umstand Teil der Willenserklärung" werden kann. Man erhofft sich eine gewisse Sicherheit vom Erfordernis der Kausalität (s. dazu unter 3.), womit ebenfalls an die Erkenntnisse der deutschen Wissenschaft angeknüpft wird (s. hierzu bereits unter B).

Hauptproblem ist der Sachverhaltsirrtum, der in der Praxis auch besonders häufig vorkommt. Während in Deutschland dieser nur unvollständig über den Eigenschaftsirrtum erfasst wird und sonst außerhalb der Rechtsgeschäftslehre behandelt wird, konnte sich in Japan eine Behandlung dieses Irrtums innerhalb der Rechtsgeschäftslehre durchsetzen.

Der jetzige Entwurf nach § 95 Abs. 2 ZGB-E bricht mit dieser Tradition nur bedingt. Denn trotz der Annäherung an das deutsche Vorbild hat der Entwurfstext den Vorteil, dass dem § 95 ZGB-E kein Regel-Ausnahme-Verhältnis zwischen dessen Absätzen 1 und 2 entnommen werden kann. Dadurch bleibt ein Verständnis der Regelung möglich, wonach die ursprünglich vorgenommene Abgrenzung zwischen Motiv- und Erklärungsirrtum mehr oder weniger aufgegeben worden ist.

---

294 *Dernauer ZJapanR 2014, 35, 57*

295 Der Gesetzeswortlaut nennt ja ausdrücklich „Umstände, die Voraussetzung (oder Grundlage) des Rechtsgeschäfts" sind, vgl. auch *Dernauer ZJapanR 2014, 35, 57*

2. *Der verursachte Motivirrtum*

Völlig neu ist die Einführung der Tatbestandsvariante eines verursachten Motivirrtums, die durch Art. 95 Abs. 2 (b) ZGE-E erfasst wird. Eine solche Vorschrift ist eine Neuerung gegenüber dem bisherigen Stand des japanischen[296], aber auch des deutschen allgemeinen Zivilrechts, insbesondere der Rechtsgeschäftslehre.

Aufgrund der vorbereitenden Arbeiten wird deutlich, dass diese Tatbestandvariante vom anglo-amerikanischen Rechtsbehelf der *misrepresentation* inspiriert ist. Dies wird insbesondere deutlich beim vorangegangenen Vorschlag der Reformkommission von 2009, der entsprechend angloamerikanischer Tradition für die *misrepresentation* sogar einen eigenen Paragraphen vorsah und so eine ausführliche Regelung treffen wollte[297]. Diese als zu fremd empfundenen Einflüsse hat die anschließende offizielle Arbeitsgruppe im jetzigen Vorschlag zurückzudrängen versucht, indem sie die Irreführung nunmehr in die Irrtumsregelung integrierte[298]. Eine solche Gestaltung, so hofft man, könne auf geringeren Widerstand stoßen als der Vorschlag der Reformkommission zur Irreführung. Auch wurde nun der Begriff der *misrepresentation* nicht mehr im Wortlaut verwendet, weil man vermutet, dass dieser Begriff schon deswegen auf Widerstand gestoßen sei, weil er dem US-amerikanischen und englischen *common law* entstammt.

Gleichwohl ist zu erwarten, dass sich die Regelung in Art. 95 Abs. 2 (b) ZGB-E nicht in den Beratungen durchsetzen wird[299]. Denn gerade innerhalb der Anwaltschaft sind die Bedenken gegen die *misrepresentation* zu groß, die als zu

---

296 *Kano Horitsujiho 2014, 5, 8*

297 *Japanese Civil Code (Law of Obligations) Reform Commission, Draft Proposal,* http://www.shojihomu.or.jp/saikenhou/English/index_e.html *(besucht am 16.04.2014):* Dort lautete der Vorschlag zur Irreführung (eigene Übersetzung):

> [1.5.15] Irreführung
> (1) In Fällen, in denen die andere Partei eine Angabe gemacht hat, welche von den Tatsachen bezüglich einer Angelegenheit abweicht, welche gewöhnlicher Weise die Entscheidungsfindung der erklärenden Person beeinflussen würde, und diese Person eine Willenserklärung aufgrund dieses falschen Verständnisses der Tatsachen gegenüber der anderen Partei abgegeben hat, kann eine solche Willenserklärung angefochten werden.

298 *Justizministerium, Ergänzende Anmerkungen zum Interim-Vorschlag eines Zivilgesetzbuchs (Schuldrecht),* http://www.moj.go.jp/content/000112247.pdf *(besucht am 07.05.2017), S. 19*

299 Da die Kommission bei Meinungsverschiedenheiten Einstimmigkeit angestrebt, *Uchida Uniform Law Review 16 (2011), 705, 708,* ist zu erwarten, dass umstrittene Vorschläge wie die Regelungen zur Irreführung nicht in die Endausarbeitungen übernommen werden.

amerikanisch empfunden wird. Ohne den Ausführungen zur Irreführung im späteren Teil (s. u. Teil VA) dieser Arbeit allzu sehr vorgreifen zu wollen, sei schon hier angemerkt, dass diese Bedenken meines Erachtens nicht überzeugen. Denn die Schaffung dieser Tatbestandsvariante gibt nur wider, was rechtsvergleichende Forschungen innerhalb der letzten Jahre international als gemeinsamen Kern der Rechtsgeschäftslehre herausgearbeitet haben. Das deutsche Recht, welche solche Fälle nur innerhalb des Schuldrechts verankert, ist hier eher ein Sonderfall.

3. Bedeutung der Kausalität

Im Entwurf befindet sich auch wieder ein aufwendig formuliertes Kausalitätskriterium, wie dem Wortlaut des Art. 95 Abs. 1 ZGB-E zu entnehmen ist. Aufgrund des hohen Formulierungsaufwands ist anzunehmen, dass diesem Kriterium eine bedeutende Funktion beigemessen wird.

Nach dem Willen der Reformkommission soll für die Kausalität ermittelt werden, ob gewöhnliche Leute (gemeint ist hiermit ein objektiver Dritter mit einem gesunden Rechtsempfinden bzw. „*common-sense*") trotz des Irrtums eine solche Willenserklärung abgegeben hätten[300].

Die Bedeutung des Kausalitätsmerkmals wird nicht so sehr beim Erklärungsirrtum deutlich, denn dort ist es in der Regel erfüllt, sondern bei den zahlreichen Ausnahmen zum Sachverhaltsirrtum. Hier kann es auch die größte Wirkung entfalten, da es m.E. zur Präzisierung oder Ermittlung, wann ein Motivirrtum zu einem Inhaltsirrtum wird, herangezogen werden kann.

Ein solches Vorgehen lässt sich in der Begründung auch finden, und zwar in Bezug auf den neuen Unterfall der Irreführung in Art. 95 Abs. 2 (b) ZGB-E. In diesem Bereich zeigt die Kommission, welche Unterscheidungskraft sie dem Kausalitätsmerkmal beimisst: So soll sich allein anhand des Kausalitätskriteriums entscheiden, ob ein Getäuschter anfechten könne. Eine Anfechtung sei nämlich nur möglich, wenn er bei Kenntnis der Täuschung die Erklärung so nicht abgegeben hätte und er nach normativen Kriterien billigenswerte Motive für die Nichtabgabe der Erklärung habe[301]. Mittels dieses *common-sense*-Tests sollten dann auch solche Fälle geregelt werden, in denen jemand aus

300 *Justizministerium, Ergänzende Anmerkungen zum Interim-Vorschlag eines Zivilgesetzbuchs (Schuldrecht),* http://www.moj.go.jp/content/000112247.pdf *(besucht am 07.05.2017), S. 20–21*

301 *Justizministerium, Ergänzende Anmerkungen zum Interim-Vorschlag eines Zivilgesetzbuchs (Schuldrecht),* http://www.moj.go.jp/content/000112247.pdf *(besucht am 07.05.2017), S. 22–23*

berechtigtem Interesse falsche Angaben gemacht hat, z.B. ein Arbeitnehmer, der seine Religion nicht offen legen wollte[302].

Ebenso sollen durch das Kausalitätskriterium geringfügige Fehlangaben von Verbrauchern gegenüber einem Unternehmer als unmaßgeblich klassifiziert werden können[303]. Daher würden die Verbraucher vor versehentlichen falschen Angaben bezüglich unbedeutender Aspekte hinreichend geschützt[304].

E. Bewertung der willenstheoretischen Rechtsordnungen

Betrachtet man die beiden willenstheoretischen Rechtsordnungen, also das deutsche und das japanische Recht, so lässt sich zunächst feststellen, dass es möglich ist, eine Rechtsgeschäftslehre zu entwickeln, die als Ausgangspunkt auf den tatsächlichen Willen des Erklärenden für eine Willenserklärung abstellt. Damit lassen sich aber nur brauchbare Ergebnisse erzielen, wenn die Lehre durch wesentliche Merkmale des Verkehrsschutzes ergänzt wird.

Die Begrenzung der Anfechtbarkeit auf einzelne Irrtumsarten ist hierzu allerdings sowohl im deutschen als auch im japanischen Recht nur bedingt geeignet, Verkehrsschutzinteressen sowie dem Interesse der Rechtsklarheit gerecht zu werden. Denn beide Rechtsordnungen haben bisher kein geeignetes Abgrenzungskriterium gefunden. Was bisher als Abgrenzungsmerkmal verwendet wird, ist die Abgrenzung zwischen Irrtümern im Willensbildungs- und Willenserklärungsprozess bzw. zwischen Motivirrtümern und Erklärungsirrtümern. Erstere sollen unbeachtlich, letztere beachtlich sein. Das japanische Recht weist allerdings – in der Praxis und bestätigt durch die Reformvorschläge – eine deutliche Tendenz dahin auf, eine neue Trennlinie zu ziehen, wonach die grundsätzlich beachtlichen Erklärungs-, Inhalts- und Sachverhaltsirrtümer dem unbeachtlichen Motivirrtum gegenüberstehen. Einzig die japanische monistische Theorie wagt es, hieraus den Schluss zu ziehen, auf die Abgrenzung nach der Art des

302 *Justizministerium, Ergänzende Anmerkungen zum Interim-Vorschlag eines Zivilgesetzbuchs (Schuldrecht),* http://www.moj.go.jp/content/000112247.pdf *(besucht am 07.05.2017), S. 20*

303 *Justizministerium, Ergänzende Anmerkungen zum Interim-Vorschlag eines Zivilgesetzbuchs (Schuldrecht),* http://www.moj.go.jp/content/000112247.pdf *(besucht am 07.05.2017), S. 20*

304 *Justizministerium, Ergänzende Anmerkungen zum Interim-Vorschlag eines Zivilgesetzbuchs (Schuldrecht),* http://www.moj.go.jp/content/000112247.pdf *(besucht am 07.05.2017), S. 20–23*

Irrtums zu verzichten und Verkehrsschutzinteressen allein auf andere Weise zu begegnen.

Beiden Rechtsordnungen ist darüber hinaus gemein, dass zur Begrenzung des Sachverhaltsirrtums (bzw. Eigenschaftsirrtums als Unterfall des Sachverhaltsirrtums) ein Kausalitätskriterium herangezogen wird. Dieses Kausalitätskriterium enthält faktische und normative Elemente zur Klärung der Frage, ob der Irrende bei Kenntnis des Irrtums immer noch eine solche Willenserklärung abgegeben hätte. Im japanischen Recht hat die Wissenschaft im Rahmen der monistischen Theorie eindeutig und im Rahmen der dualistischen Theorie zumindest etwas deutlicher als im deutschen Recht erkannt, dass sich dieses Kausalitätskriterium zu einem allgemeinen Maßstab für die Beachtlichkeit von allen Arten von Irrtümern verwenden lassen könnte.

Von einer endgültigen Beurteilung dieser Ansätze soll an dieser Stelle noch abgesehen werden. Eine solche wird erst möglich sein, wenn wir die erklärungstheoretischen Gegenansätze des englischen Rechts betrachtet haben. Dies soll nun vorgenommen werden.

Teil IV Der erklärungstheoretische Ansatz des englischen Rechts

Nun soll das englische Recht als praktisches Gegenbeispiel zum willenstheoretisch bestimmten deutschen und japanischen Recht herangezogen werden. Um das englische Recht als ein solches Gegenbeispiel anführen zu können, muss zunächst der Nachweis erbracht werden, dass das englische Recht tatsächlich den Grundsätzen der Erklärungstheorie folgt.

Da der Begriff der „Erklärungstheorie“ in England nicht geläufig ist, kann sich ein Nachweis nicht unmittelbar ergeben. Erstaunlicherweise ist der Begriff der „Willenstheorie“ (*will theory*) hingegen schon gebräuchlich und wird bei den Diskussionen dieser Theorie mit Savigny in Verbindung gebracht[305]. Wie sich zeigen wird, wird die Willenstheorie zumeist zur Abgrenzung von dem *common law* englischer Prägung verwendet, welches gerade nicht den Willen als Grundlage des Rechtsgeschäfts bzw. des Vertrags ansieht. Neben diesem negativen Nachweis, dass in England nicht die Willenstheorie verwendet werde, soll versucht werden, den positiven Nachweis der Anwendung der Erklärungstheorie zu erbringen. Dies gelingt dadurch, dass nach dem Äquivalent einer Definition des Rechtsgeschäfts im englischen Recht gesucht wird und dieses Äquivalent auf die Übereinstimmung mit der Definition nach der Erklärungstheorie überprüft wird. Das Ergebnis wird sein, dass das englische Recht erklärungstheoretischen Ansätzen folgt.

Die weitere Untersuchung des englischen Rechts wird für das Irrtumsrecht zeigen, dass einseitige, vom Erklärungsempfänger nicht erkannte Irrtümer in der Tat unbeachtlich sind. Dabei unterscheidet das englische Recht nicht danach, ob der Irrtum sich bereits im Willensbildungsprozess zugetragen hat oder erst im anschließenden Entäußerungsprozess.

Sodann wird dargestellt werden, inwieweit Irrtümer beachtlich sind, wenn sie vom Erklärungsempfänger erkannt werden. Hier wird gezeigt werden können, dass das englische Recht bei erkennbaren Irrtümern doch zwischen Sachverhaltsirrtümern auf der einen Seite und Erklärungsirrtümern auf der anderen Seite unterscheidet. Erkennbare Erklärungsirrtümer ändern nämlich den Inhalt der Willenserklärung, so dass dies zwingend Auswirkungen auf den Abschluss und Inhalt eines Vertrags haben muss, wie sich schon aus allgemeinen Gedanken der

305 *Bernstorff, Einführung in das englische Recht, S. 68*

Rechtsgeschäftslehre ergibt. Auch Sachverhaltsirrtümer können beachtlich sein, allerdings stellt das englische Recht sehr hohe Anforderungen an die Schwere des Irrtums, so dass im Ergebnis in fast keinem Fall ein Sachverhaltsirrtum erfolgreich geltend gemacht werden kann. Fälle beachtlicher Sachverhaltsirrtümer sind sogar so selten, dass sich einige Vertreter zu der – meines Erachtens unzutreffenden – Aussage hinreißen lassen, dass dem englischen Recht eine eigenständige Irrtumslehre fremd sei[306].

Zusätzlich wird die Untersuchung des englischen Rechts eine erhebliche Abweichung in den Rechtsfolgen im Vergleich zum deutschen Recht hervorbringen. Denn nach dem englischen Recht ist die Aufrechterhaltung des Vertrags nicht damit gleichzusetzen, dass der Erklärungsempfänger die Erfüllung des irrtumsbehafteten Vertrags verlangen kann, sondern in der Regel nur, dass er Schadenersatz für dessen Nichterfüllung verlangen kann.

A. Einleitung zum englischen Recht

Das englische Irrtumsrecht lässt sich für einen ausländischen Betrachter nur verstehen, wenn auch das englische Gerichtssystem und das englische Vertragsrecht in den relevanten Zügen mit in den Vergleich einbezogen werden. Denn das englische Recht ist Richterrecht und damit ein von Praktikern geschaffenes Recht, welches sich aus der Situation eines gerichtlichen Prozesses gebildet hat und auf solche Prozesssituationen nicht nur Rücksicht nimmt, sondern auch auf solche bezogen ist (vgl. hierzu unter II).

Vorangehend sei noch angemerkt, dass das vergleichsweise herangezogene englische Recht innerhalb Großbritanniens nur ein Teilrecht ist, denn es gilt nur für die Teilstaaten England und Wales[307]. In Schottland und Nordirland gilt hingegen ein eigenes Vertragsrecht, welches nicht Gegenstand dieser Untersuchung sein soll.

I. Das britische Gerichtssystem

Auch wenn das englische Recht ein eigenes Vertragsrecht enthält, so ist es doch in seiner Entwicklung von der Rechtsprechung des britischen Obersten Gerichtshofs (*Supreme Court*) bzw. seines Vorgängers, des Berufungsausschusses des *House of Lords* (*House of Lords Appellate Committee*) abhängig.

---

306 *Beale u. a. (Hrsg.), Chitty on Contracts, Rn. 5–12; Burrows, A casebook on contract, S. 609; Collins, The Law of Contract, S. 126*

307 *Bernstorff, Einführung in das englische Recht, S. 1*

Der Oberste Gerichtshof ist ein neueingeführtes Gericht in Großbritannien, geschaffen durch den 2005 verabschiedeten *Constitutional Reform Act*. Diese Reform beendete einen Zustand, wonach die Zuständigkeit der obersten Revisionsinstanz einem Ausschuss des *House of Lords* (*House of Lords Appellate Committee*) zugeordnet war. Das *House of Lords* ist nämlich nicht Teil der Judikative, sondern eine von zwei Parlamentskammern[308], wenn auch mittlerweile mit begrenzten Kompetenzen.

Da der Oberste Gerichtshof 2009 erstmals zusammentrat, sind viele in dieser Arbeit herangezogenen Fälle noch durch das *House of Lords* entschieden worden; dies hat jedoch auf die Kontinuität der Rechtsprechung keine Auswirkungen, da sich die Kompetenzen der beiden Institutionen decken und die beteiligten Personen der Richterschaft ebenfalls beibehalten worden sind.

Unter dem *Supreme Court* befinden sich als Eingangsinstanzen die *Magistrate Courts* und der *High Court of Justice* sowie als zweite Instanz der *Court of Appeal*. Da nur wenige Fälle durch den *Supreme Court* behandelt werden, hat der *Court of Appeal* eine bedeutende Funktion in der Fortentwicklung des Rechts. Im Bereich des Irrtumsrechts geht die letzte wegweisende Entscheidung durch das *House of Lords* in Sachen *Bell v. Lever Brothers*[309] auf das Jahr 1931 zurück. Nachfolgende Änderungen und Wandlungen dieser Entscheidung haben sich aufgrund der Rechtsprechung und der unterschiedlichen Interpretation durch den *Court of Appeal* ergeben.

II. Methodische Anmerkungen zum englischen Recht

Das englische Recht ist in wesentlichen Teilen ein Richterrecht und wird als *Common Law* bezeichnet, wobei der Begriff des *Common Law* nicht einheitlich verwendet wird.

Common Law bezeichnet zunächst die Gesamtheit des Rechtssystems und grenzt sich damit vom sog. *Civil Law* ab, welches Rechtssysteme bezeichnet, in denen ein höherer Grad an Kodifizierung besteht; als *Civil Law*-Länder werden beispielsweise Deutschland und Frankreich angesehen. Typische Merkmale des *Civil Law* wie eine umfassende, geschriebene Verfassung sowie ein bürgerliches

---

308 Die Mehrzahl der Mitglieder des *House of Lords* wird vom Monarchen auf Vorschlag des Premierministers auf Lebenszeit ernannt, wobei dieser auch der Opposition ermöglicht, Mitglieder zu benennen. Einige Mitglieder besaßen ein vererbliches Recht, bis dieses im Jahre 2007 abgeschafft wurde. Andere Mitglieder sitzen im Haus aufgrund ihrer geistlichen Funktion, solange sie ein Kirchenamt innehaben.

309 *Bell v. Lever Brothers Ltd* [1932] AC 161

Gesetzbuch, welches alle wesentlichen zivilen Rechtsbereiche umfasst[310], fehlen dem *Common Law*. Soweit im Einzelfall im englischen Zivilrecht doch geschriebene Gesetze (wie der später in dieser Arbeit relevant werdende *Misrepresentation Act* oder der *Frustrated Contracts Act*) vorhanden sind, verdrängen sie das zuvor vorhandene *Common Law* nur soweit, wie dies vom Gesetzgeber angeordnet worden ist[311]. Die Auslegung dieser Gesetze durch die Gerichte führt dann zu einem hybriden Gebilde aus Gesetzesanwendung und Gerichtsentscheidungen[312].

Das *Common Law* lässt sich mit gutem Willen bis zur Herrschaft Wilhelms I. im Jahre 1066 zurückverfolgen. Möglicherweise hat es sich auch erst ein Jahrhundert später unter Heinrich II. entwickelt[313], da dieser mit seiner Justizreform die reitende Richterschaft (*itinerant justices* oder *justices in eyre*) einführte. Diese Richterschaft entwickelte das *Common Law* als englandweit geltendes Recht, um damit gegen das lokal begründete Gewohnheitsrecht vorzugehen.[314]. Es besteht aus der Rechtsprechung der englischen (und walisischen) Gerichte als einer Sammlung von Präzedenzfällen, welche die Lösung später entstehender Rechtsstreitigkeiten leitet. Nach der vorherrschenden „deklaratorischen Theorie von Gerichtsentscheidungen“[315] wird das Recht von den Richtern nicht selbst „gemacht“, sondern es liegt bereits abstrakt vor und wird von den Richtern nur bei der Entscheidung eines Falles festgestellt. Dass diese Theorie natürlich nur „ein Märchen“[316] ist, wird gern hingenommen. Auch ist unumstritten, dass die Entwicklung des Rechts faktisch von den Richtern selbst ausgeht und sich das Recht auch ständig anpasst, um auf neue gesellschaftliche und soziale Entwicklungen eingehen zu können[317].

---

310 Vgl. *Bernstorff, Einführung in das englische Recht, S. 1*

311 *Burrows LQR 2012, 232, 236–237*

312 *Burrows LQR 2012, 232, 258*

313 *Bönisch,* Wucht der Tragödie, http://www.spiegel.de/spiegel/spiegelgeschichte/d-128395464.html (besucht am 2.3.18)

314 *Bernstorff, Einführung in das englische Recht, S. 3*

315 Lord Goff of Chieveley in *Kleinwort Benson Ltd v. Lincoln City Council* [1999] 2 AC 349, 377–378

316 Lord Lloyd of Berwick in *Kleinwort Benson Ltd v. Lincoln City Council* [1999] 2 AC 349, 394

317 Vgl. hierzu die Ausführungen von Lord Lloyd von Berwick in *Kleinwort Benson Ltd v. Lincoln City Council* [1999] 2 AC 349, 393 und Lord Hope of Craighead in *Kleinwort Benson Ltd v. Lincoln City Council* [1999] 2 AC 349, 410

Ältere Präzedenzfälle können deswegen ihre Aussagekraft ganz oder teilweise verlieren[318].

1. Common Law und Equity

Neben der oben genannten Verwendung des Begriffs „*Common Law*" als Bezeichnung des gesamten Rechtssystems wird der Begriff auch innerhalb des englischen Rechtssystems verwendet und bezeichnet dort das Recht, welches von den ordentlichen Gerichten (*Common Law Courts*) erkannt wurde[319]. Abzugrenzen ist es vom *Law of Equity*, welches sich parallel zum *Common Law* entwickelt hat.

Das *Law of Equity* entwickelte sich aus einem der Exekutive (zuerst dem König, dann dem *Chancellor*, dt. Kanzler)[320] vorbehaltenen Recht, einem Untertanen Vollstreckungsschutz[321] gegen ein Urteil zu gewähren, welches die *Common Law Courts* gesprochen hatten. Später hat sich mit fortschreitender Formalisierung und Systematisierung ein eigenes Rechtsgebiet, das *Law of Equity*, entwickelt. Seit dem 16. Jahrhundert wurden solche Entscheidungen gleich den Entscheidungen der *Common Law Courts* auch veröffentlicht[322], was die Tendenz zur Bindung an Vorentscheidungen weiter verstärkte, und schließlich richtete der Kanzler einen eigenen Spruchkörper (*Court of Chancery*)[323] ein. Aufgrund eines Konfliktfalles[324] zwischen den *Common Law Courts* und dem Kanzler verfügte König James I. 1615, dass *Equity* Vorrang habe (*equity shall prevail*)[325]. Allerdings

---

318 Vgl. *Practice Statement* des *House of Lords* [1966] 3 All ER 77; in dieser Erklärung gaben die Lordrichter kund, dass sie in bestimmten Fällen von ihren früheren Entscheidungen abweichen würden, „wenn dies richtig zu sein scheint" (*when it appears to be right to do so*). Damit stellen sie sich gegen ihre frühere Entscheidung in *London Street Tramways Co Ltd v. London County Council* [1898] AC 375, 379, wonach auch eigene Präzedenzfälle für das *House of Lords* bindend seien, unabhängig davon, ob dies zu Ungerechtigkeiten führe.

319 Siehe hierzu auch *Bernstorff, Einführung in das englische Recht, S. 3–6*; *Vogenauer, Besonderheiten des englischen Vertragsrechts, in: Triebel, Englisches Handels- und Wirtschaftsrecht, S. 1, 13*

320 *Bernstorff, Einführung in das englische Recht, S. 6*

321 oder auch Verfahrensschutz, soweit das Verfahren vor den *Common Law Courts* noch anhängig war, vgl. *Bernstorff, Einführung in das englische Recht, S. 7*

322 *Bernstorff, Einführung in das englische Recht, S. 7*

323 *Bernstorff, Einführung in das englische Recht, S. 7*

324 *Earl of Oxford*-Fall (1615), 1 W & T 615, 21, zitiert nach *Bernstorff, Einführung in das englische Recht, S. 7–8*

325 Heute *Section 49* des *Supreme Court Act 1981*

wurde die Gerichtsgewalt des Kanzlers auf solche Fälle beschränkt, in denen das *Common Law* keinen ausreichenden Rechtsschutz gewähren konnte[326].

Das Eingreifen der *equity* war zur Gewährung ausreichenden Rechtsschutzes erforderlich, weil die *Common Law Courts* an strengere Verfahrensregeln gebunden waren, die allzu oft eine gerechte Entscheidung des Rechtsstreits behinderten. Oft dominierten prozessuale Spitzfindigkeiten den Prozess[327]; z.B. gab es ein strenges System aus bestimmten engen Klagearten, sog. *writs*, wobei schon die Verwendung der falschen Klageart dazu führte, den Prozess zu verlieren. Ebenso führte bereits eine geringfügige Abweichung der in der Klage vorgetragenen Tatsachen zum Verlieren des Prozesses. Auf der anderen Seite war der Beklagte auch auf das Vorbringen einer einzigen Einwendung beschränkt. Dies führte dazu, dass sich der Beklagte oft für eine prozessuale Einwendung entschied, da diese erfolgversprechender war[328]. Dadurch wurde das materielle Recht lange Zeit in seiner Entwicklung behindert.

Mit dem *Common Law Procedure Act* von 1854 wurden einige dieser Restriktionen aufgehoben. So war es den *Common Law Courts* erlaubt, auch Einwendungen nach dem *Law of Equity* anzuhören und zu entscheiden, um das prozessuale Problem zu lösen, wonach die *Common Law Courts* formal zunächst ein Urteil hätten aussprechen müssen, welches die *Equity Courts* anschließend wieder hätten kassieren müssen[329]. Der *Judicature Act* von 1873 legte schließlich die Gerichte formal zusammen[330]. Auch wenn durch die Reformen die Unterscheidung zwischen *Law* und *Equity* erheblich an Bedeutung verloren hat[331], sind die dahinterstehenden Grundsätze immer noch relevant[332], insbesondere auch für diese Arbeit, da sich nur aufgrund dieser Unterscheidung zwischen *Law*

326 *Bernstorff, Einführung in das englische Recht, S. 8*

327 *Gordley, Foundations of private law, S. 288*

328 *Gordley, Foundations of private law, S. 288*

329 *MacMillan, Mistakes in Contract Law, S. 82; Bernstorff, Einführung in das englische Recht, S. 7*

330 *Bernstorff, Einführung in das englische Recht, S. 9; Vogenauer, Besonderheiten des englischen Vertragsrechts, in: Triebel, Englisches Handels- und Wirtschaftsrecht, S. 1, 13*

331 *Vogenauer, Besonderheiten des englischen Vertragsrechts, in: Triebel, Englisches Handels- und Wirtschaftsrecht, S. 1, 14*

332 vgl. hierzu *Bernstorff, Einführung in das englische Recht, S. 9* mit sehr illustrativen Beispielen, deren Bedeutung sich jedoch zunehmend verringern wird Fn. 22, (vgl. *Vogenauer, Besonderheiten des englischen Vertragsrechts, in: Triebel, Englisches Handels- und Wirtschaftsrecht, S. 1, 14*)

und *Equity* die Entwicklung des *mistake in equity* erklären lässt und daher zum Verständnis des englischen Rechts insgesamt erforderlich ist.

Im Irrtumsrecht hat der *Court of Appeal*, unter maßgeblicher Beteiligung Dennings[333], diese historische Unterscheidung genutzt, um ein Vehikel für abweichende Rechtsprechung (unter Umgehung des *stare-decisis*-Grundsatzes, dazu sogleich) zu haben und damit ein breiteres und flexibleres Irrtumsrecht, bezeichnet als *mistake in equity*, zu schaffen, zunächst in der Entscheidung *Solle v. Butcher*[334]. Mittlerweile hat dieser Rechtsprechungslinie durch ein späteres Urteil des *Court of Appeal* ein Ende gefunden[335]. Die Einzelheiten dazu werde ich später in C.II.2.c darstellen.

2. *Stare decisis und Common Law*

Das englische Recht fußt auf dem Grundsatz, dass das Recht einmal durch ein Gericht für einen bestimmten Fall entschieden ist. Nachfolgende Fälle, die gleich gelagert sind, sind entsprechend gleich zu entscheiden. Dieser Grundsatz wird mit dem lateinischen Begriff *stare decisis*[336] bezeichnet und lässt sich am besten übersetzen mit „bei den (vorangegangenen) Entscheidungen bleiben".

Daraus folgt, dass untere Gerichte – anders als in Deutschland[337] – an die Entscheidungen der oberen Gerichte von Rechts wegen gebunden sind (vertikale Bindung)[338]. Die Bindung besteht zudem auch horizontal, d.h. ein Gericht ist an seine früheren Entscheidungen gebunden[339]. Einzig dem Obersten Gerichtshof bzw. *House of Lords* steht es frei, von eigenen Entscheidungen abzuweichen[340],

333 *Solle v. Butcher* [1950] 1 KB 671; s. Teil IVC.II.2.c.i

334 *Solle v. Butcher* [1950] 1 KB 671

335 *Great Peace Shipping Ltd v. Tsavliris Salvage (International) Ltd* [2003] QB 679

336 *Bernstorff, Einführung in das englische Recht, S. 10*

337 In Deutschland besteht eine derartige rechtliche Bindung nicht; hier wird eine einheitliche Rechtsanwendung nur faktisch (*Zimmermann in: MüKoZPO 2008, §132 ZPO, Rn. 5*) herbeigeführt, indem die unteren Gerichte den oberen Gerichten folgen, ohne allerdings dazu rechtlich verpflichtet zu sein. Eine derartige Verpflichtung verstieße nach deutscher Ansicht auch gegen die verfassungsmäßig verankerte richterliche Unabhängigkeit (*Zimmermann in: MüKoZPO 2008, §132 ZPO, Rn. 5*). Vielmehr hat das deutsche Gericht im Falle des Abweichens die Berufung bzw. die Revision unabhängig vom Beschwerdewert zuzulassen, so dass dadurch eine einheitliche Rechtsanwendung gesichert werden kann.

338 *Vogenauer, Besonderheiten des englischen Vertragsrechts, in: Triebel, Englisches Handels- und Wirtschaftsrecht, S. 1, 10*

339 *Vogenauer, Besonderheiten des englischen Vertragsrechts, in: Triebel, Englisches Handels- und Wirtschaftsrecht, S. 1, 11*

340 *Practice Statement* [1966] 3 All ER 77

wovon aber nur sehr zurückhaltend, seit den achtziger Jahren etwas häufiger[341], Gebrauch gemacht wird[342]. Eine solche Möglichkeit hat der *Court of Appeal* nicht[343]: Will er eine Veränderung des Rechts bewirken, kann er nur die Revision zum Obersten Gerichtshof zulassen[344].

Die Bindung der unteren englischen Gerichte besteht dann, wenn es sich um einen gleichgelagerten Fall handelt. Lässt sich der Fall hingegen in einem entscheidungserheblichen Merkmal von den bisher entschiedenen Fällen unterscheiden (*distinguish*), kann das Gericht diesen Fall frei entscheiden[345]. Ob ein Fall in einem wesentlichen Merkmal abweicht, ist wiederum eine Frage, welche das untere Gericht nach eigenem Ermessen zu entscheiden hat. Allerdings ist diese Frage der Berufung/Revision zugänglich und landet, wie der gesamte Fall, im Ergebnis beim Obersten Gerichtshof. Diese Vorgehensweise, das Recht aus vielen Einzelentscheidungen zusammenzusetzen, hat dazu beigetragen, dass sich in viel geringerem Maße als in Deutschland eine Hierarchie zwischen den einzelnen Rechtssätzen, etwa zwischen Regel und Ausnahme, über- und untergeordnetem Rechtssatz, gebildet hat.

Bis heute hat das englische Zivilrecht seine wesentlichen Züge als ungeschriebenes Recht behalten, denn primäre Rechtsquelle ist immer noch das vom Richter gesetzte Fallrecht[346]. Selbst wenn einmal bestimmte Aspekte kodifiziert werden (z.B. *Sale of Goods Act*, *Misrepresentation* Act, *Unfair Contracts Act*), stellen diese oft nur punktuelle Eingriffe in das durch die bisherige Rechtsprechung entwickelte Recht dar[347]. Zum Teil wird, trotz hinreichender Kodifikation,

---

341 *Vogenauer, Besonderheiten des englischen Vertragsrechts, in: Triebel, Englisches Handels- und Wirtschaftsrecht, S. 11*

342 Vgl. *Bernstorff, Einführung in das englische Recht, S. 11*

343 *Bernstorff, Einführung in das englische Recht, S. 10 Fn. 24*

344 *Bernstorff, Einführung in das englische Recht, S. 24*

345 *Vogenauer, Besonderheiten des englischen Vertragsrechts, in: Triebel, Englisches Handels- und Wirtschaftsrecht, S. 1, 13; Lamond, The Stanford Encyclopedia of Philosophy,* https://plato.stanford.edu/archives/spr2016/entries/legal-reas-prec/ *(besucht am 15.04.2017), 2.1.2*

346 *Vogenauer, Besonderheiten des englischen Vertragsrechts, in: Triebel, Englisches Handels- und Wirtschaftsrecht, S. 1, 9*

347 *Vogenauer, Besonderheiten des englischen Vertragsrechts, in: Triebel, Englisches Handels- und Wirtschaftsrecht, S. 1, 10; Bernstorff, Einführung in das englische Recht, S. 10.* Nach Vogenauer wird das allgemeine Zivilrecht überhaupt nur durch vier Gesetze berührt, welche ebenfalls nur eng umgrenzte Teilfragen betreffen, vgl. *Vogenauer, Besonderheiten des englischen Vertragsrechts, in: Triebel, Englisches Handels- und Wirtschaftsrecht, S. 1, 9*; Doerfert beschreibt die Eingriffe als „behutsam", vgl. *Doerfert JA 1998, 435, 435*

immer noch auf das alte *Common Law* zurückgegriffen oder dieses durch das Parlamentsgesetz ausdrücklich aufrechterhalten[348].

Die Arbeit wird daher auf vielen Gerichtsentscheidungen näher eingehen. Da die verwendete Sprache zum Teil eher kompliziert ist, sind Zitaten aus Primärquellen auch Übersetzungen ins Deutsche beigefügt.

B. Dominanz der Erklärungstheorie im englischen Vertragsrecht

Die folgende Untersuchung wird zeigen, dass das englische Recht – bei aller Schwierigkeit einer Übertragung wissenschaftlicher Diskussionen von einem Rechtssystem in ein anderes – grob betrachtet der Erklärungstheorie folgt.

Allerdings lässt sich dies nur indirekt nachweisen, indem man das funktionale Äquivalent zur deutschen Rechtsgeschäftslehre untersucht und bewertet.

I. Englische „Rechtsgeschäftslehre"

Eine erste Schwierigkeit im englischen Recht liegt bereits darin, dass es keine allgemeine Definition des Rechtsgeschäfts gibt[349]. Der Begriff des Rechtsgeschäfts ist Ergebnis des im deutschen Rechtskreis sehr beliebten und geübten abstrakttheoretischen Denkens.

Die in England beliebtere pragmatische Herangehensweise verzichtet auf einen solch abstrakten und als sperrig empfundenen Begriff. Stattdessen wird allgemein auf den Vertrag als ganzen abgestellt, welcher sich aus Angebot und Annahme (*offer and acceptance*) zusammensetzt. Bei diesen beiden Elementen des Vertrags handelt es sich um das, was wir als Willenserklärung bezeichnen würden, auch wenn dieser Begriff ebenfalls im englischen Recht nicht gebräuchlich ist.

Wir müssen uns daher darauf beschränken, zu untersuchen, wie ein Vertrag zustande kommt, also was *offer* und *acceptance* auszeichnen muss, damit das Vorliegen eines wirksamen Vertrags bejaht werden kann.

1. Entwicklung einer Vertragstheorie im 19. Jahrhundert

Das englische Recht befindet sich mit der Definition des Vertrags bzw. des Rechtsgeschäfts im Fluss. Ursprünglich konnte ein Vertrag nur anhand objektiver

---

348 *Sale of Good Acts* 1893 und 1979, vgl. hierzu *Vogenauer, Besonderheiten des englischen Vertragsrechts, in: Triebel, Englisches Handels- und Wirtschaftsrecht, S. 1, 18–19*

349 *Bernstorff, Einführung in das englische Recht, S. 51*

Kriterien beschrieben werden; man musste also auf objektiv erkennbare Handlungen der Vertragsschließenden abstellen. Subjektive Elemente, etwa das Vorliegen eines inneren Willens bei den Vertragsschließenden zum Abschluss dieses Vertrags, spielen keine Rolle. Sie heranzuziehen war auch gar nicht sinnvoll, da das formale Verfahren der *Common Law Courts* nicht die Möglichkeit eröffnete, die Parteien über ihren subjektiven Willen zu befragen.

Auch wenn diese formellen Beschränkungen im Gerichtsverfahren mittlerweile nicht mehr bestehen, ist es dabei geblieben, dass das englische Recht bei Willenserklärungen stärker als das deutsche Recht die objektive Auslegung betont[350].

Diese Unterschiede zeigten sich besonders deutlich im 19. Jahrhundert, als die etablierten Regeln des Vertragsschlusses durch die moderneren subjektiven Lehren, z.B. Savignys und Pothiers, herausgefordert wurden[351]. Zwar waren die Schriften Savignys bereits im 19. Jahrhundert auch auf Englisch verfügbar, und das Studium des deutschen Rechts galt auch in England damals als „*state of the art*"[352]. Dennoch haben schon die frühen Rezipienten und glühenden Verehrer Savignys (wie der Lehrbuchautor Sir Frederick Pollock) ihm in diesem Punkt die Gefolgschaft verweigert[353]. Gleiches gilt übrigens für die Rezeption des noch stärker bekannten französischen Autors Pothier, dessen subjektive Lehren des Vertrags und der Irrtümer[354] ebenfalls zwar beachtet und

---

350 *Friedmann LQR 2003, 68, 69 und 71*; Waddams spricht von der „Dominanz der objektiven Regeln des Vertragsschlusses", vgl. *Waddams, Principle and policy in contract law, S. 36*; *Zweigert/Kötz, Einführung in die Rechtsvergleichung auf dem Gebiete des Privatrechts, S. 402*, der ein englisches Lehrbuch von Cheshire/Fifoot/Furmston (dort S. 28) zitiert: „*Agreement, however, is not a mental state but an act and, as an act, in a matter of inference from conduct. The parties are to be judged, not by what is in their minds, but by what they have said or written or done.*"

351 *Zweigert/Kötz, Einführung in die Rechtsvergleichung auf dem Gebiete des Privatrechts, S. 402*; nach Zimmermann gab es einen ständigen Austausch zwischen den Autoren auf dem Kontinent und auf der Insel, so dass das englische Recht niemals von der Entwicklung des deutschen und französischen Rechts abgekoppelt war, vgl. *Zimmermann LQR 1996, 576, 588–589*

352 *MacMillan, Mistakes in Contract Law, S. 147*

353 MacMillan stellt im Einzelnen dar, wie Pollock zunächst die Willenstheorie Savignys als theoretische Grundlage in den ersten Auflagen eines Lehrbuchs zum Vertragsrecht darstellt, aber auch die Unstimmigkeiten gegenüber dem bestehenden *Common Law* nicht verdecken will. In den später erschienen Folgeauflagen verschwindet die Willenstheorie wieder, vgl. *MacMillan, Mistakes in Contract Law, 145, 147 und 163*

354 *MacMillan, Mistakes in Contract Law, 102, 104*

zur Analyse[355] herangezogen wurden, ihnen aber doch nicht vollumfänglich gefolgt wurde[356]. Vielmehr blieb das englische Recht bei einem eher objektiven Ansatz[357].

---

355 Ein Beispiel hierfür ist Blackburn in *Kennedy v. Panama* (1867) 2 LRQB 580, 588. Blackburn kannte die Lehren Pothiers und war auch im römischen Recht sehr bewandert, daher nahm er diese Einflüsse auf, so *Kötz/Flessner (Hrsg.), Europäisches Vertragsrecht, S. 264*

356 *MacMillan, Mistakes in Contract Law, S. 135*; Pothiers Lehren, dass der Konsensus stets für einen Vertrag erforderlich sei, wurden m.E. von den Engländern z.T. falsch verstanden. Denn zwar lässt Pothier einen Vertrag mangels tatsächlichen Konsenses bei einem Irrtum scheitern; er lässt stattdessen jedoch eine nicht-vertragliche Haftung dergestalt entstehen, dass sich der Irrende nach den Prinzipien der *equity* so behandeln lassen müsse, als sei ein Vertrag tatsächlich zustande gekommen, denn niemand solle aufgrund der Handlung eines anderen einen Schaden erleiden (*nemo ex alterius facto praegravari debet*), vgl. *Waddams, Principle and policy in contract law, S. 22–23*; vor allem wegen der Umständlichkeit (und dem Grundgedanken folgend, dass eine Willenserklärung stets eine äußere Handlung sei), ist dieser Ansatz von den Engländern nicht weiterverfolgt worden, vgl. *Waddams, Principle and policy in contract law, S. 23–24*. Dennoch findet sich dieser Ansatz sogar in der Rechtsprechung an prominenter Stelle wieder, nämlich in *Smith v. Hughes* (1871) LR 6 QB 597, 609. Dort schreibt Lord Hannen: "*But one of the parties to an apparent contract may, by his own fault, be precluded from setting up [a defence] that he had entered into it in a different sense to that, in which it was understood by the other party*" (Aber eine Partei eines offenbaren Vertrags kann aufgrund ihres eigenen Verschuldens daran gehindert sein, einzuwenden, dass sie den Vertrag mit einem anderen Verständnis geschlossen habe als sie von der anderen Partei verstanden worden sei; Betonung hinzugefügt); eine ähnliche Figur hatte auch schon Ansons verwendet, wonach „eine Partei gehindert [sei] vorzutragen, dass ihr tatsächlicher Wille nicht dem Vertragsinhalt entsprochen habe"; hier scheint es eine parallele Entwicklung in Deutschland gegeben zu haben, da auch Bähr diese Formel verwendet, vgl. *Bähr JherJb 14 (1875), 393, 401*; *Eisenhardt JZ 1986, 875, 878*

357 *Waddams, Principle and policy in contract law, S. 55*; Cartwright stellt zurecht diesen Unterschied heraus, indem er betont, dass sich die Kontinentaleuropäer viel mehr als die Engländer auf den Willen bzw. den Konsens fokussieren würden, vgl. *Cartwright, Misrepresentation, mistake and non-disclosure, 1.05*; auch der viel verwendete *consensus ad idem* unterstützte nicht die subjektive Theorie, sondern es wurde dennoch auf die Erwartungen des Empfängers abgestellt, *Waddams, Principle and policy in contract law, S. 31–32*; nach Collins ist der *consensus ad idem* nur ein „Lippenbekenntnis" zum tatsächlichen Willen, wohingegen das Recht Auslegungsfragen effektiv nach anderen Regeln behandele, vgl. *Collins, The Law of Contract, S. 116*, der subjektive Konsens liege in den meisten (unproblematischen) Fällen zwar vor, er sei jedoch irrelevant, denn die objektive Auslegung zerschlage die Verbindung zwischen Wille

Aufgrund dieser Beschränkung auf den Austausch der vertragsbildenden Erklärungen versteht das englische Recht den Vertrag vornehmlich als einen Kommunikationsakt und nicht so sehr als einen Willensakt.

Liegt ein Fall vor, in dem beide Parteien unterschiedliche Vorstellungen vom Vertragsinhalt hatten, aber fälschlicherweise annahmen, dass sie sich einig seien und entsprechend einen Vertrag schlossen, so kam der Vertrag mit dem Inhalt zustande, der objektiv erkennbar war. Dieser rein objektive Ansatz hat sich etwa in *Smith v. Hughes* gezeigt[358], blieb aber auch in späteren Fällen bestehen, z.B. *Scammell and Nephew Ltd v. Ouston.*[359] Dieser Fall ist insoweit interessant, weil hierin Viscount Maugham im Einzelnen beschreibt, welche Bemühungen das Gericht unternehmen kann, um einem von den Parteien geschlossenen Vertrag, der wegen der verwendeten nicht-juristischen Wortwahl auslegungsbedürftig ist, zur Wirksamkeit zu verhelfen. Dabei könne das Gericht auch auf typische Vertragsreglungen in gleichartigen Fällen zurückgreifen. Trotz dieser Bemühungen scheiterte der Vertrag jedoch im vorliegenden Fall, da die Parteien nur einen *Hire-Purchase*-Vertrag (dt. Leasing-Vertrag) über eine Laufzeit von zwei Jahren vereinbart hatten, aber alles Weitere offengeblieben war (Raten, Zinsen, Einbeziehung eines Finanziers, Unterhaltspflichten etc.), so dass kein eindeutiger Vertrag zu ermitteln war[360].

Dass es auf innere Vorgänge nicht ankommen kann, zeigt auch die besonders pointierte Entscheidung in Sachen *Frederick E. Rose (London) Ltd v. William H. Pim Junior & Co Ltd*[361]. Zwar behandelte der Fall einen Klageantrag auf *rectification* eines Vertrags[362] (dies ist aber unbeachtlich, da sich diese speziell-englischrechtliche Klageart von den materiellrechtlichen Anforderungen her nicht von der allgemeinen Auslegung von Verträgen unterscheidet). Der Fall handelte

---

und Vertragsschluss (*the objective test of consent sunders the connection between consent and intent*), vgl. *Collins, The Law of Contract, S. 123–124*

358 Blackburn in *Smith v. Hughes* (1871) LR QB 597, 607; hierzu *Friedmann LQR 2003, 68, 73*

359 *Scammell and Nephew Ltd v. Ouston* [1941] AC 251, 254–258

360 Siehe hierzu auch *McKendrick, Contract law, S. 47*

361 *Frederick E. Rose (London) Ltd v. William H. Pim Junior & Co Ltd* [1953] 2 QB 450

362 Die *rectification* stellt eine eigene Klagemöglichkeit dar, womit dem Gericht ermöglicht wird, festzustellen, dass ein schriftlich geschlossener Vertrag einen anderen Inhalt habe, als dies der Urkunde zu entnehmen sei. Erforderlich dafür ist, dass der Vertrag im Anschluss an eine mündliche Übereinkunft verschriftlicht worden ist und nur diese geschriebene Vertragsurkunde eine Abweichung gegenüber der mündlichen Absprache enthält, vgl. *Chartbrook Ltd v. Persimmon Homes Ltd and others* [2009] UKHL 38; *Property Law Bulletin Property Law Bulletin 2003, 49.*

davon, dass ein Zwischenhändler im Auftrag des Käufers Feldbohnen (*feveroles*) kaufen sollte. Da der Zwischenhändler nicht genau wusste, was dies sei, erkundigte er sich bei seinem Verkäufer, welcher ihm die Auskunft gab, dass es sich um gewöhnliche Ackerbohnen (*horsebeans)* handele. Tatsächlich sind Feldbohnen aber eine besondere Art von Ackerbohnen, nämlich solche, die etwas kleiner und daher teurer sind. Im Vertrauen auf die Auskunft kaufte der Zwischenhändler nach dem schriftlichen Vertrag „*horsebeans*". Dabei nahmen beide an, dass „*horsebeans*" „*feveroles*" seien. Lord Denning lehnte dennoch eine Änderung des Vertrags (*rectification*) dahingehend, dass „*feveroles*" der Vertragsgegenstand seien, mit folgender Begründung ab:

> *[The Judge of First Instance] has* found that *there was "a mutual and fundamental mistake" and that the defendants and the plaintiffs, through their respective market agents, "intended to deal in horsebeans of the feverole type"; and he has held that, because that was their intention – "their continuing common intention" – the court could rectify their contract to give effect to it. In this I think he was wrong. <u>Rectification is concerned with contracts and documents, not with intentions.</u> In order to get rectification, it is necessary to show that the parties were in complete agreement on the terms of their contract, but by an error wrote them down wrongly; and in this regard, <u>in order to ascertain the terms of their contract, you do not look into the inner minds of the parties – into their intentions – any more than you do in the formation of any other contract</u>.*[363]

> *[Der Richter des Ausgangsgerichts] hat festgestellt, dass es einen „gemeinsamen und grundlegenden Fehler" gab und dass die Beklagten und die Kläger, mittels ihrer jeweiligen Markt-Vertreter, „mit Ackerbohnen in der Art von Feldbohnen handeln wollten"; und er urteilte, dass dies deren Wille – „deren fortgesetzter gemeinsamer Wille" – war und dass deswegen das Gericht dazu ermächtigt sei, den Vertrag zu korrigieren, um dem Vertrag eben diese Wirkung zu geben. Hierin, glaube ich, lag er falsch. <u>[Der Rechtsbehelf der] rectification befasst sich mit Verträgen und Dokumenten, nicht mit Willen</u>. Um eine rectification zu erlangen, ist notwendigerweise aufzuzeigen, dass sich die Parteien über die Einzelheiten des Vertrags vollständig geeinigt hatten, aber diesen aufgrund eines Fehlers falsch niedergeschrieben haben; und in diesem Sinne, <u>um den Vertragsinhalt zu ermitteln, schaut man nicht mehr in die Köpfe der Parteien – in ihre Willen – als man dies bei Abschluss eines jeden anderen Vertrags tut.</u> [Hervorhebung hinzugefügt]*

363 *Frederick E. Rose (London) Ltd v. William H. Pim Junior & Co Ltd* [1953] 2 QB 450, 461

2. Auslegung von Willenserklärungen beim Vertragsschluss im 20. Jahrhundert

Mittlerweile ist ein Wandel innerhalb der Rechtsprechung zu erkennen. Zwar erfolgt die Auslegung der Vertragserklärungen im englischen Recht weiterhin grundsätzlich nach objektiven Kriterien[364]. Die Auslegung kann aber durchaus das subjektive Verständnis der Parteien berücksichtigen, soweit keine Partei ein berechtigtes Interesse am objektiven Erklärungsgehalt hat. Wie Collins anmerkt, werde dadurch nicht etwa die subjektive Auslegung „wiederbelebt", sondern lediglich die objektive Auslegung dort modifiziert, wo sich diese allein als ungenügend herausstellen sollte[365]. Waddams beschreibt dies ähnlich, indem er herausstellt, dass zwischen dem tatsächlichen Willen und den objektiven Erwartungen des Empfängers ein „Dualismus" bestehe, weswegen es falsch sei, einen Aspekt ohne den anderen zu betrachten[366].

Dass die rein objektive Auslegung früherer Art allein nicht richtig sein kann, hat sich in *The Hannah Blumenthal*[367] herausgestellt. Daher wandte das *House of Lords* nunmehr einen modifizierten Maßstab an. In *The Hannah Blumenthal* entwickelte Lord Brightmans einen Test zur Ermittlung von Vertragsschlüssen, den die anderen Lordrichter teilten oder ähnlich sahen[368]. In Erwiderung auf die Argumente der Verkäuferin aus dem Ausgangsprozess befasste er sich mit der Frage, ob aufgrund der Umstände des Einzelfalls eine konkludente Einigung zwischen den Parteien dahingehend vorgelegen habe, dass eine Schiedsklausel aufgehoben werde. Die Verkäuferin nahm in ihren rechtlichen Erwägungen an, dass dies allein nach objektiven Kriterien zu bemessen sei.

---

364 Steyn J in *Associated Japanese Bank (International) Ltd v. Crédit du Nord* [1989] 1 WLR 255, 263; *Vogenauer, Besonderheiten des englischen Vertragsrechts, in: Triebel, Englisches Handels- und Wirtschaftsrecht, S. 1, 36*; *Collins ERCL 2009, 474, 481f*; *Friedmann LQR 2003, 68, 70*; *Grabiner LQR 2012, 41*; *MacMillan, Mistakes in Contract Law, S. 207*; *Smith LQR 2007, 116, 117*, worin er für den „objektiven Ansatz" (*objective approach)* eintritt, mithin dass sich auch für eine *rectification* der subjektive Wille manifestiert haben müsse

365 *Collins, The Law of Contract, S. 235*

366 *Waddams, Principle and policy in contract law, S. 56*

367 *Paal Wilsons & Co. A/S v. Partenreederei Hannah Blumenthal (The Hannah Blumenthal)* [1983] 1 AC 854, 924

368 So auch *Atiyah LQR 1986, 363, 365*, der die Annahme Lord Goffs in *Allied Marine Transport Ltd. v. Vale do Rio Doce Navegacao S.A. (The Leonidas D)* [1985] 1 WLR 925, 936 widerlegt, dass sich die Lordrichter in *The Hannah Blumenthal* widersprochen hätten

Dem entgegnet Lord Brightman:

The test in my opinion is not wholly objective. The basis of "tacit abandonment by both parties", to use the phraseology of the sellers' case is that the primary facts are such that it ought to be inferred that the contract to arbitrate the particular dispute was rescinded by the mutual agreement of the parties. To entitle the sellers to rely on abandonment, they must show that the buyers so conducted themselves as to entitle the sellers to assume, and that the sellers did assume, that the contract was agreed to be abandoned sub silentio.

Die Kriterien sind nach meiner Meinung nicht ausschließlich objektiv. Die Grundlage für eine, wie die Verkäuferin es nennt, „stillschweigende beiderseitige Aufgabe [der Schiedsvereinbarung]" ist, dass man aus den Tatsachen schließen solle, ob die Vereinbarung, diesen Fall vor dem Schiedsgericht zu verhandeln, durch die gegenseitige Vereinbarung der Parteien aufgehoben worden sei. Damit sich die Verkäuferin auf diese Aufgabe [durch gegenseitige Vereinbarung] stützen kann, muss sie zeigen, dass sich der Käufer so verhalten hat, dass die Verkäuferin annehmen durfte und tatsächlich angenommen hat, dass die Schiedsvereinbarung von beiden Parteien durch eine stillschweigende Vereinbarung aufgehoben sei. [Hervorhebung hinzugefügt]

Hiermit verdeutlicht Brightman, dass es nicht nur auf das objektive Verständnis einer Willenserklärung ankomme, sondern für den Fall, dass der objektiv erkennbare Gehalt einer Erklärung vom Erklärenden nicht so gemeint war, zusätzlich darauf, dass die Gegenseite die Erklärung tatsächlich nach ihrem objektiven Gehalt verstanden habe[369]. Verlasse sich keine Partei auf den objektiven Gehalt der Erklärung der anderen Seite, könne dieser folglich nicht maßgeblich sein[370].

Cartwright entwickelt anhand der Beratungen der Lordrichter einen Vertragsschlusstatbestand, der der subjektiven Auslegung soweit den Vorrang einräumt, wie sich beide Parteien einig sind[371]. Warum dieses Ergebnis einige englische Juristen noch immer verwundert (da diese annehmen, dass das englische Recht einzig einen objektiven Test durchführt), kann Cartwright ebenfalls begründen. Denn viele Autoren würden bei der Auslegung des Vertrags die erste (und meist unnötige) Frage nach einer subjektiven Einigung auslassen und deswegen gleich bei der Ermittlung des objektiven Gehalts der Willenserklärungen ansetzen[372].

---

369 *Friedmann LQR 2003, 68, 72*

370 Nach Atiyah ist erforderlich, dass sich die eine Partei auf den objektiv erkennbaren Inhalt der Erklärung verlässt und deswegen ihre Rechte entsprechend gestaltet, vgl. *Atiyah LQR 1986, 363, 364*. Fehle es jedoch bereits am tatsächlichen Glauben an den objektiven Gehalt, verlasse sich die Partei nicht auf diesen Inhalt und ändere folglich auch nicht ihre Rechtsposition.

371 *Cartwright, Misrepresentation, mistake and non-disclosure, 13.19*

372 *Cartwright, Misrepresentation, mistake and non-disclosure, 13.10*

Nach Cartwrights Ansicht sind bei der Auslegung folgende Schritte zu durchlaufen[373]:

(1) *The first question is whether the parties were in fact (subjectively) in agreement on the existence and terms of the contract. If they were, that should be determinative.*
(2) *If the parties were not, in fact, in agreement, then – in the case where the claimant is seeking to rely on there being a contract on terms [x], and the defendant is either denying that there is a contract at all, or is asserting that there is a contract on terms [y] – the question becomes whether the claimant can in law hold the defendant to have agreed to a contract on terms [x]. He may do so if:*
   a. *the defendant's words, conduct or (exceptionally) silence would have led a reasonable person in the claimant's position to believe that the defendant was agreeing to [x]; and*
   b. *the claimant in fact believed that the defendant was agreeing to [x].*
(3) *If the claimant succeeds in showing that he can hold the defendant to a contract on terms [x] in accordance with proposition 2, he has established a contract on terms [x] unless the defendant can rebut this by showing that the claimant's conduct, words or (exceptionally) silence would have led a reasonable person in his position to believe that the claimant was agreeing to [y], and that the defendant in fact believed that the claimant was agreeing to [y]. In such a case, there is no contract.*

(1) *Die erste Frage ist, ob die Parteien sich tatsächlich (subjektiv) einig waren über das Zustandekommen und den Inhalt des Vertrags. Wenn sie dies waren, ist dieses Ergebnis entscheidend.*
(2) *Sind sich die Parteien tatsächlich nicht einig – wenn also der Kläger geltend macht, dass ein Vertrag mit dem Inhalt [x] zustande gekommen sei, und der Beklagte entweder bestreitet, dass es überhaupt einen Vertrag gebe, oder geltend macht, dass der Vertrag vielmehr mit dem Inhalt [y] zustande gekommen sei –, dann stellt sich die Frage, ob der Kläger von Rechts wegen den Beklagten so behandeln darf, als habe er dem Vertrag mit dem Inhalt [x] zugestimmt. Er darf dies, wenn:*
   a. *die Worte, das Verhalten oder (in besonderen Fällen) das Schweigen einen vernünftigen Dritten in der Lage des Klägers zu der Annahme verleitet hätten, dass der Beklagte [x] zustimmte, und*
   b. *der Kläger tatsächlich glaubte, dass der Beklagte [x] zustimmte.*
(3) *Wenn der Kläger Erfolg hat darzulegen, dass ein Vertrag mit dem Inhalt [x] entsprechend der Position unter (2) zustande gekommen sei, dann kann der Beklagte dies nur noch damit widerlegen, dass die Worte, das Verhalten oder (in besonderen Fällen) das Schweigen des Klägers einen vernünftigen Dritten in seiner Position dazu verleitet hätten anzunehmen, dass der Kläger einem Vertrag mit dem Inhalt [y] zugestimmt habe, und der Beklagte tatsächlich glaubte, dass der Kläger [y] zugestimmt habe. In einem solchen Falle besteht überhaupt kein Vertrag.*

---

373 *Cartwright, Misrepresentation, mistake and non-disclosure,* 13.19

Anhand dieses Schemas kann Cartwright alle Fälle des Abweichens der vertraglichen Willen voneinander erfassen. Ihm gelingt auch, die Fälle der *falsa demonstratio* in das Schema zu integrieren. Denn bei der *falsa demonstratio* besteht ein Vertrag bereits nach der ersten Stufe, so dass sich ein Eingehen auf den objektiven Erklärungsgehalt nach der zweiten oder dritten Stufe erübrigt. Die dritte Stufe beschreibt schließlich Fälle, die nach deutschen Verständnis unter den Dissens fallen. In diesen Fällen führt der Irrtum dazu, dass weder eine objektive noch eine subjektive Übereinstimmung vorgelegen hat, und dann gibt es auch keinen Vertrag[374]. Um es mit dem Worten Atkins[375] zu formulieren:

Such mistake "negatives the parties' consent".
Ein solcher Irrtum widerlegt den Konsens der Parteien.

II. Wendet das englische Recht die Erklärungstheorie an?

Trotz der oben dargestellten Entwicklung darf man sagen, dass das englische Recht bei der Erklärungstheorie bleibt. Denn auch die neueren Modifikationen lassen an dieser Grundannahme keine Zweifel, weil die Erklärungstheorie nur dort eingeschränkt oder modifiziert wird, wo sie ohnehin den von ihr bezwecken Schutz des Erklärungsempfängers nicht erreichen kann.

Worin liegt dann der Unterschied zum deutschen Recht? Denn auch im deutschen Recht wird die Auslegung anhand dieses dreistufigen Ansatzes vorgenommen. Der Unterschied liegt darin, dass das deutsche Recht noch eine Art vierte Stufe kennt, wonach der Vertrag nachträglich durch Anfechtung wieder vernichtet werden kann. Diese vierte Stufe gibt es, wie im Folgenden gezeigt wird, im englischen Recht so nicht.

C. Behandlung von Irrtümern

Das englische Recht geht eher kasuistisch an Irrtümer heran, weswegen nicht in gleicher Weise wie im deutschen Recht ein einheitlicher Tatbestand gefunden werden kann.

---

374 *Cartwright, Misrepresentation, mistake and non-disclosure, 15.02*; z.B. in *Raffles v. Wichelhaus* [1864] EWHC Exch J19, wo sich Verkäufer und Käufer über den Kauf von Waren einigten, welche sich auf der „Peerless" auf dem Weg von Bombay befanden. Beide Parteien wussten aber nicht, dass es zwei Schiffe namens Peerless gab und sich beide auf dem Weg von Bombay nach Liverpool befanden, wobei eines im Oktober und eines im Dezember ankommen sollte. Beide Parteien bezogen sich subjektiv auf das jeweils andere Schiff. Da sich aber nach dem objektiven Gehalt der Willenserklärungen nicht ermitteln ließ, welches Schiff gemeint war, kam ein Vertrag nicht wirksam zustande.

375 Lord Atkin in *Bell v. Lever Brothers Ltd* [1932] AC 161, 217

I. Erklärungsirrtümer

Eine dem deutschen Recht geläufige Unterscheidung zwischen Erklärungsirrtum (bzw. Inhaltsirrtum) auf der einen und Motivirrtum auf der anderen Seite gibt es im englischen Recht nicht[376]. Sie taucht aber in anderem Gewand zumindest teilweise wieder auf: Als ich einmal einen englischen Juristen fragte, warum denn dem englischen Recht der Erklärungsirrtum, wie ich ihn aus dem deutschen Recht kannte, fremd sei und wie denn das Recht ohne ihn auskommen könne, erhielt ich die zunächst wenig verständliche Antwort: Der Irrtum über den Vertragsinhalt sei sehr wohl beachtlich, aber nur, wenn die andere Partei den Irrtum erkannt habe[377]. Und in der Tat wird zwischen dem Irrtum über den Vertragsinhalt (*mistake as to terms of the contract*) und dem Irrtum über den Vertragsgegenstand (*mistake about the subject matter*) in einigen Darstellungen zum englischen Recht unterschieden[378].

Dennoch verwirrt diese Unterscheidung den deutschen Juristen zunächst, da er erwartet, dass bei Vorliegen eines Irrtums Irrtumsrecht angewendet werden würde. Dies ist beim Irrtum über den Vertragsinhalt aber nicht der Fall, sondern stattdessen führen dessen tatbestandliche Voraussetzungen dazu, dass die Regeln der Auslegung angewendet werden: So liegt ein Irrtum über den Vertragsinhalt vor, wenn der Irrende objektiv einem Vertrag zustimmt, dessen Inhalt er subjektiv nicht haben wollte[379]. Ob sich der Irrende an seinem Irrtum festhalten lassen muss und damit der Vertrag mit dem objektiven Inhalt zustande gekommen ist, hängt davon ab, ob die andere Partei erkannt hat, dass der Irrende den Vertrag nicht mit dem objektiven Inhalt abschließen wollte, sondern mit einem anderen. Denn hat die andere Partei diesen Irrtum erkannt, fehlt ihr das notwendige

---

376 Diese Unterscheidung war dem englischen Recht schon immer fremd. Dies liegt daran, dass die Sorge der Kontinentaleuropäer um das fehlerfreie Zustandekommen des Parteiwillens den Engländern fremd war, vgl. *Bernstorff, Einführung in das englische Recht, S. 66*

377 Besonders deutlich wird dies in einem Fall aus Singapur, nämlich *Chwee Kin Keong v. Digilandmall.com Pte Ltd* [2005] 1 SLR 502, wo der Verkäufer auf der Webseite versehentlich Drucker zum Preis von $66 statt $3854 angeboten hatte und der Käufer dieses erkennbar fehlerhafte Angebot ausnutzte und annahm. Hier hielt das Gericht den Vertrag wegen Irrtums für nichtig. Dieses Urteil ist vom *High Court of Justice* in *Statoil ASA v. Louis Dreyfus Energy Services LP* [2008] EWHC 2257, Rn. 94, gebilligt worden.

378 *Waddams, Principle and policy in contract law, S. 36*; *Burrows/Feldman, Oxford principles of English law, 8.132*

379 *Cartwright, Misrepresentation, mistake and non-disclosure, 15.02*

Vertrauen (*reliance*) in den objektiven Erklärungsgehalt der Zustimmung, weshalb sie sich auf den objektiven Erklärungsgehalt nicht berufen kann[380]. Dies ist die Anwendung des Ermittlungsmaßstabes der Auslegung, wie ich ihn bereits unter B.I.2 dargestellt habe.

Auch ein Übermittlungsirrtum ist dem englischen Recht fremd. Zwar wird in diesen Fällen die Nichtigkeit des geschlossenen Vertrags angenommen, jedoch nicht aufgrund eines Irrtums, sondern wegen des Fehlens einer Vertretungsmacht.[381] Denn das englische Recht wendet auf solche Fälle sein Stellvertretungsrecht an, welches sich allerdings vom deutschen Recht dadurch unterscheidet, dass es kein Abstraktionsprinzip hinsichtlich der Vollmacht kennt. Das bedeutet, dass in allen Fällen, in denen der Stellvertreter außerhalb seines Auftrags handelt, ein Handeln ohne Vertretungsmacht vorliegt und somit ein Vertrag nicht wirksam zustande kommt. Im Falle einer fehlerhaften Übermittlung durch das Telegraphenamt führt dies dazu, dass die empfangene Nachricht nicht mehr von der Ermächtigung zum Absenden gedeckt ist und daher der Absender nicht an den Inhalt der Nachricht gebunden ist. Wegen dieser Besonderheiten des englischen Rechts wird der Übermittlungsirrtum nicht weiter betrachtet werden.

II. Sachverhaltsirrtümer

Neben dem Irrtum über den Vertragsinhalt kann eine Reihe von Sachverhaltsirrtümern relevant werden, allerdings sehr selten. So führen der Irrtum über den Vertragsgegenstand (*mistake about the subject matter*) und der Irrtum über bestimmte Eigenschaften des Vertragsgegenstands[382] dazu, von der Annahme eines wirksam geschlossenen Vertrags wieder abzurücken. Denn der Irrtum über den Vertragsgegenstand berührt nicht den Prozess des Vertragsabschlusses, sondern nur die Umstände außerhalb dieses Prozesses. Ein solcher Irrtum führt nur in einigen wenigen Fällen dazu, dass ein so abgeschlossener Vertrag vernichtet wird (*nullify consent*).

Innerhalb der Sachverhaltsirrtümer ist im englischen Recht die Unterscheidung der Irrtümer nach einseitigen und beiderseitigen (*unilateral mistakes* und *common mistakes*) geläufig. Der *unilateral mistake* beschreibt Fälle, in denen sich eine Partei beim Vertragsschluss geirrt hat, wohingegen die andere Partei keinem Irrtum unterlegen ist. Er führt fast nie zur Nichtigkeit des Vertrags (unter 1.).

---

380 *Friedmann LQR 2003, 68, 72;* das Tatbestandsmerkmal der *reliance* findet sich auch bei der *misrepresentation* wieder, s. Teil VB.III.3

381 *Henkel v. Pape* [1870] LR 6 Exch 7

382 *Burrows/Feldman, Oxford principles of English law, 8.133*

Der *common mistake* ist ein beiderseitiger Irrtum bzw. gemeinsamer Irrtum. Er beschreibt Fälle, in denen beide Parteien dem gleichen Irrtum unterlegen sind (unter 2). Eine Sonderrolle innerhalb des beiderseitigen Irrtums nimmt der Identitätsirrtum ein. Diese Sonderrolle liegt darin, dass dem ersten Anschein nach bei einem Identitätsirrtum viel häufiger die Nichtigkeit des Vertrags angenommen wird (unter 3).

1. Unilateral mistake

Ein unilateral mistake (einseitiger Irrtum) liegt vor, wenn der zum Vertragsschluss führende Irrtum nur einer Partei unterlaufen ist. Einseitig ist der Irrtum deswegen, weil die andere Partei nicht diesem Irrtum unterlag. Ob die andere Partei vom Irrtum wusste oder von ihm hätte wissen können, ist irrelevant. Der einseitige Irrtum ist im englischen Recht unbeachtlich[383].

Als einen typischen und zugleich einzigen Fall will ich *Smith v. Hughes*[384] vorstellen, der aber den *unilateral mistake* ebenfalls nicht anerkennt. In diesem Fall ging es um einen Stückkauf bzw. Kauf aus einer Vorratsgattung. Verkäufer und Käufer einigten sich auf den Kauf von bestimmtem Hafer, welchen der Käufer vorher anhand eines Musters hatte inspizieren können. Angebot und Annahme bezogen sich auch genau auf die inspizierten Körner. Jedoch nahm der Käufer fälschlicherweise an, dass es sich um alte Körner handele, denn nur diese waren für die Fütterung an Pferde geeignet[385]. Dem Verkäufer war ein „hartes Vorgehen"[386] vorzuwerfen, dergestalt, dass er zwar ein Muster dem Käufer überließ, aufgrund des höheren Preises jedoch anzunehmen war, dass es sich um alte Körner handelte. Der Marktpreis für die frischen Körner lag wesentlich niedriger.

Das Ausgangsgericht nahm an, dass nach englischem Recht ein Irrtum über den Vertragsgegenstand oder über einzelne Eigenschaften desselben beachtlich sei. Entsprechend der damaligen Prozessordnung, welche einen Jury-Prozess vorsah, oblag es dem Gericht, der Jury die relevanten Tatbestandsmerkmale zu unterbreiten und zu erklären. Demnach instruierte das Gericht die Jury dahingehend, dass zugunsten des beklagten Käufers zu entscheiden sei, wenn die Jury annehmen könne, dass der Beklagte tatsächlich glaubte, dass es sich hierbei um

---

383 *Vogenauer, Besonderheiten des englischen Vertragsrechts, in: Triebel, Englisches Handels- und Wirtschaftsrecht, S. 1, 66*

384 *Smith v. Hughes* (1871) LR 6 QB 597

385 *MacMillan, Mistakes in Contract Law, S. 207*

386 *"Sharp practice"*, vgl. *MacMillan, Mistakes in Contract Law, S. 208*

alten Hafer handelte und dieser Fehler dem Verkäufer nicht verborgen geblieben war[387]. Denn dann sei der Vertrag aufgrund eines *mistake* nichtig.

Der *Court of Queen's Bench* ließ die Berufung zu, da die Jury falsch instruiert worden sei. Das Berufungsgericht entschied, dass ein Vertrag wirksam zustande gekommen sei und keine Nichtigkeit vorliege. Ein einseitiger Irrtum über den Vertragsgegenstand sei im englischen Recht irrelevant.

So führt Richter Cockburn aus:

> *I take the true rule to be, that where a specific article is offered for sale, without express warranty, or without circumstances from which the law will imply a warranty – as where, for instance, an article is ordered for a specific purpose – and the buyer has full opportunity of inspecting and forming his own judgment, if he chooses to act on his own judgment, the rule caveat emptor applies. If he gets the article he contracted to buy, and that article corresponds with what it was sold as, he gets all he is entitled to, and is bound by the contract. Here the defendant agreed to buy a specific parcel of oats. The oats were what they were sold as, namely, good oats according to the sample. The buyer persuaded himself they were old oats, when they were not so; but the seller neither said nor did anything to contribute to his deception. He has himself to blame.*
>
> *Für mich besteht folgende Regel: Wenn ein Artikel zum Kauf angeboten wird, ohne eine besondere Beschaffenheitsvereinbarung und ohne dass Umstände vorliegen, in welchen das Recht die konkludente Einbeziehung einer Beschaffenheitsvereinbarung in den Vertrag vorsieht – z.B. wenn der Artikel für einen bestimmten Zweck angeboten wird – und der Käufer die volle Möglichkeit hat, den Artikel zu inspizieren und sich ein Urteil darüber zu bilden, und sich entscheidet, seinem eigenen Urteil zu folgen, dann gilt die Regel des „caveat emptor". Wenn er dann den vereinbarten Artikel bekommt und dieser Artikel mit dem übereinstimmt, was verkauft wurde, bekommt er alles, wozu er berechtigt ist, und er ist an den Vertrag gebunden. Hier stimmte der Beklagte dem Kauf eines bestimmten Musters an Körnern zu. Die Körner waren das, als was sie verkauft wurden, nämlich gute Körner dem Muster entsprechend. Der Käufer verleitete sich selbst zur Annahme, dass es alte Körner seien, obwohl es neue waren; aber der Verkäufer sagte nichts, noch tat er etwas, was zu dieser Selbsttäuschung beitrug. Er hat nur sich selbst Vorwürfe zu machen.*

Auch zeigt *Smith v. Hughes*, dass es bei einem einseitigen Irrtum ohne Belang ist, ob der Vertragspartner den Irrtum kannte oder hätte erkennen können. So führte das Gericht in *Smith v. Hughes* aus, dass die Kenntnis der anderen Partei unerheblich sei, mit den Worten von Richter Cockburn[388]:

> *The question is not what man of scrupulous morality or nice honour would do under such circumstances.*
> *Die Frage ist nicht, was ein Mann von gewissenhafter Moral oder guter Ehre unter diesen Umständen getan hätte.*

---

387 Zitiert nach *MacMillan, Mistakes in Contract Law, S. 208*

388 *Smith v. Hughes* (1871) LR QB 597, 603

Entsprechend führt der ebenfalls beteiligte Richter Blackburn aus[389]:

> *And I agree that even if the vendor was aware that the purchaser thought that the article possessed that quality, and would not have entered into the contract unless he had so thought, still the purchaser is bound, unless the vendor was guilty of some fraud or deceit upon him, and that a mere abstinence from disabusing the purchaser of that impression is not fraud or deceit; for, whatever may be the case in a court of morals, there is no legal obligation on the vendor to inform the purchaser that he is under a mistake, not induced by the act of the vendor.*
>
> *Und ich stimme zu, dass selbst wenn der Verkäufer gewusst hätte, dass der Käufer annahm, dass die Ware eine solche Eigenschaft besäße, und nicht den Vertrag geschlossen hätte, wenn er nicht dies angenommen hätte, der Käufer dennoch gebunden ist, es sei denn, der Verkäufer hat sich eines Betrugs oder einer Täuschung schuldig gemacht, und dass das bloße Unterlassen, den Käufer in seinem Glauben aufzuklären, keine Täuschung darstellt. Denn, was auch immer in einem Gericht nach der Moral entschieden wird, es gibt keine rechtliche Pflicht, den Käufer zu informieren, dass er sich irrt, wenn dieser Irrtum nicht vom Verkäufer hervorgerufen worden ist.*

Mithin bleibt bei einem einseitigen Irrtum der Vertrag wirksam. Soweit es den Irrtum über den Vertragsgegenstand (*mistake about the subject matter*) oder einzelner Eigenschaften des Vertragsgegenstands anbelangt, sprechen alle Lordrichter eine mehr als deutliche Sprache, dass sie einen solchen für unbeachtlich halten. Auch besteht für die Gegenpartei keine Aufklärungspflicht, sofern sie nicht den Irrtum selbst mittels einer Irreführung (*misrepresentation*) hervorgerufen hat[390].

Die restriktive Haltung des englischen Rechts, was die Behandlung des einseitigen Sachverhaltsirrtums anbelangt, liegt tief verwurzelt in der Regel des *caveat emptor* (lat. für „der Käufer sei auf der Hut"), die nicht nur auf Kaufverträge, sondern entsprechend auf alle Waren und Dienstleistungsverträge angewendet wird[391]. Die *caveat-emptor*-Regel besagt, dass sich der Käufer selbst um die Qualität und die Verwendbarkeit des Vertragsgegenstands zu sorgen hat. Denn nach den allgemeinen Regeln der Risikoallokation obliegt es jeder Partei selbst, sich um ihre Interessen zu sorgen, und damit liegt dieses Risiko grundsätzlich beim Verwender des Vertragsgegenstands (also beim Käufer, Mieter, Pächter etc.), es

---

389 *Smith v. Hughes* (1871) LR QB 597, 607

390 *Beale ERCL 2008, 317, 327*

391 *MacMillan, Mistakes in Contract Law, S. 207; Cartwright, Misrepresentation, mistake and non-disclosure, 15.16; Müller, Vorvertragliche und vertragliche Informationspflichten nach englischem und deutschem Recht, S. 190*

sei denn, dass er durch den Vertragspartner (den Verkäufer, Vermieter, Verpächter etc.) über den Vertragsgegenstand durch irreführende Angaben (*misrepresentation*) getäuscht worden war[392]. Will der Käufer das Risiko für einen Umstand nicht übernehmen, muss er dafür Sorge tragen, dass eine entsprechende vertragliche Bestimmung (z.B. eine *warranty* oder *condition*) in den Vertrag aufgenommen wird. Gelingt ihm das, kann er mit vertraglichen Rechtsmitteln (z.B. *termination*, vergleichbar dem deutschen Rücktritt) die Vertragsauflösung bewirken oder zumindest einen Schadenersatz in Geld erhalten.

Dieser restriktive Ansatz wird nur vereinzelt angezweifelt. Beale etwa sieht den Anwendungsbereich des strengen *caveat emptor* auf handelsrechtliche Fälle beschränkt: Zwar sei das *case law* in diesen Fällen eindeutig (und richtig), jedoch sei das Recht hier geprägt von der „schweren Kost" von Fällen aus dem Handelsrecht, in denen erfahrene Marktteilnehmer komplizierte Vertragswerke verwendeten und daher kein Raum für Irrtümer sei, die die vertragliche Risikoverteilung stören würden[393].

2. *Common mistake*

Über die Fälle des einseitigen Irrtums hinaus regelt das englische Recht die Fälle des gemeinsamen Irrtums (*common mistake*).

Ein *common mistake* liegt dann vor, wenn die Parteien beim Vertragsschluss jeweils derselben fehlerhaften Annahme eines Umstandes (also einer Tatsache, aber auch eines rechtlichen Verhältnisses)[394] unterliegen. Ein *common mistake* bewirkt, wenn er zugelassen wird, dass der Vertrag *void*, also nichtig, ist[395].

Für einen gemeinsamen Irrtum müssen beide Parteien von der Existenz von Tatsachen ausgegangen sein, die nicht oder nicht so existieren. So nahmen z.B. in *Great Peace Shipping* beide Parteien gemeinsam an, dass sich das zur Seerettung gecharterte Schiff in der Nähe des havarierten Schiffes befunden habe und sonst kein anderes Schiff in der Nähe gewesen sei[396]. In *Associated Japanese Bank International Ltd v. Credit du Nord* gingen beide davon aus, dass die zur Sicherung der

---

392 *Vogenauer, Besonderheiten des englischen Vertragsrechts, in: Triebel, Englisches Handels- und Wirtschaftsrecht, S. 1, 66*; *MacMillan, Mistakes in Contract Law, S. 207*; *Cartwright, Misrepresentation, mistake and non-disclosure, 15.26*

393 *Beale ERCL 2008, 317, 328*

394 *Brennan v. Bolt Burden (a firm)* [2004] EWCA Civ 1017. Dies ist eine Neuerung gegenüber der älteren Rechtsprechung, so z.B. vertreten durch Richter Jenkins in *Solle v. Butcher.*

395 *O'Sullivan/Hilliard, The law of contract, 16.6f*

396 Siehe Teil IVC.II.2.b.v

Bürgschaft vorgesehenen Maschinen tatsächlich existierten. In *Graves v. Graves* stellten sich beide Eheleute vor, dass die Ehefrau einen Anspruch auf Sozialleistungen in Form des Wohngeldes habe. In *Bell v. Lever Brothers* war beiden Seiten nicht bewusst, dass die Anstellungsverträge eigentlich bereits fristlos kündbar gewesen seien, so dass es aus Sicht des Dienstherrn gar keines kostspieligen Aufhebungsvertrags bedurft hätte.

Klarstellend sei angemerkt, dass unter den *common mistake* keine solchen Fälle fallen, die wertungsmäßig einem einseitigen Irrtum gleichstehen, weil die andere Partei zwar auch dem Irrtum unterlag, für sie aber der irrtumsbehaftete Umstand gar nicht relevant war. Erforderlich ist vielmehr, dass der irrtumsbehaftete Umstand für beide Parteien von besonderer Bedeutung ist. Dies ist schon in früheren Rechtsprechungsfällen deutlich geworden. In *Solle v. Butcher*[397] führt *Lord Denning* (wenn auch etwas „überspitzt"[398]) dazu aus:

> *Neither party can rely on his own mistake to say it was a nullity from the beginning, no matter that it was a mistake which to his mind was fundamental, and no matter that the other party knew he was under a mistake. A fortiori if the other party did not know of the mistake, but shared it.*

> *Keine Partei kann aufgrund ihres eigenen Fehlers bewirken, dass ein Vertrag von Anfang an nichtig sei, möge der Fehler für sie auch noch so gewichtig gewesen sein oder die andere Partei von dem Fehler gewusst haben. Dasselbe gilt a fortiori, wenn die andere Partei den Fehler nicht kannte, sondern ihm gleichfalls unterlag.*

a. Rechtliche Grundlage des common mistake

Das englische Recht ist sich hinsichtlich der Rechtsgrundlage für die Behandlung des *common mistake* nicht einig[399]. In älteren Fällen wird zum Teil gar keine eigene Rechtsgrundlage angenommen, sondern allein darauf abgestellt, dass die Parteien für den Fall des beiderseitigen Sachverhaltsirrtums eine stillschweigende auflösende Bedingung[400] vereinbart hätten mit der Folge, dass der Vertrag bei Vorliegen des Irrtums von Anfang an als nichtig anzusehen sei.[401]

---

397 *Solle v. Butcher* (1950) 1 KB, 671, 692

398 *McRae v. Commonwealth Disposals Commission* (1951) 84 CLR 377, High Court of Australia, Rn. 18

399 *Pawlowski Landlord and Tenant Review 11 (2007), 158*

400 *Collins, The Law of Contract, S. 277*

401 Dieser Ansatz ist typisch für die Entwicklung von neuen vertragsrechtlichen Gestaltungsmitteln. Im Streben nach der besten Lösung neigen die Gerichte oft dazu, den Parteien konkludente (oder sogar hypothetische Erklärungen) in den Mund zu legen.

Ein Beispiel hierfür bietet *Couturier v. Hastie*[402]. Dies ist der früheste Fall, der gern zur Begründung des *common mistake* herangezogen wird[403], obwohl hier das Gericht mit dem Begriff des *mistake* gar nicht argumentiert hat, sondern sein Urteil ausschließlich auf die Auslegung des Vertrags gestützt hat.[404] Aus diesem Grunde hat Lord Denning in seinem Urteil in *Solle v. Butcher* Fälle der Unmöglichkeit so interpretiert, dass die Parteien konkludent eine aufhebende Bedingung vereinbart hätten für den Fall, dass der Vertrag überhaupt durchgeführt werden könne (also die Ware übereignet werden könne)[405]. Damit wird die Auslegung des Vertrags als Vehikel verwendet, um rechtliche Wirkungen zu implizieren. So haben die später noch zu behandelnden Fälle wie *Associated Japanese Bank International Ltd v. Credit du Nord*[406] oder, darauf aufbauend, *Graves v. Graves*[407] diesen Ansatz für die Erklärung der Nichtigkeit des Vertrags aufgrund eines gemeinsamen Irrtums genutzt[408].

Die Mehrzahl der Fälle greift allerdings nicht auf diese Hilfskonstruktion zurück, sondern sieht im Irrtum einen eigenen Rechtsgrund, den Vertrag zu vernichten (*nullify*)[409]. In *Bell v. Lever Brothers* weist das Gericht sogar die Lösung mittels einer konkludenten Vertragsbestimmung (*implied stipulation*)

So entstand auch das deutsche Pendant zum *mistake*, die Störung der Geschäftsgrundlage, dadurch, dass die Gerichte zunächst mit Hilfe der Auslegung solche Bedingungen in den Vertrag hineingelesen haben, vgl. hierzu ausführlich *Brox, Die Einschränkung der Irrtumsanfechtung, S. 78–85*. Allerdings ist die Lehre von der Störung der Geschäftsgrundlage auch etwas weiter, da sie nicht zwingend auf den Eintritt von Ereignissen nach Vertragsschluss begrenzt ist, sondern auch ein Ergebnis vor Vertragsschluss bereits passiert sein kann, wovon die Parteien aber keine Kenntnis hatten.

402 *Couturier v. Hastie* [1856] 10 ER 1065; in jüngsten Entscheidungen findet dieser Ansatz wieder Zuspruch, kürzlich in *Graves v. Graves* [2008] HLR 10, 143

403 vgl. *McKendrick, Contract law, S. 300*

404 *Couturier v. Hastie* [1856] 10 ER 1065, 1068; so führt der Lord Chancellor gegenüber seiner Kammer im Verfahren ausdrücklich aus: "*But I may state shortly that the whole question turns upon the construction of the contract which was entered into, between the parties*".

405 *Solle v. Butcher* (1950) 1 KB, 671, 691

406 *Associated Japanese Bank International Ltd v. Credit du Nord* [1989] 1 WLR 255; s. unter Teil IVC.II.2.b.iv

407 *Graves v. Graves* [2008] HLR 10, 143, 152, s.u. Teil IVC.II.2.c.iv

408 *Kötz, Abschluß, Gültigkeit und Inhalt des Vertrages, Die Beteiligung Dritter am Vertrag, S. 263*

409 Vgl. *Bell v. Lever Brothers Ltd* [1932] AC 161, 217: "*If mistake operates at all it operates as to negative or in some cases nullify consent*" *(Falls der Irrtum überhaupt durchgreift,*

ausdrücklich zurück. Eine solche könne nur angenommen werden, wenn sich tatsächliche Anhaltspunkte zu einer solchen vertraglichen Bedingung im Verhalten der Parteien zeigten[410].

Diesen selbständigen Rechtsgrund entwickelt das englische Recht aus den schon lange bekannten vertragsvernichtenden Einwendungen der *res exstincta* und *res sua*[411]. Ersterer Grund, der mittlerweile auch im *Sale of Goods Act* gesetzlich verankert ist, führt zur Nichtigkeit des Vertrags, wenn der Vertragsgegenstand untergegangen ist (*res exstincta*), ohne dass dies die Parteien beim Vertragsschluss gewusst hätten oder eine Partei vertraglich für dessen Bestehen einzustehen hatte. Letzterer Grund beschreibt den Erwerb von Rechtspositionen, die dem Erwerber bereits gehören (*res sua*), ohne dass dies den Vertragsparteien bekannt gewesen ist. Beide Fälle beschreiben Situationen, die im deutschen Recht mit Hilfe der Unmöglichkeit geregelt werden, also aus dem Irrtumsrecht ausgelagert sind. Die Unmöglichkeit einer Leistung kann im englischen Recht auch mittels der Lehre der *consideration* erfasst werden. Nach dieser Lehre ist ein Vertrag nichtig, wenn er keine Gegenleistung (*consideration*) hat oder diese ausfällt[412].

Wesensverwandt ist der *common mistake* zudem mit der Lehre der *frustration*, welche in Fällen eingreift, in denen ein nach Vertragsschluss eintretendes Ereignis die Vertragserfüllung sinnlos werden lässt[413]. Dies liegt daran, dass bei beiden Rechtsbehelfen eine rechtliche Bewertung dahingehend vorgenommen werden muss, ob aufgrund der Veränderung der Umstände eine Vertragsaufhebung angemessen ist. Hierfür müsste dem Vertrag das Fundament (*root of the contract*) entzogen sein. Dies ist der Fall bei der *frustration*, bei der die

---

dann so, dass er die Zustimmung [zum Vertrag] negativiert oder in einigen Fällen vernichtet); vgl. McKendrick, Contract law, 299f

410 *Bell v. Lever Brothers Ltd* [1932] AC 161, 225–226

411 Aufgrund dieser neuen, vom deutschen Recht abweichenden Herleitung vom Unmöglichkeitsrecht und nicht vom Recht der Willenserklärungen wird erneut der grundsätzlich verschiedene Ansatz des englischen Rechts deutlich. Denn im deutschen Recht ist der Fall der anfänglichen Unmöglichkeit kein Fall des Irrtums (obwohl die Parteien ja nicht wissen, dass die Erfüllung unmöglich ist, und sich daher irren), sondern hat, wie schon Savigny feststellt, „eine ganz andere Natur", denn „es ist hier überhaupt nicht von einer mangelhaften Willenserklärung die Rede, diese ist vielmehr in sich vollendet, und alles Besondere, was hier eintritt, liegt in einem ganz anderen Gebiete", vgl. *Savigny, System des heutigen Römischen Rechts, S. 302–303*

412 *McRae v. Commonwealth Disposals Commission* (1951) 84 CLR 377, High Court of Australia, Rn. 17; *Bell v. Lever Brothers* [1932] AC 161, 222 (vorletzter Absatz)

413 *Bell v. Lever Brothers Ltd* [1932] AC 161, 226–227

Veränderung der Umstände erst nach Vertragsschluss eintritt, während beim *common mistake* die Veränderung bereits vor dem Vertragsschluss eingetreten ist, nur die Parteien von ihr erst nach dem Vertragsschluss erfahren.

b. Tatbestand des gemeinsamen Sachverhaltsirrtums

Der Tatbestand des *common mistake* hat sich seit der Leitentscheidung[414] des *House of Lords* in *Bell v. Lever Brothers* gefestigt, weswegen auf diese Entscheidung im Einzelnen eingegangen werden soll.

Letzte Unsicherheiten, die jedoch nicht den Tatbestand selbst, sondern nur dessen Abgrenzung betrafen, sind mit der Entscheidung des *Court of Appeal* in *Great Peace Shipping Ltd v. Tsavliris Salvage (International) Ltd*[415] ausgeräumt worden. In dieser Entscheidung hat Lord Phillips M.R. im Namen des gesamten *Court of Appeal* den Tatbestand des *common mistake* zusammengefasst. Da Lord Philips sich hier um eine möglichst prägnante und umfassende Definition bemüht hat, soll diese der Untersuchung vorangestellt werden. Demnach gestaltet sich der Tatbestand des *common mistake* wie folgt:

> (i) *there must be a common assumption as to the existence of a state of affairs;*
> (ii) *there must be no warranty by either party that that state of affairs exists;*
> (iii) *the non-existence of the state of affairs must not be attributable to the fault of either party;*
> (iv) *the non-existence of the state of affairs must render performance of the contract impossible;*
> (v) *the state of affairs may be*
> - *the existence, or a vital attribute, of the consideration to be provided or*
> - *circumstances which must subsist if performance of the contractual adventure is to be possible*[416]. [*Absätze zur Verbesserung der Lesbarkeit eingefügt*]

Übersetzt lauten die Tatbestandsmerkmale[417]:

> (i) die Parteien müssen das Bestehen bestimmter Umstände gemeinsam angenommen haben,
> (ii) keine Partei hat eine vertragliche Einstandspflicht für diese Umstände übernommen,
> (iii) das Nicht-Bestehen dieser Umstände beruht nicht auf dem fehlerhaften Verhalten einer Partei,

---

414 *MacMillan LQR 2003, 625, 625*

415 *Great Peace Shipping Ltd v. Tsavliris Salvage (International) Ltd* [2003] QB 679

416 *Great Peace Shipping Ltd v. Tsavliris Salvage (International) Ltd* [2003] QB 679, Rn. 76

417 Eigene Übersetzung

(iv) das Nicht-Bestehen dieser Umstände muss die Erfüllung des Vertrags unmöglich machen,
(v) die Umstände
- können die vertragliche Gegenleistung oder ein wesentliches Merkmal der vorgesehenen Gegenleistung betreffen, oder
- sonstige Begebenheiten betreffen, die fortbestehen müssen, wenn die Durchführung der vertraglichen Unternehmung möglich sein soll.

Diese Merkmale sollen im Einzelnen kurz dargestellt werden. Das erste Merkmal beschreibt den Anwendungsbereich des *common mistake*, beide Seiten müssen sich über das Bestehen von Umständen geirrt haben. Das zweite Merkmal gibt einer vertraglichen Risikoübernahme den Vorrang. So soll eine Partei sich dann nicht auf einen Irrtum berufen können, wenn Sie sich zum Einstehen für einen Umstand verpflichtet hat. Aus diesem Grunde hatte der Irrtum im australischen[418] Fall von *McRae v. Commonwealth Disposals Commission* keine Folgen, obwohl beiden Parteien nicht bewusst war, dass das zur Bergung ausgeschriebene Schiff von Anfang an nicht vorhanden war[419]. Denn das Gericht hatte aufgrund der Konkretheit der Ausschreibung angenommen, dass die Beklagte für das Vorhandensein des Schiffs (nicht aber dessen Wertigkeit) eine vertragliche Zusicherung übernommen hatte. Das dritte Merkmal verwehrt es einer Partei, sich auf den Irrtum zu berufen, wenn sie ein Verschulden trifft.

Interessant ist vor allem das in den Ziffern (iv) und (v) genannte Merkmal. Lord Phillips bestimmte hier, dass der Vertrag „unmöglich" geworden sein müsse, und beschrieb in Ziffer (v), was er sich unter dieser Unmöglichkeit vorstellt. Er greift damit die Rechtsprechung des *House of Lords* in *Bell v. Lever Brothers* auf und spannt eine Brücke zwischen der ursprünglich erforderlichen tatsächlichen oder rechtlichen Unmöglichkeit hin zu einem Anwendungsbereich, der weiter als die bislang vorhandenen Fälle der *res extincta* und der *res sua* reicht. Die Verknüpfung des Irrtums mit der Unmöglichkeit hat zur Folge, dass der Irrtum selbst nicht betrachtet, sondern nur auf seine Folgen abgestellt wird, nämlich dass die Erfüllung des Vertrags aufgrund des Irrtums unmöglich ist.

Nach meiner Ansicht wollte Lord Phillips damit eine dritte Kategorie von Unmöglichkeit neben die tatsächliche oder rechtliche treten lassen, nämlich eine Art wirtschaftliche Unmöglichkeit. Auch wenn er sich in die Tradition von *Bell v. Lever Brothers* einordnet, scheint er mir dennoch dem Irrtumsrecht neue

---

418 Verwendet wird dieser Fall dennoch, da er auch in England Beachtung gefunden hat, vgl. *Great Peace Shipping Ltd v. Tsavliris Salvage (International) Ltd* [2003] QB 679, Rn. 77 und 91; *McKendrick, Contract law, S. 301*

419 *McRae v. Commonwealth Disposals Commission* (1951) 84 CLR 377, Rn. 19

Aspekte hinzuzufügen. Denn während die Mehrheit des *House of Lords* in *Bell v. Lever Brothers* einen relativ engen, gegenständlichen bzw. quasi-gegenständlichen Unmöglichkeitsbegriff verwendet, scheint Lord Philips diesen zu einer wirtschaftlichen Unmöglichkeit weiterzuentwickeln.

Nun aber zunächst zu den Anfängen in *Bell v. Lever Brothers.*

i. Der gegenstandsbezogene Irrtumstatbestand in *Bell v. Lever Brothers*

Bell v. Lever Brothers ist die Leitentscheidung zum *common mistake* im 20. Jahrhundert und wurde von den Gerichten unzählige Male angewendet. Allerdings ist diese Entscheidung selbst innerhalb der Gerichtsbarkeit umstritten[420], auch wenn sich seit der Entscheidung des *Court of Appeal* in *Great Peace Shipping* die Wogen geglättet haben.

Wenn auch von den Prozessbeteiligten *Bell v. Lever Brothers* kaum in Frage gestellt wird, so liegt das daran, dass ein kluger Anwalt für seinen Mandanten eher mit Hilfe der *misrepresentation* die Vertragsaufhebung zu verwirklichen sucht, als den rechtlichen Tatbestand des *mistake* mittels einer Revision zum Obersten Gerichtshofs anzugreifen[421]. Denn wenn in tatsächlicher Hinsicht eine *misrepresentation* dargelegt und bewiesen werden kann, hat der Gegner kaum noch Chancen, die Vertragsaufhebung abzuwenden. So war dies übrigens auch im Fall selbst, der sich in den unteren Instanzen maßgeblich darum drehte, dass die Beklagten die Klägerin bei Abschluss des Vertrags getäuscht hätten. Die Anwendung des *common mistake*, mittels dessen das Gericht am Ende die begehrte Vertragsaufhebung zuerkannte, spielte nur eine untergeordnete Rolle[422].

---

420 Dies sah Justice Steyn in *Associated Japanese Bank (International) Ltd v. Crédit du Nord* [1989] 1 WLR 255, 264 im Jahr 1989 noch anders, da er gerade durch die Entwicklung der Rechtsprechung des *Court of Appeal* es für notwendig hielt, dieses Feld zu ergründen. Umstritten sei *Bell v. Lever Brothers* aus zwei Gründen, einerseits aufgrund seiner sehr strikten Anwendung, die nahezu keinen Raum mehr für den *mistake* lasse (S. 267), anderseits durch die Interpretation von Denning in *Solle v. Butcher*, die der Mehrheit der in *Bell v. Lever Brothers* beteiligten Richterschaft nicht gerecht werde („*his interpretation of Bell v. Lever Brothers Ltd. does not do justice to the speeches of the majority*“, S. 267); *MacMillan, Mistakes in Contract Law, S. 315*

421 *Cartwright, The rise and fall of mistake in the English law of contract, in: Sefton-Green, Mistake, fraud and duties to inform in European contract law, S. 65, 84*

422 Diese Unschärfe wurde von mehreren Richtern als so bedeutend angesehen, dass sie es eigentlich für prozessrechtlich unzulässig hielten, sich mit der Rechtsfrage des *mistake* zu befassen, so etwa Lord Blanesburgh, der der Revision schon deswegen stattgab, weil die Untergerichte zu Unrecht die Klageerweiterung bezüglich des *mistake* gewährt hatten, *Bell v. Lever Brothers Ltd* [1932] AC 161, 191–192, 197–198; ebenso Lord

Genau aus diesen Grunde unterliegt die Entscheidung des *House of Lords*, welche durch die Revision von den Beklagten Bell und Snelling eingeleitet worden war, einer gewissen Unschärfe, was die zugrundeliegenden Tatsachen angeht.

In der Revision zum *House of Lords* ging es letztlich um die Frage, ob der Aufhebungs- und Abfindungsvertrag der beiden ehemaligen Geschäftsführer Bell und Snelling wegen eines *mistake* nichtig sei. Denn die Geschäftsführer hatten pflichtwidrig Eigengeschäfte im Geschäftsbereich der ihnen anvertrauten Gesellschaft getätigt. Ohne große Zweifel hätte die Gesellschaft ihnen daher fristlos und ohne Zahlung einer Abfindung kündigen können[423]. Die Gesellschaft tat dies allein deswegen nicht, weil ihr die Pflichtverletzungen nicht bewusst waren und sie deswegen auch nichts von ihrer Kündigungsmöglichkeit wusste. Sie hatte auch kaum eine Möglichkeit, hiervon auf andere Weise Kenntnis zu erlangen, wenn die Geschäftsführer diese Pflichtverletzungen nicht selbst zugegeben hätten. In den unteren Instanzen drehte sich der Prozess vor allem um die Frage der Pflichtverletzung der Geschäftsführer während ihrer Anstellung und, als Folge davon, das arglistig-täuschende Verschweigen[424] der Verfehlungen bei Abschluss der Abfindungsverträge.

Der *mistake* gelangte nur deswegen in den Mittelpunkt der Revision, weil es den Beklagten gelang, im Prozess die Jury davon überzeugen, dass sie bei Abschluss der Abfindungsverträge keine Täuschungsabsicht hatten, so dass die Aufhebung wegen einer *misrepresentation* ausschied[425]. Denn die Jury hatte

---

Atkin, *Bell v. Lever Brothers Ltd* [1932] AC 161, 216; a.A. Lord Warrington of Clyffe, der diese Frage nur für einen „*minor point of procedure*" hielt, *Bell v. Lever Brothers Ltd* [1932] AC 161, 201; s. hierzu auch *MacMillan LQR 2003, 625, 650*, nach deren Ansicht sich der Fall von den zugrundeliegenden Tatsachen gelöst habe. Sie begründet dies damit, dass die Jury vermutlich auf jeden Fall die prozessgegenständlichen Verträge als nichtig ansehen wollte, aber aus Angst vor einer übermäßigen Rufschädigung der Beklagten den *mistake* als Aufhebungsumstand nutzte, um die Brandmarkung durch eine arglistige Täuschung zu vermeiden, *MacMillan LQR 2003, 625, 648*

423 Lord Blanesburgh, *Bell v. Lever Brothers Ltd* [1932] AC 161, 186

424 Anders als in den sonstigen Fällen hätte aufgrund der besonderen Vertrauensstellung der Geschäftsführer hier für die Anfechtbarkeit wegen Täuschung durch unterlassene Aufklärung ausgereicht, wenn Bell und Snelling den für die Gesellschaft handelnden Gesellschafter Cooper über seinen Irrtum bewusst im Unklaren gelassen hätten. Anderer Ansicht ist nur Lord Warrington of Clyffe, der die Frage, ob Bell und Snelling eine Offenlegungspflicht bezüglich ihrer Pflichtverletzungen hatten, fälschlicherweise für unbedeutend (*immaterial*) hielt, *Bell v. Lever Brothers Ltd* [1932] AC 161, 210.

425 *Bell v. Lever Brothers Ltd* [1932] AC 161, 193; *Bell v. Lever Brothers Ltd* [1932] AC 161, 220; dies gilt wohl auch für die Annahme einer *negligent misrepresentation*, da nach damaliger Ansicht schon gar keine Offenbarungspflicht bestand, die hätte verletzt werden können; so etwa Lord Warrington of Clyffe, der jedenfalls den neuabgeschlossenen

berücksichtigt, dass der pflichtwidrige Eigenhandel eher einen geringen Umfang hatte und auch schon Jahre zurücklag. Möglicherweise auch, um den Beklagten die Schmach der moralischen Brandmarkung zu ersparen[426], wählte die Jury daher den *mistake* als alleinige Grundlage für die Vertragsaufhebung.

Wegen dieser Jury-Entscheidung beschränkte sich die Revision auf den Irrtum, der in den Instanzen zuvor weniger stark beleuchtet worden war. In dieser rechtstechnischen, von den wirtschaftlichen Zusammenhängen abgehobenen[427] Erkenntniswelt konnten die Revisionsführer aus der den Irrtum betreffenden unklaren Rechtslage erhebliche Vorteile ziehen[428]. Das *House of Lords* hob die vorinstanzlichen Entscheidungen auf und nutzte die ihm günstig erscheinende Gelegenheit, die Rechtslage bezüglich des Irrtums klarzustellen.

Die Mehrheit[429] des *House of Lords* entschied sich, die Anforderungen an den *mistake* äußerst hoch[430] anzusetzen. Lord Atkin entwickelte, ohne direkt auf einen Präzedenzfall zurückzugreifen[431], einen engen, gegenstandbezogenen Irrtumstatbestand. So führt er zum Tatbestand des Irrtums aus:

> *Mistake will not affect assent unless it is the mistake of both parties, and is as to the existence of some quality which makes the thing without the quality essentially different from the thing it was supposed to be.*[432]

Aufhebungsvertrag nicht in den Schutzbereich der Offenbarungspflicht aus dem Anstellungsvertrag fallen lassen wollte, *Bell v. Lever Brothers Ltd* [1932] AC 161, 210; ebenso nimmt Lord Atkin an, dass sich die Geschäftsführerverträge gerade nicht von gewöhnlichen Anstellungsverhältnissen unterschieden und daher die Geschäftsführer keine besondere Vertrauensstellung (*uberrimae fidei*) besäßen, so dass sie auch nicht durch Schweigen hätten täuschen können ([1932] AC 161, 227).

426 *MacMillan LQR 2003, 625, 648*

427 *MacMillan LQR 2003, 625, 650;* außerdem, so MacMillan, fehlte den Lordrichtern der Einblick in die sich schnell verändernde Wirtschaftswirklichkeit, um die Auswirkungen des Eigenhandels der Geschäftsführer vollumfassend zu verstehen, *MacMillan LQR 2003, 625, 652.* Lord Atkin beispielsweise stellte zwar klar, dass es sich hierbei um Fehlverhalten gehandelt habe, welche Lever Brothers selbstverständlich zur Kündigung berechtigt hätte. In der Gesamtbetrachtung seiner Urteilsbegründung lässt sich jedoch erkennen, dass ihm die Verwerflichkeit der Handlungen von Bell und Snelling aufgrund ihrer besonderen Vertrauensstellung als Geschäftsführer nicht gegenwärtig war, *Bell v. Lever Brothers Ltd* [1932] AC 161, 227, 229.

428 *MacMillan LQR 2003, 625, 651f*

429 A.A. Lord Warrington of Clyffe, *Bell v. Lever Brothers Ltd* [1932] AC 161, 209

430 *Cartwright, The rise and fall of mistake in the English law of contract, in: Sefton-Green, Mistake, fraud and duties to inform in European contract law, S. 65, 83*

431 *MacMillan, Mistakes in Contract Law, S. 315*

432 Lord Atkin, *Bell v. Lever Brothers Ltd* [1932] AC 161, 218

Ein Irrtum lässt die Willenserklärung zu einem Vertragsschluss unberührt, es sei denn, dass beide Parteien diesem Irrtum unterlagen und sich der Irrtum auf das Vorhandensein einer solchen Eigenschaft bezieht, die den Vertragsgegenstand bei Fehlen dieser Eigenschaft als einen essentiell anderen Gegenstand erscheinen ließe, als er eigentlich sein sollte.

Demnach muss der Fehler in einer Weise essentiell oder fundamental sein, dass der Vertrag dadurch zu etwas grundsätzlich anderem[433] wird, als die Parteien beabsichtigt haben. Atkin verwendet hierbei einen Ansatz, der auch im deutschen Recht im Rahmen des Eigenschaftsirrtums verwendet wird. Demnach sei der Irrtum nur dann relevant, wenn sich der Vertragsgegenstand als eine essentiell andere Sache herausstelle, als von den Parteien bei Vertragsschluss angenommen worden war. Er nimmt damit auch gleichzeitig Bezug auf die *consideration*-Lehre, denn wenn es sich beim geleisteten Gegenstand um ein *aliud* zum vereinbarten Vertragsgegenstand handeln würde, läge ein Ausfall der eigentlich vereinbarten Gegenleistung vor und der Vertrag wäre auch nach dieser Lehre nichtig.

Entsprechend den genannten Grundsätzen prüfte Atkin, ob die Vertragsaufhebung mittels Abfindung im Gegensatz zu einer solchen mittels fristloser Kündigung eine grundsätzlich andere Angelegenheit sei. Nach seiner Prüfung lag eine solche Verschiedenheit nicht vor. Denn Lever Brothers hätten genau das erhalten, wofür sie die Abfindung gezahlt hätten, nämlich die Aufhebung des Anstellungsvertrags. Dass sie die Aufhebung auch auf andere Weise hätten erreichen können, sei hingegen nicht von besonderer Bedeutung[434].

Zusätzlich nennt Atkin – *obiter dictum* – auch gleich mehrere Beispiele, in welchen er ebenfalls den Vertrag aufrechterhalten wolle, weil sich der Vertragsgegenstand nicht essentiell geändert habe. Vorausgesetzt, dass keine vertragliche Zusicherung oder eine Täuschung vorliege, müsse der Vertrag daher auch dann aufrechterhalten werden, wenn dies für die eine Vertragspartei eine Härte darstellen würde und die andere Partei bereichert würde. So sei der Kauf eines Pferdes, von welchem Verkäufer und Käufer gleichsam angenommen hätten, dass es gesund sei, nicht deswegen aufgrund eines Irrtums unwirksam, weil das Pferd in Wirklichkeit krank war. Denn die Willenserklärungen bezögen sich nur auf das Pferd und dieses könne wirksam übertragen werden. Das gleiche sei der Fall, wenn beide einen Kaufvertrag über ein Bild in der Annahme geschlossen hätten, dass es von einem alten Meister stammte, obwohl es tatsächlich eine moderne

433 Lord Atkin, *Bell v. Lever Brothers Ltd* [1932] AC 161, 218

434 Lord Atkin nutzte das Word „*immaterial*", *Bell v. Lever Brothers Ltd* [1932] AC 161, 224

Kopie war. Auch die Veräußerung einer Automobilwerkstatt bleibe selbst dann wirksam, wenn aufgrund einer stadtplanerischen Veränderung, welche der Verkäufer kannte, aber nicht dem Käufer mitteilte, nahezu der gesamte Gelegenheitsverkehr umgeleitet werden würde.[435]

ii. Ansätze eines weiten Irrtumstatbestands

Anderer Ansicht als Lord Atkin und die Mehrheit des *House of Lords* war nur Lord Warrington of Clyffe[436]. Statt eines eng gegenstands- bzw. gegenleistungsbezogenen Sachbegriffs scheint er die Maßgeblichkeit des *mistake* vielmehr mittels einer Kausalitätsfrage lösen zu wollen. So führte er aus:

> *The real question therefore is whether the erroneous assumption on the part of both parties to the agreements that the service contracts were undeterminable except by agreement was of such a fundamental character as to constitute an underlying assumption without which the parties would not have made the contract they in fact made, or whether it was only a common error as to a material element but one not going to the root of the matter and not affecting the substance of the consideration.*[437]
>
> *Die wahre Frage ist daher, ob die irrtumsbehaftete gemeinsame Annahme, dass die Anstellungsverträge nur einvernehmlich aufgelöst werden könnten, von einer so grundlegenden Bedeutung war, dass sie eine Grundannahme des Vertrags sei, ohne welche die Parteien den Vertrag in der Tat nicht geschlossen hätten, oder ob den Parteien lediglich ein gemeinsamer Irrtum über ein [zwar] bedeutendes Element unterlaufen sei, welches aber nicht an die Wurzel des Vertrag ging und nicht die Substanz der Gegenleistung betraf.*

Nach seiner Ansicht könne man sich keinen bedeutenderen Umstand vorstellen, als in diesem Fall den Irrtum über die Kündigungsmöglichkeit[438]. Denn ohne den Irrtum wären die Aufhebungsverträge überhaupt nicht abgeschlossen worden. Daher sei der dauerhafte Fortbestand der Anstellungsverträge Wurzel und Basis (*root and basis*) der Aufhebungs- und Abfindungsverträge[439].

---

435 *Bell v. Lever Brothers Ltd* [1932] AC 161, 224. Den Grund für eine äußerst zurückhaltende Herangehensweise an den *mistake* nennt Lord Atkin ebenfalls: „Nichts ist gefährlicher als sich selbst zu erlauben, den Vertrag für die Parteien so auszulegen, dass man Annahmen in den Vertrag hineinliest, welche die Parteien nicht ausdrücklich in ihren Bestimmungen festgelegt haben, nur zu dem Zwecke, den Vertrag wirtschaftlicher oder gerechter erscheinen zu lassen“, *Bell v. Lever Brothers Ltd* [1932] AC 161, 226.

436 *Bell v. Lever Brothers Ltd* [1932] AC 161, 208–209

437 *Bell v. Lever Brothers Ltd* [1932] AC 161, 208

438 *Bell v. Lever Brothers Ltd* [1932] AC 161, 208

439 *Bell v. Lever Brothers Ltd* [1932] AC 161, 209

Er griff[440] hierfür auf die Entscheidung des *House of Lords* in *Scott v. Coulson*[441] zurück, bei der der gemeinsame Irrtum ebenfalls zur Nichtigkeit des Vertrags geführt hatte. Dort ging es um den Verkauf und die sukzessive Abtretung[442] einer Lebensversicherung. Beiden Parteien war zum Zeitpunkt des Verkaufs der Versicherung nicht bewusst, dass die versicherte Person bereits verstorben war, wodurch sich der Wert des Auszahlungsanspruchs von £ 460 auf £ 777 erhöht hatte. Das Gericht hielt einstimmig den Kaufvertrag für nichtig, weil die Parteien der gemeinsamen fehlerhaften Annahme (*common mistake*) unterlagen, dass die versicherte Person noch lebte. Dieser Umstand gehe an die Wurzel des Vertrags.[443]

Diese Entscheidung lässt sich wohl nicht mit dem später entschiedenen Fall *Bell v. Lever Brothers* in Einklang zu bringen[444]. Denn weder war die der Übertragung zugrundeliegende Versicherungspolice nichtig[445], noch war die Übertragung mit einem fundamentalen Fehler behaftet. Vielmehr war die Abtretung weiterhin möglich. Wendete man den gegenstandsbezogenen Irrtumsbegriff an, wäre die Übertragung allenfalls dann unmöglich, wenn eine Lebensversicherungspolice vor dem Tod der versicherten Person etwas grundlegend Verschiedenes im Vergleich zu einer Lebensversicherungspolice nach dem Tod gewesen wäre. Dies ist aber wohl nicht der Fall, wie der *Court of Appeal* in *Great Peace Shipping* später klarstellte[446].

---

440 *Bell v. Lever Brothers Ltd* [1932] AC 161, 206

441 *Scott v. Coulson* [1903] 2 Ch 249

442 Zum Zeitpunkt der Abtretung hatte der Käufer zumindest Grund zu zweifeln, ob die versicherte Person noch lebte; diese Zweifel hatte er gegenüber dem Verkäufer aber nicht offengelegt. Unklar ist, ob die Veränderung der Kenntnislage überhaupt für die Entscheidung des Falls maßgeblich war. Romer L.J. stellte *obiter dictum* eine entsprechende Aufklärungspflicht fest, S. 253. Sein Kollege Vaughan William L.J. hielt hingegen ausschließlich den Zeitpunkt des Vertragsschlusses (des Kaufvertrags) für maßgeblich, S. 252.

443 *Scott v. Coulson* [1903] 2 Ch 249, 253

444 In diese Richtung ebenfalls gehend, wenn auch etwas zurückhaltender, da sich der *Court of Appeal* nicht gegen die Rechtsprechung des *House of Lords* stellen darf: *Great Peace Shipping Ltd v. Tsavliris Salvage (International) Ltd* [2003] QB 679, Rn. 87–88

445 *Great Peace Shipping Ltd v. Tsavliris Salvage (International) Ltd* [2003] QB 679, Rn. 88

446 *Great Peace Shipping Ltd v. Tsavliris Salvage (International) Ltd* [2003] QB 679, Rn. 88

iii. Fehlerhafte Anwendung in *Nicholson and Venn v. Smith-Marriot*

Weitere Zweifel am gegenstandbezogenen Irrtumsbegriff lässt auch eine Entscheidung des High Courts in *Nicholson and Venn v. Smith-Marriot*[447] aufkommen. Denn auch hier scheint der von Lord Atkin entwickelte Tatbestand falsch angewendet worden zu sein.

In diesem Fall ging es um den Verkauf einer Tafelserviette, welche das Wappen von Charles I. trug. Laut Beschreibung des Auktionators stammte die Serviette aus dem Besitz des Monarchen. Tatsächlich war es jedoch nur einfach eine Serviette aus dieser Zeit, so dass ihr Wert bei £ 105[448] statt der angenommenen £ 787 lag. Justice Hallet kam hier zu dem Ergebnis, dass der Verkauf gar nicht um die Tafelservietten selbst ging, sondern vielmehr um ein „karolinisches Relikt"[449], welches etwas völlig anderes sei als die tatsächlich erworbenen Servietten.

Ob dies allerdings wirklich die Voraussetzungen von *Bell v. Lever Brothers* erfüllen würde, ist zweifelhaft[450]. Denn eigentlich sind die Servietten immer noch dieselben. Selbst in der Urteilsbegründung schreibt der mit dem Fall befasste Richter Hallet, dass er zu dieser Annahme nur „unter großen Schwierigkeiten und ohne unbotmäßige Zuversicht in die Richtigkeit der Entscheidung" gekommen sei[451]. Immerhin schien das Gericht hierbei mehr allgemeinen Gerechtigkeitsgedanken verpflichtet gewesen zu sein, was möglicherweise auch deswegen erforderlich geworden ist, weil der Kläger ungeeignete Anträge gestellt hatte[452].

---

447 *Nicholson and Venn v. Smith-Marriot* (1949) 177 LT 189

448 Umgerechnete Währungsangabe: Die tatsächliche Angabe lag vor in Guineas; einer Guinea entsprachen £ 1,05 (vgl. http://en.wikipedia.org/wiki/Guinea_%28British_coin%29, aufgerufen am 11.2.2013).

449 *„Carolean relic"*, *Nicholson and Venn v. Smith-Marriot* (1949) 177 LT 189 (drittletzter Absatz)

450 Deutlicher werden Atiyah und Bennion in ihrem Aufsatz, die allgemein davon ausgehen, dass dieser Punkt falsch entschieden worden sei, vgl. *Atiyah/Bennion The Modern Law Review 24 (1961), 421, 433*

451 *„Great difficulties and without any undue confidence in the correctness of any judgment"*, *Nicholson and Venn v. Smith-Marriot* (1949) 177 LT 189 (drittletzter Absatz)

452 Atiyah und Bennion verweisen auch darauf, dass das Gericht zwar nicht die Nichtigkeit angenommen habe (trotz der Annahme, dass der Vertrag wegen des *mistake* nichtig sei), sondern die Verkäufer zur Zahlung von Schadenersatz wegen eines Sachmangels verurteilt habe. Der Grund dafür liege darin, dass der Anwalt der Kläger aufgrund der Rechtsunsicherheiten das Gericht dazu angehalten hatte, den Fall nur mittels letzten Rechtsbehelfs zu entscheiden, *Atiyah/Bennion The Modern Law Review 24 (1961), 421, 433.*

iv. *Associated Japanese Bank International Ltd v. Credit du Nord*

Associated Japanese Bank International Ltd v. Credit du Nord[453] ist einer der wenigen Fälle, in welchen ein *mistake* tatsächlich zur Nichtigkeit bzw. Aufhebung des Vertrags geführt hatte, wenn auch nur in einer alternativen Argumentationslinie[454]. Auch hier beruft sich das Gericht zwar auf *Bell v. Lever Brothers Ltd*, entfernt sich aber dann doch von einem streng gegenstandbezogenen Irrtumsbegriff.

Zugrunde lag folgender Sachverhalt: Anlässlich eines *Sale-and-Lease-Back*-Vertrages bezüglich vier industrieller Verpackungsmaschinen verpflichtete sich die Beklagte, für die Mietzahlungen zu bürgen. Nach der Erwartung der Parteien befanden sich die Maschinen von Anfang an bei der Mieterin (welche mittlerweile insolvent war) und sollten dort auch für die Dauer der Miete verbleiben. Tatsächlich existierten die Maschinen nicht, was jedoch beiden Parteien nicht bekannt war. Als kurz nach Vertragsschluss die Mieterin zahlungsunfähig geworden war, verlangte die Klägerin von der Bürgin Zahlung aufgrund der Bürgschaft. Die Beklagte entgegnete dem erfolgreich, dass der Bürgschaftsvertrag aufgrund eines gemeinsamen Irrtums über die Existenz der Maschinen wegen *mistake* von Anfang an nichtig sei.

Justice Steyn bezieht sich ausdrücklich auf *Bell v. Lever Brothers* und sieht die dort aufgestellten Tatbestandsmerkmale als erfüllt an. Insbesondere bezieht er sich auf die Rede von Lord Atkin, wonach sich „der Fehler auf das Vorhandensein einer solchen Eigenschaft beziehen muss, welche den Vertragsgegenstand bei Fehlen dieser Eigenschaft als einen grundsätzlich anderen Gegenstand erscheinen lässt, als er eigentlich sein sollte“[455].

Steyn begründet dies damit, dass ohne die Existenz der Maschinen auch die Bürgschaft eine gänzlich andere gewesen sei als ursprünglich angenommen. Denn die Bürgschaft basiere zu einem bedeutenden Teil auf der durch die Maschinen vermittelten Sicherheit. Zum einen diene der Sachwert der Maschinen als Sicherheit, denn die Bürgschaftssumme betrug 97,5 % des Werts der Maschinen. Zum anderen sollte die Mieterin ja durch den Einsatz der Maschinen das Geld für die Bezahlung der Leasingraten verdienen. Ohne die Maschinen war der Bürge allein auf die Kreditwürdigkeit des Mieters angewiesen, welche davor keine so wesentliche Rolle gespielt hatte.

---

453 *Associated Japanese Bank International Ltd v. Credit du Nord* [1989] 1 WLR 255

454 *Treitel LQR 1988, 501, 502*

455 Lord Atkin in *Bell v. Lever Brothers* [1932] AC 161, 218; Justice Steyn in *Associated Japanese Bank (International) Ltd v. Crédit du Nord* [1989] 1 WLR 255, 264

Aus Gerechtigkeitsgesichtspunkten ist diese Entscheidung grundsätzlich überzeugend. Allerdings entfernt sich auch diese von *Bell v. Lever Brothers*, und zwar insbesondere dann, wenn man die von Lord Atkin genannten Beispiele mit in den Vergleich einbezieht[456]. Insoweit sei auf Teil IVC.II.2.b.i verwiesen, wo der gegenständliche Irrtumstatbestand dargestellt ist. Vertragsgegenstand einer Bürgschaft ist das Einstehenmüssen für ein bestimmtes Risiko, z.B. den Ausfall bestimmter Zahlungen. Die Risikobewertung ist stets von Unwägbarkeiten geprägt, weswegen eine Neubewertung des Risikos nicht nachträglich zu einer Lösung vom Vertrag führen darf, unabhängig davon, ob das Risiko aufgrund fehlerhafter Informationen falsch bewertet worden ist oder sich im Nachhinein andere Risikofaktoren, die nicht bedacht worden sind, materialisieren. In Bezug auf den gegenstandsbezogenen Irrtumsbegriff bedeutet dies, dass der Umstand der Nichtexistenz der Maschinen nur für den *Sale-and-Lease-Back*-Vertrag selbst, nicht aber für die Bürgschaft relevant ist, weil die Maschinen nur beim *Sale-and-Lease-Back*-Vertrag Vertragsgegenstand sind.

v. *Great Peace Shipping Ltd v. Tsavliris Salvage (International) Ltd*

Great Peace Shipping Ltd v. Tsavliris Salvage (International) Ltd[457] ist der für den *common mistake* maßgebliche Fall. Im hier von Lord Phillips M.R. entwickelten Tatbestand, der eingangs dargestellt worden ist, wird nun dem von Lord Atkin in *Bell v. Lever Brothers Ltd* entwickelten gegenstandsbezogenen Irrtumsbegriff eine Absage erteilt. Allerdings kann eine solche Absage nicht ausdrücklich geschehen, da dieser Fall nur vom *Court of Appeal* entschieden worden ist und dieses sich nicht gegen das *House of Lords* wenden darf. Der Widerspruch ergibt sich nur aus dem Inhalt der Entscheidung.

Daneben beendet dieser Fall eine Rechtsprechungslinie, die der *Court of Appeal* zum *mistake in equity* entwickelt hatte; daher wird auf diesen Fall später noch einmal zurückgegriffen werden müssen[458].

Zum Sachverhalt: Die Cape Providence, ein Schiff, welches Eisen von Brasilien nach China transportierte, erlitt erhebliche strukturelle Schäden im Indischen Ozean. Ein Schleppschiff war bereits gefunden, jedoch dauerte seine Ankunft weitere sechs Tage. Da bis dahin ein Sinken des Schiffes für möglich gehalten wurde, suchten die Manager der Cape Providence nach weiteren Handelsschiffen in der Umgebung, um ggf. die Crew retten zu können. Von einem

---

456 Zustimmend *Treitel LQR 1988, 501, 507*

457 *Great Peace Shipping Ltd v. Tsavliris Salvage (International) Ltd* [2003] QB 679

458 S. zum *mistake in equity* unter Teil IVC.II.2.c.iv

geläufigen Dienstleister und Wetterberichterstatter, der auch die Lage von Schiffen regelmäßig ermittelte, erfuhren die Manager, dass die Great Peace am nächsten zur Cape Providence gelegen sei; die Fahrt sollte ca. zwölf Stunden dauern. Deswegen baten sie die Great Peace um Hilfe, was die Parteien schließlich auch mit einer Mindestmietdauer von fünf Tagen vertraglich regelten. Anschließend wurde der Kapitän der Great Peace angewiesen, mit der Cape Providence in Kontakt zu treten und Kurs dorthin zu nehmen. Erst jetzt stellte sich heraus, dass die Schiffe nicht wie erwartet 35 Meilen, sondern 410 Meilen voneinander entfernt waren. Da kein anderes Schiff in der Nähe bekannt war oder zunächst nicht gefunden werden konnte, wollten die Manager der Cape Providence den Vertrag vorerst nicht kündigen, stattdessen sollte die Great Peace ihren Kurs beibehalten. Erst ein paar Stunden später bemerkte die Crew der Cape Providence, dass sie ein Schiff passierte, nämlich die Nordfarer, welche von den gleichen Managern gechartert worden war. Daher konnte die Nordfarer der Cape Providence unmittelbar zu Hilfe eilen. Erst jetzt wurde der Vertrag mit der Great Peace gekündigt. Die Mieter weigern sich nun, den Mietpreis zu zahlen. Sie argumentieren, dass beide Parteien einem gemeinsamen Irrtum über die Entfernung der Schiffe unterlegen hätten und deswegen der Vertrag von Anfang an nichtig gewesen sei.

Sowohl der *High Court* als auch der *Court of Appeal* hielten den Vertrag hingegen für wirksam. Sie wendeten die in *Bell v. Lever Brothers* entwickelte Formel an. Demnach werde aus dem Vertrag nicht ein völlig anderer, nur weil die Distanz größer gewesen sei als vermutet. Auch ging der Irrtum nicht an die Wurzel des Vertrags[459]. Dies stützten die Richter auch darauf, dass die Great Peace durchaus in der Lage gewesen sei, der Cape Providence gemäß dem Vertrag über mehrere Tage zu helfen, da das Schiff innerhalb von zwei Tagen hätte erreicht werden können. Auch im Verhalten der Mieter, zunächst den Vertrag bei Kenntnis der eigentlichen Entfernung nicht zu kündigen, liege ein Indiz dafür, dass der Vertrag sich nicht vollständig in einen anderen verändert habe[460].

Wie schon eingangs erläutert, liegt die Bedeutung dieses Falls darin, dass Lord Philips den Begriff der Unmöglichkeit nunmehr ausdrücklich hin zu einer wirtschaftlichen Unmöglichkeit ausdehnt. Wirtschaftliche Unmöglichkeit bedeutet, dass der Vertrag tatsächlich und rechtlich erfüllt bzw. vollzogen werden könne. Diese Vollziehung hat nur wirtschaftlich nicht mehr den Sinn, den die Parteien

---

459 *Great Peace Shipping Ltd v. Tsavliris Salvage (International) Ltd* [2003] QB 679, Rn 94 und 166

460 *Great Peace Shipping Ltd v. Tsavliris Salvage (International) Ltd* [2003] QB 679, Rn. 166

mit dem Vertrag erreichen wollten, da dieser Zweck nicht mehr erreicht werden kann.

Wirtschaftlich unmöglich ist ein Vertrag nach Ansicht des *Court of Appeal*, wenn „die vertragliche Gegenleistung oder ein wesentliches Merkmal der Gegenleistung" betroffen ist, insbesondere wenn „Begebenheiten [betroffen sind], die fortbestehen müssen, wenn die Durchführung der vertraglichen Unternehmung möglich sein soll."[461]

Gerade in letzter im Englischen wie im Deutschen schwer zugänglichen Formulierung liegt die maßgebliche Erweiterung des Anwendungsbereichs der Unmöglichkeit. Bemerkenswert ist vor allem, dass das Gericht vom *contractual adventure* spricht. Dieser Begriff ist sonst ungebräuchlich; er lässt sich mit „vertraglicher Unternehmung" übersetzen, wenn man den wirtschaftlichen Gedanken, der dahinter steht, zum Ausdruck bringen will. Es ist also das wirtschaftliche Gesamtgebilde zu betrachten. Insoweit konsequent zieht der erste Teil der Definition die Gegenleistung in die Betrachtung mit ein. Meines Erachtens ist der von *Court of Appeal* entwickelte Tatbestand so schwer verständlich, weil sich das Gericht davor gescheut hat, die wirtschaftliche Unmöglichkeit unmittelbar zu benennen, sondern vielmehr die Erweiterung des Tatbestands zugunsten einer wirtschaftlichen Unmöglichkeit indirekt vornimmt, indem es unter (v) allein die maßgeblichen Umstände ausdehnt, die zu einer Unmöglichkeit führen sollen.

Auf der anderen Seite ist der Begriff der „Unmöglichkeit" deshalb gewählt bzw. beibehalten worden, um die vorgenommene Erweiterung bereits begrifflich zu begrenzen und besonders strenge Anforderungen an die maßgeblichen Umstände anzulegen. Auf keinen Fall sollte nämlich ausreichen, dass sich der Vertrag für eine Partei als wirtschaftlich unsinnig erweist, weil sich ein Umstand als falsch herausgestellt hat. Ein solches Bewertungsrisiko muss ein Vertragsschließender stets bedenken und sich notfalls dagegen vertraglich absichern. Vielmehr müssen sich maßgebliche Umstände derart verändert haben, dass der Vertrag wirtschaftlich als etwas völlig anderes erscheint, als von den Vertragsparteien ursprünglich angenommen war[462]. Er wird also unmöglich in dem Sinne, dass sich die vertraglichen Ziele nicht mehr verwirklichen lassen. Ein Autor schreibt dazu, dass der „Vertrag so sehr durch den Irrtum unterminiert sein müsse, dass nur noch eine leere Hülle ohne jeglichen Inhalt übrig bleibe".[463]

461 Siehe oben unter Teil IVC.II.2.b
462 Lord Atkin, *Bell v. Lever Brothers Ltd* [1932] AC 161, 218
463 *Capper Singapore Journal of Legal Studies 2009, 457, 471*

Damit vollzieht *Great Peace Shipping* aber auch einen Wandel der Rechtsprechung, der sich in den zahlreichen Fällen davor ja schon angekündigt hatte, weil die Gerichte Lord Atkin doch nicht treu gefolgt waren. Es scheint geradezu so, als ob sich Lord Warrington of Clyffe mit seiner weiterreichenden Definition des Irrtumstatbestands doch durchgesetzt hat.

c. *Aufgabe des weiteren mistake in equity*

Dennoch hält *Great Peace Shipping* an einem strengen Irrtumsmaßstab fest. Dies wird insbesondere daran deutlich, dass *Great Peace Shipping* eine über fünfzig Jahre bestehende Rechtsprechungslinie zum *mistake in equity* verwirft. Diese Rechtsprechungslinie sah einen vergleichsweise lockeren und flexiblen Irrtumstatbestand vor.

Hervorgebracht hatte diese Rechtsprechungslinie Lord Denning[464] in *Solle v. Butcher*, einer Entscheidung des *Court of Appeal* aus dem Jahre 1950, also knapp zwanzig Jahre nach der führenden Entscheidung des *House of Lords* in *Bell v. Lever Brothers. Solle v. Butcher* ist aber nur eine Entscheidung des *Court of Appeal*, dem es nicht zugestanden hätte, sich gegen die Rechtsprechung des *House of Lords* zu wenden, da es eigentlich an die höherinstanzliche Rechtsprechung gebunden ist[465]. Lord Denning umging die Bindung jedoch durch eine eigenwillige, dennoch lange Zeit geduldete oder gar begrüßte[466] Interpretation von *Bell v. Lever Brothers*. Nach Dennings Ansicht war der *Court of Appeal* nur insoweit an die Entscheidung des *House of Lords* gebunden, als dies den *mistake in law* betraf. Das *House of Lords* hatte in *Bell v. Lever Brothers* nämlich nur die Anforderungen an den *mistake in law* formuliert. Zu einem *mistake in equity* hatte das *House of Lords* keine maßgeblichen Ausführungen gemacht[467]. Daraus schloss Denning, dass dieser Bereich dann auch nicht von *Bell v. Lever Brothers* abgedeckt sei und er daher auch nicht daran gebunden sein könne. Weitere Fälle erreichten in diesem Bereich nur noch den *Court of Appeal*, also nicht mehr

---

464 So auch: Justice Steyn in *Associated Japanese Bank (International) Ltd v. Crédit du Nord* [1989] 1 WLR 255, 266

465 Siehe oben unter Teil IVA.II.2

466 *McKendrick, Contract law, S. 254*; Justice Steyn in *Associated Japanese Bank (International) Ltd v. Crédit du Nord* [1989] 1 WLR 255, 268 hält die Ergänzung des engen *common law mistake* durch eine flexiblere Doktrin eines *mistake in equity* für einen gänzlich sinnvollen und zufriedenstellenden Zustand des Rechts (*entirely sensible and satisfactory state of the law)*.

467 Nur pauschale Ausführungen befindet sich im Minderheitsvotum von Lord Warrington of Clyffe, *Bell v. Lever Brothers Ltd* [1932] AC 161, 210

das *House of Lords*, so dass sich die Rechtssprechungslinie des *Court of Appeal* zunächst fortsetzte und festigte (i.). Erst in *Great Peace Shipping Ltd v. Tsavliris Salvage (International) Ltd*[468] hob der *Court of Appeal* seine vorangegangenen Entscheidungen auf, weil sich diese nicht mit *Bell v. Lever Brothers* in Einklang bringen ließen (ii. und iv.).

i. *Solle v. Butcher* und daran anschließende Fälle

Nach Lord Denning[469] in *Solle v. Butcher*[470] tritt neben die Rechtssprechungslinie des *mistake in law*, welche das *House of Lords* in *Bell v. Lever Brothers* festgelegt hatte, eine weitere Rechtsprechungslinie des *mistake in equity*. So führt Denning aus:

> *In order to see whether the lease can be avoided for this mistake it is necessary to remember that mistake is of two kinds: first, mistake which renders the contract void, that is, a nullity from the beginning, which is the kind of mistake which was dealt with by the courts of common law; and, secondly, mistake which renders the contract not void, but voidable, that is, liable to be set aside on such terms as the court thinks fit, which is the kind of mistake which was dealt with by the courts of equity.*[471]

> *Um festzustellen, ob der Vertrag aufgehoben werden kann, muss man sich erinnern, dass es zwei Arten von Irrtümern gibt: Erstens einen Irrtum, der den Vertrag unwirksam, also von Anfang an nichtig macht, welcher zuvor von den Common-Law-Gerichten behandelt worden ist; und zweitens einen Irrtum, der den Vertrag nicht nichtig, sondern nur aufhebbar macht, wodurch der Vertrag [nur] unter solchen Bedingungen beseitigt werden kann, die das Gericht für passend hält; dies ist eine Art von Irrtum, die zuvor von den Courts of Equity behandelt worden war.*

Denning führt rechtshistorisch aus, dass ein Vertrag nach dem *common law* Bestand haben könne, aber dennoch ein *equity*-Gericht die irrende Partei von den Folgen ihres Irrtums erlösen könne, solange dadurch keine Ungerechtigkeit gegenüber Dritten geschehe[472]. Dafür müsse das Gericht der Meinung sein, dass

---

468 *Great Peace Shipping Ltd v. Tsavliris Salvage (International) Ltd* [2003] QB 679

469 Vom Urteil sind nur die Ausführungen von Lord Denning von Interesse. Sein Kollege Lord Becknill kam zwar ebenfalls zu dem Ergebnis, dass der Vertrag aufgrund des *mistake* aufgehoben werden sollte, er lässt jedoch offen, ob er hierbei einen *mistake in law* oder einen *mistake in equity* vor Augen hatte. Lord Jenkins hingegen lehnte einen *mistake* ab, da es sich hierbei um einen (damals noch) nicht beachtlichen Rechtsirrtum gehandelt habe.

470 *Solle v. Butcher* [1950] 1 KB 671

471 *Solle v. Butcher* [1950] 1 KB 671, 690–691

472 Waddams pflichtet Denning bei, denn die *Courts of Equity* hätten die Kompetenz gehabt, Verträge, die zwar nach dem *common law* wirksam waren (als Voraussetzung

es von der anderen Partei gewissenlos (*unconscientious*[473]) sei, den rechtlichen Vorteil zu behalten, welchen sie aufgrund des Irrtums erlangt habe.

Denning bezog sich hierbei auf mehrere Präzedenzfälle, welche sich jedoch – nach eingehender Betrachtung – nicht als Referenzen für Dennings Argumentation eignen. Zunächst bezog sich Denning auf Lord James in *Torrance v. Bolton*[474]; dieser Fall betraf jedoch keinen reinen Irrtum, sondern einen Fall der *misrepresentation*[475]. Dann bezog sich Denning auf *Lansdown v. Lansdown*, in welchem ebenfalls eine *misrepresentation* vorlag[476]. Schließlich zog Denning *Cooper v. Phibbs*[477] heran. Allerdings stellt *Cooper v. Phibbs* auch keinen typischen *mistake*-Fall dar, sondern einen Unterfall der *res sua*, bei der der Erwerber eine ihm bereits gehören Sache erwerben wollte; im Fall der *res sua* ist es aber völlig unbestritten, dass ein Vertrag (nach *common law* und *equity*) nicht wirksam zustande gekommen ist[478]. Es ist dabei durchaus anzunehmen, dass Denning bewusst gewesen ist, dass er die Grenzen der *equity* erweiterte, denn er schreibt selbst, dass die *equity* „eine voranschreitende Entwicklung"[479] aufgezeigt habe.

---

der Anwendbarkeit der *equity*), wieder aufzuheben. Allerdings sei die genaue Reichweite dieser Kompetenz unklar gewesen, so dass nach dem *Judicature Act* die nunmehr vereinten Gerichte von dieser Kompetenz lieber die Finger gelassen hätten, z.B. indem sie Verträge nach dem *common law* eher mangels *consent* aufgehoben hätten, vgl. *Waddams, Principle and policy in contract law, 127 und 130*

473 *Solle v. Butcher* [1950] 1 KB 671, 692

474 *Torrance v. Bolton* (1872) LR 8 Ch 118

475 Vgl. sehr deutlich Lord James, der sogar eine vorsätzliche Täuschung annimmt, in *Torrance v. Bolton* (1872) LR 8 Ch 118, 123

476 *Lansdown v. Lansdown* (1730) Mos 364

477 *Cooper v. Phibbs* (1867) LR 2 HL 149: Der Fall handelte von einem Pachtvertrag zwischen dem vermeintlichen Eigentümer einer Fischerei und dem tatsächlichen Eigentümer. Die Verwirrungen waren entstanden, da die Erbauseinandersetzung zwischen den Brüdern fehlgelaufen war.

478 Für die Nichtigkeit wegen *res sua* gibt es mehrere Gründe: 1. Die Übertragung auf den Erwerber ist gar nicht möglich, weil dieser schon Erwerber ist (*impossibility*). 2. Es fehlt an einer Gegenleistung (*consideration*) für die Zahlung des Entgelts, weil der Veräußerer kein Opfer erbringt.

Dass sich *Cooper v. Phibbs* scheinbar als Beleg für den *mistake in equity* heranziehen lässt, liegt auch daran, dass dieser Fall vor einem *Court of Equity* entschieden worden ist und Lord Westbury durchaus von einem *common mistake [in equity]* spricht, vgl. *Cooper v. Phibbs* (1867) LR 2 HL 149, 170. Dies lässt sich jedoch damit erklären, dass sich zur damaligen Zeit die oben genannten Kategorien noch nicht so klar herausgebildet hatten.

479 *Solle v. Butcher* [1950] 1 KB 671, 692.

Einzige Einschränkung des Tatbestands sei laut Denning, dass der Fehler bedeutend (*material*)[480] sein müsse. Er entwickelt dies anhand einer Analogie zu *misrepresentation*-Fällen, wonach die *misrepresentation* ebenfalls bedeutend sein müsse.

Damit liegen die tatbestandlichen Voraussetzungen weit unter denen des *mistake in law*. Dies wird besonders deutlich, wenn man sich vergegenwärtigt, dass es selbst nach der abweichenden Meinung von Lord Warrington of Clyffe in *Bell v. Lever Brothers*[481] gerade nicht ausreichen solle, dass ein Irrtum bedeutend (auch er verwendet wie Lord Denning das Wort *material*) sei, sondern der Irrtum gerade an die Wurzel des Vertrags gehen müsse. Noch strenger verlangte die Mehrheit in *Bell v. Lever Brothers Ltd* sogar, dass der Fehler den Vertrag in etwas gänzlich anderes verwandele als aufgrund des Fehlers angenommen worden ist. Auch die weitere Voraussetzung nach Dennings Ansicht, dass die irrende Partei selbst nicht schuldhaft gehandelt haben darf, ist keine hohe Hürde. Sie ist Ausdruck allgemeiner Prinzipien der *equity*, wonach derjenige *equity* haben wolle, mit „sauberen Händen“[482] kommen müsse. Insbesondere dürfe sich die Partei etwa ein verwerfliches Verhalten vorhalten lassen. Weitere Einschränkungen sah der Tatbestand nicht vor[483].

Hinsichtlich der Rechtsfolgen des *mistake in equity* ist das Gericht flexibel. Es kann die Aufhebung des Vertrags, aber auch die Modifizierung desselben anordnen; ebenso wäre eine umfassende Anpassung der gesamten betroffenen Rechte und Pflichten einschließlich eines bereicherungsrechtlichen Ausgleichs[484] möglich.

Angewendet wurde die neue Rechtsprechung z.B. in *Magee v. Pennine Insurance Co Ltd*[485]. Dabei werden die Auswirkungen dieser Neuerung besonders deutlich,

---

480 *Solle v. Butcher* [1950] 1 KB 671, 692.

481 *Bell v. Lever Brothers Ltd* [1932] AC 161, 208–209

482 Vgl. *D & C Builders Ltd v. Rees* [1966] 2 QB 617: Der Begriff „*clean hands*“ kommt zwar im Urteils selbst nicht vor, wohl aber in der Zusammenfassung am Anfang (S. 617), weswegen dieser Ausdruck gern Lord Denning zugeschrieben wird. Inhaltlich beschreibt Denning, dass die unfaire Ausübung wirtschaftlichen Drucks einen Vergleich zunichtemacht (S. 624f). Der Schuldner, der von den Zahlungsverbindlichkeiten des Gläubigers wusste, drohte ihm, eine fällige Zahlung nicht zu leisten, wenn er nicht der Zahlung eines niedrigen Betrags zustimmen würde (£ 300 statt £ 480).

483 *Beale u. a. (Hrsg.), Chitty on Contracts, Rn. 5–58*

484 So nahm z.B. das *House of Lords* in *Cooper v. Phibbs* (1867) LR 2 HL 149, 166–167, umfangreiche Anpassungen vor.

485 *Magee v. Pennine Insurance Co Ltd* [1969] 2 QB 507

da dieser Fall *Bell v. Lever Brothers* erheblich ähnelte; ein beteiligter Richter wendete *Bell v. Lever Brothers* sogar direkt an[486]. Hier wurde eine Vereinbarung zur Regulierung einer Unfallversicherung geschlossen, welche bei vollständiger Kenntnis des Sachverhalts so nicht abgeschlossen worden wäre. Die Unfallversicherung bot dem Versicherungsnehmer eine Vergleichssumme von £ 385 an, mittels deren die Folgen eines Autounfalls hätten reguliert werden sollen. Ohne dass dem Versicherungsnehmer arglistige Täuschung hätte vorgeworfen werden können, war bei Vertragsschluss (vom Verkäufer des Wagens ohne Kenntnis des Versicherungsnehmers) angegeben worden, dass der Versicherungsnehmer den Wagen zusammen mit seinen Söhnen fahren werde. Tatsächlich war der Versicherungsnehmer nicht mehr in der Lage, den Wagen selbst zu fahren, und fuhr ihn auch nicht, sondern nur seine Söhne. Aufgrund dieser Fehlangabe wäre die Versicherung berechtigt gewesen, die Schadensregulierung abzulehnen. Mangels tatsächlicher Feststellungen zu einer arglisten Annahme des Vergleichs durch den Versicherungsnehmer wollte die Versicherung den Vergleichsvertrag wegen Irrtums anfechten. Das Ausgangsgericht lehnte dies ab; die beklagte Versicherung legte Berufung zum *Court of Appeal* ein.

Der *Court of Appeal*[487], angeführt von Lord Denning, der mittlerweile zum *Master of the Rolls* befördert worden war, gab der Berufung statt. Es habe ein beiderseitiger Irrtum dahingehend bestanden, dass dem Versicherungsregulierungsanspruch ein gewisser Wert zugrunde gelegen habe, den er tatsächlich nicht hatte. Lord Denning führte für den *mistake in equity* die gleichen Argumente wie in *Solle v. Butcher* an[488].

In *Grist v. Bailey*[489] lag der gemeinsame Fehler darin, dass die Parteien bei einem Immobilienkaufvertrag angenommen hatten, die Kaufsache sei vom gesetzlichen Mieterschutz umfasst; dies war jedoch nicht der Fall, da dieser nur die kurz zuvor verstorbenen Eltern betraf, nicht jedoch den Sohn, der die Mietsache nach deren Tod weiter bewohnte. Dadurch war ein Kaufpreis von £ 850 statt der ansonsten marktüblichen £ 2250 angenommen worden. Auch hier traf

---

486 Laut Lord Winn unterschied sich dieser Fall nicht von *Bell v. Lever Brothers* und hätte daher auch gleich entschieden werden müssen, *Magee v. Pennine Insurance Co Ltd* [1969] 2 QB 507, 515.

487 Das Gericht bestand aus drei Richtern. Neben Denning gab auch Lord Fenton Atkinson der Berufung statt, ließ jedoch die Basis für den *mistake* offen, vgl. *Magee v. Pennine Insurance Co Ltd* [1969] 2 QB 507, 517; vgl. *Beale u. a. (Hrsg.), Chitty on Contracts, Rn. 5–58*

488 *Magee v. Pennine Insurance Co Ltd* [1969] 2 QB 507, 514

489 *Grist v. Bailey* [1967] 1 Ch 532

den Käufer kein Verschulden bezüglich einer Fehlannahme, weswegen eine Vertragsaufhebung wegen *misrepresentation* nicht in Frage kam. Auch hier gelangte das Gericht einstimmig zu der Überzeugung, dass der Kaufvertrag schon deswegen nicht der Erfüllung fähig war[490], weil er aufgrund des gemeinsamen Irrtums über das Bestehen des Mieterschutzes anfechtbar war; hierbei hatte Lord Goff für das Gericht die Gründe dargelegt und sich ausdrücklich auf mehrere Urteile unter Mitwirkung von Lord Denning berufen[491].

Damit hatte sich die Lehre des *mistake in equity* durchgesetzt. Auch spätere Entscheidungen folgten dieser Lehre. So führte Steyn L.J. in dem bereits oben behandelten Fall *Associated Japanese Bank (International) Ltd v. Crédit du Nord* an anderer Stelle zum *mistake in equity* aus, dass er die Aufhebung des Vertrags anordnen würde, wenn er den Vertrag nicht schon nach dem *common law* für nichtig (*void*) gehalten hätte[492].

In der gleichen Entscheidung bezeichnete Steyn den dualen Ansatz als „völlig verständig und zufriedenstellend" (*entirely sensible and satisfactory*)[493]. Im gleichen Sinne führt Lord Evens einige Jahre später erneut in *Willam Sindall PLC v. Cambridgeshire County Council* aus:

> *The difference may be that the common law rule is limited to mistake with regard to the subject matter, whilst equity can have regard to a wider and perhaps unlimited category of 'fundamental' mistake."*

> *Der Unterschied [zwischen mistake in law und mistake in equity] mag darin liegen, dass die common-law-Regel auf Irrtümer bezüglich des Vertragsgegenstands beschränkt ist, wohingegen equity eine weitere und vielleicht unbegrenzte Kategorie des ‚fundamentalen' Irrtums einbeziehen kann*[494].

---

490 Dogmatisch hätte die *equity* noch an einer weiteren Stelle eingreifen können, da der Kläger als Käufer die Erfüllung des Vertrags *in natura* verlangte, mithin die Übereignung der Immobilie (anders als bei Fahrnis besteht bei Immobilien auch im englischen Recht eine zeitliche/rechtliche Trennung zwischen dem Vertragsschluss und der Erfüllung (*completion*) des Vertrags). Die hier verlangte Erfüllung des Vertrags *in natura* wird im englischen Recht als sog. *specific performance* nur auf Antrag und unter erhöhten Anforderungen gewährt, wohingegen normalerweise für einen Vertragsbruch nur Schadenersatz in Geld gewährt wird. Die *specific performance* stellt ebenfalls ein Rechtsmittel nach dem Recht der *equity* dar.

491 *Grist v. Bailey* [1967] 1 Ch 532, 539

492 Justice Steyn in *Associated Japanese Bank (International) Ltd v. Crédit du Nord* [1989] 1 WLR 255, 270; *Beale u. a. (Hrsg.), Chitty on Contracts, Rn. 5–58*

493 Justice Steyn in *Associated Japanese Bank (International) Ltd v. Crédit du Nord* [1989] 1 WLR 255, 267f.

494 *William Sindall PLC v. Cambridgeshire County Council* [1994] 1 WLR 1016, 1042

ii. Kritik an *Solle v. Butcher*

Auch wenn sich der *mistake in equity* etabliert hatte, ließen sich seine Schwächen in der dogmatischen Herleitung und der Vorwurf der Umgehung der höherrangigen und bindenden Rechtsprechung des *House of Lords* nicht aus der Welt räumen. Denn die Argumentation des *Court of Appeal*, *Bell v. Lever Brothers* beschränke sich auf den *mistake in law*, überzeugt nicht. Das *House of Lords* hatte nämlich keine Veranlassung gehabt, sich zu einem Rechtsbehelf zu äußern, der zuvor gar nicht existierte. Denn die von Lord Denning später vorgenommene Herleitung des *mistake in equity* war fehlerhaft. Er leitete den *mistake in equity* aus einer Reihe anderer Urteile ab, aber keinem dieser Urteil lag ein Sachverhalt zugrunde, aufgrund dessen allein der Irrtum zur Auflösung des Vertrags geführt hätte, sondern zusätzlich lagen weitere Gründe vor, aufgrund deren eine Nichtigkeit bzw. Anfechtbarkeit des Vertrags angenommen werden konnte[495]. So lagen in *Torrance v. Bolton*[496] und *Lansdown v. Lansdown*[497] jeweils auch Täuschungen vor, die nach den Grundsätzen der *misrepresentation* zu einer Aufhebung des Vertrags führten; in *Cooper v. Phibbs*[498] führte der Grundsatz *res sua* zur Nichtigkeit des Vertrags.

Im Übrigen ist nahezu ausgeschlossen, dass das *House of Lords* eine solche Frage übersehen haben könnte[499]. Vielmehr war der Entscheidung in *Bell v. Lever*

---

495 *Cartwright LQR 1987, 594, 605–606*

496 Vgl. Lord James, der sogar eine vorsätzliche Täuschung annimmt, in *Torrance v. Bolton* (1872) LR 8 Ch 118, 123

497 *Lansdown v. Lansdown* (1730) Mos 364

498 *Cooper v. Phibbs* (1867) LR 2 HL 149: Der Fall handelte von einem Pachtvertrag zwischen dem vermeintlichen Eigentümer einer Fischerei und dem tatsächlichen Eigentümer. Die Verwirrungen waren entstanden, da die Erbauseinandersetzung zwischen den Brüdern fehlgelaufen war.

499 *Cartwright LQR 1987, 594, 605*; ebenso auch *McKendrick, Contract law, S. 254*; *Capper Singapore Journal of Legal Studies 2009, 457, 462* S. 457, 462; Lord Phillips MR in *Great Peace Shipping Ltd v. Tsavliris Salvage (International) Ltd* [2003] QB 679, Rn. 118; *Williams Coventry Law Journal 7 (2002), 72, 77*; a.A. Denning L.J. in *Solle v. Butcher* [1950] 1 KB 671, 694, der sich jedoch zusätzlich darauf beruft, dass jedenfalls durch die *Bell v. Lever Brothers* nachfolgende Entscheidung in *Norwich Union Fire Insurance Society Ltd v. WMH Price Ltd* [1934] AC 455, 462f der Ansatz der *voidability* wiederhergestellt worden sei. Gerade letztes ist durchaus kritisch zu betrachten; zwar halt der Privy Council in *Norwich Union Fire Insurance Society Ltd v. WMH Price Ltd* [1934] AC 455, 462 den Vertrag nach dem *Common Law* für nichtig, weil ein *mistake of fact* vorgelegen habe, allerdings nimmt *Lord Wright* ausdrücklich Bezug auf *Bell v. Lever Brothers* und sieht keinen Widerspruch zwischen den Fällen ([1934] AC 455, 463). Das ist zwar verwunderlich, da sich *Norwich Union Fire Insurance Society Ltd*

Brothers zu entnehmen, dass im Ergebnis kein zur Aufhebung bzw. Nichtigkeit des Vertrags führender *mistake* (welcher Art auch immer) vorlag. Hätte das *House of Lords* lediglich den *mistake in law* ablehnen und den *mistake in equity* offen lassen wollen, so hätte es dies zumindest ausdrücklich tun müssen. Außerdem wäre es nahezu unmöglich gewesen, diese Frage nicht zu beantworten[500], wenn man bedenkt, dass beide Irrtümer auf den gleichen Voraussetzungen in tatsächlicher Hinsicht beruhten und die Tatsachengrundlage von den unteren Gerichten aufgeklärt worden war. In jedem Falle hätte die Frage, ob ein *mistake in equity* vorliegt, beantwortet werden müssen, um überhaupt zu einem rechtlich abschließenden Ergebnis zu kommen[501]. Der *mistake in equity* als niederschwelliges Pendant zum *mistake in law* hätte dem Anliegen der *Lever Brothers Ltd* in gleicher Weise zur Durchsetzung verhelfen können[502] und war nur deswegen vom *House of Lords* nicht geprüft worden, weil er eben nicht existierte.

Auch methodisch gibt es daran keine Zweifel: Denn das *House of Lords* setzte, indem es die Voraussetzungen eines Irrtums im vorliegenden Fall als nicht gegeben ansah, mittels des aufgestellten Tatbestands die untere Grenze des Tatbestands fest, so dass jedenfalls unterhalb des vorliegenden Falls kein Fall angesiedelt werden kann, welcher einen *mistake* zulässt[503].

---

v. WMH Price Ltd nicht mit *Bell v. Lever Brothers* vereinbaren lässt, aber jedenfalls ist festzustellen, dass der *Privy Council* nicht bewusst von *Bell v. Lever Brothers* abrücken wollte. (Eine weitere, von Lord Denning übersehene technische Schwierigkeit ist, dass die Urteile des *Privy Council* nicht in gleicher Weise bindend sind wie die des *House of Lords*, auch wenn im konkreten Fall kein Unterschied zwischen englischem und neuseeländischem Recht vorgelegen hat.)

500 *Atiyah/Bennion The Modern Law Review 24 (1961), 421, 441*; einschränkend sei hierzu zu bemerken, dass die Lords durchaus Zweifel hatten, welche Bedeutung der Tatsache zukam, dass der Anstellungsvertrag von Bell und Snelling auch auf andere Weise als durch den Aushebungsvertrag hätte beseitigt werden können, wie Steyn J in *Associated Japanese Bank (International) Ltd v. Crédit du Nord* [1989] 1 WLR 255, 267 herausarbeitet.

501 Steyn J verweist in *Associated Japanese Bank (International) Ltd v. Crédit du Nord* [1989] 1 WLR 255, 270 darauf, dass der *mistake* erst vor dem *House of Lords* argumentiert worden sei, und dass die Reden der Lord Atkin und Thankerton den Schluss zuließen, dass die zugelassene Erweiterung sich nur auf den *common law mistake* bezog; *Smith LQR 1994, 400, 418*

502 Nach *Smith LQR 1994, 400, 418* hätte der Vertrag in *Bell v. Lever Brothers „a fortiori“* anfechtbar sein müssen

503 In diese Richtung auch *Cartwright LQR 1987, 594, 607*. Zieht man zusätzlich noch Lord Atkins Ausführungen zu anderen Beispielen, in welchen er ebenfalls einen *mistake* nicht

Darüber hinaus gibt es keinen Fall, der in gleicher Weise wie *Solle v. Butcher* die beiden *mistakes* nebeneinander stellt und so voneinander abgrenzt[504]. Eine solche Abgrenzung wird auch von Atiyah und Bennion zu Recht deswegen kritisiert, weil die Rechtsfolgen zwischen *common law* und *equity* so weit auseinanderfallen[505].

iii. Vorzüge von *Solle v. Butcher*

Bestimmte Vorzüge der Rechtsprechung zum *mistake in equity* sind dennoch nicht von der Hand zu weisen: So führt der *mistake in equity* zu einer höheren Flexibilität der Gerichte und zu mehr Einzelfallgerechtigkeit, da die Gerichte aufgrund der Kategorie des *fundamental mistake* einen weiten Spielraum haben, einen solchen Irrtum als *fundamental* anzusehen[506]. Demgegenüber meine einige, dass die Vorteile einer strengen Regelung (wie beim *mistake in law*) überschätzt würden[507]. Stattdessen könne man durchaus darauf vertrauen, dass die Gerichte auch bei unbestimmten Tatbestandsmerkmalen das Recht so anwenden, dass eine logische und mit dem allgemeinen Menschenverstand vereinbare Regelung getroffen würde[508].

Für den *mistake in equity* spräche auch, dass er eine Entwicklung nachzeichne, die sich im Rahmen der *frustration* aufgrund des *Law Reform (Frustrated Contracts) Act* von 1943 ergeben und dort zu Verbesserungen geführt hatte[509]. Ein ähnliches Gesetz bezüglich des *mistake* war und ist nicht zu erwarten[510]. Deswegen merkte selbst der an *Great Peace Shipping* maßgeblich beteiligte Richter Lord Philips an entsprechender Stelle an, dass die Motive von Lord Denning durchaus nachvollziehbar seien[511]. Andere bedauern gerade deswegen, dass die Aufhebung

---

gewähren würde, heran, lässt sich fast schon die Frage stellen, ob die Hürden nicht so hoch gehängt worden sind, dass niemals ein Fall diese überwinden würde.

504 *Atiyah/Bennion The Modern Law Review 24 (1961), 421, 441*, hier zitieren Atiyah und Bennion eine weitere Entscheidung in *Huddersfield Banking Co Ltd v. Lister* [1895] 2 Ch. 273, 281, wonach *mistake in law* und *equity* „auf denselben Prinzipien" beruhen; oft bleibt es dabei, dass ein pauschaler Gleichlauf behauptet worden ist, vgl. *Lord Warrington of Clyffe* in *Bell v. Lever Brothers Ltd* [1932] AC 161, 210.

505 *Atiyah/Bennion The Modern Law Review 24 (1961), 421, 440*

506 *Phang Conveyancer and Property Lawyer 2003, 247, 252*

507 *Williams Coventry Law Journal 7 (2002), 72, 77; MacMillan, Mistakes in Contract Law, S. 315; Capper Singapore Journal of Legal Studies 2009, 457, 461*

508 *Phang Conveyancer and Property Lawyer 2003, 247, 253*

509 *Great Peace Shipping Ltd v. Tsavliris Salvage (International) Ltd* [2003] QB 679, Rn. 162; *McCamus Canadian Business Law Journal 2004, 46, 81*

510 *Williams Coventry Law Journal 7 (2002), 72, 78*

511 *Great Peace Shipping Ltd v. Tsavliris Salvage (International) Ltd* [2003] QB 679, Rn. 162

von *Solle v. Butcher* in *Great Peace Shipping* das Recht in einen Zustand zurückversetzt habe, der noch weniger zufriedenstellend als die bisherige Rechtsprechung zum *mistake in equity* sei.[512]

Ein weiteres Argument für den *mistake in equity*, das gern angeführt wird, ist ausschließlich vor dem Hintergrund der Besonderheiten des unterentwickelten englischen Sachenrechts zu verstehen. So hat die Anfechtbarkeit (*voidability*) gegenüber der Nichtigkeit (*voidness*) den großen Vorteil, dass Dritte geschützt werden. Auf diesen Schutz werde ich im Rahmen des Identitätsirrtums noch eingehen[513]. Das gleiche Problem besteht natürlich auch, wenn der Vertrag aufgrund eines anderen Irrtums *ex tunc* nichtig ist.

iv. Die Aufgabe des *mistake in equity* in *Great Peace Shipping*

Great Peace Shipping ist der Wendepunkt der Rechtsentwicklung. Im Bereich des *mistake in equity* gibt der *Court of Appeal* die über fünfzig Jahre seit *Solle v. Butcher* entwickelte Rechtsprechungslinie auf und belässt es bei der strengen Rechtsprechung des *mistake in law* entsprechend der vom *House of Lords* in *Bell v. Lever Brothers* entwickelten Kriterien, die er allenfalls in einem Aspekt etwas modifiziert[514].

Der *Court of Appeal* führte in *Great Peace Shipping* eine umfassende Analyse der Rechtslage durch[515] und kam zu dem Schluss, dass *Bell v. Lever Brothers* und *Solle v. Butcher* nicht miteinander vereinbar seien[516]; vielmehr habe Lord Denning in *Solle v. Butcher* „den Versuch unternommen, *Bell v. Lever Brothers* zu umgehen" („*sought to outflank Bell v. Lever Brothers*")[517]. Daher musste der *Court of Appeal Solle v. Butcher* aufheben, indem er wie folgt feststellt:

> *If coherence is to be restored to this area of our law, it can only be by declaring that there is no jurisdiction to grant rescission of a contract on the ground of common mistake where that contract is valid and enforceable on ordinary principles of contract law.*
>
> *Zur Wiederherstellung der Einheitlichkeit der Rechtsordnung in diesem Bereich unseres Rechts müssen wir erklären, dass es keine Kompetenz dahingehend gibt, die Aufhebung*

---

512 *McCamus Canadian Business Law Journal 2004, 46, 81*

513 Teil IVC.II.3

514 Siehe hierzu zur wirtschaftlichen Unmöglichkeit unter Teil IVC.II.2.b.ii

515 *Great Peace Shipping Ltd v. Tsavliris Salvage (International) Ltd* [2003] QB 679, Rn. 95–152

516 *Great Peace Shipping Ltd v. Tsavliris Salvage (International) Ltd* [2003] QB 679, Rn. 158

517 *Great Peace Shipping Ltd v. Tsavliris Salvage (International) Ltd* [2003] QB 679, Rn. 126, bezugnehmend auf eine Einschätzung des Richters Toulson aus der ersten Instanz; ebenso *MacMillan, Mistakes in Contract Law, S. 315*

eines Vertrags auf der Grundlage eines common mistake anzuordnen, wenn dieser Vertrag nach den gewöhnlichen Prinzipien des Common Law wirksam und vollstreckbar ist.

Das Gericht gelangte daher zu dem Schluss, dass *Solle v. Butcher* „kein gutes Recht“ (*not good law*) mehr sei[518].

Anzeichen dafür, dass der *mistake in equity* in der Rechtsprechung weiterhin angewendet wird, gibt es nicht. Ein typischer Fall, in welchem der *Court of Appeal* sich selbst folgte, war *Kyle Bay Ltd (t/a Astons Nightclub) v. Underwriters*[519]. Hier lehnte das Gericht den *mistake* deswegen ab, weil der Irrtum nicht gewichtig genug war[520]. Die hier durchaus mögliche Annahme eines *mistake in equity*, insbesondere weil der Irrtum schon von erheblichem Gewicht war, erwähnte das Gericht nicht einmal.

Ein bemerkenswerter Fall ist *Graves v. Graves*[521], der ebenfalls vom *Court of Appeal* entschieden wurde und sich nach *Great Peace Shipping* richtete. In *Graves v. Graves* hatte der Ehemann seiner von ihm geschiedenen Frau eine Wohnung zur marktüblichen Miete von £ 1.150 zur Verfügung gestellt, wobei beide irrtümlicherweise davon ausgegangen waren, dass die Frau einen Wohngeldanspruch gegen das Sozialamt habe. Diese Auskunft war ihr vom Sozialamt erteilt worden, obwohl sie tatsächlich keinen Anspruch auf Wohngeld hatte, da sie mit ihrem Ehemann ein gemeinsames Kind hatte, aufgrund dessen sie gegen ihn einen Unterhaltsanspruch hatte. Weder hatte die Ehefrau ihren Ehemann über das Bestehen des Anspruchs vorwerfbar getäuscht noch hatte sie sich vertraglich verpflichtet, für das Bestehen des Anspruchs die Haftung zu übernehmen. Beide Parteien hätten den Mietvertrag nicht abgeschlossen, wenn das Sozialamt nicht 90 % der Miete als Sozialleistung übernommen hätte[522]. Auch hier ließ das Gericht einen gemeinsamen Irrtum nicht ausreichen, obwohl dadurch einer Partei erhebliche Nachteile entstanden.

---

518 *Great Peace Shipping Ltd v. Tsavliris Salvage (International) Ltd* [2003] QB 679, Rn. 160; a.A. *Midwinter LQR 2003, 180*

519 *Kyle Bay Ltd (t/a Astons Nightclub) v. Underwriters* [2007] 1 CLC 164 (= [2007] EWCA Civ 57)

520 Zusätzlich kam das Argument hinzu, dass bei einem Vergleich die Annahme eines *mistake* aus Gründen der Rechtssicherheit dann ausgeschlossen werden müsste, wenn sich der Irrtum auf eine wesentliche (und bislang umstrittene) Tatsache bezogen habe, die mittels des Vergleichs beigelegt werden sollte, vgl. *Kyle Bay Ltd (t/a Astons Nightclub) v. Underwriters* [2007] 1 CLC 164, 171.

521 *Graves v. Graves* [2008] HLR 10, 143

522 Vgl. *Graves v. Graves* [2008] HLR 10, 143, 153 (Rn. 31)

Deshalb hob der *Court of Appeal* die Entscheidung des Ausgangsgerichts insoweit auf, als es nicht den Irrtum als Basis der Vertragsaufhebung zuließ. Allerdings sah es der *Court of Appeal* aufgrund der ermittelten Tatsachen für erwiesen an, dass die Parteien konkludent eine auflösende Bedingung (*implied condition*) für den Fall vereinbart hatten, dass kein Wohngeld gezahlt werden würde. Auch wenn diese Auslegungsfrage eine Tatsachenfrage ist[523], die sich schwer beurteilen lässt, so kann man doch vermuten, dass die zunehmende Flexibilisierung der Auslegungsregelungen im Ergebnis einen ähnlichen Zustand herbeiführt und damit doch wieder die strengen Irrtumsanforderungen umgeht. Eine Umgehung mittels der jetzt vorgenommenen *implied condition* liegt deswegen vor, weil die *implied condition* bislang in der Rechtsprechung als ein möglicher Erklärungsansatz für die Anwendung des *mistake* gesehen worden ist[524]. So waren sich die Gerichte in der Rechtsfolge und im Tatbestand des Irrtums zumeist einig. Ob diese Rechtsfolge nun von Gesetzes wegen eintreten würde (dann würde es sich beim *mistake* um einen echten Rechtsbehelf handeln) oder vielmehr deswegen eintreten würde, weil die Parteien eine stillschweigende auflösende Bedingung vereinbart haben, war nur eine theoretische Frage[525].

---

523 Die Abgrenzung zwischen Tatsachen- und Rechtsfragen und damit der Zugang zur Revision der Entscheidung lässt sich nicht immer eindeutig vornehmen. Insbesondere dann, wenn nicht die Umstände des Einzelfalls, sondern vielmehr die rechtliche Bewertung die Aufnahme der stillschweigenden Bedingung erfordert, wird aus einer Tatsachenfrage doch eine Rechtsfrage, vgl. hierzu bereits Phang, ohne dass er die später entstandene Entscheidung in *Graves v. Graves* [2008] HLR 10, 143 hätte kennen können, *Phang Conveyancer and Property Lawyer 2003, 247, 247.*

524 Wie bei *Couturier v. Hastie*, behandelt unter Teil IVC.II.2.a; *Waddams, Principle and policy in contract law, S. 135*; *Kötz, Abschluß, Gültigkeit und Inhalt des Vertrages, Die Beteiligung Dritter am Vertrag, S. 263*

525 Problem der *implied condition* ist, dass diese auf den hypothetischen Parteiwillen abstellt, der sich ergeben hätte, wenn die Parteien an den nunmehr eingetretenen Fall gedacht hätten. Sie hatten aber eben gerade nicht daran gedacht. Die hypothetische Auslegung wird stets kritisch gesehen, weil das Gericht den Willen nicht empirisch durch Beweiserhebung feststellen kann, sondern von sich aus bestimmen muss und dabei auf allgemeine, vernünftige Erwägungen abstellen wird. Was jedoch im Einzelfall vernünftig ist, ist stets eine Wertungsfrage. Hierbei entfernt sich die Ermittlung des „Willens" soweit von den Parteien, dass wohl eher von einer Willensfiktion auszugehen ist; so auch *Waddams, Principle and policy in contract law, S. 136–141*; *MacMillan, Mistakes in Contract Law, S. 302*; ebenso *Great Peace Shipping Ltd v. Tsavliris Salvage (International) Ltd* [2003] QB 679, Rn. 73; a.A. *Beale u. a. (Hrsg.), Chitty on Contracts, Rn. 5-64*, der wiederum verwies auf *Associated Japanese Bank International Ltd v. Credit du Nord* [1989] 1 WLR 255.

3. Identitätsirrtum

Als letzte Fallgruppe soll kurz auf den Identitätsirrtum eingegangen werden. Der erste Anschein lässt vermuten, dass sich aus diesen Fällen interessante Aspekte für den Rechtsvergleich heranziehen lassen müssten. Denn es sind zahlreiche Fälle bekannt, in denen ein Identitätsirrtum zur Nichtigkeit des Vertrags geführt hat – was in Anbetracht der sonstigen Zurückhaltung des englischen Rechts, einen Irrtum für beachtlich zu halten, umso erstaunlicher ist.

Allein, nach anfänglicher Hoffnung tritt Ernüchterung ein. Denn die vorliegenden Fälle des Identitätsirrtums zeigen keine wirkliche Irrtumsproblematik auf: Der Vertrag ist nicht deswegen nichtig, weil der Irrtum so gewichtig ist oder eine besondere Gruppe von Irrtümern vorliegt, die den Irrenden als besonders schützenswert erscheinen lässt. Vielmehr ist es für den Irrenden ein glücklicher Zufall, dass die Identität einer Person als notwendiger Vertragsinhalt angesehen wird und dessen Fehlen bewirkt, dass ein Vertrag gar nicht wirksam geschlossen wird.

Es liegt, wenn man die eingangs verwendete Unterscheidung zwischen Irrtum über den Vertragsinhalt und dem über den Vertragsgegenstand verwendet, ein Irrtum über den Vertragsinhalt vor (*mistake as to the terms of the contract*), auf den sich der Irrende nach den allgemeinen Auslegungsregeln stets berufen kann, wenn die andere Seite Kenntnis vom Irrtum hat. Damit ist der *mistake as to the identity* vergleichbar mit einem Fall, in dem sich die Parteien nicht über den Kaufpreis einigten oder zwischen ihnen im Nachhinein unklar war, wer von beiden als Käufer bzw. Verkäufer auftreten sollte. Der Irrtum über die Identität bewirkt mithin nur deshalb die Nichtigkeit des Vertrags, weil der grundsätzlich erforderliche Tatbestand für die Annahme eines Vertragsschlusses nicht erfüllt ist.

Dies zeigt der Ausgangsfall des Identitätsirrtums in *Boulton v. Jones*[526]. Wird ein Angebot an eine Person gerichtet und erklärt eine andere Person als diejenige, an die sich das Angebot richtete, die Annahme des Angebots, dann kommt kein Vertrag zustande.

In zahlreichen Fällen scheitert der Vertragsschluss deshalb, weil ein Schurke eine falsche Identität vortäuscht, z.B. um eine höhere Kreditwürdigkeit vorzuspiegeln. Dann ist (wie im deutschen Recht auch beim Handeln unter fremdem Namen[527]) zu untersuchen, ob ein Geschäft mit dem Handelnden oder mit dem Namensträger zustande kommt. Das Geschäft mit dem Namensträger scheitert

---

526 *Boulton v. Jones and Another* (1857) 2 H&N 564

527 *Ellenberger in: Palandt, 76. Aufl. 2017, § 164 BGB, Rn. 10–12*

und der Vertrag ist nichtig, weil der wirkliche Namensträger ja nicht beteiligt war. So war dies in *Cundy v. Lindsay*[528]. Hier richtete der Schurke namens Alfred Blenkarn ein schriftliches Angebot an den Kläger und gab dabei vor, von der renommierten (ähnlich klingenden) Firma *Blenkiron & Son* zu sein. Tatsächlich gab es ein renommiertes Geschäft von *Blenkiron & Son* in der Nr. 123 der *Wood Street* (der Schurke wohnte in 37 *Wood Street*). Aufgrund der Handschrift auf dem Brief war eine Verwechslung äußerst leicht und von Herrn Blenkarn auch gewollt. Lindsay lieferte, da er die Täuschung nicht erkannte, die bestellten Stofftücher an 37 Wood Street, und der Schurke Blenkarn verkaufte diese schließlich an Cundy weiter. Lindsay verlangte von Cundy die Herausgabe der Taschentücher mittels des *tort of conversion*, bei dem es sich um einen nichtvertraglichen, verschuldensunabhängigen Herausgabeanspruch handelt. Der Fall ging bis zum *House of Lords*, welches Cundys Revision zurückwies. Das Eigentum war tatsächlich nicht übergegangen, und damit lag das erstinstanzliche Gericht richtig, die Herausgabe der Taschentücher anzuordnen.

In *King's Norton Metal Co Ltd v. Endridge*[529] trat der Schurke hingegen unter einer fiktiven Bezeichnung auf. Dieser Unterschied veranlasste die Gerichte zur Annahme, dass nur ein Vertrag mit dem Handelnden zustande gekommen sein könnte. Wirksam war der Vertragsschluss auch in *Phillips v. Brooks Ltd*[530], da der Schurke persönlich auftrat. In beiden Fällen nahm das Gericht einen Vertragsschluss an, so dass das Eigentum auf den Schurken übergehen konnte und dieser auch wirksam an Dritte weiterveräußern konnte. Ebenso entschied der *Court of Appeal* in *Lewis v. Averay*[531], wobei er eine Vermutung zugunsten eines Vertragsschlusses unter den Anwesenden annahm[532]. In *Shogun Finance v. Hudson*[533] sah das Gericht hingegen eben diese Vermutung ausnahmsweise als widerlegt an.

Auffällig an all diesen Fällen ist, dass sie keinen Bezug zum sonstigen Irrtumsrecht haben. Die Nichtigkeit des Vertrags ergibt sich vielmehr daraus, dass je nach Gestaltung des Einzelfalls nach den Regelungen der Auslegung ein Vertragsschluss festgestellt werden kann oder eben nicht. Selbst die Tendenz hin zu einer Annahme des Vertragsschlusses folgt nicht irrtumsrechtlicher Logik,

528 *Cundy v. Lindsay and Others* (1878) 3 App Cas 459
529 *King's Norton Metal Co Ltd v. Endridge* (1897) 14 TLR 98
530 *Phillips v. Brooks Ltd* [1919] 2 KB 243
531 *Lewis v. Averay* [1972] 1 QB 198, 207
532 *Lewis v. Averay* [1972] 1 QB 198, 207; wie schon zuvor in *Ingram v. Little* [1961] 1 QB 31, 61 und 66.
533 *Shogun Finance Ltd v. Hudson* [2004] 1 AC 919

sondern soll dem Schutz eines gutgläubigen Dritterwerbers dienen[534]. Unterliegt der Verkäufer nämlich einem Irrtum, aufgrund dessen der Kaufvertrag *void* ist, folgt daraus, dass die Eigentumsübertragung an den Käufer nicht stattgefunden hat. Damit wäre der Käufer auch nicht in der Lage, einem Dritten Eigentum an der Sache zu verschaffen. Vielmehr hätte der Verkäufer einen delikt- und bereicherungsrechtlichen Herausgabeanspruch. Der Umweg über das Irrtumsrecht wird deswegen im englischen Recht erforderlich, weil es keine Trennung zwischen Verpflichtungs- und Verfügungsgeschäft[535] und keine dem § 932 BGB vergleichbare Regelung zum gutgläubigen Erwerb gibt[536].

D. Rechtsfolgen des Irrtums

Die Rechtsfolge des Irrtums (wenn er denn anerkannt wird) ist mittlerweile stets, dass der Vertrag von Anfang an (*ab initio*) und von Gesetzes wegen (*ex lege*) als nichtig anzusehen ist, ohne dass es einer Erklärung einer Partei bedarf[537]. Dieser Vertrag wird als *void* bezeichnet, wobei sich *void* wohl am besten mit „nichtig" übersetzen lässt, weil die Gerichte die Sachlage so behandeln, als sei der Vertrag durch den Irrtum „vernichtet" (*nullify)* worden[538].

Früher gab es noch ein weiteres Rechtsfolgen-Regime, nämlich wenn ein *mistake in equity* vorlag. Dabei war die Rechtsfolge des *mistake in equity*, dass ein

---

534 Dies ist auch der Grund, warum es sich bei den *mistake*-Fällen um eng umgrenzte, fast niemals einschlägige Ausnahmen handelt; *Shogun Finance Ltd v. Hudson* [2004] 1 AC 919, 931; ebenso *Kötz, Abschluß, Gültigkeit und Inhalt des Vertrages, Die Beteiligung Dritter am Vertrag, S. 264.*

535 *Bernstorff, Einführung in das englische Recht, S. 81*; *Kötz, Abschluß, Gültigkeit und Inhalt des Vertrages, Die Beteiligung Dritter am Vertrag, S. 265*

536 *Bernstorff, Einführung in das englische Recht, S. 82*, einschließlich einiger, hier nicht einschlägiger, Ausnahmen nach dem *Sale of Goods Act* 1979

537 *Burrows/Feldman, Oxford principles of English law, 8.136*; a.A. in *Nicholson and Venn v. Smith-Marriot* (1947) 177 LT 189, in welchem Henn J schloss, dass „dem Kläger möglich gewesen wäre, einerseits Schadensersatz aus dem Vertrag zu verlangen, andererseits den Vertrag aber auch wegen *mistake* aufzuheben". Offensichtlich geht der Richter hier von einem Wahlrecht aus, welches notwendigerweise voraussetzt, dass zur Vertragsaufhebung eine Erklärung in diese Richtung notwendig oder jedenfalls möglich ist. An dieser Entscheidung hat unter anderem Denning LJ Zweifel bekundet (*Solle v. Butcher* [1950] 1 KB 671, 692).

538 *Bell v. Lever Brothers Ltd* [1932] AC 161, 217: *"If mistake operates at all it operates as to negative or in some cases nullify consent" (Falls der Irrtum überhaupt durchgreift, dann so, dass er die Zustimmung [zum Vertrag] negativiert oder in einigen Fällen vernichtet); ebenso Solle v. Butcher* [1950] 1 KB 671, 690–691

Vertrag *voidable*[539] ist, also „vernichtbar“, ist. Darunter ist zu verstehen, dass der Vertrag nachträglich zu Fall gebracht werden kann und auch erst von diesem Zeitpunkt an seine Wirkung verliert[540]. Dabei ist nicht klar ersichtlich, ob der Vertrag durch eine Willenserklärung[541] oder erst durch das Prozessurteil „vernichtet“ wird[542].

Bleibt der Vertrag trotz des Irrtums wirksam, bedeutet dies allerdings nicht, dass der Gläubiger nun ohne weiteres die Erfüllung des Vertrags verlangen und gerichtlich durchsetzen kann. Denn im Gegensatz zum deutschen Recht sieht das englische als Rechtsfolge des Vertragsbruchs (also der Nichtleistung der geschuldeten Leistung) in vielen Fällen nur einen Ausgleich mittels eines Schadenersatzanspruchs in Geld vor[543]. Will der Vertragspartner hingegen stattdessen die Erfüllung *in natura* durchsetzen, muss es dies gesondert beantragen (*specific performance*). Hierfür muss er aber nach dem Recht der *equity* mit sauberen Händen kommen[544], woran es schon dann fehlt, wenn er dem ehrlichen (nicht böswilligen oder grob fahrlässigen) einseitigen Irrtum nicht gebührend Rechnung trägt. Einem schweren, aber ehrlich unterlaufenen Irrtum muss der

---

539 *Solle v. Butcher* [1950] 1 KB 671, 690–691

540 Nicht bekannt ist dem englischen Recht die Rückwirkungsfiktion, wie sie das deutsche Recht bei der Anfechtung gem. § 142 Abs. 1 BGB kennt, so dass der Vertrag erst vom Zeitpunkt der Anfechtungserklärung an seine Wirkung verliert und nicht schon von Anfang an nichtig ist.

541 *Poole/Keyser LQR 2005, 273, 275–276;* grundlegend hierzu *Kötz, Abschluß, Gültigkeit und Inhalt des Vertrages, Die Beteiligung Dritter am Vertrag, S. 295,* der ebenso für die Geltendmachung der Anfechtung durch Klage oder Einrede im Prozess keine überzeugenden Gründe zu finden vermag

542 In diese Richtung scheint Lord Denning in *Solle v. Butcher* zu tendieren, wonach der Vertrag erst aufgrund der gerichtlichen Entscheidung seine Rechtswirkung verliere und das Gericht einen gewissen Entscheidungsspielraum habe, ob es einen Irrtum annimmt., *Solle v. Butcher* [1950] 1 KB 671, 692; zustimmend *Smith LQR 1994, 400, 419,* wonach die Unwirksamkeit des Vertrags nur durch das Gericht nach Prüfung der ziemlich komplizierten Bedingungen erfolgen könne. Meiner Meinung nach ist Dennings Formulierung, die sich aus seiner Rolle als Richter begründet, nur ungenau, denn in solchen Fällen, die vor Gericht landen, sorgt das Gericht letztendlich für die notwenige Rechtsklarheit. Ein Entscheidungsspielraum des Gerichts ergibt sich auch nur in praktischer Hinsicht, dergestalt dass das Gericht den mit Rechtsbegriffen angereicherten Tatbestand auf den jeweiligen Fall anzuwenden hat und sich gerade im Bereich der *equity* von Billigkeitserwägungen leiten lassen kann.

543 *Burrows/Feldman, Oxford principles of English law, 8.147*; *Rothoeft, System der Irrtumslehre als Methodenfrage der Rechtsvergleichung, S. 165–166*

544 *Rothoeft, System der Irrtumslehre als Methodenfrage der Rechtsvergleichung, S. 165–166*

Vertragspartner dadurch Rechnung tragen, dass er den Irrenden aus der Primärleistungspflicht entlässt und mithin gerade nicht die *specific performance* beantragt. In vielen Fällen bleibt damit nur der Schadenersatzanspruch übrig. Allerdings ist dieser Schadenersatzanspruch auf das positive Interesse gerichtet, denn es soll der Schaden ausgeglichen werden, der durch den Vertragsbruch wegen Nichterfüllung entstanden ist.

E. Bewertung des englischen Rechts

Das englische Recht ist – bei aller Vorsicht einer solchen Übertragung von Rechtsbegriffen – als eine Rechtsordnung anzusehen, die relativ deutlich der Erklärungstheorie anhängt. Dies zeigt sich daran, dass das englische Recht für den Begriff des Rechtsgeschäfts nicht so sehr auf die einzelnen Willenserklärungen oder die dahinterstehenden Willen abstellt, sondern vielmehr auf den Kommunikationsakt. Seine Lösungsansätze entfernen sich damit von der Subjektivität der Willensbildung und bewegen sich hin zu einer Absicherung des äußeren Vertragsschlusses, der vor einseitigen Störungen geschützt wird. Typisch dafür ist auch, dass der Vertragsschluss als ein einheitlicher Akt angesehen wird.

Auf das Irrtumsrecht hat dieser Umstand bedeutende Auswirkungen. Wenn man nämlich auf den Kommunikationsakt als Grundvoraussetzung des Rechtsgeschäfts abstellt, müssen alle solchen Irrtümer von vornherein ausgeschlossen werden, die nicht kommuniziert worden sind oder nur deswegen nicht kommuniziert worden sind, weil sie eine beiderseits akzeptierte Grundlage betrafen. Diese Konsequenz zieht das englische Recht ohne Zögern, da es einseitige Irrtümer für unbeachtlich hält.

Erklärungstheoretisch konsequent ist die Ablehnung von Inhalts- bzw. Erklärungsirrtümern nach deutscher Definition. Denn wenn für den Begriff des Rechtsgeschäfts auf den Kommunikationsakt abgestellt wird, ist der dahinterliegende Wille ohne Belang. Ein beachtliches Abweichen zwischen Wille und Erklärung kann es nicht geben, wenn der Wille unbeachtlich ist. An dieser Grundaussage kann man auch nicht deswegen zweifeln, weil mittlerweile die seltene Fallkonstellation der beiderseitigen *falsa demonstratio non nocet* anerkannt wird, was dazu führt, dass der Vertrag mit dem tatsächlich gewollten statt des erklärten Inhalts abgeschlossen wird. Dies ist nicht viel mehr als eine pragmatische Modifikation der Erklärungstheorie in einem Randbereich, in dem der schützende Zweck der Erklärungstheorie ausnahmsweise irrelevant ist.

Die Schlüsse des englischen Rechts zur Behandlung von Sachverhaltsirrtümern sind im Grundsätzlichen klar erklärungstheoretisch motiviert, indem man nur solche Sachverhaltsirrtümer für beachtlich hält, denen beide Parteien gleichermaßen unterlagen. Denn diese Irrtümer wirken von außen auf den Vertrag ein und verändern ihn in seinen gemeinsam bezwecken Wirkungen. Allerdings lässt sich aus der Erklärungstheorie nicht schließen, ob die Hürden für die Maßgeblichkeit solcher äußeren Einflüsse auf den Vertrag hoch oder niedrig anzusetzen sind. Denn hier geht es nur um eine Frage des Austarierens der vertraglichen Risikoverteilung. Entsprechend widersprüchlich zeigte sich das englische Recht hier im Laufe der Entwicklung. Während der *mistake in law* hier eine Position einnimmt, die die Risiken so belassen will, wie sie zufälligerweise entstehen, sollte der *mistake in equity* eher die Gerichte zu einer Neuverteilung der vertraglichen Risiken ermächtigen.

Dennoch gibt es eine auf den ersten Blick nicht leicht erkennbare Einschränkung des erklärungstheoretischen Fundaments. Dies ist die Behandlung des Irrtums auf der Rechtsfolgenseite. Denn mitnichten kann sich der Erklärungsempfänger auf den Bestand einer Willenserklärung in der Weise verlassen, dass er stets aus dem geschlossenen Vertrag die Erfüllung in Natur verlangen könnte, also den Vertrag als solchen vollstrecken könnte. Vielmehr ist er aufgrund der Prinzipien der *equity* beschränkt, nach denen er allein *specific performance* verlangen könnte. Wird dem Erklärungsempfänger im Nachhinein bewusst, dass ein Vertragspartner einem Irrtum unterlag, beschränkt sich sein Rechtsschutz darauf, vom Vertragspartner einen Ersatz des positiven Interesses in Geld verlangen zu können. Auch wenn diese Zurückhaltung bezüglich der Erfüllung in Natur nicht spezifisch irrtumsrechtlich ist, sondern stets gilt, so lässt sich doch sagen, dass es leichter ist, die Maßgeblichkeit eines Irrtums zu verneinen, wenn die Konsequenzen für den Irrenden geringer sind. Diese Unterscheidung in der belastenden Wirkung zwischen der stärker belastenden Erfüllungspflicht in Natur und der weniger belastenden Geldersatzpflicht wird gerade von deutschen Juristen schwer erkannt, weil nach deutschen Schadenersatzrecht die Erfüllung in Natur als Recht des Schadenersatzschuldners angesehen wird.[545]

Würde man die englische Rechtspraxis in deutsche Terminologie übersetzen, käme man zu dem Ergebnis, dass bei einem Irrtum, der auf einem ehrlichen bzw. nicht-fahrlässigen Fehler des Irrenden beruhte, der Irrende sich darauf beschränken darf, dem Vertragspartner das positive Interesse am Vertrag in Geld zu ersetzen.

545 Vgl. § 250 S. 1 BGB

Teil V Irreführung als Vertragsaufhebungsumstand

Nun sollen jene Rechtsbehelfe (Rechtsbehelfe im untechnischen Sinne[546]) im deutschen und englischen Recht vorgestellt werden, die bei einer Irreführung eingreifen. Eigentlich sollte dieser Fall nicht gesondert von den sonstigen Irrtümern betrachtet werden, weil jede Irreführung beim Irregeführten einen Irrtum auslöst. Dennoch wird eine solche Trennung bei den von mir untersuchten Rechten vorgenommen, da sowohl das deutsche als auch das englische Recht diesen besonderen Fall des Irrtums mit einem separaten Rechtsbehelf behandeln. Das japanische Recht verhält sich ähnlich wie das deutsche; deswegen werde ich es nicht gesondert behandeln.

In Deutschland hat sich die Trennung der Irreführung vom allgemeinen Irrtumsrecht spätestens mit dem Inkrafttreten des BGB vollzogen. Denn dort entschied sich der Gesetzgeber, die arglistige Täuschung als weiteren Anfechtungsgrund neben den Irrtum zu stellen und damit diese schwerste Form der Irreführung gesondert zu regeln. Zwar ließe sich argumentieren, dass die Auftrennung in zwei Normen innerhalb des Allgemeinen Teils des BGBs nicht zu einer dogmatischen Trennung hätten führen müssen. Dem steht aber entgegen, dass ein unbefangener Leser des Gesetzestexts ziemlich leicht den Eindruck gewinnen kann, dass in § 123 BGB die tatbestandlichen Voraussetzungen für alle Arten von Täuschungsanfechtungen festgesetzt werden sollen – mit der Folge, dass nach dem Wortlaut des Gesetzes fahrlässige Irreführungen grundsätzlich nicht zur Anfechtung berechtigen sollen, da sonst dem Merkmal der Arglist keine Bedeutung zukäme.

Entsprechend hat das Reichsgericht anhand der vorgefundenen Gesetzeslage schon wenige Jahre nach der Einführung des BGB die fahrlässige Irreführung nicht mehr im allgemeinen Teil des BGB angesiedelt, sondern sich schuldrechtlicher Konstruktionen und Normen bedient, auf dieses tatsächliche Problem eine Lösung zu finden. Die hierdurch eingetretene Trennung zwischen Irrtum

---

546 Der Begriff des Rechtsbehelfs ist hier so zu verstehen, dass ich ihn als Obergriff für jegliche Art von Gestaltungsmöglichkeiten einer Partei im vertraglichen Kontext ansehe: also Gestaltungsrechte wie die Anfechtung, Einwendungen und Einrede, aber auch Ansprüche wie Schadenersatzansprüche. Der Begriff soll daher als Oberbegriff ohne Eingrenzung auf eine bestimmte Konstruktion oder Konstellation verstanden werden.

und Irreführung hat sich im Laufe der Zeit manifestiert. Auch die Schuldrechtsreform aus dem Jahre 2002 hat diese Entwicklung nicht aufgehalten, sondern vielmehr durch Kodifizierung der bisherigen Rechtsprechung fortgesetzt. Wie allerdings zum deutschen Recht schon angedeutet, hätte sich die Irreführung auch ins klassische Irrtumsrecht integrieren lassen.

Im englischen Recht standen die Rechtsbehelfe für *mistake* und *misrepresentation* stets parallel nebeneinander. Sie wurden vor allem auch deswegen getrennt behandelt, weil aus der Sicht eines Prozessbeteiligten *mistake* und *misrepresentation* bedeutend verschiedene Anforderungen in tatsächlicher und rechtlicher Hinsicht haben. Während der *mistake* wegen der geforderten Schwere des Irrtums (dessen Bewertung eher eine Rechtsfrage ist) wenige Erfolgschancen versprach, konnte sich ein Beteiligter sicher sein, die *misrepresentation* gegen einen Vertrag einwenden zu dürfen, wenn er deren tatsächlichen Voraussetzungen (also die Täuschung durch den Gegner) würde beweisen können.

Dennoch ist die Trennung zwischen Irrtum und Irreführung dogmatisch nicht zwingend geboten. Hierzu sei an dieser Stelle schon auf Teil VI dieser Arbeit verwiesen, wo die Entwicklungen im europäischen Zivilrecht vorgestellt werden. Die dortigen Entwürfe für entsprechende Regelwerke haben die Trennung zwischen Irrtum und Irreführung nicht mehr beibehalten, sondern die Irreführung in den allgemeinen Irrtumstatbestand integriert.

A. Irreführung als dogmatisch unproblematischer Fall eines beachtlichen Irrtums

Anders als der klassische Irrtum bereitet die Irreführung kaum Probleme in ihrer theoretischen und dogmatischen Rechtfertigung. Dies liegt daran, dass sich die Irreführung sowohl in die Willens- als auch die Erklärungstheorie integrieren lässt.

I. Erklärungstheoretische Rechtfertigung

Bedenkt man, dass die Erklärungstheorie zum Ziel hat, das Vertrauen des Erklärungsempfängers in den Bestand der Willenserklärung zu schützen, so lässt sich die Irreführung leicht mit der Erklärungstheorie vereinbaren. Denn in den Fällen der Irreführung ist es der Erklärungsempfänger, der durch seine Erklärungen den Irrtum beim Erklärenden auslöst, so dass dieser eine solche Willenserklärung abgibt, die er eigentlich bei wahrer Kenntnis der Umstände nicht abgegeben hätte.

Da mithin gerade der Erklärungsempfänger den Irrtum (mindestens zurechenbar, möglicherweise sogar fahrlässig oder vorsätzlich) herbeigeführt hat, kannte dieser den Irrtum über den Inhalt der Willenserklärung bzw. hätte ihn kennen müssen.

Dies deckt sich mit dem Zweck der Erklärungstheorie, das ehrliche Vertrauen des Vertragspartners in den Bestand der Willenserklärung zu schützen. Denn wenn der Vertragspartner selbst den Grund für den Irrtum herbeigeführt hat, entfällt der Schutzzweck, sein Vertrauen zu schützen.

II. Willenstheoretische Rechtfertigung

Willenstheoretisch ist die Irreführung ebenfalls leicht zu rechtfertigen. Der tatsächliche Wille spiegelt sich nicht im Rechtsgeschäft, z.B. dem Vertrag, wider. Gründe des Verkehrsschutzes bzw. Vertrauensschutzes können, gerade weil der Erklärungsempfänger den Irrtum beim Erklärenden verursacht hat, zurückstehen. Mithin kann die Willenstheorie in ihrer Reinform bestehen bleiben.

B. Irreführung im englischen Recht

Im englischen Recht wird die Irreführung als *misrepresentation* bezeichnet. Der Begriff setzt sich zusammen aus dem altertümlichen Wort der *representation*, was sich mit „Darstellung" oder „Aussage" übersetzen lässt. Das Präfix „*mis-*" bedeutet wie auch das Deutsche „miss-", dass etwas fehlerhaft geschehen ist. Es liegt also eine „Fehl-Darstellung" bzw. „fehlerhafte Aussage" vor.

Die *misrepresentation* sieht vor, dass bei einem Vertragsschluss aufgrund fehlerhafter Angaben je nach Verantwortungs- bzw. Verschuldensgrad des Vertragsgegners eine Vertragsaufhebung und/oder ein Schadensersatz in Geld gewährt werden kann. Die Gerichte haben hier eine gewisse Flexibilität, die konkret passende Rechtsfolge zu bestimmen.

Wie schon erwähnt, geben *mistake* und *misrepresentation* dem Geschädigten jeweils einen eigenen Rechtsbehelf, auch wenn die *misrepresentation* funktionell dem Irrtumsrecht zugeordnet wird[547]. Aufgrund der Eigenständigkeit von *mistake* und *misrepresentation* können dem Geschädigten beide auch gleichzeitig zustehen[548]. Da die *misrepresentation* aber bedeutend geringere Anforderungen

---

547 *Kramer, Der Irrtum beim Vertragsschluss, S. 54*

548 *Treitel, An outline of the law of contract, S. 152*; *Friedmann LQR 2003, 68, 91–92*; a.A. Cartwright, der die *misrepresentation* als einen Unterfall des *mistake*, nämlich als einen (von der anderen Partei) indizierten Irrtum (*induced mistake*) Cartwright hingegen sieht die *misrepresentation* als einen Unterfall des *mistake* an, nämlich als einen

als der *mistake* hat, wird der Geschädigte eher versuchen, sich über die *misrepresentation* vom Vertrag zu lösen, als auf den *mistake* zurückzugreifen[549].

I. Zweck der *misrepresentation*

Die *misrepresentation* ist Ausdruck einer Verursacherhaftung für das Inverkehrbringen von falschen Informationen, denn diese bergen die Gefahr, dass sie dem Informationsempfänger als Grundlage für einen Vertragsschluss und damit als Grundlage einer Willenserklärung dienen.

In Bezug auf die Gefahren fehlerhafter Informationen musste das englische Recht abwägen, welcher Partei das Risiko der Fehlerhaftigkeit der Information aufzuerlegen sei. Demnach trägt zunächst derjenige das Risiko, der die Information in den Verkehr gebracht hat. In Bezug auf das Vertragsrecht bedeutet dies, dass er einen Rechtsbehelf gegen sich gelten lassen muss, mit dessen Hilfe ein geschlossener Vertrag, der auf dieser Fehlinformation beruht, wieder aufgehoben werden kann. Allerdings wird diese Risikotragungspflicht dahingehend abgemildert, dass zu seinem Schutz die üblichen Regelungen zur Begrenzung von fahrlässiger Haftung angewendet werden, insbesondere die Kausalitätsbegrenzung mittels der „Vorhersehbarkeit" (was sich in etwa mit den deutschen Gegenspielern aus Adäquanz und objektiver Zurechnung deckt), aber auch das Verschulden und das Mitverschulden. Außerdem ist die Haftung auf das negative Interesse beschränkt.

Rechtsökonomisch ist diese Risikoverteilung sinnvoll, da sie demjenigen das Risiko auferlegt, der die Richtigkeit der Information leichter gewährleisten kann. Für den Äußernden ist es leichter als für den Empfänger, seine Informationsweitergabe so auszugestalten, dass der Empfänger sich auf die Richtigkeit der Information verlassen kann. Wenn es sich um eine freiwillige Äußerung handelt, wird man dem Äußernden zumuten können, sich nur so weit zu einem vertraglich relevanten Umstand zu äußern, wie die Äußerung der Richtigkeit entspricht. Soweit er sich dieser Richtigkeit nicht vergewissert hat, sollte er zumindest diesen Umstand offenlegen; dann wird der Empfänger selbst in die Lage versetzt zu entscheiden, welches Gewicht er zweifelhafter Information beimisst.

Dass dieser Ansatz nicht zuletzt ökonomisch richtig ist, zeigt auch der Umkehrschluss: Enthielte eine falsch gegebene Information keine implizite Richtigkeitsgewähr, wäre es Sache des Empfängers, die Information von sich aus

---

(von der anderen Partei) induzierten Irrtum (*induced mistake*), *Cartwright, Misrepresentation, mistake and non-disclosure, 1.03*

549 *Friedmann LQR 2003, 68, 91f; Cartwright, Misrepresentation, mistake and non-disclosure, 1.02*

zu verifizieren, was die ökonomischen Gesamtkosten des Vertragsschlusses in zweifacher Weise erhöhen würde: Zum einen würden sich die Kosten der einzelnen Informationsbeschaffung erhöhen, weil der Empfänger den Aufwand für die Verifizierung hätte, obwohl in der Regel der Äußernde leichter die Richtigkeit bestätigen könnte, weil die gegebenen Informationen üblicherweise aus seinem Herrschaftsbereich stammen.[550] Zum anderen würden diese Kosten dann mehrfach anfallen, wenn die Information an mehrere Empfänger gegeben würde, von denen jeder für sich die Information verifizieren müsste.

II. Rechtliche Grundlage

Die *misrepresentation* baut auf drei Grundlagen auf, die sich im Laufe der Zeit miteinander vermischt haben. So basiert die *misrepresentation* zunächst auf dem *common law*, aber auch in Teilen auf der Rechtsprechung zur *equity*. Schließlich hat der Gesetzgeber mit dem *Misrepresentation Act* von 1967 eine weitere Rechtsgrundlage geschaffen. Allerdings enthält der *Misrepresentation Act* keine eigene umfassende Regelung, sondern beschränkt sich darauf, bestehende Regelungen dergestalt zu modifizieren, dass die verfügbaren deliktsrechtlichen Rechtsbehelfe bei vorsätzlicher Täuschung[551] auf Fälle der fahrlässigen Täuschung und sogar der schuldlosen Täuschung (hier mittels einer widerlegbaren Vermutung des Verschuldens) ausgedehnt werden.

Die *misrepresentation* kann mehrere Rechtfolgen haben: Aus dem Bereich des Vertragsrechts (*contract law*) stammt die Möglichkeit, den Vertrag wieder aufzuheben (*rescission*). Neben den Regelungen aus dem Vertragsrecht bestehen zwei Rechtsmittel aus unerlaubter Handlung, die sogenannten *torts*. Dies sind der *tort of deceit* bei vorsätzlicher Täuschung und der *tort of negligence* bei fahrlässiger

---

550 Vgl. mit weiteren Erläuterungen: *Mankowski, Beseitigungsrechte, S. 191 Fn. 50*; *Adams AcP 186 (1986), 453, 474*; *Posner, Economic analysis of law, S. 112*; *Grigoleit, Vorvertragliche Informationshaftung, S. 75*; zur vorsätzlichen Täuschung *Darby/Karni Journal of Law and Economics 16 (1973), 67, 83*, wonach die Kostenvermeidung der vorsätzlichen Täuschung durch den Täuschenden am günstigsten sei, denn diese erforderte keine weiteren Investitionen, um die Qualität der gegebenen Information zu erhöhen, sondern lediglich die Entscheidung des Täuschenden, von der Täuschung abzulassen.

551 Dies verkannte teilweise die ursprünglichen Grundlagen der *rescission in equity*, welche zwar ebenfalls wie die *common law rescission* eine Täuschung (*fraud*) voraussetzte. Aber der Begriff des *fraud* war im Recht der *equity* weiter auszulegen, dahingehend, dass es schon genügte, sich im Nachhinein treuwidrig auf einen Vorteil zu berufen, der durch die eigene (unbewusste) falsche Aussage entstanden ist, vgl. *Cartwright, Misrepresentation, mistake and non-disclosure, 4.03*

Täuschung. Beide *torts* gewähren einen Schadenersatz in Geld, der auf das negative Interesse beschränkt ist. Es ist die wirtschaftliche Situation wiederherzustellen, die vorgelegen hätte, wenn die *misrepresentation* niemals getätigt worden wäre. Das positive Interesse wird nur ersetzt, wenn die *misrepresentation* Vertragsinhalt (*contractual term*) geworden ist[552]. Positives Interesse bedeutet, dass diejenige Situation wirtschaftlich wiederherzustellen ist, die vorgelegen hätte, wenn sich das Versprechen als wahr herausgestellt hätte[553].

III. Tatbestandsmerkmale im Allgemeinen

Da aufgrund einer *misrepresentation* zahlreiche Rechtsbehelfe und Ansprüche entstehen, die sich großteils überdecken, aber im Detail auch Unterschiede aufweisen[554], sollen zunächst die allgemeinen Tatbestandsmerkmale dargestellt werden, die für einen Rechtsbehelf bzw. einen Anspruch aufgrund von *misrepresentation* erforderlich sind.

*1. Fehlerhafte Angabe von Tatsachen (*misrepresentation*)*

Der Grundfall der *misrepresentation* geht davon aus, dass sich der Äußernde fehlerhaft über Tatsachen vor oder bei Vertragsschluss äußert[555]. Ob die irreführende Äußerung auch Vertragsbestandteil wird oder der Vertrag erfüllt worden ist[556], ist hingegen unerheblich.

Da die Tatsachen zum Zeitpunkt der Äußerung bereits fehlerhaft sein müssen, kann sich die Äußerung nur auf Tatsachen der Vergangenheit oder der Gegenwart beziehen[557]. Die Aussage muss einen erfassbaren Inhalt haben[558]: So ist zwar der Begriff eines „großen Anteils“ ungenau, aber zumindest dann falsch, wenn die Aussage nur auf einen sehr kleinen Anteil zutrifft[559].

---

552 Vertragsschadenersatzansprüche werden im englischen Recht grundsätzlich in Geld gewährt. Ein Anspruch auf Vertragserfüllung (*specific* performance) oder einen Schadenersatz im Wege der Naturalrestitution, wie im deutschen Recht üblich, gibt es im englischen Recht hingegen grundsätzlich nicht, vgl. *Brüggemeier, Haftungsrecht, S. 18*

553 *Atiyah, Essays on contract, S. 276–277*

554 *Cartwright, Misrepresentation, mistake and non-disclosure, 3.02*

555 *Cartwright, Misrepresentation, mistake and non-disclosure, 3.03; Müller, Vorvertragliche und vertragliche Informationspflichten nach englischem und deutschem Recht, S. 24*

556 *Cartwright, Misrepresentation, mistake and non-disclosure, 4.09*

557 *Treitel, An outline of the law of contract, S. 146; Cartwright, Misrepresentation, mistake and non-disclosure, 3.04*

558 *Cartwright, Misrepresentation, mistake and non-disclosure, 3.14*

559 *Cartwright, Misrepresentation, mistake and non-disclosure, 3.14*

Tatsachen, die sich in der Zukunft ereignen werden, kann der Erklärende in der Regel nicht wissen[560]; deswegen kann sich auch der Empfänger nicht auf sie verlassen. Wenn der Empfänger Wert auf die Gewissheit hinsichtlich einer zukünftigen Tatsache legt, muss er eine entsprechende Verpflichtung im Vertrag (z.B. mittels einer *warranty*[561]) vereinbaren[562]. Allerdings kann die Aussage über zukünftige Tatsachen eine konkludente Aussage über gegenwärtige Tatsachen beinhalten; so kann die Abgabe einer Prognose die Aussage beinhalten, dass die Prognose sorgsam erstellt worden ist[563]. Die Tatsache kann auch eine subjektive Tatsache sein, etwa das Bestehen eines bestimmten Willens[564].

Die Äußerung muss – ähnlich den Grundsätzen für Willenserklärungen – nicht ausdrücklich gemacht werden; auch konkludente Handlungen[565] können wie eine Äußerung verstanden werden[566]. Das gleiche gilt auch, wenn aufgrund benutzter Wortwahl weitere Tatsachen impliziert werden können[567]. Wenn jemand z.B. seinen Firmensitz als „Büro" bezeichnet, so darf daraus geschlossen werden, dass in gewissem Umfang Planungskapazitäten und ein geordnetes Wirtschaften vorhanden sind[568]. Gleichfalls darf der Vertragspartner einer bekannten Mädchenpopgruppe annehmen, dass die Gruppe zum Zeitpunkt des Vertragsschlusses keine personalen Änderungen vorgenommen hat (in diesem Fall war es das Ausscheiden eines Mitglieds aus der Popgruppe „Spice Girls"[569]). Beale beschreibt den anzuwendenden Tatbestand wie folgt[570]:

---

560 *Treitel, An outline of the law of contract, S. 147; Müller, Vorvertragliche und vertragliche Informationspflichten nach englischem und deutschem Recht, S. 26–27*

561 *Atiyah, Essays on contract, S. 279*

562 *Treitel, An outline of the law of contract, S. 147*

563 *Collins, The Law of Contract, S. 186; Box v. Midland Bank Ltd* [1979] 2 Lloyd's Rep 391

564 *Treitel, An outline of the law of contract, S. 147; Edgington v. Fitzmaurice* (1885) 29 ChD 459, 483

565 *Cartwright, Misrepresentation, mistake and non-disclosure, 3.04*

566 *Cartwright, Misrepresentation, mistake and non-disclosure, 3.18; Müller, Vorvertragliche und vertragliche Informationspflichten nach englischem und deutschem Recht, S. 24*

567 *Beale u. a. (Hrsg.), Chitty on Contracts, 6.011*

568 *Laurence v. Lexcourt Holdings Ltd* [1978] 1 WLR 1128, 1134

569 *The Spice Girls Ltd v. Aprilia World Service BV* [2002] EWCA Civ 15 Rn. 51, 54–62, in welchem der *Court of Appeal* die einzelnen fehlleitenden konkludenten Angaben aufzählt und im Sachzusammenhang interpretiert und sich auch nicht dadurch irritieren lässt, dass im späteren Vertrag nur der „gegenwärtige Bestand" der Mädchengruppe beschrieben war; *Beale u. a. (Hrsg.), Chitty on Contracts, S. 6–11*

570 *Beale u. a. (Hrsg.), Chitty on Contracts, 6.011*, wo sich Beale auf *Geest Plc v. Fyffes Plc* [1999] 1 All ER 672, 683 bezieht

> *In evaluating the effects of the statement of conduct in such circumstances, a helpful test is whether a reasonable representee would naturally assume that the true state of facts did not exist and that, had it existed, he would in all circumstances necessarily have been informed of it.*
>
> *Bei der Bestimmung der Wirkungen eines konkludenten Verhaltens unter solchen Umständen ist es ein sinnvoller Ansatz, sich zu fragen, ob ein vernünftiger Empfänger natürlicherweise annehmen würde, dass eine wahre Tatsachenlage nicht existierte und dass, falls sie doch existierte, er unter allen Umständen zwingend darüber aufgeklärt worden sei.*[571]

Schweigen kann grundsätzlich nicht unter den Tatbestand der *misrepresentation* gefasst werden[572]. Denn Schweigen kann nur dann pflichtwidrig sein, wenn es eine Offenbarungspflicht gibt. Anders als im deutschen Recht begründet ein gewöhnliches Vertragsanbahnungsverhältnis keine besonderen Sorgfaltspflichten gegenüber der anderen Partei, da dies mit den gegensätzlichen Interessen der Parteien beim Vertragsschluss nicht vereinbar sei[573]. Deswegen gibt es auch keine Offenbarungspflichten aus Treu und Glauben. Nur in Ausnahmefällen sind Offenbarungspflichten vorgesehen[574], so z.B. aufgrund ausdrücklicher gesetzlicher Regelungen[575] (z.B. *Financial Services and Markets Acts 2000*, Sektionen 80 und 81), ferner aufgrund einer typisierten Vertrauensbeziehung (*contracts of uberrimae fidei*[576], welche abschließend durch die Gerichte definiert sind), schließlich aufgrund einer engen Vertrauensbeziehung, z.B. unter Verwandten[577]. Auch Handelsbräuche können Aufklärungspflichten begründen[578]. Aufklärungspflichten bleiben jedoch seltene Einzelfälle.

---

571 Eigene Übersetzung

572 *Vogenauer, Besonderheiten des englischen Vertragsrechts, in: Triebel, Englisches Handels- und Wirtschaftsrecht, S. 1, 63; Aldrich & Others v. Norwich Union Life Insurance Co Ltd.* [1999] CLC 1963, 1986; *Burrows/Feldman, Oxford principles of English law, 8.190; Beale ERCL 2008, 317, 327; Müller, Vorvertragliche und vertragliche Informationspflichten nach englischem und deutschem Recht, S. 24*

573 So liegt bei einem Kaufvertrag grundsätzlich keine solche besondere Beziehung zwischen Käufer und Verkäufer vor, vgl. *Treitel, An outline of the law of contract, S. 154; Müller, Vorvertragliche und vertragliche Informationspflichten nach englischem und deutschem Recht, S. 191–192*

574 Für eine detaillierte Aufführung aller Fälle siehe *Müller, Vorvertragliche und vertragliche Informationspflichten nach englischem und deutschem Recht, S. 88–150*

575 *Burrows/Feldman, Oxford principles of English law, 8.199*

576 *Burrows/Feldman, Oxford principles of English law, 8.193; Beale ERCL 2008, 317, 327; Lehmann ZEuP 2009, 693, 697*

577 *Vogenauer, Besonderheiten des englischen Vertragsrechts, in: Triebel, Englisches Handels- und Wirtschaftsrecht, S. 1, 63*

578 *Burrows/Feldman, Oxford principles of English law, 8.198*

Hingegen begründet das bewusste Aufrechterhalten eines Irrtums des Vertragspartners, für dessen Entstehung man nicht verantwortlich ist, keine Aufklärungspflicht, egal wie unehrlich und unmoralisch dieses Verhalten auch angesehen werden mag. Dies ist bereits in *Smith v. Hughes*[579] festgestellt worden. Das gilt selbst für die Nichtaufklärung über Umstände, an denen der Vertragspartner erkennbar ein Interesse haben dürfte und dies von der anderen Partei tatsächlich erkannt worden ist[580]. Es bleibt dabei, dass sich der Vertragspartner nach solchen Umständen selbst zu erkundigen hat. Höchstens in besonderen Fällen nimmt ein Autor eine Hinweispflicht an, abgeleitet aus einem französischen Fall, der im englischen Recht wohl so noch nicht vorgekommen ist: Nämlich, wenn beim Verkauf eines vornehmen Landsitzes der Verkäufer dem Käufer verschwiegen habe, dass der Nachbar demnächst eine Schweinefarm eröffnen werde[581].

In einem teilweisen Schweigen (sog. Halbwahrheiten[582]) kann eine *misrepresentation* liegen, wenn sich aus dem Zusammenhang der getätigten Aussagen relevante Schlüsse auf die nichtgenannten Bereiche ziehen lassen[583]. So verhält es sich, wenn ein Auto als „wunderschön" bezeichnet wird: Hierin wird nicht nur zum Ausdruck gebracht, dass das Auto äußerlich optisch besonders wertvoll, sondern auch in seinem Inneren nicht völlig verrostet sei[584]. Ein strittiger Fall, bei dem es sowohl um eine konkludente Handlung als auch um pflichtwidriges Verschweigen ging, stellt *Gordon v. Selico*[585] dar. Hier hatte der Verkäufer eines Hauses einen Maler vor Begehung der Wohnung angewiesen, Stellen, die auf einen gefährlichen Hausschwamm hinweisen könnten, zu übermalen. Für das von den Käufern in Aufgabe gegebene Sachverständigengutachten hatte der Gutachter mangels konkreter Anzeichen nur eine andere Stelle des Hauses

---

579 *Smith v. Hughes* (1871) LR QB 597, 607, dargestellt in dieser Arbeit unter Teil IVC.II.1

580 *Beale ERCL 2008, 317, 327*

581 *Beale ERCL 2008, 317, 328*

582 *Burrows/Feldman, Oxford principles of English law, 8.190*

583 *Cartwright, Misrepresentation, mistake and non-disclosure, 3.08*

584 *Collins, The Law of Contract, S. 188*; wobei sich eine solche Vermutung auch schon aus *Section 14*(2) des *Sale of Good Act* von 1979 ergibt, wonach bei Fehlen einer ausdrücklichen Vereinbarung eine konkludente Beschaffenheitsvereinbarung in den Vertrag impliziert wird, dass die Ware von zufriedenstellender Qualität sei und sich für die gewöhnliche Zwecke eigne.

585 *Gordon v. Selico* [1986] 18 HLR 219; einen ähnlichen Fall beschreibt Collins, in welchem ein Verkäufer eines Gebrauchtwagens bestimmte Mängel bewusst und sorgsam verdeckt, so dass er sich aufgrund der *misrepresentation* so behandeln lassen muss, als habe er geäußert, dass solche Mängel tatsächlich nicht existierten, *Collins, The Law of Contract, S. 205*

herangezogen, wo sich kein Schwamm befunden hatte. Hier hatte der Verkäufer keine wörtliche Äußerung über den Zustand der Wohnung abgegeben, aber dennoch sah das Gericht im Verdecken der fraglichen Stellen eine *misrepresentation.*[586] Meines Erachtens ist dieser Fall eher als Fall einer *misrepresentation* durch Unterlassen einzuordnen, da eine besondere Aufklärungspflicht des Verkäufers aufgrund seines täuschungsindizierenden vorangegangenen Verdeckens der Schäden begründet worden ist.

Weiterhin darf jeder Angabe die Annahme zugrunde gelegt werden, dass sie bis zum Vertragszeitpunkt richtig bleibt, wenn nicht allzu viel Zeit zwischen Äußerung und Vertragsschluss vergangen ist[587]. Denn für die Beurteilung der Richtigkeit der Äußerung ist auf den Zeitpunkt abzustellen, in welchem der Empfänger aufgrund der Äußerung handelt[588]. Daher sollte der Äußernde im Falle einer Änderung der Tatsachen über diese Änderung aufklären[589].

Meinungsäußerungen sind grundsätzlich nicht vom Tatbestand der *misrepresentation* umfasst, da eine Meinungsäußerung nicht den gleichen Bestimmtheitsgrad haben kann wie eine Tatsachenbehauptung[590]. Entsprechend darf der Rechtsverkehr von ihr auch nur eine geringere Verlässlichkeit erwarten. Denn eine Meinung beinhaltet ein gewisses Element von Subjektivität, in Form von Bewertungen und Prognosen, über die man naturgemäß geteilter Ansicht sein kann. Eine Meinung enthält konkludent die tatsächliche Aussage, dass der Äußernde diese Meinung subjektiv gebildet hat und seine Meinung für richtig hält[591]. Vertritt der Äußernde diese Meinung nicht tatsächlich, liegt eine *misrepresentation* darüber vor, so dass die Haftung des Äußernden gerechtfertigt ist[592].

---

586 Es konnte den Fall auch von *Smith v. Hughes* abgrenzen, da in letzterem der Verkäufer dem Käufer zwar ebenfalls die Möglichkeit gegeben hatte, die Körner zu untersuchen, aber eben keine Anstalten davor gemacht hatte, einen möglichen Mangel zu verdecken (*Gordon v. Selico* [1986] 18 HLR 219, 238)

587 *Burrows/Feldman, Oxford principles of English law, 8.192; Collins, The Law of Contract, S. 204; Müller, Vorvertragliche und vertragliche Informationspflichten nach englischem und deutschem Recht, S. 86*

588 *Cartwright, Misrepresentation, mistake and non-disclosure, 3.08*

589 *Treitel, An outline of the law of contract, S. 170; Cartwright, Misrepresentation, mistake and non-disclosure, 3.11*

590 *Treitel, An outline of the law of contract, S. 146*

591 *Treitel, An outline of the law of contract, S. 147; Cartwright, Misrepresentation, mistake and non-disclosure, 3.08*

592 *Cartwright, Misrepresentation, mistake and non-disclosure, 3.17*

Ebenfalls fallen unter die *misrepresentation* solche Meinungsäußerungen, von denen der Empfänger annehmen darf, dass der Äußernde sie sich aufgrund seines Berufs, etwa der professionellen Verbindung zum Vertrag, anhand gefestigter Tatsachengrundlage gebildet hat[593]. Äußert hingegen diese Person eine Meinung ohne die professionell gebotene Sorgfalt oder ohne vernünftige Gründe (*reasonable grounds*)[594], so liegt eine *misrepresentation* vor. Nicht dazu zählen erkennbar „lockere Sprüche" (*casual unconsidered remarks*), da ihnen das Element einer gefestigten und professionell begründeten Meinung offenkundig fehlt[595]. Das gleiche gilt für Anpreisungen (*sales talk, mere puff*), z.B. die Aussage, dass der zu verkaufende rote Peugeot 104 „der schnellste auf den Straßen Englands" sei oder, dass durch das Waschmittel die Wäsche „weißer als weiß" würde[596].

Nach jüngerer Rechtsprechung fallen unter die *misrepresentation* auch rechtliche Aussagen (*misrepresentation as to law*), sofern sie einen konkreten Bezug zum Vertrag haben[597]. Einzig allgemeine Äußerungen über die Rechtslage[598] stellen reine Meinungen dar und fallen nicht unter den Tatbestand der *misrepresentation*. Durchgesetzt hat sich die Anwendung der *misrepresentation* auf rechtliche Aussagen in *Pankhania v. The London Borough of Hackney*[599], wo der *High Court* (also ein Gericht unterer Instanz) die Rechtsprechungsänderungen des *House of Lords* in *Kleinwort Benson Ltd v. Lincoln City Council*[600] zum *mistake* auf die

593 So war es in *Esso Petroleum Co Ltd v. Mardon* [1976] QB 801, wo die Ölgesellschaft versehentlich überhöhte Angaben zum Gelegenheitsverkehr der von ihr zu verpachtenden Tankstelle machte. Obwohl eine Einschätzung immer ein Element der Wertung und damit der Meinung enthält, hatte das Gericht hier eine *misrepresentation* angenommen, da der Pächter annehmen durfte, dass diese Angaben aufgrund einer vorgenommenen Analyse gemacht worden seien, vgl. *Cartwright, Misrepresentation, mistake and non-disclosure, 3.08*

594 *Treitel, An outline of the law of contract, S. 147*

595 *Beale u. a. (Hrsg.), Chitty on Contracts, 6.012*; *Cartwright, Misrepresentation, mistake and non-disclosure, 3.14*

596 *Collins, The Law of Contract, S. 186*

597 *Treitel, An outline of the law of contract, S. 148*

598 *Treitel, An outline of the law of contract, S. 148*

599 *Pankhania v. The London Borough of Hackney* [2002] EWHC 2441 (Ch); a.A. Cartwright, der den Anwendungsbereich der neuen Rechtsprechung auf Fälle der Rückzahlung von Geld nach englischem Bereicherungsrecht beschränkt sieht und für alle anderen Fälle an den alten Unterscheidungen festhalten will, vgl. *Cartwright, Misrepresentation, mistake and non-disclosure, 3.21 und 3.36*

600 *Kleinwort Benson Ltd v. Lincoln City Council* [1999] 2 AC 349

misrepresentation übertrug.[601] Die entsprechende Anwendung dieses Falls auf die *misrepresentation* konnte vom *High Court* selbst vorgenommen werden, ohne dass ein höheres Gericht damit hätte befasst werden müssen[602]. Demnach

---

601 Dort ist ausführlich der *mistake as to law* hergeleitet worden und dabei hat sich gezeigt, dass sich in der Rechtsprechung hierfür nur eine schwache Grundlage findet, nämlich die Maxime „*ignorantia iuris non excusat*" (die Unkenntnis des Rechts dient nicht als Entschuldigung), vgl. Lord Hope of Craighead in *Kleinwort Benson Ltd v. Lincoln City Council* [1999] 2 AC 349, 405. Dieser eher aus dem Strafrecht kommende Rechtssatz sei von Zivilrechtlern des 18. und 19. Jahrhunderts teilweise auch im Zivilrecht angewendet worden (*Lansdown v. Lansdown* (1730) Mos. 364; *Bilbie v. Lumley* (1802) 2 East 469, 472 bzw. 102 E.R. 448, 449), weil solche Streitigkeiten damals noch mit den Mitteln des reinen Vertragsrechts gelöst werden mussten. Im 20. Jahrhundert habe die *mistake of law rule* immer weniger Zuspruch erfahren und sei schließlich, mit der Einführung eigener bereicherungsrechtlicher Rechtsinstitute, überflüssig geworden. Daher hatten die Gerichte schon früh zahlreiche Ausnahmen und Bedingungen aufgestellt (u.a. die Ausnahme in *Cooper v. Phibbs*), deren Verhältnis zueinander aber nicht klar abgegrenzt konnte, so dass man sich nunmehr das gesamte Unterfangen insgesamt sparen konnte, vgl. Lord Hope of Craighead in *Kleinwort Benson Ltd v. Lincoln City Council* [1999] 2 AC 349, 405.

602 Hier liegt ein prozessualer Sonderfall vor, wonach ein Urteil des *House of Lords* in einem anderen Bereich die Rechtsprechungslinie im vorliegenden Bereich zwar nicht ausdrücklich aufgehoben („*overruled*") hat, aber dennoch die Rechtsprechungslinie nicht mit der neuen Entscheidung in Einklang gebracht werden kann. Rex Tedd Q.C. führt in seinem Urteil (*Pankhania v. The London Borough of Hackney* [2002] EWHC 2441) dazu aus: "*In Kleinwort Benson*, the *House of Lords held that 'the rule precluding recovery of money paid under a mistake of law could no longer be maintained'. Does the 'misrepresentation of law' rule survive that decision? As a preliminary, is it for me to consider the matter at all, or am I bound, as a judge at first instance, by the line of authorities that underpins the 'misrepresentation of law' rule. The answer, in my judgment, lies in Young v. Bristol Aeroplane Co Ltd [1944] 1 KB 718, in which the Court of Appeal analysed the question of whether or not it was bound by its own previous decisions, and those of courts of co-ordinate jurisdiction. The third category identified was 'where this court comes to the conclusion that a previous decision, although not expressly overruled, cannot stand with a subsequent decision of the House of Lords'. The court held that it was bound to refuse to follow such a previous decision of its own. Similarly, in my judgment, a judge at first instance is bound to consider whether previous decisions, that would otherwise be binding upon him, can stand with a subsequent decision of the House of Lords, and if he concludes that they cannot so stand, he is bound to refuse to follow them, but to place his reliance on the recent decision of the highest tribunal.*"; a.A. *Cartwright, Misrepresentation, mistake and non-disclosure, 3.39ff*

können nun alle Rechtsäußerungen zu einer konkreten Situation als beachtlich für den Tatbestand der *misrepresentation* angesehen werden.

2. *Empfänger*

Die Äußerung muss aus dem Verhältnis zwischen Äußerndem und Empfänger (*misrepresentee*) stammen[603]. Empfänger ist zunächst derjenige, an den die Äußerung gerichtet worden ist. Bei Vertragsverhandlungen sind das die Vertragsparteien und deren Vertreter. Darüber hinaus fallen auch solche Personen in den Empfängerkreis, von denen der Äußernde wissen oder erwarten konnte, dass seine Äußerung an diese weitergegeben werden würde[604]. Schließlich kann eine Äußerung auch an eine Gruppe von Personen gerichtet sein. In diesem Falle kann sich jedes Mitglied der Gruppe auf die Äußerung berufen[605].

3. *Ausschluss unbedeutender Aussagen, Kausalitätsprüfung*

In uneinheitlicher Weise versucht das englische Recht, unmaßgebliche Fälle wieder aus dem Tatbestand herauszunehmen. Damit sollen solche Fälle erfasst werden, in denen die *misrepresentation* in tatsächlicher Hinsicht oder aufgrund einer rechtlichen Wertung von geringer Bedeutung ist[606].

Zum einen wird dies auf der Tatbestandsebene vorgenommen, indem gefordert wird, dass die Aussage von gewisser Bedeutung (*material misrepresentation*) gewesen sein müsse, so dass ihr ein vernünftiger Dritter eine Bedeutung für den Vertrag zugemessen hätte[607]. Damit lassen sich einfache Fälle bereits ausschließen, insbesondere Äußerungen, die „heiße Luft" (*mere puff*)[608] darstellen, also erkennbar keinen aussagekräftigen Inhalt haben, sondern das Produkt nur vorteilhaft anpreisen oder lobpreisen sollen. Ein dafür in der Rechtsprechung verwendeter Ausdruck ist *sales talk*[609].

---

603 *McKendrick, Contract law, S. 328*; *Beale u. a. (Hrsg.), Chitty on Contracts, 6.028*

604 *Beale u. a. (Hrsg.), Chitty on Contracts, 6.028*; *McKendrick, Contract law, S. 328*;

605 *Beale u. a. (Hrsg.), Chitty on Contracts, 6.028*

606 *Müller, Vorvertragliche und vertragliche Informationspflichten nach englischem und deutschem Recht, S. 32*

607 *McKendrick, Contract law, S. 328*

608 *Beale u. a. (Hrsg.), Chitty on Contracts, 6.028*

609 Auch von *Atiyah, Essays on contract, S. 281*; *MCI Worldcom International Inc v. Primus Telecommunications Inc* 2004 WL 1640263, Rn. 30; *Cartwright, Misrepresentation, mistake and non-disclosure, 3.14*

Zum anderen wird ein mehrstufiger Kausalitätstest vorgenommen. Zunächst muss die *misrepresentation* tatsächlich eine Fehlvorstellung (*inducement*) beim Empfänger verursacht haben[610]. Hieran fehlt es, wenn der Empfänger die Fehlerhaftigkeit der Aussage bemerkt hat oder sich aus anderen Gründen nicht von der Aussage beeinflussen ließ, z.B. weil er der Aussage keine Bedeutung beimaß und die Aussage sich daher nicht auf seinen Vertragsschlusswillen ausgewirkte. Nicht erforderlich ist, dass der Vertragsschlusswillen ausschließlich aufgrund der Aussage basiert. Es genügt sog. eine Mitverursachung, also dass die Fehlvorstellung einen von mehreren Gründen für den Vertragsschluss darstellt[611].

Darüber hinaus ist erforderlich, dass sich der Empfänger vernünftigerweise auf die Äußerung verlassen durfte. Diese *reliance* musste also vernünftig (*reasonable*) sein[612]. Unvernünftiges Vertrauen auf die Äußerung (also *unreasonable reliance*) kann dem Erklärungsempfänger entgegenhalten werden[613]. Zum Teil wird dies innerhalb der englischen Kausalitätslehre als unvorhersehbares Abweichen vom Kausalverlauf behandelt, dergestalt dass der Glaube des Äußerungsempfängers an die Äußerung nicht vorhersehbar war (dann wird von *unforseeable reliance* gesprochen). Gemeint ist aber das gleiche. Fälle mangelnden Vertrauendürfens sind insbesondere Fälle, in denen der Empfänger schon aus eigenem Interesse gehalten gewesen wäre, selbst Nachforschungen anzustellen[614], z.B. aufgrund des Wertes der Transaktion oder aufgrund seiner besonderen Berufserfahrung.

Die Beweislast wird bei solchen Äußerungen, die Dritte regelmäßig zu einem Vertragsschluss verleiten, in Form einer tatsächlichen Vermutung[615] auf den

---

610 *Atiyah/Treitel The Modern Law Review 30 (1967), 369, 374*; *Treitel, An outline of the law of contract, S. 148–150; Cartwright, Misrepresentation, mistake and non-disclosure, 3.50; Gerven/Lever/Larouche, Tort law, S. 427*

611 *Beale u. a. (Hrsg.), Chitty on Contracts, 6.034*

612 *Cartwright, Misrepresentation, mistake and non-disclosure, 3.52*

613 "*whether in all the circumstances it was reasonable for the misrepresentee to rely on the misrepresentation*", vgl. *Treitel, An outline of the law of contract, S. 151; ebenso Atiyah, Essays on contract, S. 287*; *MCI Worldcom International Inc v. Primus Telecommunications Inc* 2004 WL 1640263, Rn. 23, 29

614 *Atiyah/Treitel The Modern Law Review 30 (1967), 369, 375*

615 *Cartwright, Misrepresentation, mistake and non-disclosure, 3.53;* noch weiter geht die Vermutung bei vorsätzlichen Täuschungen: Hier wird für die Vertragsauflösung (*rescission*) die Vorsehbarkeit wegen des höheren moralischen Unwerts der Täuschung quasi unwiderleglich vermutet, da der Einwand mangelnder Vorhersehbarkeit nicht berücksichtigt wird, vgl. *Beale u. a. (Hrsg.), Chitty on Contracts, 6.038*. Beim Vermögensschadensanspruch (*damages*) aufgrund von Täuschung (*tort of deceit*) bleibt es jedoch bei den allgemeinen Regeln.

Äußernden in gewissem Umfang verlagert[616], wobei die Gerichte die Vertragsaufhebung eher als Schadenersatzansprüche gewähren[617].

IV. Rechtsfolge

Die Rechtsfolgen der *misrepresentation* sind Vertragsaufhebung (*rescission*) und Schadensersatz in Geld (*damages*).

Hierbei wird zwischen vorsätzlicher, fahrlässiger und schuldloser Täuschung unterschieden. Vorsatz erlaubt dem Geschädigten stets, sowohl Schadenersatz als auch Vertragsaufhebung zu verlangen. Bei Fahrlässigkeit stehen ihm grundsätzlich ebenfalls beide Rechtsmittel offen, wobei die Vertragsaufhebung gem. *Section 2(2)* des *Misrepresentation Act* ausnahmsweise versagt werden kann. Bei einer schuldlosen Äußerung gibt es grundsätzlich nur die Vertragsaufhebung, es sei denn, dass das Gericht wiederum nach *Section 2(2) des Misrepresentation Act* nach eigenem Ermessen statt der Aufhebung des Vertrags (*in lieu of rescission*) einen Schadenersatzanspruch gewährt[618].

Die Terminologie ist im Englischen nicht so eindeutig, da manchmal auch die fahrlässige, also nicht vorsätzliche Äußerung, als *innocent misrepresentation* (unschuldige Irreführung) bezeichnet wird und somit zwischen der fahrlässigen und der schuldlosen *misrepresentation* nicht immer unterschieden wird.

1. Vertragsaufhebung (rescission)

Die Vertragsaufhebung (*rescission*) wird wie die deutsche Anfechtung durch Erklärung gegenüber der anderen Partei bewirkt[619]. Diese Erklärung kann auch erst im Klagewege erfolgen[620]. Von der Erklärungsbedürftigkeit gibt es allerdings dann Ausnahmen, wenn die Erklärung nicht möglich ist, weil die andere Partei verschwunden ist[621]. In diesem Fall genügt die tatsächliche Wiedererlangung des Vertragsgegenstands[622] und in seltenen Fällen auch

---

616 *McKendrick, Contract law, S. 329; Beale u. a. (Hrsg.), Chitty on Contracts, 6.036*

617 *Beale u. a. (Hrsg.), Chitty on Contracts, 6.038*

618 Siehe hierzu unter Teil VB.IV.2

619 *Beale u. a. (Hrsg.), Chitty on Contracts, 6.110*

620 *Beale u. a. (Hrsg.), Chitty on Contracts, 6.110; West Sussex Properties Ltd v. Chichester District Council* [2000] NPC 74 (= 2000 WL 775039), wo die *rescission* erst im Wege einer Klageänderung in den Prozess eingeführt worden ist

621 *Cartwright, Misrepresentation, mistake and non-disclosure, 4.20*

622 *Cartwright, Misrepresentation, mistake and non-disclosure, 4.20*

das deutliche Versuchen, eine Willenserklärung gegenüber dem Empfänger abzugeben[623].

Rescission bewirkt, dass der gesamte[624] Vertrag als von Anfang an nichtig angesehen wird[625]. Allerdings gilt die Rückwirkung nur *inter partes*, denn bis zur Anfechtungserklärung kann ein Dritter den verfügten Gegenstand erwerben[626]. Abzugrenzen ist die *rescission* von der *termination*. Unter *termination* ist die Aufhebung des Vertrags aufgrund einer Vertragsverletzung (*breach of contract*) zu verstehen. Diese Aufhebung bewirkt nur, dass der Vertrag vom Zeitpunkt der Erklärung der *termination* rückabgewickelt wird, ohne seine Wirkung zu verlieren[627].

---

623 Letztere Ausnahme bezieht sich auf *Car and Universal Finance Ltd v. Caldwell [1961] 1 QB 525, 550–551, 555–556 und 559,* und begründet sich aus dem englischen Sachenrecht, denn aufgrund des wirksamen Kaufvertrags ging das Eigentum zunächst an den Schurken über, *Cartwright, The rise and fall of mistake in the English law of contract, in: Sefton-Green, Mistake, fraud and duties to inform in European contract law, S. 65, 86*. In diesem Fall wurde dem Geschädigten sein Auto mittels eines Scheckbetrugs entwendet. Der Schurke kaufte das Fahrzeug, nutzte dabei einen ungedeckten Scheck und trat unter falschen Namen auf. Da trotzdem zunächst eine wirksame Verfügung des Autos an den Schurken vorgelegen hatte, konnte der Verkäufer sein Eigentum am Auto nur zurückerhalten, indem er den Vertrag anfocht. Bis zur Erklärung einer solchen Anfechtung blieb der Schurke Eigentümer des Autos. Der Verkäufer hatte sowohl die Polizei als auch die *Automotive Association* über den Verlust informiert. Der *Court of Appeal* hielt in diesem Fall die Erklärung der Anfechtung für entbehrlich, so dass der Verkäufer auch ohne den Zugang der Willenserklärung das Eigentum an seinem Auto zurückerhalten konnte.

624 Eine Teilanfechtung lässt das englische Recht nach gegenwärtig herrschender Meinung nicht zu, vgl. *Beale u. a. (Hrsg.), Chitty on Contracts, 6.118*; *Cartwright, Misrepresentation, mistake and non-disclosure, 4.13.* Dies wird damit begründet, dass sich die mit der *rescission* bezweckte Rückabwicklung des Vertrags nicht mit einer Teilanfechtung vertrage, *Poole/Keyser LQR 2005, 273, 274; Poole/Keyser LQR 2005, 273, 285.*

625 *Beale u. a. (Hrsg.), Chitty on Contracts, 6.106*; *Cartwright, Misrepresentation, mistake and non-disclosure, 4.06*

626 *Cartwright, Misrepresentation, mistake and non-disclosure, 4.10*; vergleiche hierzu die allgemeinen Betrachtungen zu den Rechtsfolgen des *mistake* unter Teil IVD, insbesondere die Betrachtungen zum m*istake as to the identity* unter Teil IVC.II.3, in denen als Alternative zum *mistake* in vielen Fällen eine *misrepresentation* im Raume stand und dann dem Zweiterwerber geholfen hätte.

627 *Cartwright, Misrepresentation, mistake and non-disclosure, 8.35;* bei einer *termination* verliert nicht seine Wirkungen und steht z.B. noch als Grundlage für vertraglichen Schadenersatz zur Verfügung.

Unklar war lange Zeit bis zur Verabschiedung des *Misrepresentation Act*, ob eine *misrepresentation*, die schließlich zu einer vertraglichen Bestimmung wurde, weiterhin als Grundlage für die *rescission* dienen könnte. Zuvor war angenommen worden, dass die *equity* durch den Vertragsschluss nicht mehr als Grundlage herangezogen werden könne. Dann bliebe nur noch die *termination* bei schwerwiegenden Verstößen[628] möglich, bei leichteren Verstößen sogar nur ein vertraglicher Schadenersatzanspruch in Geld, je nachdem ob eine *condition* oder nur eine *warranty* verletzt worden ist[629]. Mittlerweile ist aufgrund von *Section 1(a)* des 1967 *Misrepresentation Act* die Rechtslage klargestellt worden, so dass nun die *misrepresentation* (mit der Rechtsfolge der Vertragsaufhebung *ab initio*) trotz vertraglicher Inkorporation erhalten bleibt.

Die *rescission* ist nicht fristgebunden; es kann jedoch bei unangemessen langem Zuwarten ähnlich wie im deutschen Recht Verwirkung angenommen werden[630]. Verwirkung erfordert, dass eine längere Zeit verstrichen ist; in einem Fall[631] hielt der *Court of Appeal* fünf Jahre für ausreichend, um Verwirkung anzunehmen. Allerdings kann die erforderliche Zeit auch erheblich geringer sein, wenn der Vertrag selbst auf Schnelligkeit ausgelegt ist (dann könnten auch schon Wochen genügen)[632]. Die Zeitspanne beginnt bei einer vorsätzlichen Täuschung im Zeitpunkt der Entdeckung, bei einer fahrlässigen oder schuldlosen Täuschung hingegen mit Vertragsschluss.[633] Da es sich hier ebenfalls um ein *equitable remedy* handelt, haben die Gerichte in der Anwendung der Verwirkung relativ große Freiheit.

Liegt keine vorsätzliche Täuschung vor, kann die Vertragsaufhebung zudem nach richterlichem Ermessen[634] verwehrt werden und stattdessen ein

---

628 *Cartwright, Misrepresentation, mistake and non-disclosure, 8.38*

629 *Beale u. a. (Hrsg.), Chitty on Contracts, 6.104*

630 *Torrance v. Bolton* (1872) L.R. 8 Ch. 118, 124: So führt Lordrichter James aus: "*When a man has been induced to sign a document under these circumstances, and has found himself entangled in the matter, he has a right to a reasonable time to ascertain his position, and to take advice from persons capable of advising him as to what he ought to do; and in this case the Plaintiff seems to have acted with all reasonable promptitude in making his objection to the contract into which he had been induced to enter, and in repudiating that contract into which he had so entered.*"

631 *Leaf v. International Galleries* [1950] 2 KB 86

632 *Beale u. a. (Hrsg.), Chitty on Contracts, 6.127*

633 *Treitel, An outline of the law of contract,* S. 167

634 *Atiyah/Treitel The Modern Law Review 30 (1967), 369, 375*

Schadenersatzanspruch gewährt werden (*damages in lieu of rescission*), wie sich aus *Section 2(2)* des *Misrepresentation Act* ergibt.

2. Schadenersatz in Geld (damages)

Neben oder anstatt der Vertragsaufhebung kann Schadenersatz in Geld verlangt werden. Dieser Schadenersatz ist deliktischer Natur, weswegen er unabhängig vom Bestehen des Vertrags besteht[635]. Vertrags- und Deliktsrecht ergänzen sich mithin gegenseitig[636]. Hierbei gibt es grundsätzlich zwei Anspruchsgrundlagen, nämlich den sehr weitreichenden *tort of deceit* bei vorsätzlichen Täuschungen und den *tort of negligence* bei fahrlässigen Täuschungen. Ergänzt werden diese durch Ansprüche nach dem *Misrepresentation Act*, der insbesondere im Bereich von fahrlässiger und schuldloser *misrepresentation* die Rechte des Getäuschten im Vergleich zur Rechtslage nach dem *common law* modifizierte und zumeist erweiterte[637], weswegen die Anspruchsgrundlagen erheblich an Bedeutung

---

635 *Beale u. a. (Hrsg.), Chitty on Contracts, 6.106*

636 *Beale u. a. (Hrsg.), Chitty on Contracts, 6.106*

637 Kurios ist insbesondere das gesetzgeberische Vorgehen bei fahrlässigen Täuschungen gem. *Section 2(1)*. Statt einen vollständigen Tatbestand zu entwickeln, verweist er auf den *tort of deceit* und fingiert die Täuschung, *Collins, The Law of Contract, S. 196; Cartwright, Misrepresentation, mistake and non-disclosure, 7.17*. Historisch lässt sich diese ungewöhnliche Analogie dadurch erklären, dass sich der *tort of negligence* damals noch nicht hinreichend entwickelt hatte, insbesondere wurde *Hedley Byrne & Co Ltd v. Heller & Partners Ltd* erst nach der Erstellung der Gesetzvorschläge durch die *Reform Commission* entschieden, *Cartwright, Misrepresentation, mistake and non-disclosure, 7.17*. So lautet *Section 2(1)*:

Where a person has entered into a contract after a misrepresentation has been made to him by another party thereto and as a result thereof he has suffered loss, then, if the person making the Misrepresentation would be liable to damages in respect thereof had the Misrepresentation been made fraudulently, that person shall be so liable notwithstanding that the Misrepresentation was not made fraudulently, unless he proves that he had reasonable ground to believe and did believe up to the time the contract was made the facts represented were true.

Wenn jemand einen Vertrag geschlossen hat, nachdem eine falsche Aussage ihm gegenüber durch die andere Partei des Vertrags getätigt worden ist und er deswegen einen Schaden erlitten hat, dann soll die Person, die die falsche Aussage gemacht hat, hierfür wie bei einer vorsätzlichen Täuschung schadenersatzpflichtig sein, unabhängig davon, dass die Täuschung nicht vorsätzlich war, es sei denn sie beweist, dass sie vernünftige Gründe hatte anzunehmen und bis zum Verschluss weiterhin angenommen hat, dass die dargelegten Tatsachen wahr seien.

gewonnen[638] und den *tort of negligence* darauf reduziert haben, in den verbleibenden Anwendungslücken subsidiär einzugreifen[639]. Bei einer schuldlosen *misrepresentation* gibt es mangels Fahrlässigkeit der Pflichtverletzung keinen Schadenersatzanspruch, sodass der Geschädigte eigentlich nur die Aufhebung und Rückabwicklung des Vertrags verlangen kann. Jedoch kann ihm nach gerichtlichem Ermessen gemäß *Section 2(2) Misrepresentation Act* ein Schadenersatzanspruch (*damages in lieu of rescission)* zugesprochen werden[640]. Obwohl

---

638 *Beale u. a. (Hrsg.), Chitty on Contracts, 6.078*; der neue Anspruch hat gegenüber dem bisherigen *tort of negligence* einige Vorteile: Der Getäuschte muss nur beweisen, dass eine *misrepresentation* vorliegt und dass der Vertrag anschließend geschlossen worden ist, *Cartwright, Misrepresentation, mistake and non-disclosure, 7.48*. So muss er nicht das sonst für den *tort of negligence* geforderte Bestehen einer Sorgfaltspflicht begründen, *Cartwright, Misrepresentation, mistake and non-disclosure, 7.48*; *Beale u. a. (Hrsg.), Chitty on Contracts, 6.068*. Für die Fahrlässigkeit gibt es keine Beweislastumkehr zugunsten des Geschädigten, *Beale u. a. (Hrsg.), Chitty on Contracts, 6.068*; *Collins, The Law of Contract, S. 193*, denn es muss der Gegner beweisen, dass er nicht „fahrlässig" gehandelt hat, wobei hier „fahrlässig" insoweit ungenau ist, als es sich eigentlich um begründeten Glauben in die Richtigkeit einer Tatsache handelt, vgl. *Howard Marine and Dredging Co Ltd v. A. Ogden & Sons (Excavations) Ltd* [1978] 1 QB 574. Hier gab der Vermieter zweier Schiffe an, dass diese eine bestimmte Last von Schutt tragen könnten; diese Angabe stimmte mit dem Schiffregister überein, war dort jedoch unrichtig eingetragen worden. Tatsächlich war die Kapazität gut ein Drittel geringer (und so stand dies auch in den Schiffpapieren, welche der Vermieter ebenfalls zur Hand hatte, aber nicht angeschaut hatte). Hier entschied eine Mehrheit aus zwei von drei Richtern, dass der Vermieter entgegen *Section 2(1)* nicht hinreichend darlegen konnte, dass er vernünftige Gründe für seine Angabe anführen konnte, *Howard Marine and Dredging Co Ltd v. A. Ogden & Sons (Excavations) Ltd* [1978] 1 QB 574, 596 (Lord Bridge) und [1978] 1 QB 574, 601 (Lord Shaw). Nur ein Richter nahm auch eine Haftung nach dem *common law* an ([1978] QB 574, 600), wohingegen zwei diese Haftung nach dem *common law* ablehnten, vgl. [1978] 1 QB 574, 592 und 598.

639 So kommt der *tort of negligence* nur noch in Anwendungslücken zur Geltung: Diese sind insbesondere folgende drei Bereiche: Täuschung durch Dritte (*Hedley Byrne & Co Ltd v. Heller & Partners Ltd* [1964] AC 465; Harwick in *Caparo Industries Plc v. Dickman* [1990] 2 AC 605), Irreführung durch Schweigen (wegen des Wortlauts *„representation made"*, vgl. *Burrows/Feldman, Oxford principles of English law, 8.200*) und *misrepresentation*, ohne dass es zu einem Vertragsschluss kam, z.B. in *Esso Petroleum Co Ltd v. Mardon [1976] QB 801, Box v. Midland Bank Ltd* [1979] 2 Lloyd's Rep 391, 399; *Beale u. a. (Hrsg.), Chitty on Contracts, 6.078*

640 *Beale u. a. (Hrsg.), Chitty on Contracts, Rn. 6–97*; erforderlich ist allerdings nach mittlerweile herrschender Meinung, dass die *rescission* bis zum Zeitpunkt der Ermessensausübung durch das Gericht noch möglich ist. Geht die Möglichkeit bis dahin unter, kann auch kein Schadenersatz nach *Section 2(2)* verlangt werden, vgl. *Willam*

Section 2(2) eigentlich dem Schutz des Äußernden dienen sollte[641], kann eine solche Umstellung des Begehrens auch gegen den Willen des Äußernden vorgenommen werden, wobei es möglich erscheint, dass der Schadenersatz einen geringeren Umfang hat[642].

Ziel des Schadenersatzes ist es, die Folgen der unerlaubten Täuschung zu kompensieren, weswegen wirtschaftlich derjenige Zustand wiederherzustellen ist, der ohne die Täuschung bestanden hätte. Es ist daher ein Schadenersatz auf das negative Interesse zu leisten. Da dieser reine Geldschadenersatz nicht die Rückgabe des Vertragsgegenstands vorsieht (dafür hätte die *rescission* erklärt werden müssen), wird dessen Wert auf den Schadenersatzanspruch angerechnet.

Da man für den Zeitpunkt der Berechnung des Geldschadens auf den Vertragsschluss abstellt, müssten nachträgliche Veränderungen eigentlich unberücksichtigt bleiben. Dies kann aber zu unbilligen Ergebnissen führen, wenn die Kaufsache unabhängig von der *misrepresentation* nachträglich an Wert verliert, etwa weil sich ihr Marktwert aufgrund allgemeiner Marktentwicklungen verringert oder sich der Zustand der Sache verschlechtert. In diesem Fall sind die Gerichte in unterschiedlichem Umfang bereit, nachträgliche Entwicklungen auch innerhalb des Schadenersatzanspruchs zu berücksichtigen, soweit dies im Hinblick auf einen umfassenden Ausgleich des Schadens (*full compensation*)

Sindall PLC v. Cambridgeshire County Council [1994] 1 WLR 1016, 1044; *Floods of Queensferry Ltd v. Shand Construction Ltd* [2000] 1 Building LR 81, 93; *Government of Zanzibar v. British Aerospace (Lancaster House) Ltd and Others* [2000] 1 WLR 2333, 2343–2344, *Beale u. a. (Hrsg.), Chitty on Contracts, 6.098*; *Beale LQR 1995, 385, 388*; vgl. auch *Atlantic Lines & Navigation Co Inc v. Hallam Ltd (The "Lucy")* [1983] Lloyd's Rep 188, 202, wo der Richter ausdrücklich festhielt, dass die *rescission* zu einem Zeitpunkt bereits ausgeübt worden war, als diese noch bestand; a.A. Socitor General Jacob, während der Ausschussdebatte über den *Misrepresentation Bill*, zitiert nach *Beale LQR 1995, 385, 387*; *Malet LQR 2001, 524, 528*

641 *Beale LQR 1995, 60*

642 Der Wortlaut von *Section 2(3)*, welcher sich mit dem Verhältnis zwischen *Section 2(1)* und *Section 2(2)* befasst, lässt den Schluss zu, dass *Section 2(2)* einen irgendwie geringeren Schadenersatz gewähren müsse, aber was das genau bedeutet, ist offengelassen, vgl. *Beale LQR 1995, 60, 61*; *Atiyah/Treitel The Modern Law Review 30 (1967), 369, 377.* So ist wohl anzunehmen, dass zumindest Schadensereignisse, welche nicht unmittelbar aufgrund der *misrepresentation* beruhen, nicht mehr schadensersatzfähig sein können (z.B., wenn sich der Markt nachträglich verschlechtert, *Beale LQR 1995, 60, 62,* oder der Geschädigte sich eigentlich aus anderen Gründen vom Vertrag lösen möchte); ebenso wird überlegt, ob Folgeschäden (*consequential losses*) in *Section 2(2)* ausgeschlossen seien, *Beale LQR 1995, 60, 61.*

erforderlich ist[643]. Dabei wird zwischen vorsätzlicher[644] und fahrlässiger Irreführung unterschieden, mit der Folge, dass bei letzterer ein Schadenersatz nicht so leicht gewährt wird. Auch berücksichtigen die Gerichte die Umstände des Einzelfalls, etwa dass die Täuschung bis zu einem späteren Zeitpunkt andauert oder der Getäuschte aufgrund der Umstände trotz Entdeckens der Täuschung faktisch an den Vertrag gebunden war[645]. Wie weit die Gerichte bereit sind, dem Geschädigten zu helfen, zeigt *Smith New Court Securities Ltd v. Scrimgeour Vickers (Asset Management) Ltd*, wo der geschädigte Käufer Gesellschaftsanteile erworben hatte, die sich aufgrund einer (von den Parteien unabhängigen) Täuschung weiter verschlechterten, ohne dass dies mit der (ebenfalls vorsätzlichen) Täuschung der beiden Verkäufer über andere Tatsachen in Verbindung stand. Dennoch konnte der Käufer die gesamte Differenz zwischen Kaufpreis und späterem Verkaufspreis der Anteile als Schadenersatz geltend machen[646].

Erheblichen Umfang kann der Schadenersatz auf das negative Interesse erreichen, wenn der Nachweis eines wegen der Täuschung nicht abgeschlossenen Alternativvertrags gelingt. Dann sind alle Vorteile dieses Vertrags – einschließlich des entgangenen Gewinns – als kausale Folge der *misrepresentation* zu ersetzen.[647]

---

643 Nr. 4 der von Lord Browne-Wilkinson beschriebenen Prinzipien in *Smith New Court Securities Ltd v. Scrimgeour Vickers (Asset Management) Ltd* [1997] AC 254, 267

644 Dies wäre Schadenersatz nach dem *tort of deceit*, wofür nachzuweisen ist, dass die andere Vertragspartei über einen Umstand wissentlich getäuscht hat. Nach der Entscheidung des *House of Lords* in *Derry v. Peek* (1889) 14 App. Cas. 337 genügt es aber nachzuweisen, dass der anderen Vertragspartei der ehrliche Glaube (*honest belief*) an eine Tatsache fehlte, wohingegen keine positive Kenntnis der Unrichtigkeit nachgewiesen werden muss, so dass auch rücksichtslose Gleichgültigkeit, ob eine Angabe richtig oder falsch ist, ausreicht, *Derry v. Peek* (1889) 14 App Cas 337, 374; ebenso *Treitel, An outline of the law of contract, S. 152).* Gerade letzter Teil deckt sich mit der Annahme des BGH, wonach es für eine Täuschung genügt, wenn der Täuschende eine Aussage „ins Blaue hinein" tätigte, und dabei die Unrichtigkeit billigend in Kauf nahm, *Ellenberger in: Palandt, 76. Aufl. 2017, § 123 BGB, Rn. 11.*

645 Nr. 5 der von Lord Browne-Wilkinson beschriebenen Prinzipien in *Smith New Court Securities Ltd v. Scrimgeour Vickers (Asset Management) Ltd* [1997] AC 254, 267

646 *Smith New Court Securities Ltd v. Scrimgeour Vickers (Asset Management) Ltd* [1997] AC 254, 267; *Beale u. a. (Hrsg.), Chitty on Contracts, 6.055*

647 *East v. Maurer* [1991] WLR 461, wo der Beklagte beim Verkauf seines Friseursalons fälschlicherweise angegeben hatte, persönlich in keinem weiteren Salon zu arbeiten, dies jedoch tat und so dem Geschäft ehemalige Kunden stahl. Es musste die Käuferin in die Lage versetzt werden, in der sie wäre, wenn die falsche Aussage nicht gemacht worden wäre. Dann hätte sie einen anderen, profitableren Salon in einer anderen

Begrenzt wird der Schadenersatz auf das negative Interesse durch das positive Interesse, wie sich aus *South Australia Asset Management Corp v. York Montague Ltd* ergibt. Demnach darf der Schaden nicht höher sein, als wenn die falsche Angabe wahr gewesen wäre[648]. Eine solche Begrenzung entfällt aber bei vorsätzlichen Täuschungen, wie sich aus *Smith New Court Securities Ltd v. Scrimgeour Vickers (Asset Management) Ltd*[649] ergibt.

C. Irreführung im deutschen Recht

Im deutschen Recht ist die gegenwärtige Behandlung der Irreführung eine Folge verschiedener Missverständnisse, die dazu führte, dass sich die Irreführung am Ende nicht einmal mehr in die allgemeine Rechtsgeschäftslehre integrieren ließ, sondern nunmehr auf schuldrechtlicher Grundlage zur Geltung kommt.[650] Daher lässt sich die im deutschen Recht gefundene Lösung nur verstehen, wenn

---

Gegend gekauft. Der entgangene Gewinn aus diesem andere Salon konnte erfolgreich geltend gemacht werden (S. 467 und 468); *Clef Aquitaine SARL v. Laport Material (Barrow) Ltd.* [2001] QB 488: dieser Fall ist insbesondere deswegen interessant, weil er auch einen günstigeren Vertrag mit derselben Partei zulässt. Vorausgegangen war eine Aussage des Lieferanten beim Abschluss von langjährigen exklusiven Lieferverträgen, dass die angegebene Preisliste den niedrigsten Verkaufspreis darstelle, obwohl der Lieferant im internen Gebrauch eine weitere Preisliste für Großkunden nutzte und zT zusätzlich Rabatt gewährte; siehe auch *Beale u. a. (Hrsg.), Chitty on Contracts, 6.052*; in einigen Fällen muss der Geschädigten gar keinen konkreten alternativen Vertragsschluss vorweisen, sondern es genügt, dass bei einem vergleichbaren Abschluss ein höherer Profit entstanden wäre, vgl. *Collins, The Law of Contract, S. 195*

648 *South Australia Asset Management Corp v. York Montague Ltd* [1997] AC 191, 214–216 (Lord Hoffmann)

649 *Smith New Court Securities Ltd v. Scrimgeour Vickers (Asset Management) Ltd* [1997] AC 254, 267; a.A. noch zuvor der *Court of Appeal* in *Downs v. Chappell* [1997] 1 WLR 426, 444. Dass *Downs v. Chappell* [1997] 1 WLR 426, 444 nicht Bestand haben würde, war schon indirekt dem sehr zurückhaltenden Ton von Lord Hoffmann in *South Australia Asset Management Corp v. York Montague Ltd* [1997] AC 191, 216, anzumerken.

650 A.A. Schermaier, der § 122 BGB als Anspruchsgrundlage für den Schadenersatzanspruch sieht, vgl. *Schermaier in: HKK 2003, §§ 116–124 BGB, Rn. 120*; wie bereits oben unter Teil IIIA.III.1.b dargestellt, subsumiert er unter § 119 Abs. 1 BGB auch den Sachverhaltsirrtum. Da die meisten Irreführungen einen solchen Irrtum herbeiführen, ließe sich so die Irreführung in Bezug auf das Anfechtungsrecht ins den Allgemeinen Teil reintegrieren. Den Schaden des Getäuschten will auch er nach den allgemeinen Regeln (§§ 280 I, 241 II, 195 BGB) zu ersetzen.

man sich die geschichtliche Entwicklung zur Schaffung und Anwendung des BGB vergegenwärtigt.

Wenn aber die gegenwärtige Rechtslage Ergebnis eines Missverständnisses ist, so soll auch darauf eingegangen werden, wie sich dieses Missverständnis unter Beibehaltung der gegenwärtigen Gesetzeslage beseitigen ließe.

I. Entstehung des Missverständnisses zur fahrlässigen Irreführung

Statt die Irreführung in allen Varianten zu regeln, beschränkte sich der BGB-Gesetzgeber darauf, die Täuschungsanfechtung zu normieren. Mit der Normierung der Täuschungsanfechtung entwickelte sich aber auch der – zugegebenermaßen leicht zu ziehende – Trugschluss, dass nur die arglistige Irreführung rechtlich relevant sei und geringere Formen der Vorwerfbarkeit irrelevant seien.

In dieser Trennung zwischen Arglist (anfangs noch Betrug genannt) und Irrtum liegt auch die Wurzel des Trugschlusses[651], welcher dazu führte, dass für nicht-vorsätzliche Irreführungen die Anfechtung als ausgeschlossen angesehen wird. Ausgeschlossen ist die Anfechtung nämlich dann, wenn weder die gesetzlichen Tatbestände der Täuschungs- noch der Irrtumsanfechtung eine Anfechtungsmöglichkeit eröffnen.

Dass die Täuschungsanfechtung gem. § 123 BGB fahrlässige Irreführungen nicht erfassen kann, erscheint einleuchtend. Denn wenn der Gesetzgeber mit der arglistigen Täuschung die vorsätzliche Irreführung besonders regeln wollte, stellt das Vorsatzerfordernis die untere Schwelle des Tatbestands dar. An dieser Aussage lässt sich auch nicht allein deswegen zweifeln, weil der Gesetzgeber auf eine Definition des „Betrugs“ (bzw. der arglistigen Täuschung) bewusst verzichtete, denn der Gesetzestext ist insoweit eindeutig, als dass er Arglist erfordert[652].

---

651 In den Motiven heißt es sogar, dass sich die Rechtsbehelfe für Irrtum und Betrug (später arglistige Täuschung) gegenseitig ausschlössen: „Auf den durch den Betrug erzeugten Irrtum ist, wie dies namentlich in dem österreichischen Gesetzbuche und den hessischen Entwürfen geschieht, nicht abgestellt. Im Interesse der Durchsichtigkeit des Rechts müssen Irrtum und Betrug streng auseinandergehalten werden, wiewohl der Betrug ohne Irrtum nicht denkbar ist. Hat der Betrug zu einem den Willen ausschließenden Irrtum geführt, so entscheiden die für den letzteren maßgebenden Grundsätze.“ *Mugdan, Einführungsgesetz und allgemeiner Teil, S. 467*

652 Dass dies vielleicht ein Versehen gewesen sein könnte, weil der Gesetzgeber eigentlich alle widerrechtlichen Beeinflussungen erfassen wollte, ließe sich durchaus argumentieren. Der Einleitungssatz zu diesem Abschnitt in den Motiven lässt einen weiteren Anwendungsbereich zwar vermuten *Mugdan, Einführungsgesetz und allgemeiner Teil, S. 465*, jedoch sprechen alle übrigen Erklärungen auf den folgenden Seiten der Motive dagegen.

Schon die Normanwendung durch die Rechtsprechung, wonach für die Arglist bereits ein bedingter Täuschungsvorsatz ausreichen solle und dass an diesen bedingten Vorsatz wiederum niedrige Anforderungen zu stellen seien[653], ist vor diesem Hintergrund bedenklich. Eine weitergehende Verringerung des Verschuldensmaßstabs in der Weise, dass auch eine bloß fahrlässige Täuschung als „arglistig" angesehen werden könnte oder im Wege der Analogie die Rechtsfolgen der „arglistigen Täuschung" angewendet werden könnten, verbietet sich wegen der Grenzen aus Wortlaut und Systematik. Argumentationen, die über findige Konstruktionen diese offensichtliche Grenze durchbrechen wollen, überzeugen trotz guter handwerklicher Herangehensweise nicht[654].

Der Trugschluss liegt vielmehr darin, dass innerhalb der Irrtumsanfechtung eine Regelung für fahrlässige Irreführungen nicht möglich sei. Dabei ist meines Erachtens nicht einmal klar, ob die herrschende Meinung diesen Trugschluss aktiv aus dem Kontrast zur Täuschungsanfechtung gezogen hat oder aber ob sich diese Schutzlücke erst allmählich auftat, weil sich ein Verständnis der Irrtumsanfechtung durchsetzte, welches den Irrtumstatbestand eng auf den mechanischen Erklärungsvorgang beschränkte. Dann wäre die Schutzlücke hinsichtlich der fahrlässigen Täuschung eher als Nebenfolge dieser Entwicklung entstanden.

Jedenfalls im Ergebnis muss man wohl sagen, dass sich nach diesem herrschenden Verständnis für fahrlässige Täuschungen die Schutzlücke auftut. Denn nach dem mechanischen Verständnis kann § 119 Abs. 1 BGB Irreführungen in der Regel nicht erfassen, denn Irreführungen betreffen in der Regel die außerhalb der Erklärung liegenden Umstände des Vertragsschlusses und verursachen damit einen unbeachtlichen Sachverhaltsirrtum (es sei denn, dass die irrtumsbehafteten Umstände zufällig im Vorhandensein einer Eigenschaft liegen, dann wäre die Ausnahme von § 119 Abs. 2 BGB anwendbar).

Wenn sich aber nach der herrschenden Meinung diese Schutzlücke auftut, ist es wohl das Bedürfnis eines jeden billig und gerecht denkenden Juristen, hiergegen etwas zu unternehmen. Bevor man sich in das Schließen der Lücken begibt, hätte man allerdings überlegen sollen, warum sich überhaupt diese Schutzlücke auftat. Ersteres haben Rechtsprechung und Wissenschaft ausgelassen und stattdessen versucht, die Schutzlücke mit weit hergeholten Konstruktionen zu schließen, wobei sich hier eine Tendenz zeigte, immer weniger Rücksicht auf eine kohärente Systematik zu legen. Die Folge sind schier unlösbare Abgrenzungsprobleme zwischen den einzelnen Rechtsbehelfen.

---

653 BGH NJW 2008, 2912, 2914 „ins Blaue hinein"

654 *Grigoleit, Vorvertragliche Informationshaftung, S. 29–32*; siehe auch Teil VC.III.3

1. *Seltsames Schweigen in den Motiven zur fahrlässigen Irreführung*

Schaut man sich die Gesetzesbegründung in den einzelnen Teilen an, so ist aus heutiger Sicht erstaunlich, dass der fahrlässigen Irreführung nicht die Rolle zukommt, die ihr eigentlich gebührt. Zur fahrlässigen Irreführung lassen sich höchstens ein paar Andeutungen finden, etwa an drei Stellen zur Täuschungsanfechtung in den Motiven.

Die erste Stelle ist der Eingangssatz, der vor allem auf die Widerrechtlichkeit der Willensbeeinträchtigung abstellt[655]. Widerrechtlich können natürlich auch fahrlässige Handlungen sein, was auch schon damals im Rahmen des Deliktsrechts unumstritten war.

Als zweite Stelle ist eine indirekte Andeutung im Rahmen der Betrugserklärung zu nennen, und zwar beim Betrug durch Unterlassen. Dort heißt es:

> *Die für [den Betrugsbegriff] maßgebliche Frage, inwieweit eine Rechtspflicht besteht, dem anderen Teile Umstände mitzuteilen, von denen vorauszusetzen ist, dass sie auf seine Entschließung von Einschluss sein würden, entzieht sich der gesetzlichen Lösung. Im Allgemeinen stellt sich jeder arglistige Verstoß gegen die Grundsätze von Treu und Glauben zum Nachteile des Anderen als Betrug dar. [Hervorhebung hinzugefügt]*[656]

Es scheint also so, als ob der Gesetzgeber durch die Wortwahl „im Allgemeinen" nicht ausschließen wollten, dass ein Betrug in Einzelfällen auch bei nicht-arglistigem Verstoß zur Mitteilung vorliegen könne. Dann stellt sich doch die Frage, ob denn nicht neben fahrlässigem Unterlassen auch fahrlässiges Handeln einen „Betrug" darstellen könne.

Als dritte Stelle ist zu nennen, dass zumindest dann eine Fahrlässigkeit hinsichtlich des Betrugs für ausreichend erachtet wird, wenn der Betrug von einem Dritten ausgeht[657]. Denn für die Anfechtbarkeit in diesem, mittlerweile in § 122 Abs. 2 BGB geregelten Fall, genügt es, dass der Erklärungsempfänger den Betrug kannte oder kennen musste. „Kennen müssen" bedeutet hier, wie auch sonst, fahrlässige Unkenntnis.

Allein problematisch ist, dass all diese Erwägungen in der Gesetzesbegründung nicht über den Wortlaut der Arglist im Rahmen der Täuschungsanfechtung hinweghelfen können. Deswegen hätte man nun eigentlich im Rahmen der Irrtumsanfechtung nach Möglichkeiten suchen müssen, dort eine Anfechtung zu realisieren. In diesem Unterlassen liegt das eigentliche Problem. Zwar ist auch

---

655 *Mugdan, Einführungsgesetz und allgemeiner Teil, S. 465*
656 *Mugdan, Einführungsgesetz und allgemeiner Teil, S. 467*
657 *Mugdan, Einführungsgesetz und allgemeiner Teil, S. 466*

hier in den Motiven nicht ausdrücklich zu finden, dass die Anfechtung wegen einer fahrlässigen oder zurechenbaren Irreführung nach § 119 Abs. 1 BGB möglich sein soll. Aber zu einem solchen Verständnis hätte man durchaus nach den allgemeinen Prinzipien von § 119 Abs. 1 BGB gelangen können, wenn man – wie von Schermaier vorgeschlagen – § 119 Abs. 1 BGB auch auf wesentliche Sachverhaltsirrtümer angewendet hätte. Dass § 119 Abs. 1 BGB solche Sachverhaltsirrtümer (anders als von der herrschenden Meinung angenommen) erfassen kann, ist bereits unter Teil IIIA.III.1.b dargestellt worden. Insoweit können Sachverhaltsirrtümer gleich behandelt werden, egal ob sie auf einem selbst- oder fremdveranlassten Irrtum beruhen.

2. *Rechtsprechung und herrschende Meinung entwickelten die* c.i.c.

Stattdessen gingen Rechtsprechung und herrschende Lehre einen anderen Weg.

Angefangen hat alles mit der „Wiederentdeckung" einer angeblich „vorgesetzlichen" *culpa in contrahendo.* Von da an setzte die *c.i.c.* zu einem Siegeszug als multifunktionales Werkzeug und Lückenfüller[658] an, der zunächst nicht abzusehen war. Zwar gab es auch schon vor der Einführung des BGB landesrechtliche Kodifikationen wie das Preußische Allgemeine Landrecht von 1794[659] und rechtliche Ausarbeitungen in der Wissenschaft zur *c.i.c.*[660] Diese fanden aber nur bedingt Widerhall[661] in der Ausarbeitung des BGB Ende des 19. Jahrhunderts.

658 *Lieb, Vertragsaufhebung oder Geldersatz?, Festschrift der Rechtswissenschaftlichen Fakultät zur 600-Jahr-Feier der Universität zu Köln, S. 251; Löwisch/Feldmann in: Staudinger 2013, § 311 BGB, Rn. 96; Emmerich in: MüKoBGB, 6. Aufl. 2012, § 311 BGB, Rn. 38*

659 *Hildebrandt, Erklärungshaftung, S. 44–50*; vgl. hier *Emmerich in: MüKoBGB, 6. Aufl. 2012, § 311 BGB, Rn. 37*

660 *Jhering JherJb 4 (1861), 1, 1,* auch wenn der Anwendungsbereich, den Jhering vorsah, bedeutend enger ist (nämlich erst mit der Abgabe eines Angebots beginne, *Jhering JherJb 4 (1861), 1, 52; Harke in: HKK 2007, § 311 II, III BGB, Rn. 8; Larenz, Lehrbuch des Schulrechts, S. 108*

661 *Harke in: HKK 2007, § 311 II, III BGB, Rn. 12,* der ausführt, dass Jhering selbst den Umfang der „Contractssphäre" erst mit Abgabe eines Angebots beginnen sah, und dass in diesem Bereich viele Regelungen übernommen worden seien. Harke weißt aber auch darauf hin, dass dies von Jhering nur ein Beispiel für den Beginn gewesen sein könne und der Anwendungsbereich der *c.i.c.* nicht wie später verstanden hätte beschnitten werden sollen.

Denn das BGB verzichtete auf eine Generalklausel zur *c.i.c.* und beschränkte sich stattdessen auf einzelne spezielle Haftungsnormen[662]. Allerdings war sich die BGB-Kommission durchaus der Tatsache bewusst, dass in diesem vorvertraglichen Bereich die Rechtsentwicklung noch nicht abgeschlossen war. Deswegen wollten sich die Autoren darauf beschränkten, den bis dahin gesicherten Rechtsstand niederzulegen, ohne aber zukünftige Entwicklungen verhindern zu wollen. So heißt es zur *culpa in contrahendo* in den Motiven:

> *In verschiedenen Fällen gibt ferner der Entwurf wegen dolus oder culpa in contrahendo dem Beschädigten gegen den anderen Teil einen Anspruch auf Schadenersatz [es folgen Beispiele]. Ob es sich jedoch in weiteren Fällen, namentlich in den Fällen, in welchen trotz der Nichtigkeit des Vertrags der Ersatz des negativen Interesses verlangt werden kann, um eine Haftung aus Delikt handelt oder um eine Haftung wegen Verletzung rechtsgeschäftlicher Pflichten, hat der Entwurf nicht entschieden, sondern die Lösung dieser Frage der Wissenschaft und Praxis überlassen.“*[663]

Diese Überlegungen in den Motiven griff die Rechtsprechung auf und gewährte der *c.i.c.* einen weiten Anwendungsbereich. Die ersten Fälle der *c.i.c.* lagen noch im Bereich der Integritätsschäden, also des klassischen Deliktsrechts. Erst langsam drang die *c.i.c.* in den Bereich der vertraglichen Informationshaftung vor[664] und schloss dort die Lücken, die die Anfechtung wegen Irrtums und Täuschung scheinbar hinterlassen hatte. In diesem gleitenden Übergang zwischen Delikt und Vertrag bewegt sich die *c.i.c.* bis heute. Sie ist insoweit deliktisch, als sie gerade kein echtes vertragliches Schuldverhältnis (geschaffen durch Abschluss eines Vertrags mittels entsprechender Willenserklärungen) zwischen den Parteien erfordert, sondern ein gesetzliches Schuldverhältnis[665] schafft, wie

---

662 *Harke in: HKK 2007, § 311 II, III BGB, Rn. 11; Mugdan, Recht der Schuldverhältnisse, S. 99; Emmerich in: MüKoBGB, 6. Aufl. 2012, § 311 BGB, Rn. 37; Löwisch/Feldmann in: Staudinger 2013, § 311 BGB, Rn. 96*

663 *Mugdan, Recht der Schuldverhältnisse, S. 416*

664 *Harke in: HKK 2007, § 311 II, III BGB, Rn. 21*, der auf die Lehren Leonards verweist, wonach eine Haftung für vorvertragliches Verschulden auch bei später wirksam geschlossenem Vertrag möglich sei; *Lieb, Vertragsaufhebung oder Geldersatz?, Festschrift der Rechtswissenschaftlichen Fakultät zur 600-Jahr-Feier der Universität zu Köln, S. 251, 252.*

665 *Dorn in: HKK 2007, § 241 BGB, Rn. 104; Harke in: HKK 2007, § 311 II, III BGB, Rn. 31; Canaris JZ 1965, 475, 476–477; Kramer in: 5. Aufl. 2007, Einleitung, Rn. 83*

es sonst nur das Deliktsrecht herstellen könnte[666], welches im BGB bewusst schwach ausgestaltet worden war[667].

---

666 *Löwisch/Feldmann in: Staudinger 2013, § 311 BGB, Rn. 98.* Die *c.i.c.* übernimmt deswegen auch diejenigen Funktionen, die das deutsche Deliktsrecht nicht hatte übernehmen können. Grundlegend hierzu *Harke in: HKK 2007, § 311 II, III BGB, Rn. 1*, wonach die Fälle der *c.i.c.* auch über ein Deliktsrecht hätten gelöst werden können, welches nicht so wie das deutsche beschränkt wäre (nur Schutz absoluter Rechtsgüter, außer bei Vorsatz); *Lieb, Vertragsaufhebung oder Geldersatz?, Festschrift der Rechtswissenschaftlichen Fakultät zur 600-Jahr-Feier der Universität zu Köln, S. 251, 251*; statt die *c.i.c.* weiter einzusetzen, schlägt Medicus in seinem Reformgutachten 1981 vor, die Verletzung absoluter Rechte von der *c.i.c.* auszunehmen und stattdessen das Deliktsrecht zu reformieren, womit der deutsche Sonderweg wohl beendet worden wäre, vgl. *Medicus, Verschulden bei Vertragsverhandlungen, in: Bundesminister der Justiz, Gutachten und Vorschläge zur Überarbeitung des Schuldrechts, S. 479, 489–494*; *Harke in: HKK 2007, § 311 II, III BGB, Rn. 24*

667 Welche Auswirkungen ein stärkeres Deliktsrecht hätte, zeigt ein Vergleich mit dem englischen und japanischen Recht: Funktionen unserer *c.i.c.* werden im englischen Recht mittlerweile durch den *tort of negligence* erfüllt, der einen Schadenersatzanspruch für jede fahrlässige Verletzung einer Sorgfaltspflicht gewährt. Dies entschied das *House of Lords* zunächst nur für Integritätsschäden in *Donoghue v. Stevenson* [1932] AC 562, worin der absolute Vorrang des Vertragsrechts aufgegeben worden ist. Später weitete das House of Lords diese allgemeine Fahrlässigkeitshaftung in *Hedley Byrne & Co Ltd v. Heller & Partners Ltd* auch auf sorgfaltswidrige Äußerungen und reine Vermögensschäden aus. Gleiche Schlussfolgerungen lassen sich auch beim japanischen Recht ziehen: Das japanische Recht übernahm an dieser Stelle die Wertungen des französischen Rechts und fasste die deliktische Haftung erheblich weiter als das deutsche Recht, dergestalt, dass theoretisch jede fahrlässige Handlung, welche Rechtsgüter oder Interessen des anderen verletzt, zur Haftung genügte. Allerdings orientierte sich das japanische Recht in der Anwendung von § 709 ZGB an deutschen Grundsätzen, so dass der § 709 ZGB niemals die Durchschlagkraft entwickeln konnte, wie sein Pendant wohl im französischen Recht hat, vgl. *Yamamoto, § 10 Vertragsrecht, in: Baum/Bälz, Handbuch Japanisches Handels- und Wirtschaftsrecht, S. 461, Rn. 33*; *Marutschke, Einführung in das japanische Recht, S. 166–168*; eine vorvertragliche Informationspflicht kann bestehen, wird dann aber nicht aus der *c.i.c.*, sondern direkt aus Treu und Glauben abgeleitet, vgl. *Yamamoto, § 10 Vertragsrecht, in: Baum/Bälz, Handbuch Japanisches Handels- und Wirtschaftsrecht, S. 461, Rn. 42*; dennoch wird zumeist jedoch das Deliktsrecht herangezogen. Rechtsfolge ist ein Schadenersatz mit wiederherstellender Wirkung, durch welche der Vertragsschluss negiert wird, vgl. *Yamamoto, § 10 Vertragsrecht, in: Baum/Bälz, Handbuch Japanisches Handels- und Wirtschaftsrecht, S. 461, Rn. 50–53.*

Die *c.i.c.* ist aber auch vertraglich, weil sie bezüglich des Inhalts der verletzen Rechtspflicht auf Wertungen des Vertragsrechts zurückgreift[668]. Sie bedient sich hierfür sog. vertragsbezogener Pflichten[669]. Bezüglich der Herleitung solcher vorvertraglichen Treue- und Rücksichtnahmepflichten kann man sowohl auf den allgemeinen Grundsatz von Treu und Glauben (§ 242 BGB) als auch auf die Auslegung des einzelnen Vertrags im Wege der hypothetischen Auslegung abstellen. Sowohl nach Treu und Glauben als auch im Wege einer Auslegung des hypothetischen gemeinsamen Parteiwillens kommen die Gerichte zu dem Schluss, dass die Parteien im Zweifel füreinander einzustehen haben, wenn dadurch der gemeinsame Zweck des Vertrags gefördert wird. Dass eine klare Abgrenzung zwischen hypothetischer Auslegung und normativer Prägung nach Treu und Glauben nicht möglich ist, liegt daran, dass die hypothetische Auslegung mangels eines tatsächlichen (oder tatsächlich feststellbaren) Parteiwillens immer auf allgemeine Grundsätze zurückgreifen muss, so dass sich hieraus im Laufe der Zeit normative Vorgaben entwickeln lassen. Mittlerweile sind seit der Schuldrechtsreform im Jahre 2002 solche gegenseitigen Treue- und Rücksichtnahmepflichten in § 241 Abs. 2 BGB kodifiziert, worauf auch der ebenfalls neu geschaffene Tatbestand der *c.i.c.* in § 311 Abs. 2 BGB Bezug nimmt.

II. Gegenwärtige Ausgestaltung der *c.i.c.*

Im Folgenden soll dargestellt werden, wie Irreführungen im deutschen Recht durch die *c.i.c.* erfasst werden. Grundsätzlich ist dabei anzunehmen, dass fahrlässig geäußerte, wahrheitswidrige Aussagen im Zusammenhang mit dem Vertragsschluss als vorvertragliche Pflichtverletzungen angesehen werden können. Wenn diese Äußerungen dazu geführt haben, dass die andere Partei in die Irre geführt worden ist und aufgrund dieses Irrtums den Vertrag (in der konkreten Form) abgeschlossen hat, dann soll die geschädigte Partei die Anpassung oder Aufhebung des Vertrags sowie einen Ausgleich in Geld im Wege des Schadenersatzes verlangen können.

---

668 Harke schreibt, dass die von der Rechtsordnung aufgezwungene Pflicht zur Rücksichtnahme auf den Vertrag als tatsächliches Phänomen gestützt werde, nicht aber darauf, ob nach dem Vertrag schon Leistungspflichten geschuldet seien, *Harke in: HKK 2007, § 311 II, III BGB, Rn. 1.* Die Konsequenz sei die Übertragung des ab Vertragswirksamkeit geltenden Pflichtenprogramms auf die Zeit davor, vgl. *Harke in: HKK 2007, § 311 II, III BGB, Rn. 1.*

669 *Lieb, Vertragsaufhebung oder Geldersatz?, Festschrift der Rechtswissenschaftlichen Fakultät zur 600-Jahr-Feier der Universität zu Köln, S. 251, 251*

1. Tatbestand der c.i.c.

Zunächst muss zwischen den Parteien ein Schuldverhältnis bestehen, welches allein durch die Anbahnung des Vertrags begründet wird. Die Voraussetzungen für ein solches vorvertragliches Schuldverhältnis sind in § 311 Abs. 2 BGB geregelt. Es dürfte im Falle einer Irreführung beim Vertragsschluss stets gegeben sein, denn die Parteien befinden sich bereits im Informationsaustausch über den Vertrag oder in Vertragsverhandlungen (§ 311 Abs. 2 Nr. 1 BGB). Selbst wenn die Vertragsverhandlungen noch nicht begonnen haben sollten, wird man wohl zumindest einen sonstigen geschäftlichen Kontakt zwischen den Parteien annehmen dürfen, womit § 311 Abs. 2 Nr. 3 BGB erfüllt wäre[670].

Neben dem Vorliegen eines Schuldverhältnisses ist erforderlich, dass eine konkrete Pflichtverletzung aus diesem Verhältnis vorliegt[671]. Maßgeblich sind hier vor allem Sorgfaltspflichten, die mittlerweile ebenfalls gesetzlich in § 241 Abs. 2 BGB normiert sind. Einfach ist die Sorgfaltspflicht dann zu begründen, wenn der Handelnde aktiv tätig wird[672] und Äußerungen gegenüber dem Vertragspartner tätigt. Sofern der Äußernde damit rechnen muss, dass der Vertragspartner diesen Angaben Glauben schenkt und sich durch diese beim Vertragsschluss beeinflussen lässt, muss er redlich vorgehen und dafür Sorge tragen, dass diese Angaben zutreffen[673]. Dies gilt selbst dann, wenn den Äußernden keine rechtliche Pflicht zur Erteilung dieser Auskunft trifft[674]. Ist sich der Äußernde nicht hinreichend sicher, ob eine gegebene Information richtig ist, genügt es, sofern nicht eine Aufklärungspflicht besteht, auf die Weitergabe dieser Information

---

670 *Löwisch/Feldmann in: Staudinger 2013, § 311 BGB, Rn. 105*

671 *Löwisch/Feldmann in: Staudinger 2013, § 311 BGB, Rn. 117*; *Breidenbach, Die Voraussetzungen von Informationspflichten beim Vertragsschluß, S. 10*

672 *Hefermehl in: Soergel, 13. Aufl. 1999, § 123 BGB, Rn. 5*

673 BGH NJW 1998, 302; *Emmerich in: MüKoBGB, 6. Aufl. 2012, § 311 BGB, Rn. 70*, denn, so Emmerich, ein Recht zur Lüge gebe es nur in der Liebe und bei Grabreden; man mag wohl ergänzen, dass ein solches Recht auch in einigen wenigen anderen Sonderfällen besteht, in denen der Lügende bei wahrheitsgemäßer Beantwortung der unzulässigen Frage (z.B. nach Schwangerschaft bei der Anbahnung eines Arbeitsvertrags) eine Diskriminierung befürchten muss, vgl. *Hefermehl in: Soergel, 13. Aufl. 1999, § 123 BGB, Rn. 18*; *Singer/Finckenstein in: Staudinger 2012, § 123 BGB, Rn. 29–31.*

674 Dies kommt manchmal nicht hinreichend deutlich zur Geltung, so z.B. in *Medicus JuS 1965, 209, 209*, der bei einem tatsächlich gegebenen Ratschlag noch das Vorhandensein der Pflicht zur Beratung zu verlangen scheint; z.B. wenn eine Bank ein Haftungsrisiko gegenüber dem Sicherungsgeber verharmlost, vgl. BGH NJW 2006, 845, 846

zu verzichten[675] oder die bestehende Unsicherheit anzumerken. Natürlich kann auch schlüssigem Verhalten eine solche Aussage entnommen werden[676]. Ebenso kann in einem Teilschweigen eine pflichtwidrige Informationsweitergabe liegen, wenn die objektiv richtige Informationen zu falschen Schlüssen verleiten, mithin irreführend sind[677]. Nicht irreführend sind Anpreisungen, denen ein Wirklichkeitsversprechen erkennbar fehlt[678].

Schwieriger ist indessen die Begründung der Sorgfaltspflichtverletzung durch Unterlassen. Hier liegt eine Verletzung von Informationspflichten vor, wenn eine entsprechende Pflicht zur Aufklärung bestand[679]. Solche Aufklärungspflichten bestehen im BGB nur in Ausnahmefällen[680], denn zunächst einmal gilt, dass es ureigenste Pflicht jeder Partei ist, sich über die Marktverhältnisse, die Chancen und die Risiken eines Rechtsgeschäfts selbst zu informieren[681]. Jedoch liegen diese Ausnahmefälle häufiger als im englischen Recht vor, denn anders als im englischen Recht können sich im deutschen Recht solche Pflichten sehr wohl aus Treu und Glauben ergeben. Auf die Kriterien, die eine Aufklärungspflicht im Einzelfall entstehen lassen können, soll hier nicht im Detail eingegangen werden, da dies eine gesonderte Frage von erheblichem Umfang darstellt. Es seien aber ein paar Situationen genannt, die solche Aufklärungspflichten begründen können, z.B. das Bestehen eines Informationsgefälles[682], die Verfügbarkeit der

675 *Gehrlein/Sutschet in: BeckOK-BGB, § 311 BGB, Rn. 74*; BGH NJW 1962 1196, 1198; *Lorenz, Der Schutz vor dem unerwünschten Vertrag, S. 422*; selbst auf eine explizite Frage darf man die Antwort verweigern, *Mankowski, Beseitigungsrechte, S. 331*

676 *Emmerich in: MüKoBGB, 6. Aufl. 2012, § 311 BGB, Rn. 71*; *Lorenz, Der Schutz vor dem unerwünschten Vertrag, S. 410–411*; *Hefermehl in: Soergel, 13. Aufl. 1999, § 123 BGB, Rn. 5*

677 *Lorenz, Der Schutz vor dem unerwünschten Vertrag, S. 413*; *Hefermehl in: Soergel, 13. Aufl. 1999, § 123 BGB, Rn. 5*

678 So allgemein z.B. *sales talk, vgl. Lorenz, Der Schutz vor dem unerwünschten Vertrag, S. 414*; so wohl auch in einem gegenwärtig vor dem LG München I stattfindenden Verfahren um ein „Sexgewürz", dessen Bezeichnung nur „eine etwas frivole Anspielung ohne jegliches Wirksamkeitsversprechen oder Irreführung" enthalte, *Müller-Jentsch Süddeutsche Zeitung (2.9.2014).*

679 *Emmerich in: MüKoBGB, 6. Aufl. 2012, § 311 BGB, 68, 72*

680 *Hefermehl in: Soergel, 13. Aufl. 1999, § 123 BGB, Rn. 6*

681 *Emmerich in: MüKoBGB, 6. Aufl. 2012, § 311 BGB, 68; 72*; *Lieb, Vertragsaufhebung oder Geldersatz?, Festschrift der Rechtswissenschaftlichen Fakultät zur 600-Jahr-Feier der Universität zu Köln, S. 251, 251–252*

682 BGH NJW 2006, 3141

Information für die Parteien[683], die Erfahrung der Parteien[684], das Interesse an der Geheimhaltung von Informationen[685] oder die Maßgeblichkeit bestimmter Informationen für den Vertrag[686]. Die Maßgeblichkeit einer Information steigt, wenn für eine Partei besondere Gefahren bei der Durchführung des Vertrags bestehen[687]. Eine Aufklärungspflicht kann auch dadurch begründet werden, dass die andere Partei erkennbar einem Irrtum unterliegt, welcher den von ihr gewünschten Vertragszweck gefährden könnte[688].

683 Insbesondere die Möglichkeit zur Selbstinformation, vgl. *Lorenz, Der Schutz vor dem unerwünschten Vertrag, S. 421*; BGH NJW 2006, 3141

684 Insbesondere wenn die Erfahrung einer Partei erkennbar so gering ist, dass sie nicht in der Lage ist, durch geeignete Nachfragen die für sie wesentlichen Informationen zu erhalten, vgl. *Lorenz, Der Schutz vor dem unerwünschten Vertrag, S. 424*; daneben kann die Erfahrung einer Partei auch eine besondere Vertrauensstellung begründen, aufgrund deren redliche Beratung gefordert werden kann, *Hefermehl in: Soergel, 13. Aufl. 1999, § 123 BGB, Rn. 9*

685 Solche Informationen muss die Partei nicht herausgeben; in einigen Fällen kann die andere Partei aber nach Treu und Glauben verpflichtet sein, anzuzeigen, dass sie über besonderes Wissen verfügt, welches sie nicht (unentgeltlich) herauszugeben bereit ist, so dass wiederum die eine Partei selbst Schlüsse ziehen kann, ob sie das Risiko der fehlenden Information zu tragen gewillt ist, vgl. *Lorenz, Der Schutz vor dem unerwünschten Vertrag, S. 422*; sehr aufschlussreich ist auch das Urteil des Bundesgerichtshofs (BGH NJW 1993, 1643, 1644), in dem eine Aufklärungspflichtverletzung dann verneint wird, wenn eine Partei dem Vertragspartner angezeigt hat, dass sie über besonderes Wissen verfügt, dieses aber nicht unentgeltlich mitzuteilen bereit ist. In diesem Fall sei der Vertragspartner nicht schutzwürdig, denn es „liegt [...] an ihm, ob er den Vertragsschluss von der Offenlegung der Kenntnisse abhängig machen oder den Vertrag mit dem vorgesehenen Inhalt schließen und das damit ihm zugeschobene Risiko übernehmen will".

686 So ist besteht für einen KFZ-Händler die Pflicht, den unerfahren Käufer auch ungefragt darüber aufzuklären, dass es sich um ein Unfallfahrzeug handelt, BGH NJW 1982, 1386

687 *Emmerich in: MüKoBGB, 6. Aufl. 2012, § 311 BGB, 68; 83; Lorenz, Der Schutz vor dem unerwünschten Vertrag, S. 428–433*

688 *Emmerich in: MüKoBGB, 6. Aufl. 2012, § 311 BGB, 68; 83*; Canaris bringt ein gutes Beispiel in Anlehnung an den Kreissägenfall des BGH, auf welchen ich noch eingehen werde. Im Kreissägenfall hatte der Verkäufer fahrlässig wahrheitswidrig angegeben, dass die vom Käufer bestellte Kreissäge an die vom Verkäufer ausgemessene Stelle in der Fabrik passen würde. Der BGH sah sich zwar gehindert, einen Sachmangel festzustellen, weil dies durch die AGB des Verkäufers ausgeschlossen war, erkannte aber dennoch in den Aussagen des Verkäufers eine fahrlässige Irreführung, aufgrund deren der Käufer die Aufhebung des Vertrags als Schadensersatz im Wege

Erforderlich ist weiterhin, dass zwischen der Informationspflichtverletzung und dem Vertragsschluss eine kausale Verbindung dergestalt besteht, dass der Vertrag nicht oder nicht so abgeschlossen worden wäre, wenn die Informationspflicht nicht verletzt worden wäre. Die Rechtsprechung gewährt der geschädigten Partei hierbei gewisse Erleichterungen, um diese Kausalität zu beweisen, entweder durch eine komplette Beweislastumkehr[689] oder zumindest durch Eröffnung eines Beweises des ersten Anscheins, was meines Erachtens vorzugswürdig ist[690].

Schließlich muss den Irreführenden ein Verschulden an der Irreführung treffen. Verschulden erfordert mindestens Fahrlässigkeit bezüglich der Pflichtverletzung[691]. Dieses Fahrlässigkeitserfordernis halte ich für rechtsethisch bedenklich. Es ist wohl allein der schadenersatzrechtlichen Konstruktion der *c.i.c.* geschuldet. Stattdessen hätte man im Rahmen des Sachverhaltsirrtums allein auf die Veranlassung des Irrtums abstellen können. Allerdings dürfte das kaum praktische Auswirkungen haben: Zum einen ist der Verschuldensmaßstab, den das deutsche Recht anlegt, ein objektiver[692], so dass die Sorgfaltspflichtverletzung

---

der Naturalrestitution verlangen konnte. Dabei lag die Pflichtverletzung allein in der falschen Angabe. Hätte statt des Verkäufers hingegen der Käufer die Ausmessung vorgenommen, träfe den Verkäufer grundsätzlich keine Aufklärungspflicht, es sei denn, dass der Verkäufer wiederum gewusst hätte, dass der Platz nicht ausreichen würde und daher der konkrete Vertragszweck, die neue Maschine am Platz der alten aufzustellen, gefährdet sei, vgl. *Canaris AcP 200 (2000), 273, 313*; *Lorenz, Der Schutz vor dem unerwünschten Vertrag, S. 417–419*; eine solche Aufklärungspflicht kann aber auch auf Käuferseite bestehen, z.B. wenn die eigene Vermögenslage den Vertragszweck zu vereiteln droht, *Hefermehl in: Soergel, 13. Aufl. 1999, § 123 BGB, Rn. 15*

689 *Hefermehl in: Soergel, 13. Aufl. 1999, § 123 BGB, Rn. 20; sehr kritisch Lieb, Vertragsaufhebung oder Geldersatz?, Festschrift der Rechtswissenschaftlichen Fakultät zur 600-Jahr-Feier der Universität zu Köln, S. 251, 265*

690 So auch *Lorenz, Der Schutz vor dem unerwünschten Vertrag, S. 443*

691 *Lorenz, Der Schutz vor dem unerwünschten Vertrag, S. 407–408*; *Löwisch/Feldmann in: Staudinger 2013, § 311 BGB, Rn. 144*; a.A. *Rothoeft, System der Irrtumslehre als Methodenfrage der Rechtsvergleichung, S. 287*, dem bewusst ist, dass die Lösungsansätze im deutschen Recht gewagt sind; ebenso *Müller, Vorvertragliche und vertragliche Informationspflichten nach englischem und deutschem Recht, S. 206–207*; ähnlich Brox, der allerdings den fahrlässig oder schuldlos veranlassten Motivirrtum nicht über die *c.i.c.*, sondern über die ergänzende Auslegung erfassen will, *Brox, Die Einschränkung der Irrtumsanfechtung, S. 187–188*

692 So auch *Wolf, Willensmängel und sonstige Beeinträchtigungen der Entscheidungsfreiheit in einem europäischen Vertragsrecht, in: Basedow, Europäische Vertragsrechtsvereinheitlichung und deutsches Recht, S. 85, Rn. 100*; *Lorenz, Der Schutz vor dem unerwünschten Vertrag, S. 439*

nicht individuell dem Schädiger vorgeworfen werden muss, sondern es ausreicht allgemein festzustellen, dass für einen durchschnittlichen Dritten eine bestimmte Handlung als fahrlässig angesehen werden kann[693]. Zum anderen ist gem. § 280 Abs. 1 S. 2 BGB eine Beweislastumkehr zu Lasten der irreführenden Partei vorgesehen[694]; diese muss also den Vollbeweis dafür erbringen, dass sie kein Verschulden an der Informationspflichtverletzung traf.

Der schadensersatzrechtliche Aufhebungsanspruch erfordert schließlich auch den Eintritt eines Schadens, wobei unklar ist, ob der Schaden allein im Bestehen des unerwünschten Vertrags gesehen werden kann oder aber auch eine Vermögensschädigung beim Irregeführten eingetreten sein muss. Auf diese, auch dogmatisch relevante Frage will ich im Folgenden eingehen, denn sie hängt eng mit der Frage zusammen, welche Rechtsfolgen die Irreführung hat, wenn sie über die *c.i.c.* abgewickelt wird.

2. *Rechtsfolgen der c.i.c.*

Gerade in den Rechtsfolgen der gefundenen *c.i.c.*-Lösung offenbaren sich die dogmatischen Unstimmigkeiten, die dadurch entstehen, dass die Irreführung nicht mehr als Teil der allgemeinen Rechtsgeschäftslehre angesehen wird. Denn aufgrund der Trennung von der allgemeinen Rechtsgeschäftslehre stellt sich erst die Frage, wie die dortigen Rechtsgehelfe von der *c.i.c.* abgegrenzt werden können.

Nach dem gegenwärtigen Entwicklungsstand stehen dem Irregeführten grundsätzlich zwei Möglichkeiten zur Auswahl, wie er sich den Schaden, den er aufgrund der Irreführung erlitten hat, ersetzen lassen kann: Zum einen kann er vom irreführenden Schädiger Schadenersatz in Geld verlangen (a.), zum anderen soll er auch – so zumindest nach der Meinung einiger – die Aufhebung des durch die Irreführung abgeschlossenen Vertrags verlangen können (b.).

a. Schadenersatz in Geld

Der Schadenersatz in Geld begegnet keinen Bedenken. Denn in diesem Falle bleibt der Vertrag als solcher ja bestehen[695] und ein Schadenersatzanspruch in Geld ist typische Rechtsfolge der Verletzung vertraglicher bzw. vorvertraglicher Pflichten. In vielen Fällen erscheint auch ein Schadenersatz in Geld durchaus

---

693 *Grigoleit, Vorvertragliche Informationshaftung, S. 143–144*

694 Dies war schon vor der Schuldrechtsreform anerkannt, vgl. *Lorenz, Der Schutz vor dem unerwünschten Vertrag, S. 444 m.*w.N.

695 BGH NJW 2001, 2875, 2876; BGH NJW 2006, 3139, 3141

geeignet, den durch die Informationspflichtverletzung entstandenen Schadens zu ersetzen[696].

Zur der Bezifferung des Schadenersatzes wird die tatsächliche Vermögenslage in einem hypothetischen Kausalverlauf verglichen, bei welchem der Irrgeführte dem Irrtum nicht unterlegen wäre. Dabei sind grundsätzlich zwei Szenarien denkbar[697]. Entweder hätte der Geschädigte den Vertrag nur zu einem geringeren Preis oder gar nicht abgeschlossen. Dann liegt der Schadenersatz darin, diesen Vermögensnachteil, der durch die Pflicht zur Leistung der (überhöhten) Gegenleistung entstanden ist, auszugleichen[698]. Oder neben dieser leicht zu erhaltenden Reduzierung der Gegenleistung könnte der Geschädigte versuchen nachzuweisen, dass der Schädiger sich auf einen Vertrag eingelassen hätte, bei dem die falsche Angabe Vertragsbestandteil geworden wäre. Dann könnte der Geschädigte sogar die Erfüllung dieses besseren Vertrags verlangen[699].

b. Vertragsaufhebung

Umstritten ist die Frage, ob auch die Möglichkeit besteht, vom Schädiger statt eines Geldersatzes die Aufhebung des Vertrags im Wege der Naturalrestitution zu verlangen. Das wäre ja die primäre Rechtsfolge der Anfechtung. Wenn nun zwar durch die *c.i.c.* keine Anfechtung, aber eine sonstige Aufhebung des Rechtsgeschäfts ermöglich wird, lässt sich der Vorwurf der Umgehung bzw. „Aushöhlung"[700] nicht von der Hand weisen, da ja die Anforderungen der *c.i.c.* niedriger als die der Täuschungsanfechtung sind. Ähnlich lässt sich das für die Umgehung der Anfechtungsfrist argumentieren, da diese teilweise kürzer als die schadenersatzrechtlichen Fristen der *c.i.c.* ist[701].

---

696 BGH NJW 2006, 3139, 3141; BGH NJW 1991, 1819, 1820; BGH NJW 1999, 3335, 3338; BGH NJW 2001, 2875, 2876

697 BGH NJW 2006, 3139, 3141; BGH NJW 1999, 3335, 3338

698 BGH NJW 2006, 3139, 3141; BGH NJW 2001, 2875, 2876; BGH NJW 1991, 1819, 182; ablehnend *Honsell, Negatives und positives Interesse wegen Verletzung der Aufklärungspflicht bei culpa in contrahendo und Delikt, in: Beuthien, Perspektiven des Privatrechts am Anfang des 21. Jahrhunderts, S. 181, 182*

699 BGH NJW 2006, 3139, 3141; BGH NJW 1999, 3335, 3338; BGH NJW 2001, 2875, 2876; wiederum ablehnend *Honsell, Negatives und positives Interesse wegen Verletzung der Aufklärungspflicht bei culpa in contrahendo und Delikt, in: Beuthien, Perspektiven des Privatrechts am Anfang des 21. Jahrhunderts, S. 181, 182*

700 BGH NJW 1998, 302, 304; er greift hier die Wortwahl von Medicus auf, vgl. *Medicus JuS 1965, 209, 214*

701 Zusätzlich ist in § 124 BGB eine Ausschlussfrist von einem Jahr ab Kenntnis der Täuschung vorgesehen, wohingegen für die *c.i.c.* die Regelverjährung von mittlerweile

Ein Problem ergibt sich daraus, dass die Regelungen in den §§ 119 bis 124 BGB bezüglich der Behandlung von Irrtümern abschließend sind. Denn wenn der Gesetzgeber nur für die in §§ 119 und 124 BGB vorgesehenen Fälle des Irrtums eine Anfechtungsmöglichkeit eröffnen wollte, welche ja von der herrschenden Meinung eng gesehen werden (§ 119 Abs. 1 BGB durch Beschränkung auf mechanische Erklärungsvorgänge, § 119 Abs. 2 BGB als Sondernorm für Eigenschaftsirrtümer, § 123 BGB beschränkt auf die Arglist), ließe sich daraus ableiten, dass in den übrigen Fällen gerade keine Anfechtungsmöglichkeit bestehen solle. Dann verbietet sich aber auch eine Rechtsfolge, die der Anfechtung nahekommt.

Um diesem Einwänden zu begegnen, haben sich im Wesentlichen drei verschiedene Lösungen herausgebildet. Den jeweiligen Argumentationsmustern ist dabei deutlich zu entnehmen, dass die Abgrenzung der *c.i.c.* zur Anfechtung wegen Irrtums bzw. Täuschung nach der allgemeinen Rechtsgeschäftslehre Schwierigkeiten bereitet und dem Einwand fehlender Abgrenzung begegnet werden soll.

i. Parallelität nach der frühen Rechtsprechung

Die frühere Rechtsprechung von Reichsgericht und BGH sowie bedeutende Teile der Literatur haben stets angenommen, dass eine Vertragsaufhebung über die *c.i.c.* möglich sei.

Das Reichsgericht und später der BGH wenden *c.i.c.* und Anfechtung parallel an und lassen jeweils den einen oder anderen Rechtsbehelf zu, wenn dessen Voraussetzungen vorliegen. Allerdings war beiden Gerichten durchaus bewusst, dass hier das Vorsatzerfordernis und die Frist des Irrtumsrechts umgangen werden. Daher suchte man nach einem Ausweg und löste dieses Problem dadurch, argumentativ die „Verschiedenheit“[702] der beiden Rechtsbehelfe zu betonen.

Angelehnt an die Ausführungen in den Motiven zum BGB[703] zum Deliktsrecht argumentierte das Reichsgericht zunächst, dass sich Anfechtung und Vertragsaufhebung darin wesensmäßig unterschieden, dass die Anfechtung „absolute“

---

drei, vor der Schuldrechtsreform sogar 30 Jahren galt. Allerdings konnte auch schon vor der Schuldrechtsreform diese 30-Jahresfrist mit allerlei Tricks (z.B. der Übertragung der Verjährungsfrist, die ein hypothetischer Erfüllungsschaden hätte) verkürzt werden, vgl. *Gernhuber, Das Schuldverhältnis, § 8 IV 5*

702 BGH NJW 1962, 1196, 1199; nach Ansicht des Reichsgerichts handelt es sich „sowohl um verschiedene Voraussetzungen wie um verschiedene Rechtswirkungen“, vgl. RGZ 84, 131, 133

703 *Mugdan, Recht der Schuldverhältnisse, S. 11; Mugdan, Einführungsgesetz und allgemeiner Teil, S. 422*

bzw. „dingliche"[704] Wirkung habe, also gegenüber jedermann wirke[705], während die Vertragsaufhebung relative Wirkung habe, da sie nur einen gegenüber dem Vertragspartner wirkenden schadensersatzrechtlichen Beseitigungsanspruch schaffe.

Später argumentierten die Gerichte, dass das Konkurrenzverhältnis zwischen *c.i.c.* und Anfechtung nur die Vertragsaufhebung betreffen könne, während andere Rechte wie die Geltendmachung eines sonstigen Schadensersatzes (z.B. entgangener Gewinn aus einem Deckungsgeschäft[706]) nicht von der Anfechtung erfasst seien und daher immer verlangt werden könnten. Da dieser Schadensersatz aber schwerer wöge[707] als die bloße Vertragsaufhebung, könne diese *a maiore ad minus* aufgrund der *c.i.c.* ebenfalls gewährt werden[708].

Beide Argumente stellen zwar keine saubere juristische Konstruktion dar[709], erfüllen aber ihren Zweck, die *c.i.c.* neben der Anfechtung zuzulassen. Ziemlich unverhohlen argumentierte der BGH sogar, dass das Interesse des Geschädigten, auch außerhalb der Anfechtungsfrist von § 124 BGB die Aufhebung des Vertrags zu begehren[710], durchaus berechtigt sei. Außerdem irrt der BGH in der pauschalen Annahme, dass stets der Schadenersatz im Vergleich zur Vertragsaufhebung

704 „Dinglich" sollte hier nicht als auf das Erfüllungsgeschäft bezogen verstanden werden, denn diese Wirkung hat § 142 Abs. 1 BGB nur in Fällen der sog. doppelten Nichtigkeit, vgl. hierzu schon. Gemeint war nur die unmittelbare Wirkung der Anfechtung auch gegenüber Dritten.

705 RGZ 79, 194, 197; RGZ 84, 131, 133; ebenso BGH NJW 1962, 1196, 1199 („Kreissägen-Entscheidung"), vgl. auch *Medicus JuS 1965, 209, 212*

706 *Gernhuber, Das Schuldverhältnis, §8 IV 2 d*

707 A.A. *Lieb, Vertragsaufhebung oder Geldersatz?, Festschrift der Rechtswissenschaftlichen Fakultät zur 600-Jahr-Feier der Universität zu Köln, S. 251, 256*

708 BGH NJW 1962, 1196, 1198; *Medicus JuS 1965, 209, 211*

709 Die unterschiedlichen Wirkungen werden einfach nur überbetont und ergeben sich schon aufgrund der unterschiedlichen Konstruktion der Rechtsbehelfe, ohne dass hieraus materielle Schlüsse gezogen werden sollten (zumal die *c.i.c.*-Konstruktion rechtvergleichend sowieso singulär ist). Der Erst-recht-Schluss hingegen geht völlig fehl. Denn dafür wäre erforderlich, dass bei Gewährung der Anfechtung gem. § 123 Abs. 1 BGB tatsächlich kein Schadensersatz bestünde; dieses lässt sich aber deliktisch über § 823 Abs. 2 iVm § 263 StGB oder über § 826 BGB herleiten und hätte dann gem. § 252 BGB den gleichen Umfang wie die *c.i.c.*, vgl. hierzu *Medicus JuS 1965, 209, 212*

710 BGH NJW 1962, 1196, 1198; zustimmend hierzu *Bork, Allgemeiner Teil des Bürgerlichen Gesetzbuchs, Rn. 886*

nachteiliger für den Schuldner sei; dies zeigt der Vergleich zum englischen Recht, das genau die gegenteilige Wertung vorgenommen hat[711].

Die oberflächlichen und formelhaften Begründungen des Reichsgerichts führte der BGH lange Zeit fort, ohne in der Sache neue Begründungsgesichtspunkte vorzutragen[712]. Erst 1998 ging der BGH offen auf die Kritik ein und schlug einen neuen Ansatz[713] zur Abgrenzung auf tatbestandlicher Seite vor, dergestalt dass die Vertragsaufhebung als zusätzliches Tatbestandsmerkmal einen Vermögensschaden erfordere[714]. Dies sei notwendig, um die Unterschiede zwischen Anfechtung und *c.i.c.* nicht zu verwischen, ohne die für den „Schadensersatz anerkannten Grundsätze aufzugeben"[715].

Damit hätte man meinen können, dass der BGH das Nebeneinander nicht mehr fortsetzen, sondern nun ein tatbestandliches Abgrenzungskriterium verwenden wollte. Das ist aber nur scheinbar[716] so. Denn in Wirklichkeit hat die Rechtsprechung verhindert, dass dieses neue Tatbestandserfordernis des Vermögensschadens überhaupt irgendeine Wirkung[717] entfalten konnte. Dies liegt daran, dass der BGH zur Ermittlung des Schadens einen normativ-determinierten Ansatz verwendet, der im Ergebnis doch keinen objektiv eingetretenen Vermögensschaden erfordert. So will der BGH den Schaden zwar, wie üblich im Schadenersatzrecht, mittels eines Vermögensvergleichs ermitteln: Nach der hierfür typischerweise verwendeten Differenzhypothese wird das tatsächliche Vermögen des Getäuschten mit demjenigen hypothetischen Vermögen verglichen, welches er hätte, wenn die Irreführung nicht stattgefunden hätte. Auch wenn danach in vielen Fällen ohne weiteres ein Vermögensschaden feststellbar ist,

---

711 Siehe hierzu unter Teil IV D

712 *Fleischer AcP 200 (2000), 91, 94* mit weiteren Nachweisen aus der Rechtsprechung des BGH

713 *Harke in: HKK 2007, § 311 II, III BGB, Rn. 18*

714 BGH NJW 1998, 302, 303–304

715 BGH NJW 1998, 302, 304; BGH NJW 2006, 845, 846; zustimmend *Lange/Schiemann, Schadensersatz, § 5 III 2*; *Stoll, Schädigung durch Vertragsschluss, in: Ahrens/Bar/Spickhoff u. a., Festschrift für Erwin Deutsch, S. 361, 365;* ebenso Canaris, der den Ansatz, „auf Tatbestandsseite einen Unterschied zwischen den beiden Rechtsbehelfen herauszuarbeiten" und dadurch „ein einigermaßen überzeugungskräftiges Abgrenzungskriterium" zu erhalten, als geglückt ansieht, vgl. *Canaris AcP 200 (2000), 273, 305–308*

716 Ebenso wohl Lorenz, der den Vermögensschaden für eine „Scheinargumentation" hält, vgl. *Lorenz, Vertragsaufhebung als Schadensersatz aus culpa in contrahendo („Fahrlässige Täuschung"): Konkurrenz von §§ 123, 124 BGB zur c.i.c.*, http://lorenz.userweb.mwn.de/urteile/njw98_302.htm *(besucht am 31.08.2014)*

717 *Singer/Finckenstein in: Staudinger 2012, § 123 BGB, Rn. 101*

sind einige wenige Fälle denkbar, in denen die durch die vertragliche Leistungspflicht begründete Vermögenseinbuße durch eine zu erhaltene Gegenleistung, die objektiv genauso viel wert ist, kompensiert wird. Daher fehlt es nach der Saldierung im Rahmen der Differenzhypothese an einem Vermögensschaden. Statt jedoch den Tatbestand der *c.i.c.* konsequenterweise als nicht erfüllt anzusehen, nimmt die Rechtsprechung eine „wertende" Betrachtung im Sinne einer „normativen Kontrolle" vor[718]. Hierfür wendet der BGH eine aus der Betrugsrechtsprechung bekannte Figur des subjektiven Schadenseinschlags[719] an. Demnach ist die Frage zu beantworten, ob die objektiv gleichwertige Gegenleistung auch für den Geschädigten gleich viel wert ist, also „subjektiv sinnvoll"[720] ist. Diese normative Betrachtung solle die Verkehrsanschauung und den Schutzzweck der Haftung mitberücksichtigen[721], womit wohl in den allermeisten Fällen ein subjektiver Schadenseinschlag anzunehmen sein wird[722]. Diese Theorie der normativen Schadenskontrolle bzw. des subjektiven Schadenseinschlags führt hier zu einer Schwächung und sogar Aufhebung des gerade erst geforderten Vermögensschadenserfordernisses.

718 BGH NJW 1998, 302, 304

719 Der Grund übrigens für den subjektiven Vermögenseinschlag, folgt man seinen strafrechtlichen Wurzeln aus der Betrugsrechtsprechung, liegt gerade in der Dispositionsfreiheit des Geschädigten, da der Geschädigte dann nicht schutzlos stehen solle, wenn er durch Täuschung zu einem objektiv gleichwertigen oder günstigen, für ihn persönlich weniger wertvollen Vertrag veranlasst worden war. Perron führt aus, dass bei Wirtschaftsgütern nicht nur der objektive Nutzbarkeitswert berücksichtigt werden dürfe, sondern zusätzlich auch der Wert, den das Wirtschaftsgut für den Geschädigten habe, sofern dieser immer noch nach den Maßstäben wirtschaftlicher Vernunft ermittelt werde, vgl. *Perron in: Schönke/Schröder, 29. Aufl. 2014, § 263 StGB, Rn. 81–83.*

720 BGH NJW 1998, 302, 305; zustimmend *Stoll, Schädigung durch Vertragsschluss, in: Ahrens/Bar/Spickhoff u. a., Festschrift für Erwin Deutsch, S. 361, 365*: Stoll geht sogar noch weiter und hält die Grenzen strafrechtlichen Betrugs für zu eng. Er will die Anforderungen für einen Vermögensschaden so niedrig ansetzen, dass tatsächlich jeglicher Vertrag ausreicht, sofern er „rechtlich verpflichtend ist", *Stoll, Schädigung durch Vertragsschluss, in: Ahrens/Bar/Spickhoff u. a., Festschrift für Erwin Deutsch, S. 361, 363*

721 BGH NJW 1998, 302, 304

722 Schließlich bleibt noch der seltene Fall übrig, in dem der Getäuschte einen für ihn objektiv günstigen Vertrag abgeschlossen hat. Auch hier wird man wohl das Ergebnis noch mittels des subjektiven Vermögenseinschlags korrigieren können, falls der Getäuschte überhaupt die Aufhebung des Vertrags begehren sollte.

Den Vermögensschaden als weiteres Kriterium zu fordern, hat mithin nur den Zweck, den Vorwurf der Umgehung der Begrenzung der Anfechtungsgründe zu umgehen bzw. weniger offensichtlich werden zu lassen[723]. Aber aus der Umgehung einer Umgehung wird noch lange kein direkter Weg. Wenn das zusätzliche Tatbestandsmerkmal des „Vermögensschadens" aber keine praktische Relevanz hat, dann wäre es der bessere und klarere Weg, auf dieses Merkmal doch wieder zu verzichten.

ii. Naturalrestitution als selbstverständliche schadenersatzrechtliche Rechtsfolge

Einige Befürworter der Vertragsaufhebung verweisen darauf, dass der im deutschen Recht verankerte Grundsatz der Naturalrestitution in § 249 BGB gerade die Aufhebung des Vertrags als Schadensbeseitigung ermögliche[724].

Ansatzpunkt für die vorgeschlagene Auslegung ist der Schutzbereich der *c.i.c.* Dieser richte sich wie bei allen Schadenersatzansprüchen nach § 249 BGB, sodass jegliche Art von Schäden gefasst werde[725]. Auch die Verletzung der Entscheidungs- und Dispositionsfreiheit des Getäuschten sei deshalb ein schadensersatzfähiges Rechtsgut. In der Verletzung dieser Freiheit liege ein immaterieller Schaden.

Dass dieser Schaden immaterieller Natur sei, stelle auch kein Problem für den schadenersatzrechtlichen Ausgleich dar, solange dieser Schaden durch Naturalrestitution behoben wird. Denn die grundsätzliche Unbeachtlichkeit immaterieller Schäden ordne das Gesetz in § 253 Abs. 1 BGB nur bezüglich des Geldersatzes an[726], nicht aber für die Naturalrestitution. Ein Ersatz im Wege der Naturalrestitution sei daher stets möglich. Die Naturalrestitution sei dadurch zu gewähren, dass der Vertrag, der ohne die Verletzung nicht geschlossen worden wäre, rückgängig

723 Weniger deutlich schreibt Canaris, dass die Rechtsprechung „ersichtlich, wenn auch unangesprochen, von dem Bestreben geleitet" sei, ein Abgrenzungskriterium zu erhalten, vgl. *Canaris AcP 200 (2000), 273, 305*; sehr deutlich hingegen Lorenz, der von einer „Scheinargumentation" spricht, vgl. *Lorenz, Vertragsaufhebung als Schadensersatz aus culpa in contrahendo („Fahrlässige Täuschung"): Konkurrenz von §§ 123, 124 BGB zur c.i.c.*, http://lorenz.userweb.mwn.de/urteile/njw98_302.htm *(besucht am 31.08.2014), S. 1053*

724 *Fleischer AcP 200 (2000), 91, 112–113; Löwisch/Feldmann in: Staudinger 2013, § 311 BGB, Rn. 162; Lorenz ZIP 1998, 1053, 1055; Theisen NJW 2006, 3102, 3104; Singer/Finckenstein in: Staudinger 2012, § 123 BGB, Rn. 101; Löwisch/Feldmann in: Staudinger 2013, § 311 BGB, Rn. 162*

725 *Fleischer AcP 200 (2000), 91, 112–113*

726 *Löwisch/Feldmann in: Staudinger 2013, § 311 BGB, Rn. 162; Lorenz ZIP 1998, 1053, 1055*

gemacht werde. Wie genau diese Rückgängigmachung aussieht, kann über zwei rechtliche Konstruktionen erreicht werden: Entweder steht dem Geschädigten eine Einwendung gegen den Vertrag zu oder er kann die Rückgängigmachung des Vertragsschlusses durch einen entsprechenden Aufhebungsvertrag[727] verlangen.

iii. Ablehnung der Vertragsaufhebung

Andere Autoren (u.a. u.a. Stoll[728], Lieb[729], Harke[730] und Mankowski[731]) lehnen eine Vertragsaufhebung im Wege der Naturalrestitution ab, denn § 249 BGB dürfe im Falle einer fahrlässigen Täuschung nicht „unreflektiert angewendet" werden[732]. Ihre Argumentation davon getragen, dass sich dann die c.i.c. nicht mehr hinreichend von der Anfechtung nach dem allgemeinen Teil unterscheiden lasse: Es genüge nicht, dass der Vertrag für den Getäuschten „aus welchen Gründen aus immer"[733] lästig sei, denn solche „Unlustgefühle"[734] könnten die Vertragsaufhebung nicht hinreichend rechtfertigen, insbesondere dann nicht, wenn der Vertrag „weder auf einem Irrtum noch einer Arglist" beruhe und das Vermögen nicht belaste[735].

Zurückkommend auf die Abgrenzungsfrage wird daher argumentiert: Um eine solche unreflektierte Vertragsaufhebung zu verhindern, müsse die Willensfreiheit aus dem Schadensbegriff von § 249 BGB ausgenommen werden[736]. Denn diese sei durch die Sonderordnung des Allgemeinen Teils

---

727 *Grigoleit, Vorvertragliche Informationshaftung, S. 88*

728 *Stoll, Schädigung durch Vertragsschluss, in: Ahrens/Bar/Spickhoff u. a., Festschrift für Erwin Deutsch, S. 361, 363; 367* (wobei Stoll allerdings die Hürden des Vermögensschadens äußerst niedrig ansetzt)

729 *Lieb, Culpa in contrahendo und rechtsgeschäftliche Entscheidungsfreiheit, in: Beuthien, Festschrift für Dieter Medicus, S. 337, 339; Lieb, Vertragsaufhebung oder Geldersatz?, Festschrift der Rechtswissenschaftlichen Fakultät zur 600-Jahr-Feier der Universität zu Köln, S. 251, 259,* der einen Vorschlag Medicus', die Willensfreiheit als solche zu schützen, nur *de lege ferenda* für denkbar hält.

730 *Harke in: HKK 2007, § 311 II, III BGB, Rn. 33*

731 *Mankowski, Beseitigungsrechte, S. 195*

732 *Stoll, Schädigung durch Vertragsschluss, in: Ahrens/Bar/Spickhoff u. a., Festschrift für Erwin Deutsch, S. 361, 366; Lieb, Culpa in contrahendo und rechtsgeschäftliche Entscheidungsfreiheit, in: Beuthien, Festschrift für Dieter Medicus, S. 337, 345*

733 So aber Lorenz, *Lorenz, Der Schutz vor dem unerwünschten Vertrag, S. 73*

734 *Lieb, Vertragsaufhebung oder Geldersatz?, Festschrift der Rechtswissenschaftlichen Fakultät zur 600-Jahr-Feier der Universität zu Köln, S. 251, 259*

735 *Lieb, Culpa in contrahendo und rechtsgeschäftliche Entscheidungsfreiheit, in: Beuthien, Festschrift für Dieter Medicus, S. 337, 345*

736 *Lieb, Vertragsaufhebung oder Geldersatz?, Festschrift der Rechtswissenschaftlichen Fakultät zur 600-Jahr-Feier der Universität zu Köln, S. 251, 259; Medicus JuS 1965, 209, 214*

abschließend geschützt[737]. Der Schaden im Sinne von § 249 BGB liege mithin nicht im Vertrag als solchen, sondern darin, dass die mit dem Vertragsschluss verbundenen Erwartungen enttäuscht werden[738]. Durch die fahrlässige Täuschung sei die privatautonome Selbstbestimmung mithin gar nicht beeinträchtigt, vielmehr habe der Vertrag als Ausdruck dieser Selbstbestimmung nur nicht die erwarteten[739] Wirkungen erzielt.

Allerdings kann dieser Auffassung, dass die Vertragsaufhebung niemals unter § 249 BGB gefasst werden könne, zwei[740] Stellen in den Motiven entgegengehalten werden, die doch eine Vertragsaufhebung im Rahmen des Schadenersatzes vorzusehen scheinen. Eine Stelle soll hier zitiert werden[741]:

> Der Betrogene [= arglistig Getäuschte[742]] ist aber auch berechtigt, statt vom Rechte der Anfechtung Gebrauch zu machen, nach Maßgabe der Vorschriften über den Schadensersatz aus unerlaubten Handlungen [...] auf obligatorischem Wege von dem Betrüger die Wiederaufhebung der rechtlichen Wirkungen der durch Betrug veranlassten Willenserklärung und Ersatz des sonstigen negativen Interesses zu verlangen [...]. Von praktischer Bedeutung kann dieses Recht namentlich insofern werden, als nach § 104 [heute § 124 BGB] die Anfechtung an eine einjährige Präklusivfrist von der Entdeckung des Betruges angeknüpft ist, während der Anspruch auf Schadensersatz aus dem Delikte erst binnen drei Jahren von dem Zeitpunkte an verjährt, in welchem der Betrogene von dem erlittenen Schaden und der Person des Schuldners Kenntnis erlangt hat [...]. Das Nebeneinanderbestehen des Rechtes der Anfechtung und des Wiederherstellungsanspruches aus dem Delikte hat umso weniger Bedenken, als die kurze Präklusivfrist für die Ausübung des Anfechtungsrechtes wesentlich in der weitgreifenden,

---

737 Lieb schreibt, dass der § 123 bei rechtswidriger Beeinflussung der Willensbildung „als einzige Vorschrift" die Aufhebung der Bindung an den geschlossenen Vertrag erlaube, vgl. *Lieb, Vertragsaufhebung oder Geldersatz?, Festschrift der Rechtswissenschaftlichen Fakultät zur 600-Jahr-Feier der Universität zu Köln, S. 251, 263*

738 *Stoll, Schädigung durch Vertragsschluss, in: Ahrens/Bar/Spickhoff u. a., Festschrift für Erwin Deutsch, S. 361, 367*

739 Harke spricht von „Erwartungsgerechtigkeit", die wiederhergestellt werden müsse, vgl. *Harke in: HKK 2007, § 311 II, III BGB, Rn. 33;* die Willensfreiheit als solche sei daher nicht von der *c.i.c.* geschützt, aber doch „reflexartig" von der Haftungswirkung der *c.i.c.* mitumfasst, *Harke in: HKK 2007, § 311 II, III BGB, Rn. 33*; der Unterschied zwischen *c.i.c.* und Anfechtung liege daher darin, dass nur letztere die Willensfreiheit unmittelbar als Schutzgut erfasse.

740 *Mugdan, Recht der Schuldverhältnisse, S. 422; Mugdan, Recht der Schuldverhältnisse, S. 11*

741 *Mugdan, Recht der Schuldverhältnisse, S. 422*

742 Erst später ist dieser Begriff des „Betrugs" im Gesetzgebungsverfahren durch die „arglistige Täuschung" ersetzt worden, um auch Fälle zu erfassen, in denen kein Vermögensschaden eingetreten ist, *Mugdan, Einführungsgesetz und allgemeiner Teil, S. 722*

> *in rem* gehenden Wirkung der Anfechtung ihren Grund hat. In der Regel wird übrigens in dem Verlangen des Betrogenen auf Wiederherstellung des früheren Zustandes eine Anfechtungserklärung (§ 113) und andererseits im Verzichte auf die Anfechtung auch ein Verzicht auf den Wiederherstellungsanspruch liegen.

Dass die Abgrenzung zur Vertragsaufhebung nicht gelingen kann, zeigt sich schließlich an der Frage, wie denn der Geldersatz berechnet werden soll. Nach Stoll und Lieb liegt der Schaden einzig darin, dass die Partei für diesen Vertrag Aufwendungen[743] getätigt hat, die teilweise oder vollständig überflüssig gewesen sind, wobei zu den Aufwendungen auch die Gegenleistung zählt. Derartige Aufwendungen stellten einen Vermögensschaden dar und könnten am einfachsten durch Geldleistungen ausgeglichen werden[744]. Deshalb sei der Vermögensschaden im Ergebnis Anspruchsvoraussetzung der *c.i.c.* Die Höhe des Schadenersatzes richte sich nach der Höhe der vergeblichen Aufwendungen, und bei einer wegen der Verletzung der Informationspflicht für den Geschädigten gänzlich nutzlosen Leistung könne seine Gegenleistung um bis zu 100 % heruntergesetzt werden[745], was dann einer Aufhebung des Vertrags gleichkomme. Entsprechend könne man eine Teilaufhebung bzw. faktische Minderung zulassen[746].

---

743 *Stoll, Schädigung durch Vertragsschluss, in: Ahrens/Bar/Spickhoff u. a., Festschrift für Erwin Deutsch, S. 361, 368*

744 *Lieb, Vertragsaufhebung oder Geldersatz?, Festschrift der Rechtswissenschaftlichen Fakultät zur 600-Jahr-Feier der Universität zu Köln, S. 251, 261–262*

745 *Lieb, Vertragsaufhebung oder Geldersatz?, Festschrift der Rechtswissenschaftlichen Fakultät zur 600-Jahr-Feier der Universität zu Köln, S. 251, 264–265*

746 *Stoll, Schädigung durch Vertragsschluss, in: Ahrens/Bar/Spickhoff u. a., Festschrift für Erwin Deutsch, S. 361, 371*; zustimmend *Lieb, Vertragsaufhebung oder Geldersatz?, Festschrift der Rechtswissenschaftlichen Fakultät zur 600-Jahr-Feier der Universität zu Köln, S. 251, 254–255; 266*; ebenso Basedow, der sich für eine dogmatisch saubere Anwendung der Differenzhypothese einsetzt. Täusche der Verkäufer den Käufer darüber, dass die angebotene Sache zum Einkaufspreis angeboten werde, während der Verkäufer tatsächlich den Verkaufspreis angibt, dürfe man nicht einfach den Preis auf den Einkaufspreis mindern, denn ob ein solcher Preis von den Parteien tatsächlich vereinbart worden wäre, sei eher zweifelhaft. Führe man eine solche Absenkung dennoch durch, treffe den Verkäufer ein Kontrahierungszwang zu dem niedrigeren Preis, so dass aus dem negativen Vertrauensschaden ein Erfüllungsschaden geworden wäre. Stattdessen solle zumindest bei gattungsmäßig bestimmten Kaufsachen die Differenz zum Marktpreis angesetzt werden, denn zu einem solchen hätte sich der Käufer in der Regel anderweitig eindecken können, vgl. *Basedow NJW 1982, 1030, 1030; a.A. Kersting JZ 2008, 714, 716–717*; Honsell lehnt die Minderung deswegen ab, weil sie strukturell mit dem positiven Vertragsinteresse vergleichbar sei, wofür aber eine vertragliche Abrede (oder Arglist entsprechend § 463 a.F. BGB) erforderlich sei, *Honsell, Negatives und positives Interesse wegen Verletzung der*

III. Alternative Modelle für die Behandlung der Irreführung

Wenn aber die gegenwärtige Rechtspraxis das Ergebnis einer Reihe von Missverständnissen ist, so soll gezeigt werden, wie diese Missverständnisse beseitigt werden können und wie *de lege lata* eine Verbesserung der Rechtsanwendung vorgenommen werden könnte.

Solche Lösungen können nur darin liegen, die Irreführung wieder in die bestehenden Regelungen im allgemeinen Teil zu integrieren. Am überzeugendsten erweisen sich dabei solche Ansätze, die den Anwendungsbereich von § 119 BGB betreffen. Denn wie schon in Bezug auf die Erläuterungen in den Motiven gezeigt, sollten diese Regelungen gerade nicht einer wissenschaftlichen Fortentwicklung der Dogmatik im Wege stehen. Alternativ schlagen – trotz der Problematik des entgegenstehenden Wortlauts – einige wenige Autoren dennoch die analoge Anwendung von § 123 BGB vor.

1. Irreführung als besondere Form des Sachverhaltsirrtums, § 119 Abs. 1

Will man die Irreführung in die allgemeine Rechtsgeschäftslehre integrieren, so bietet es sich an, beim § 119 Abs. 1 BGB anzufangen. Denn die hier getroffene Regelung kann rechtshistorisch als Generalnorm einer Irrtumsregelung angesehen werden[747].

Damit muss man aber erneut der Frage nachgehen, um was für einen Irrtum es sich bei der Irreführung handelt. Man wird dabei zu dem Ergebnis kommen, dass es sich regelmäßig nicht um einen Erklärungsirrtum bzw. Inhaltsirrtum handelt kann, wenn man den oben beschrieben mechanischen Begriff des Erklärungsirrtums verwendet. Denn die Irreführung betrifft in der Regel tatsächliche Umstände. Es handelt sich also um einen Sachverhaltsirrtum. Will man diesen in § 119 Abs. 1 BGB erfassen, ist es deswegen zwingend erforderlich, sich vom mechanischen Verständnis des Erklärungs- bzw. Inhaltsirrtums zu lösen[748].

Dennoch ist der Umstand, dass der Irrtum durch den Erklärungsgegner verursacht worden ist, nicht ohne Belang. Erleichtert er doch den Nachweis der Kausalität bzw. erlaubt es dem Irregeführten, die mit der Kausalitätsfrage verknüpfte Missbrauchskontrolle leichter zu passieren. Denn der Irrende kann nach § 119 Abs. 1 BGB „die Erklärung anfechten, wenn anzunehmen ist, dass er sie bei Kenntnis der Sachlage und bei verständiger Würdigung des Falles nicht abgegeben haben würde".

Aufklärungspflicht bei culpa in contrahendo und Delikt, in: Beuthien, Perspektiven des Privatrechts am Anfang des 21. Jahrhunderts, S. 181, 192–193

747 *Schermaier in: HKK 2003, §§ 116–124 BGB, Rn. 75*

748 *Schermaier in: HKK 2003, §§ 116–124 BGB, Rn. 119*

2. *Irreführung als beachtlicher Motivirrtum*

Andere Autoren wollen hingegen die Anfechtbarkeit des Rechtsgeschäfts wegen Irreführung über § 119 Abs. 2 BGB im BGB erfassen[749], denn genau in diesem Bereich habe der Gesetzgeber die Offenheit gegenüber späteren Entwicklungen gefordert[750].

Vorteil einer solchen Regelung wäre es, dass der bezüglich des bisher kodifizierten Eigenschaftsirrtums in § 119 Abs. 2 BGB[751] bestimmte sinnvolle Wertungen der Risikotragung[752] übernommen werden könnten. Entsprechend wird gefordert, die in § 119 Abs. 2 BGB für den Eigenschaftsirrtum gefundene Lösung wertungsmäßig heranzuziehen[753], um diesen lückenhaften Ansatz zu einer Gesamtregelung des Anfechtungsproblems für alle Sachverhaltsirrtümer auszubauen. Die Forderung sei auch deswegen angemessen, weil der Beschränkung von § 119 Abs. 2 BGB auf Eigenschaftsirrtümer „jegliche innere Rechtfertigung" fehle[754].

In Bezug auf die Irreführung solle ein subjektiv und objektiv erheblicher Irrtum über den einem Rechtsgeschäft zugrundeliegenden Wirklichkeitssachverhalt

---

749 *Kramer in: MüKoBGB, 5. Aufl. 2006, § 119 BGB, Rn. 112; Armbrüster in: MüKoBGB, 6. Aufl. 2012, § 119 BGB, Rn. 112*; zustimmend *Honsell, Negatives und positives Interesse wegen Verletzung der Aufklärungspflicht bei culpa in contrahendo und Delikt, in: Beuthien, Perspektiven des Privatrechts am Anfang des 21. Jahrhunderts, S. 181, 189*

750 *Armbrüster in: MüKoBGB, 6. Aufl. 2012, § 119 BGB, Rn. 112*; von der „modernen Rechtsentwicklung" wird auch tatsächlich in den Beratungen der 2. Kommission gesprochen (vgl. hierzu *Mugdan, Einführungsgesetz und allgemeiner Teil, S. 720*), allerdings beschränkt sich die geplante Offenheit der Regelung des heutigen § 119 Abs. 2 BGB darauf, der Wissenschaft die Qualifizierung des Eigenschaftsirrtums als Geschäfts- oder Motivirrtum zu überlassen (ebenso *Schermaier in: HKK 2003, §§ 116–124 BGB, Rn. 67*). Beachtlich sollte der Eigenschaftsirrtum aber unabhängig von dessen Qualifizierung sein. Dies wird insbesondere an anderer Stelle deutlich, an der die Kommission aus dem bisherigen Entwurf diejenige Vorschrift streicht, nach der der Irrtum im Beweggrund stets unbeachtlich sei, *Mugdan, Einführungsgesetz und allgemeiner Teil, S. 721–722*, denn eine solche ausdrückliche Vorschrift wäre eventuell mit dem Eigenschaftsirrtum in Konflikt geraten.

751 *Armbrüster in: MüKoBGB, 6. Aufl. 2012, § 119 BGB, Rn. 113*

752 *Armbrüster in: MüKoBGB, 6. Aufl. 2012, § 119 BGB, Rn. 112*

753 *Armbrüster in: MüKoBGB, 6. Aufl. 2012, § 119 BGB, Rn. 114;* „Lehre vom erweiterten Sachverhaltsirrtum", so die Bezeichnung, die Singer für Kramers Lehre gefunden hat, *Singer in: Staudinger 2012, § 119 BGB, Rn. 56*

754 *Armbrüster in: MüKoBGB, 6. Aufl. 2012, § 119 BGB, Rn. 114*; zustimmend schon *Brox, Die Einschränkung der Irrtumsanfechtung, S. 71*

nach Abs. 2 dann zur Anfechtung berechtigen, wenn der Vertragspartner den Irrtum veranlasst hat oder er diesem auffiel oder hätte auffallen müssen[755].

3. *Übertragung des Regelungsmusters von § 123 BGB auf die fahrlässige Täuschung*

Andere Autoren[756] schlagen sogar die analoge Anwendung von § 123 Abs. 1 BGB auf Sachverhalte der fahrlässigen Täuschung vor.

Es kann wohl vorausgesetzt werden, dass es nicht einfach erscheint, argumentativ die Grenze des eindeutigen Wortlauts überwinden. Grigoleit versucht es trotzdem, indem er argumentiert, dass das in § 123 und § 826 aufgestellte „gesetzliche Vorsatzdogma"[757] zwar als solches so vorgesehen sei, aber sich im Laufe der Jahre abgeschwächt habe. Er meint, dass sich aufgrund der sich in den letzten 100 Jahren veränderten Umstände eine „Derogation des Vorsatzdogmas" nachweisen lasse. Dadurch eröffne sich nunmehr eine Gesetzlücke, die im Wege der Rechtsfortbildung geschlossen werden könne[758]. Er schlägt hierbei vor, § 123 BGB entsprechend auf Fälle fahrlässiger Irreführung anzuwenden[759]. Dieser habe dann auch Vorrang vor der *c.i.c.*, da die Anfechtung wegen Irreführung durch fahrlässige, vorvertragliche Informationspflichtverletzung sachnäher sei[760].

---

755 Dabei wollen Kramer und Armbrüster auch die europäischen Rechtsvereinheitlichungsprojekte als „Erkenntnisquelle" einbeziehen, vgl. *Kramer in: MüKoBGB, 5. Aufl. 2006, § 119 BGB, 113; 116; Armbrüster in: MüKoBGB, 6. Aufl. 2012, § 119 BGB, Rn. 112.*

756 *Grigoleit, Vorvertragliche Informationshaftung, S. 46–83; Mankowski, Beseitigungsrechte, 211, 342–346*

757 *Grigoleit, Vorvertragliche Informationshaftung, 29ff; Emmerich in: MüKoBGB, 6. Aufl. 2012, § 311 BGB, Rn. 89;* kritisch hier Harke, der statt eines systematischen Ansatzes (Vorsatzdogma) eher ein echtes gesetzgeberisches Versäumnis vorliegen sieht, insbesondere deswegen, weil die in den Motiven genannten Stellen sich nur auf Konkurrenzfragen beziehen und ihnen keine allgemeinen Aussagen zu entnehmen seien, *Harke in: HKK 2007, § 311 II, III BGB, Rn. 12*

758 *Grigoleit, Vorvertragliche Informationshaftung, S. 46–83*

759 *Grigoleit, Vorvertragliche Informationshaftung, S. 137*

760 *Grigoleit, Vorvertragliche Informationshaftung, S. 153;* zustimmend zur Sachnähe *Lieb, Vertragsaufhebung oder Geldersatz?, Festschrift der Rechtswissenschaftlichen Fakultät zur 600-Jahr-Feier der Universität zu Köln, S. 251, 253,* allerdings hält Lieb bekanntlich die begrenzten Anfechtungstatbestände für ausreichend. Dies entspreche dem Grundsatz *pacta sunt servanda*; die nun einmal eingegangene vertragliche Bindung solle daher nur in Ausnahmefällen (*ex tunc*) beseitigt werden können.

Allerdings räumt Grigoleit selbst ein, dass eine „gesetzesderogatorische Rechtsfortbildung"[761] gewagt sei, denn damit werde die analoge Anwendung einer Regelung vorgeschlagen, die aufgrund ihres Wortlauts offensichtlich für solche Fälle nicht vorgesehen ist. Meines Erachtens wird der Grundsatz *a maiore ad minus* unzulässiger Weise umgekehrt.

Gleichwohl sprächen, so Mankowski, für diese Lösung einige gute Argumente. Zunächst vermeide man, die fahrlässige Informationspflichtverletzung mit einem anderen Instrumentarium zu sanktionieren als die vorsätzliche[762]. Unstimmigkeiten innerhalb der verschiedenen Aufhebungssysteme ließen sich beseitigen[763], und die Anfechtung als klassischer und für den Rechtsanwender verständlicher Rechtsbehelf würde die notwenige Durchschlagskraft gewinnen. Auch die für den Laien nicht nachvollziehbare Abgrenzung der Schutzgüter des Vermögens und der Willensfreiheit erübrige sich. Die *ex tunc*-Wirkung von § 142 Abs. 1 BGB würde einheitlich gelten und das System des Drittschutzes nach § 142 Abs. 2 BGB könnte einheitlich angewandt werden. Auch ließen sich Widersprüche vermeiden, die gegenüber der Irrtumsanfechtung bestehen: Es ergebe keinen Sinn, die *ex tunc*-Wirkung für den unverschuldeten Irrtum nach § 119 BGB anzuordnen, für den fahrlässig verschuldeten abzulehnen und für den vorsätzlich verschuldeten wiederum zuzulassen. Die *c.i.c.* wäre auch nicht gänzlich ihrer Funktion beraubt. Sie böte für alle weiteren Schäden, insbesondere der Verletzung von Informationspflichten, die nicht für den Vertragsschluss kausal geworden sind, Ausgleichsmöglichkeiten nach allgemeinen Schadensersatzgrundsätzen (§§ 280, 241 II, 195 BGB)[764].

IV. Bewertung der Irreführung im deutschen Recht

Soll man die Lösungen des deutschen Rechts zur Irreführung bewerten, so befriedigt es, dass das deutsche Recht trotz der ungünstigen gesetzlichen Voraussetzungen mit der Vertragsaufhebung wegen *c.i.c.* eine Lösung gefunden hat, die im wesentlichen praktikable Ergebnisse erzielt. Es wird deutlich, dass hier eine Lösung gefunden worden ist, die es dem Richter erlaubt, den ihm vorgelegten Rechtsstreit so zu entscheiden, dass eine insgesamt als gerecht empfundene Lösung gefunden wird.

---

761 *Grigoleit, Vorvertragliche Informationshaftung, S. 46*

762 *Mankowski, Beseitigungsrechte, S. 344*

763 *Mankowski, Beseitigungsrechte, S. 344*

764 *Grigoleit NJW 1999, 900, 903*; zustimmend hierzu *Schermaier in: HKK 2003, §§ 116–124 BGB, Rn. 120*

Es ist daher anzunehmen, dass die dogmatischen Unzulänglichkeiten im Gerichtsalltag und in der anwaltlichen Beratungspraxis vernachlässigt werden können: Dies trifft auf die erste Frage zu, ob man wirklich auf die Fahrlässigkeit der Irreführung abstellen will oder eher auf die Veranlassung der Informationsweitergabe. Zumindest im Bereich der Täuschung durch aktives Tun wäre eigentlich auf die zurechenbare Veranlassung statt auf die Fahrlässigkeit einer solchen Veranlassung abzustellen; allerdings ist dieser Unterschied in der Praxis äußerst gering.

Auch die zweite dogmatische Frage, ob ein Vermögensschaden zu fordern ist, kann in der Praxis vernachlässigt werden. Schon allein aufgrund des Umstandes, dass die meisten Verträge aus finanziellen Gründen geschlossen zu werden pflegen, wird wohl in der Mehrzahl der Fälle ohnehin ein Vermögensschaden vorzufinden sein. Darüber hinaus hat der BGH auch die weiteren praktischen Unzulänglichkeiten dadurch beseitigt, dass er die Erfordernisse an den Vermögensschaden gering festsetzt, so dass zweifelhaft ist, ob überhaupt noch Fälle einer Irreführung ersichtlich sind, in denen kein Vermögensschaden vorliegt. Einfacher wäre es nur gewesen, auf dieses Tatbestandsmerkmal ganz zu verzichten.

In dogmatischer Hinsicht erscheint die Lösung über die *c.i.c.* zwar unbefriedigend, denn sie lässt sich nicht sauber mit dem Wortlaut des BGB in Einklang bringen und steht zu den Regelungen zur Rechtsgeschäftslehre und zum Irrtum im allgemeinen Teil in Konkurrenz. Bezüglich der Unvereinbarkeit mit dem BGB lässt sich nach der Schuldrechtsreform nicht mehr argumentieren, dass die *c.i.c.* in der gegenwärtigen Form nicht vom Willen des Gesetzgebers umfasst sei. Denn er nahm die *c.i.c.* im Wissen um ihre gegenwärtige Ausgestaltung ins Gesetz auf, ohne weitere Vorgaben zu machen.

Dennoch wäre es aus Gründen der Verständlichkeit und der Nachvollziehbarkeit gesetzlicher Regelungen wünschenswert, die Irreführung in den allgemeinen Teil des BGB zu reintegrieren. Auch dogmatische Unstimmigkeiten der gegenwärtigen Regelung könnten bei einer Reintegration in den allgemeinen Teil behoben werden.

Aber es müsste eine solche Reintegration auf eine Weise vorgenommen werden, die für den täglichen Rechtsanwender ohne größere Umgewöhnungsschwierigkeiten nachzuvollziehen wäre. Daher sollten komplizierte Auslegungsmethoden vermieden werden. Problem aller vorgeschlagenen Alternativlösungen *de lege lata* ist allerdings gerade, dass diese ein vertieftes und in der Wissenschaft nicht einheitlich entwickeltes Verständnis der Normen erfordern. Hinzu kommt ein weiteres Problem: Auch die Nebenregelungen müssten umgedeutet und im Rahmen der Rechtsfortbildung angepasst werden: So müsste im Rahmen der

Irreführung die eher kurze Anfechtungsfrist angemessen verlängert werden, oder im Rahmen der Analogie aus § 123 BGB müssten die Folgen der arglistigen Täuschung abgemildert werden. All dies könnte zu einer unübersichtlichen und für den täglichen Rechtsanwender schwerer verständlichen Lage und damit zu mehr Rechtsunsicherheit führen.

Insoweit ist aus praktischer Sicht durchaus die Entwicklung der Rechtsprechung verständlich, für die fahrlässige Irreführung einen eigenen Rechtsbehelf zu schaffen, da für diesen dann auch die Voraussetzungen autonom gestaltet werden können.

Teil VI Irrtumsregelungen in den europäischen Projekten

In den letzten beiden Teilen dieser Arbeit sollen die Erkenntnisse aus den vorangegangenen Teilen noch einmal abschließend bewerten werden. Dabei soll überlegt werden, ob sich die gewonnenen Erkenntnisse so zusammenführen lassen, dass daraus eine Irrtumsregelung entwickelt werden kann, die die jeweiligen Vorteile der verschiedenen Ansätze des deutschen und englischen Rechts sowohl des Irrtums und als auch der Irreführung kombiniert.

In diesen Gedankenprozess sollen aber auch die Erkenntnisse einfließen, die die relativ jungen Bestrebungen der europäischen Zivilrechtsvereinheitlichung hervorgebracht haben. Hier haben sich mit dem Gemeinsamen Referenzrahmen (*Common Frame of Reference*, CFR) erhebliche neue Rechtssammlungen entwickelt, die dem Gesamteindruck eines Zivilgesetzbuches nahekommen[765].

Dem CFR gingen die Entwicklung der *Principles of European Contract Law* (PECL) voraus, auf welche die Projektgruppen zur Erstellung des CFR aufbauten. Neu am CRF war auch, dass die europäische politische Ebene die Erstellung des Gemeinsamen Referenzrahmens erheblich förderte. Weiterer Fortschrift des CFR gegenüber den PECL war, dass er neben einem abstrakt-rechtsvergleichenden Ansatz auch die bisherige EU-Rechtsetzung als „gemeinsamen Besitzstand" oder *acquis communautaire* einbezog[766]. Trotz entsprechender Förderung durch die Europäische Kommission blieb der CFR zwar ein akademisches Projekt, sollte aber als Grundlage für europäische Gesetzesvorhaben dienen.

Ein solches Gesetzesvorhaben fand schließlich statt[767], als die Kommission 2011 für den Bereich des Kaufrechts eine Verordnung entwarf (*Common European Sales Law*, CESL). Trotz seines auf das Kaufrecht beschränkten Anwendungsbereichs enthält das CESL im 5. Kapitel Vorschriften zu Willensmängeln[768].

---

765 *Schulze ZEuP 2007, 130, 131*; *Remien GPR 2008, 124, 124*; *Hesselink Tulane Law Review 83 (2009), 919, 924*; *Lando ERPL 17 (2009), 367, 367–368;* deutsche Ausgabe: *Bar, Grundregeln des Europäischen Vertragsrechts.*

766 *Schulze ZEuP 2007, 130, 134*

767 „Textstufe", vgl. *Jansen, Die Irrtumsanfechtung im Vorschlag für ein Gemeinsames Europäisches Kaufrecht, in: Schulte-Nölke/Zoll/Jansen u. a., Der Entwurf für ein optionales europäisches Kaufrecht, S. 169, 171* und *Eidenmüller/Jansen/Kieninger u. a. JZ 2012, 269, 269*

768 *Martens AcP 211 (2011), 845, 849*

Das Gesetzgebungsverfahren zum CESL hat die Kommission jedoch 2015 wieder aufgegeben.

Möglicherweise war der Plan, ein eigenes Kaufrecht zu schaffen, welches im Wege einer kollisionsrechtlichen Rechtswahl[769] durch die Parteien gewählt werden könnte und damit als weitere Rechtswahlmöglichkeit neben die bestehenden nationalen Kaufrechtsregelungen getreten wäre[770], doch zu ambitioniert.

Für die Zwecke dieser Arbeit eigenen sich CESL und CFR gleichermaßen als Anschauungsmaterial. Denn die Irrtumsregelungen des CESL sind dem CFR entnommen und der CFR baute wiederum auf den PECL-Prinzipien auf, weswegen sich alle drei Regelungen bezüglich der grundlegenden Struktur ähneln. Auch inhaltlich bestehen zwischen den einzelnen Regelungen keine erheblichen Unterschiede[771]. Freilich hat erst der CFR die Vorschriften des EU-Rechts, z.B. Verbraucherinformationspflichten, die die *Acquis*-Gruppe aus den bisherigen EU-Richtlinien „destilliert" hatte[772], in das Regelwerk integriert[773]. Da das CESL die erste offizielle Textfassung darstellt, soll diese die Grundlage der Betrachtung bilden.

A. Willensmängel in einer Norm

Die auffälligste Neuerung dieser europäischen Regelungen im Vergleich zum deutschen und englischen Irrtumsrecht besteht darin, dass fast alle

769 Bisher ist es nicht möglich, andere Regelungswerke als das Recht eines Nationalstaates als Rechtsgrundlage eines Vertrags zu wählen. Regelungswerke des *soft law*, wie die Unidroit-Prinzipien oder die PECL, konnten nur als Regelungen in den Vertrag inkorporiert werden, mit der Folge, dass die bindenden Vorschriften des nationalen Rechts nicht umgangen werden konnten und die einheitliche Anwendung der Prinzipien gefährdeten, *Lando ERPL 17 (2009), 367, 374–375*

770 Ob eine solche Regelung durch die EU überhaupt zulässig ist oder z.B. an der Subsidiarität scheitern könnte, wird sich noch herausstellen. Jedenfalls hat der Bundestag solche Zweifel deutlich angemerkt, vgl. hierzu *Sensburg ERCL 2012, 188*

771 *Martens, Einigungsmängel im EU-Kaufrecht, in: Schmidt-Kessel, Ein einheitliches europäisches Kaufrecht?, S. 179, 181*

772 *Lehmann ZEuP 2009, 693, 704*

773 *Fabre-Magnan/Sefton-Green, Defects of Consent in Contract Law, in: Hartkamp/Hondius, Towards a European Civil Code, S. 399, 410; Lehmann ZEuP 2009, 693, 704; Faust/Grigoleit, Informationspflichten: Grundlegende Weichenstellungen, in: Eidenmüller/Faust/Grigoleit u. a., Revision des Verbraucher-Acquis, S. 193, 199*

Willensmängel innerhalb einer Norm zusammengefasst und insbesondere die Irreführung in das allgemeine Irrtumsrecht integriert ist[774].

Wie sieht also die Reintegration der Irreführung in die Irrtumsregelung aus? Man muss leider feststellen, dass die Reintegration im CESL nicht geglückt ist. Vor allem aber ist sie unvollständig, denn noch immer sind Irrtum und Täuschung in getrennten Normen (nämlich Art. 48 und 49 CESL) verortet[775]. Dennoch ist die Reintegration zumindest weiter gediehen als etwa im deutschen, japanischen oder englischen Recht. Denn innerhalb des Art. 48 CESL, welcher sich mit dem Irrtum befasst, ist die Irreführung mitgeregelt.

I. Wortlaut der Regelungen

Der Wortlaut des Art. 48 CESL lautet:

Art. 48: Irrtum

1. Eine Partei kann einen Vertrag wegen eines bei Vertragsschluss vorhandenen Tatsachen- oder Rechtsirrtums anfechten, wenn
   (a) diese Partei, wäre sie dem Irrtum nicht unterlegen, den Vertrag nicht oder nur mit grundlegend anderen Vertragsbestimmungen geschlossen hätte und die andere Partei dies wusste oder wissen musste, und
   (b) die andere Partei
      i) den Irrtum verursacht hat,
      ii) den irrtumsbehafteten Vertragsschluss durch Verletzung vorvertraglicher Informationspflichten nach Kapitel 2 Abschnitte 1 bis 4 verursacht hat,
      iii) von dem Irrtum wusste oder wissen musste und den irrtumsbehafteten Vertragsschluss verursacht hat, indem sie nicht auf die einschlägigen Informationen hingewiesen hat, sofern sie nach dem Gebot von Treu und Glauben und des redlichen Geschäftsverkehrs dazu verpflichtet gewesen wäre, oder
      iv) demselben Irrtum unterlag.

---

774 *Fabre-Magnan/Sefton-Green, Defects of Consent in Contract Law, in: Hartkamp/Hondius, Towards a European Civil Code, S. 399, 401*

775 Entsprechend bemängelt Martens, dass in der gegenwärtigen Fassung Irrtum und Täuschung „unbehaglich“ nebeneinanderstünden, wohl weil der Mut zu einer „radikalen Modernisierung“ gefehlt habe, *Martens, Einigungsmängel im EU-Kaufrecht, in: Schmidt-Kessel, Ein einheitliches europäisches Kaufrecht?, S. 179, 181*. Ob er damit allerdings die Zusammenfassung beider Tatbestände meint, darf bezweifelt werden, da er zum einen nur das „Verhältnis zwischen Irrtum und Täuschung“ geklärt haben wollte und an anderer Stelle gerade eine wesentliche Unterscheidung zur Täuschung in Art. 49 vornimmt, nämlich bei der Frage der Täuschung durch nicht-kommunikative Handlungen, vgl. *Martens, Einigungsmängel im EU-Kaufrecht, in: Schmidt-Kessel, Ein einheitliches europäisches Kaufrecht?, S. 179, 183–184.*

2. Eine Partei kann einen Vertrag nicht wegen Irrtums anfechten, wenn das Risiko des Irrtums von dieser Partei übernommen wurde oder nach den Umständen von ihr getragen werden sollte.
3. Ein Fehler in der Verlautbarung oder Übermittlung einer Erklärung ist als Irrtum der Person anzusehen, die die Erklärung abgegeben oder übersandt hat.

Der Wortlaut des Art. 49 CESL (Arglistige Täuschung) lautet:

1. Eine Partei kann einen Vertrag anfechten, wenn sie von der anderen Partei durch arglistige Täuschung, sei es durch Worte oder durch Verhalten, zum Vertragsschluss bestimmt worden ist oder durch arglistiges Verschweigen von Informationen, die sie nach dem Gebot von Treu und Glauben und dem Grundsatz des redlichen Geschäftsverkehrs oder aufgrund vorvertraglicher Informationspflichten hätte offenlegen müssen.
2. Eine Täuschung ist arglistig, wenn sie in dem Wissen oder der Annahme, dass es sich um die Unwahrheit handelt, oder leichtfertig hinsichtlich Wahrheit oder Unwahrheit begangen wird und sie in der Absicht geschieht, den Empfänger dazu zu bestimmen, einen Irrtum zu begehen[776]. Ein Verschweigen ist arglistig, wenn es in der Absicht geschieht, die Person, der die Informationen vorenthalten werden, dazu zu bestimmen, einen Irrtum zu begehen.
3. Für die Feststellung, ob das Gebot von Treu und Glauben und des redlichen Geschäftsverkehrs verlangt, dass eine Partei bestimmte Informationen offenbart, sind sämtliche Umstände zu berücksichtigen, insbesondere,
   (a) ob die Partei über besondere Sachkunde verfügte,
   (b) die Aufwendungen der Partei für die Erlangung der einschlägigen Informationen,
   (c) ob die andere Partei die Informationen leicht auf andere Weise hätte erlangen können,
   (d) die Art der Informationen,
   (e) die offenkundige Bedeutung der Informationen für die andere Partei und
   (f) in Verträgen zwischen Unternehmern die gute Handelspraxis unter den gegebenen Umständen.

Wie zu erkennen ist, sind die Regelungen zur Irreführung in Art. 48 Abs. 1 (b) Nr. 1 bis 3 CESL zu finden, da hier jeweils Fälle erfasst sind, in denen eine Seite den Irrtum der anderen Seite „verursacht" hat. Damit ist die Irreführung nicht nur in das Irrtumsrecht reintegriert, sie scheint dieses textlich sogar zu dominieren. Dennoch gibt es in Art. 48 Abs. 1 (b) (iv) CESL auch eine Variante, der keine Irreführung zugrunde liegt. Daher sollte dieser textlich wenig

776 Die Formulierung „Irrtum begehen" findet sich in der Übersetzung der Kommission. Im Englischen heißt es „make a mistake", welches an mehreren Stellen verwendet und sonst richtigerweise mit „einem Irrtum unterliegen" übersetzt worden ist.

aussagekräftigen Variante im Rahmen dieser Arbeit besondere Aufmerksamkeit geschenkt werden.

Auffällig ist, dass die Irreführung in vielen Varianten geregelt ist. Dieser Variantenreichtum führt dazu, dass die Verständlichkeit der Norm abnimmt und die Abgrenzung zwischen den einzelnen Varianten erforderlich wird, welche sich als schwierig herausstellt. Würde man den Tatbestand des Irrtums in einem Baumdiagramm darstellen und dabei praxisnah zwischen der Verursachung durch Tun oder Unterlassen unterschieden, ergäbe sich folgendes Bild:

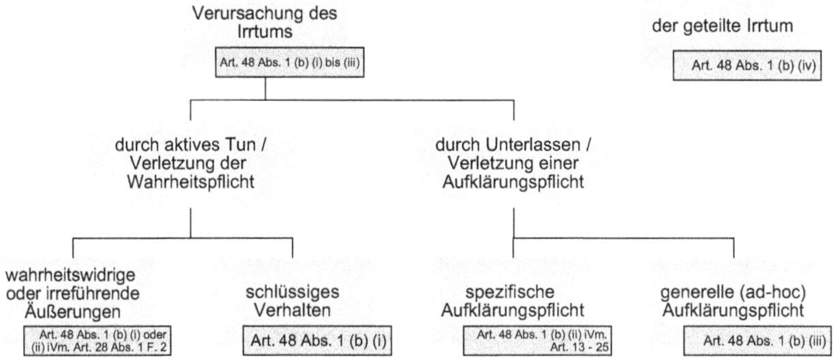

Eine andere systematische Darstellung, die sich eher am Normentext orientiert hätte, wäre auch möglich gewesen. Dann hätte man zur besseren Gliederung etwa annehmen können, dass es sich bei der allgemein gehaltenen Variante (i) um eine Generalnorm handelt und die Varianten (ii) und (iii) engere Unterfälle bezeichnen, welche wohl aus Klarstellungsgründen aufgenommen worden sind. Man hätte also eine Formulierung mit „insbesondere" in den Normentext hineinlesen müssen.

II. Grundsätzliche Ausrichtung des CESL

In Bezug auf den Theorienstreit zwischen Willens- und Erklärungstheorie kann eine europäische Irrtumsregelung nicht mehr leisten als die nationalen Rechte auch. Denn sie muss sich mit den gleichen konfligierenden Zwecken des Vertragsrechts auseinandersetzen, nämlich dem Konflikt zwischen dem Selbstbestimmungsrecht des Einzelnen, einen Irrtum bei der Willensentäußerung korrigieren zu dürfen, und dem Vertrauen des Vertragspartners in den Bestand der Willenserklärung, mithin dem Irrenden genau diese Korrekturmöglichkeit zu verwehren.

Im Vergleich zum BGB fallen die Wertungsunterschiede auf. Während das BGB der Willenstheorie verpflichtet ist und diese nur modifiziert bzw. praxistauglich macht, folgt das CESL relativ deutlich der Erklärungstheorie.

Dies lässt sich schon an der Überschrift des entsprechenden Kapitels im Verordnungs-Entwurf erkennen, denn die Überschrift lautet „Einigungsmängel" und nicht „Willensmängel"[777], was zeigt, dass sich das Kapital nur mit dem Konsens, nicht aber mit der Gültigkeit einzelner Akte wie einer Willenserklärung befasst. Gleich wie im englischen Recht ist Anknüpfungspunkt der Irrtumslehre nicht mehr der die Willensbestimmung des einzelnen. Der Erklärenden verliert an Bedeutung[778], weil sein Wille nur in einem Zusammenspiel mit der Selbstbestimmung des anderen in die Bewertung einfließt. Dies hat zur Folge, dass die Willensfreiheit des Einzelnen dem Vertrauensschutz weicht[779]; die individuelle Selbstbestimmung tritt hinter der gemeinschaftlichen Vertragsinhaltsbestimmung zurück.

Diese Erkenntnis deckt sich mit anderen Normen des CESL, z.B. dem Mechanismus zur Auslegung: Der wirkliche Wille der einen Partei ist nach Art. 58 Abs. 2 CESL nur dann maßgebend, wenn er der anderen Partei bekannt war. Ist der wirkliche Wille der anderen Partei hingegen nicht bekannt und weichen die beiden Willen voneinander ab, dann ist der Vertrag in dem Sinne auszulegen, wie eine vernünftige Person den Vertrag verstehen würde, Art. 58 Abs. 3 CESL.

Es liegt daher die klassische erklärungstheoretische Ausgangslage vor, wobei der Fall der *falsa demonstratio* einbezogen worden ist. Dennoch kann, wie ich schon eingangs festgestellt hatte, die Erklärungstheorie allein keine zufriedenstellenden Lösungen liefern. Es ist daher zu untersuchen, wo das europäische Recht die Erklärungstheorie dahingehend modifiziert, dass sie sich doch wieder der Willenstheorie annähert.

---

777 *Martens AcP 211 (2011), 845, 851*

778 Man darf davon ausgehen, dass hier die in den PECL gefundene Lösung beibehalten wird, denn auch die dort in Art. 2:101 Abs. 1 PECL und Art. 5:101 PECL genannten Willenselemente statuieren kein Willensdogma; vielmehr ergibt sich aus dem Zusammenhang, dass sie ein solches auch gar nicht statuieren wollen, sondern die hier genannten Willenselemente nur „Dekoration für eine erklärungstheoretische Lösung" sind, so auch *Harke ZEuP 2006, 326, 330*

779 *Grundmann ERCL 2011, 490, 521*

B. Wie sieht der Kompromiss zwischen Erklärungs- und Willenstheorie aus?

Da stets ein Kompromiss zwischen Willens- und Erklärungstheorie gefunden werden musste, galt es ein Kriterium zu finden, nach dem die Abgrenzung zwischen bedeutsamen und nicht bedeutsamen Irrtümern vorgenommen werden konnte[780].

Art. 48 CESL geht nicht den Weg des deutschen Rechts, den Irrtum anhand eines bestimmten abstrakt-begrifflichen Kriteriums zu bewerten, sondern behandelt alle Arten von Irrtümern gleich. Die Gleichbehandlung liegt darin, dass all diese Irrtümer grundsätzlich unbeachtlich sind, es sei denn, dass einer der Ausnahmetatbestände des Art. 48 Abs. 1 (b) CESL vorliegt. Der Vertrauensschutz des Erklärungsklärungsempfängers ist hierbei die Regel, und nur in Ausnahmesituationen wird dieser Schutz aufgehoben. Denn es wird vermutet, dass der Irrende seinen Irrtum selbst verursacht hat, woraus in der Bewertung der Schutzwürdigkeit geschlossen wird, dass sich die irrende Partei bezüglich der Folgen nur an sich selbst halten kann. Das Risiko eines Irrtums trägt mithin jede Partei selbst[781].

Schwerpunkt der Irrtumsregelungen sind die Regelungen zur Irreführung, die sogar in drei verschiedene Varianten in Art. 48 Abs. 1 (b) Varianten (i) bis (iii) CESL aufgeteilt wird. Damit machen es sich die Urheber der Regelung auch wiederum einfach, denn die Irreführung ist im Grundsätzlichen unproblematisch, da sie sich sowohl nach der Willens- als auch nach der Erklärungstheorie begründen lässt[782].

Ausdrücklich gilt die Gleichbehandlung aller Irrtümer auch für den Verlautbarungsirrtum (also Erklärungsirrtum) und den Übermittlungsirrtum, wie in Art. 48 Abs. 3 CESL klargestellt wird. Damit wird deutlich, dass es eine mit § 119 Abs. 1 BGB vergleichbare Anfechtungsregelung nicht geben soll. Der Erklärungstheorie folgend, soll mithin der Erklärungsempfänger in größerem Maße geschützt werden als im deutschen Recht[783]. Der Schutz wird auf der Primärebene erreicht, also durch Versagung des Anfechtungsrechts, statt auf der Sekundärebene durch Schadenersatz nach ausgeübter Anfechtung. Diese Regelung zum Erklärungsirrtum soll unter IV. noch einmal genau betrachtet werden.

---

780 So schon *Kötz, Abschluß, Gültigkeit und Inhalt des Vertrages, Die Beteiligung Dritter am Vertrag, S. 261*

781 *Harke ZEuP 2006, 326, 329* zur gleichlautenden Regelung der PECL

782 Siehe hierzu Teil VA

783 *Martens AcP 211 (2011), 845, 852*

I. Irreführung bzw. Irrtumsverursachung

Hauptanwendungsfall der Irrtumsregelung im CESL wird die Irreführung sein. Hierfür spricht zum einen, dass die Irreführung schon jetzt in der Praxis häufig vorkommt, zum anderen lässt sich die Regelungsdichte der Norm in diesem Bereich vermuten, dass hier in der Anwendung die meisten Fälle zu finden sind.

Das CESL verwendet den Begriff der Irreführung nicht (und zwar auch nicht in der englischen Fassung, der insofern eine besondere Bedeutung zukommt, weil Englisch die Arbeitssprache bei der Erstellung der PECL und des CFR war). Vielmehr verwendet das CESL den Begriff der Irrtumsverursachung[784].

1. *Verursachung statt Verschulden*

Anders als im englischen und im deutschen Recht ist der Begriff der Irrtumsverursachung als bloße Veranlassung zu verstehen, ohne dass den Verursacher ein Verschulden an der Irrtumsveranlassung treffen müsste. Die Maßgeblichkeit des Irrtums hängt davon ab, aus wessen Sphäre der Irrtum herrührt: Während für selbstverursachte Irrtümer der Irrende allein die Verantwortung trägt, liegt die Verantwortung beim fremdverursachten Irrtum beim Gegner. Mit anderen Worten: Was für den Irrenden gilt, soll auch für den Irrtumsverursacher gelten[785]. Die verschuldensunabhängige Zulassung der Anfechtung bei bloßer Verursachung des Irrtums durch die andere Partei ist mithin Gegenstück dazu, dass sonst der zurechenbare (auch schuldlose) Irrtum den Irrenden nicht zur Anfechtung berechtigt. Nimmt man den Sphärengedanken ernst, dann bleibt für ein Verschulden kein Raum.

---

784 *Ackermann/Franck ERCL 2012, 113, 117–118*

785 *Pfeiffer in: CESL-Commentary 2012, Article 48 CESL, Rn. 31*; bezüglich PECL *Grigoleit, Irrtum, Täuschung und Informationspflichten in den European Principles und den Unidroit-Principles, in: Schulze/Ebers/Grigoleit, Informationspflichten und Vertragsschluss im Aquis communautaire, S. 201, 203–204*; zustimmend dahingehend, dass es um die Verteilung des Informationsrisikos gehe und daher kein Raum für Verschulden sei, *Lehmann ZEuP 2009, 693, 712*; ebenso zu den PECL: *Wolf, Willensmängel und sonstige Beeinträchtigungen der Entscheidungsfreiheit in einem europäischen Vertragsrecht, in: Basedow, Europäische Vertragsrechtsvereinheitlichung und deutsches Recht, S. 85, 99*; a.A. Piers, der zumindest bezüglich des Informationsempfängers verschiedene Maßstäbe in Art. 28 CESL und Art. 48 bzw. Art. 49 CESL dahingehend anlegen will, dass in Art. 28 CESL die Schwere der Täuschung nach dem objektiven Standard der Vernünftigkeit gemessen solle, während in Art. 48 und 49 CESL für den Informationsempfänger ein individuelle Maßstab angelegt werden solle, *Piers ZEuP 2012, 867, 891*

Für eine verschuldensunabhängige Haftung (und mithin eine bloße Veranlassungshaftung) spricht auch – wenn auch nicht mit erheblichem Gewicht – die Veränderung des Wortlauts in der Normengeschichte seit den PECL-Prinzipien, die in der englischen Fassung sichtbar wird. Denn die seit dem CFR gewählte Formulierung „*could (reasonably)*[786] *be expected to have known*" spricht wohl eher für eine verschuldensunabhängige Haftung[787]. Der in den PECL verwendete Wortlaut lautet noch „*knew or ought to have known*", wobei „*ought*" auf Fahrlässigkeit hindeutet. Wie schon erwähnt, lässt sich diese Veränderung nur im Wortlaut in der englischen Fassung nachvollziehen, während die jeweilige deutsche Übersetzung auf diesen Themenkomplex nicht eingeht: So lautet die Übersetzung der PECL-Prinzipien „*Kenntnis vom Irrtum hatte oder haben musste*" und die des CFR bzw. CESL „*wusste oder wissen musste*".

Dass die deutsche Übersetzung diese Frage einfach übergeht, zeigt aber auch, von wie geringer Bedeutung die Frage des Verschuldens überhaupt ist. Denn, wie ich schon an anderer Stelle ausgeführt habe (Teil VC.IV), sind die Unterschiede zwischen einer verschuldensunabhängigen und verschuldensabhängigen Haftung äußerst gering, da auch das Verschulden unter Heranziehung eines objektiven Vergleichsmaßstabs bemessen wird[788].

2. Die Varianten der Irreführung

Nun zu den zahlreichen getroffenen Regelungsvarianten der Irreführung, auf deren Darstellung nicht verzichtet werden kann. Denn die Irreführung wird in Art. 48 Abs. 1 (b) (i) bis (iii) CESL gleich in drei verschiedenen Varianten regelt, die sich nach der Art und Weise der Irrtumsverursachung unterscheiden. Unterschieden wird danach, ob der Irrtum durch aktives Tun (Art. 48 Abs. 1 (b) (i) CESL) hervorgerufen worden ist oder durch das Unterlassen einer gebotenen Aufklärung ((Art. 48 Abs. 1 (b) (ii) und (iii) CESL).

---

786 Das CESL lässt das Wort „*reasonably*" weg.

787 So auch *Jansen/Zimmermann AcP 210 (2010), 196, 242* unter Verweis auf die Kommentierung zu den PICC; *Jansen, Die Irrtumsanfechtung im Vorschlag für ein Gemeinsames Europäisches Kaufrecht, in: Schulte-Nölke/Zoll/Jansen u. a., Der Entwurf für ein optionales europäisches Kaufrecht, S. 169, 181*

788 Zustimmend *Piers ZEuP 2012, 867, 889*

a. *Aktive Irreführung*

Der Hauptfall der Irreführung ist immer noch die klassische Irreführung durch aktives Tun[789]. Aufgrund der sonderbaren Struktur des Normentextes ergibt sich der Fall der Irreführung anhand von zwei Tatbestandsmöglichkeiten[790], denn neben dem offensichtlichen Normenpfad über Art. 48 Abs. 1 (b) (i) CESL gibt es noch die Variante, die Irreführung über einen Verstoß gegen eine „Wahrheitspflicht" gem. Art. 28 Abs. 1 F. 2 CESL zu konstruieren. Art. 28 Abs. 1 F. 2 CESL stellt eine positive Rechtspflicht auf, wonach jemand verpflichtet ist, in „angemessener Weise dafür Sorge zu tragen" (*take reasonable care to ensure*), dass die von ihm gegebene Information richtig und nicht irreführend ist[791]. Die Pflicht zur Richtigkeit gilt für alle Fälle der Informationsweitergabe unabhängig davon, ob der Äußernde zur Erteilung dieser Informationen wegen einer Aufklärungspflicht verpflichtet war[792]. Diese „Wahrheitspflichtverletzung" berechtigt dann ebenfalls über Art. 48 Abs. 1 (b) (ii) CESL zur Anfechtung.

Beide Varianten überschneiden sich in großen Bereichen. Nur ein Fall ist denkbar, der nur von Art. 48 Abs. 1 (b) (ii) CESL erfasst sein könnte, nämlich wenn der Irreführende den Irrtum auf nicht-kommunikative Weise veranlasst[793],

---

789 Hier sei an das zur Irreführung und zur *misrepresentation* Gesagte erinnert, insbesondere an die wirtschaftlichen und ethischen Begründungsmuster nach der Theorie des *cheapest cost avoider.*

790 Zustimmend *Jansen/Zimmermann AcP 210 (2010), 196, 244–245.*

791 Ebenso: *Piers ZEuP 2012, 867, 869;* als irreführend werden solche Informationen angesehen, die zwar tatsächlich korrekt sind, aber aufgrund des Zusammenhangs den Empfänger zu falschen Schlüssen verleiten, vgl. *Piers ZEuP 2012, 867, 890*; die Beispiele, die ich im englischen Recht schon genannt habe, gelten auch hier: So z.B. wenn der Verkäufer eines Hauses angibt, dass dieses einen schöne Aussicht auf die Berge hat, aber gleichzeitig verschweigt, dass – was ihm bekannt ist – für den Tag nach dem Vertragsschluss der Bau eines die Sicht versperrenden Hochhauses geplant ist. Dann ist die Information, dass das Haus eine solche Aussicht „hat", korrekt. Denn „hat" steht im Präsens und bezieht sich grammatikalisch damit auf die Gegenwart. Dennoch würde hier der Käufer treuwidrig in die Irre geführt werden.

792 *Piers ZEuP 2012, 867, 888; Faust/Grigoleit, Informationspflichten: Grundlegende Weichenstellungen, in: Eidenmüller/Faust/Grigoleit u. a., Revision des Verbraucher-Acquis, S. 193, 195*

793 So auch *Martens, Einigungsmängel im EU-Kaufrecht, in: Schmidt-Kessel, Ein einheitliches europäisches Kaufrecht?, S. 179, 183–184; Jansen, Die Irrtumsanfechtung im Vorschlag für ein Gemeinsames Europäisches Kaufrecht, in: Schulte-Nölke/Zoll/Jansen u. a., Der Entwurf für ein optionales europäisches Kaufrecht, S. 169, 191*; Ackermann und Franck meinen, dass hier wohl eher die Furcht dahintergesteckt habe, einzelne Fälle, in denen ein Irrtum durch die andere Partei verursacht sei, nicht über die Nummern

da Art. 28 Abs. 1 F. 2 CESL von „gegebener Information" spricht[794]. Ein solcher Fall könnte etwa gegeben sein, wenn der Täuschende Schimmelbefall in einem Haus verdeckt, um es danach zu verkaufen.

Zusätzlich muss wiederum die Kausalität begründet werden, wie dies auch schon im deutschen und englischen Recht der Fall war. Erforderlich ist, dass die Information für den Entschluss, genau den später abgeschlossenen Vertrag abzuschließen, entscheidend war und die andere Partei auch vernünftigerweise erwarten konnte, dass eine solche Information Teil des vertraglichen Equilibriums werden würde[795]. Hier gibt es keine Besonderheiten der europäischen Regelung.

b. Irreführung durch Unterlassen, Art. 48 Abs. 1(b) (ii) und (iii) CESL

Die zweite Form der Verursachung des Irrtums ist die durch Unterlassen einer Aufklärung trotz bestehender Aufklärungspflicht. Diese Form der Verursachung ist ebenfalls in Art. 48 Abs. 1(b) CESL aufgenommen worden, nämlich in den Varianten (ii) und (iii).

Hier führt der Normentext eine sinnvolle und praxisnahe Unterscheidung nach dem Grund der Entstehung der Aufklärungspflicht durch: Variante (ii) stellt die Verknüpfung mit den Aufklärungspflichten des 2. Kapitels des CESL her und stellt damit auf die Verletzung einer generellen Aufklärungspflicht ab. Variante (iii) bezieht sich hingegen auf die Verletzung einer Aufklärungspflicht, welche nur in der konkreten Situation des Vertrags entstanden ist.

Diese Unterscheidung ist praxisnah, da das Gericht im Streitfall verschiedene Ansätze verfolgt: In Variante (ii) muss der Richter einen vorhandenen relativ konkreten Normentext auslegen und unter diesen Text den Sachverhalt subsumieren: Dabei stehen sowohl der konkrete Tatbestand, der eine Informationspflicht auslöst, als auch die Rechtsfolge (also Art und Umfang der zu erteilenden Informationen) fest. Einzig offen ist die Frage, ob die generell beschriebene Situation, die eine bestimmte Informationspflicht auslöst, im konkreten Fall

---

(ii) und (iii) erfasst zu haben, z.B. wenn auf einer Homepage kein Mechanismus zur Eingabefehlerkorrektur vorhanden sei, vgl. *Ackermann/Franck ERCL 2012, 113, 119*

794 Verstärkt wird diese Vermutung durch die Normenhistorie, denn die PECL sahen in der entsprechenden Regelung noch den Fall vor, dass der Irrtum „durch Angaben der anderen Partei verursacht worden sei". Diese Einschränkung („durch Angaben der anderen Partei" / „*information given by the other party*") ist aber seit der Fassung des CFR weggelassen worden. Somit scheint wohl eine Ausweitung des Tatbestands auf sonstige Fälle bezweckt worden zu sein, vgl. *Ackermann/Franck ERCL 2012, 113, 118*

795 *Piers ZEuP 2012, 867, 889*

vorliegt. Typischerweise ist in diesen Fällen auch der Sachverhalt nicht weiter aufklärungsbedürftig, so dass das Gericht relativ schnell zu einer Urteilsfindung gelangen kann.

In Variante (iii) muss sich der Richter hingegen vor allem fragen, ob er aufgrund der konkreten Umstände eine spezielle Informationspflicht annehmen will. Der Richter muss also sowohl den Tatbestand der Informationspflicht für den konkreten Fall aus den generellen gesetzlichen Kriterien und Wertungen entwickeln als auch die Rechtsfolge konkret festlegen. Mithin muss er entscheiden, welche Informationen konkret hätten erteilt werden müssen. Typischerweise muss der Richter hierfür alle Beteiligte konkret anhören (welche Informationen waren ihnen bekannt, welche Erwartungen hatten sie) und ggf. Zeugen einvernehmen.

i. Irreführung durch Verletzung gesetzlicher Informationspflichten, Art. 48 Abs. 1(b) (ii) CESL

Bei den Aufklärungspflichten des 2. Kapitels, auf die die Variante (ii) verweist, handelt es sich um gesetzlich vorgeschriebene, an die allgemeine Situation anknüpfende Aufklärungspflichten, die sich ergeben, sobald eine vorher gesetzlich spezifizierte Situation vorliegt, und dann ist Aufklärung in dem vorher bestimmten Umfang zu leisten[796].

Diese Aufklärungspflichten, die im 2. Kapital des CESL stehen, sind auf die Einbeziehung des „gemeinsamen Besitzstands“ (*Acquis* des Verbraucherrechts der EU) in das Vertragsrecht zurückzuführen, was erstmals durch den CRF vorgenommen worden ist[797].

Die Verankerung solcher Normen innerhalb der Regelungen zur Irreführung dürfte einen deutlichen Fortschritt in der gerichtlichen Praxis zur Anwendung von EU-Verbraucherrechtsvorschriften führen. Denn damit würden diese Regelungen einen erheblichen Teil ihrer übermäßigen Schärfe verlieren. Gegenwärtige Anwendungssituation ist allzu oft, dass der Fristbeginn eines Widerrufsrechts an die Erfüllung der Informationspflichten geknüpft wird, was in der gerichtlichen Praxis dazu führt, dass Verträge und Dauerschuldverhältnisse noch Jahre nach ihrer Begründung und zum Teil sogar nach ihrer kompletten Durchführung widerrufen werden konnten und rückabgewickelt werden mussten. Dies führte

796 *Faust/Grigoleit, Informationspflichten: Grundlegende Weichenstellungen, in: Eidenmüller/Faust/Grigoleit u. a., Revision des Verbraucher-Acquis, S. 193, 197*

797 *Faust/Grigoleit, Informationspflichten: Grundlegende Weichenstellungen, in: Eidenmüller/Faust/Grigoleit u. a., Revision des Verbraucher-Acquis, S. 193, 199*

dazu, dass die Informationspflichtverletzung missbraucht wurde, um im Nachhinein ein Reurecht oder zumindest eine verbesserte Verhandlungsposition für eine vergleichsweise Einigung zu erlangen. Diese Missbrauchsmöglichkeit könnte durch die Anwendung des Kausalitätskriteriums als Filter erheblich eingeschränkt werden.[798]

Ein solches Verständnis, das Anfechtungsrecht mit einem Kausalitätskriterium zu verknüpfen, wäre ein erheblicher Fortschritt. Zugunsten eines solchen Normenverständnisses scheint auch zu sprechen, dass gem. Art. 29 CESL eine eigenständige Schadenersatzgrundlage geschaffen worden ist, die bei unwesentlichen Aufklärungspflichtverletzungen statt der Anfechtung zur Anwendung kommen würde (und nur Schadenersatz in Geld gewähren würde)[799].

ii. Irreführung durch Unterlassen der ad hoc gebotenen Aufklärung, Art. 48 Abs. 1 (b) (iii) CESL

Die allgemeinen Aufklärungspflichten nach Art. 48 Abs. 1 (b) (iii) CESL sind hingegen nicht so genau geregelt. Sie ergeben sich ja auch gerade aufgrund der Eigenheiten des Einzelfalls, so dass eine generelle Regelung gar nicht in gleicher Weise möglich ist. Die rechtliche Grundlage solcher Aufklärungspflichten liegt im Gebot von Treu und Glauben gem. Art. 2 CESL[800]. Zusätzlich werden in Art. 49 Abs. 3 CESL (also systematisch unbefriedigend innerhalb der Regelung der vorsätzlichen Täuschung) dann noch einige Hinweise gegeben, nach welchen Kriterien das Bestehen einer solchen Pflicht im Einzelfall bemessen werden soll[801].

---

798 A.A. Eidenmüller u.a., die aufgrund der unklaren Regelungen vielmehr befürchten, dass die Vertragsaufhebung auch bei unbedeutenden Informationspflichtverletzungen noch zur Anwendung kommen könnte, vgl. *Eidenmüller/Jansen/Kieninger u. a. JZ 2012, 269, 277*

799 *Piers ZEuP 2012, 867, 889; so auch zu den PECL,* Jansen und Zimmermann, die diese Folge als „Clou der PECL" bezeichnen, vgl. *Jansen/Zimmermann AcP 210 (2010), 196, 237*

800 *Piers ZEuP 2012, 867, 879–880;* Lurger sieht eine solche Pflicht zusätzlich durch Art. 23 CESL begründet, wobei dieser Artikel nur das Verhältnis zwischen Unternehmern regelt, *Lurger, Zustandekommen eines bindenden Vertrages (Teil II CESL-Entwurf), in: Wendehorst, Am Vorabend eines gemeinsamen Europäischen Kaufrechts, S. 63, 81–82;* Martens weist auch hier Widersprüchlichkeiten nach, da das Bestehen einer solchen Pflicht in Art. 48 Abs. 1 (b) (iii) kenntnisabhängig sei, in Art. 23 CESL hingegen nicht, vgl. *Martens GPR 2013, 134, 136*

801 Vgl. Faust zur gleichen Struktur im CFR, *Faust, Generalklauselartige Aufklärungspflicht, in: Eidenmüller/Faust/Grigoleit u. a., Revision des Verbraucher-Acquis, S. 201,*

II. Geteilte Irrtümer nach Art. 48 Abs. 1 (b) (iv) CESL

Neben der dominanten Irreführung enthält Art. 48 Abs. 1 (b) CESL schließlich auch eine Regelung zu den sonstigen Irrtümern. Diese Regelung ist erstaunlich kurz gehalten. So ist nach Art. 48 Abs. 1 (b) (iv) CESL, ein Irrtum auch dann maßgeblich, wenn „die andere Partei demselben Irrtum unterlag".

Zu diesem kurzen Satz zeigt sich ein erheblicher Diskussionsstoff. Denn zum einen hat diese Anforderung zur Folge, dass jegliche Arten noch einseitigen Irrtümern, die nicht unter die Varianten (i) bis (iii) fallen, ausgeschlossen sind[802]. Zum anderen scheinen auch viele geteilte Irrtümer auf andere Weise behandelt zu werden. So bedürften etwa geteilte Inhalts- bzw. Erklärungsirrtümer nicht der Anfechtung des Vertrags, weil schon die Auslegung des Vertrags ergibt, dass der Vertrag mit dem wirklich gewollten Inhalt zustande kommt.

Einzig geteilte Sachverhaltsirrtümer, die nicht schon nach einem anderen Kriterium erheblich sind, können unter die Regelung gefasst werden. Allerdings hat sich in der Praxis herausgestellt, dass in vielen Fällen nicht die strenge Vertragsaufhebung die angemessene Konsequenz zu sein scheint, sondern eine (wie auch immer rechtlich konstruierte) Vertragsanpassung. Bezeichnend ist daher der Vorschlag des European Law Institute, Ziffer (iv) zu streichen, da die Auslegung und der Wegfall der Geschäftsgrundlage die geeigneten Lösungswege aufzeigten und die wenigen übrigbleibenden Fälle mittels Treu und Glauben und dem Prinzip des *venire contra factum proprium* gelöst werden könnten[803].

204, der diese Struktur für veraltet hält und meint, dass diese sich wohl nur historisch bzw. rechtsvergleichend begründen ließe, da bei der vorsätzlichen Täuschung eher anerkannt sei, dass diese durch Unterlassen der Aufklärung bei Bestehen einer Aufklärungspflicht begangen werden könne, vgl. *Faust/Grigoleit, Informationspflichten: Grundlegende Weichenstellungen, in: Eidenmüller/Faust/Grigoleit u. a., Revision des Verbraucher-Acquis, S. 193, 193*; ebenso Lehmann (ebenfalls zum CFR), der diese Kriterien zur Konkretisierung des unbestimmten Prinzips von Treu und Glauben bei den Informationspflichten regeln will, *Lehmann ZEuP 2009, 693, 711.*

802 Ob dies angemessen ist, soll sogleich unter Teil VIB.IV diskutiert werden.

803 *European Law Institute, Statement of the European Law Institute on the Proposal for a regulation on a common European sales law,* https://www.europeanlawinstitute.eu/fileadmin/user_upload/p_eli/Publications/S-2-2012_Statement_on_the_Proposal_for_a_Regulation_on__a_Common_European_Sales_Law.pdf *(besucht am 15.04.2017), S. 200–201*; *Lehmann ZEuP 2009, 693, 713*

III. Kausalität

Richtig erkannt haben die Urheber des CESL, dass die Irrtumsregelung durch eine Kausalitätsprüfung bezüglich der Verursachung und Maßgeblichkeit des Irrtums zu ergänzen ist.

Die Kausalitätsprüfung, die – wie auch schon im deutschen und englischen Recht – durchaus auch rechtliche Wertungen enthält, schränken den Irrtumstatbestand erheblich ein[804]. Neben der reinen Kausalitätsprüfung gibt es wiederum einen Wesentlichkeitstest. Demnach hätte der Vertrag ohne den Irrtum nicht oder nur mit grundlegend anderen Vertragsbestimmungen (*fundamentally different contract terms*[805]) geschlossen werden dürfen.

Dieses zweite Kriterium der Wesentlichkeit beinhaltet in der Fassung des CESL eine erstaunliche Einschränkung. Im CESL wird nämlich, anders als im deutschen Recht[806], die Wesentlichkeit aus der Perspektive des Vertragspartners beurteilt[807], dergestalt dass er „vom Irrtum wusste oder wissen musste" (*could*

---

804 A.A. Ackermann und Franck, die meinen, dass die Kausalität der Informationspflichtverletzung nicht zu *fundamental mistake* führen müsse, sondern es genüge, wenn die Informationspflichtverletzung irgendwie den Vertragsschluss beeinflusst habe und zusätzlich aus einem anderen Grunde ein wesentlicher Fehler vorliege, vgl. *Ackermann/Franck ERCL 2012, 113, 119*

805 Der Wortlaut „grundlegend anderen Vertragsbestimmungen" ist etwas enger als der vergleichbare Wortlaut der UNIDROIT-Prinzipien. Dort wird in Art. 3.2.2 nur verlangt, dass der Vertrag mit „wesentlich" verschiedenen Vertragsklauseln geschlossen würde, statt wie hier mit „grundlegend" verschiedenen Vertragsklauseln, vgl. *Pfeiffer in: CESL-Commentary 2012, Article 48 CESL, Rn. 42,* der sich für genau eine solche lockerere Regelung einsetzt.

806 Zum deutschen Irrtumsrecht lassen sich einige Unterschiede ausmachen. Während das deutsche Recht in § 119 Abs. 1 BGB zwar ebenfalls die Kausalität objektiv prüft, folgt die Betrachtung von der Perspektive des Irrenden aus, beim CESL aus der Perspektive des Vertragspartners. Zwar wird in beiden Rechten eine Objektivierung der Perspektive vorgenommen dergestalt, dass nicht jede unverständliche subjektive Wertung zu einer Irrtumsanfechtung berechtigt, aber dennoch ist nur im deutschen Recht sämtliches Wissen des Irrenden bei der Betrachtung heranzuziehen, vgl. *Schermaier in: HKK 2003, §§ 116–124 BGB, Rn. 81.*

807 *Martens, Einigungsmängel im EU-Kaufrecht, in: Schmidt-Kessel, Ein einheitliches europäisches Kaufrecht?, S. 179, 183; Ackermann/Franck ERCL 2012, 113, 116; Lurger, Zustandekommen eines bindenden Vertrages (Teil II CESL-Entwurf), in: Wendehorst, Am Vorabend eines gemeinsamen Europäischen Kaufrechts, S. 63, 82*; teilweise abweichende Ansicht durch *Piers ZEuP 2012, 867, 891,* wonach nur im Rahmen des Art. 28 CESL auf eine objektive Vernünftigkeit (*reasonableness*) abzustellen sei, wohingegen

have been expected to know). Dies bewirkt, dass die Frage der Wesentlichkeit des Irrtums mit der der Erkennbarkeit des Irrtums verquickt wird. Infolgedessen scheiden sämtliche noch so relevanten, aber dem Anfechtungsgegner nicht mitgeteilten oder für ihn sonst nicht erkennbaren Umstände als Anfechtungsgrund aus[808]. Gemildert wird dies nur bedingt, da immerhin mittels des Kriteriums der Erkennbarkeit ein geringer Spielraum für solche Fälle bleibt, in denen sich ein Irrtum aufdrängt.

Die Verknüpfung der Wesentlichkeit mit der Frage der Erkennbarkeit ist allerdings nicht zielführend. Denn die Wesentlichkeit ist eher ein willenstheoretisches, auf den Irrenden als Person abstellendes Kriterium. Bei der Erkennbarkeit hingegen handelt es sich um ein Kriterium, das nur selten wirklich den Ausschlag geben kann. In einigen Fällen, in denen der Irrtum durch den Vertragspartner zwar erkannt worden ist, ordnet Art. 48 Abs. 2 CESL an, dass trotz der Erkennbarkeit auf die Verteilung der Risikotragung für diesen Umstand abzustellen sei. In anderen Fällen, insbesondere beim Erklärungsirrtum, führt der Umstand, dass der Irrtum erkennbar war, im Wege der Auslegung dazu, dass der Vertrag mit anderem Vertragsinhalt als dem wörtlichen geschlossen wird, so dass sich die Anfechtung erübrigt. War der Erklärungsirrtum hingegen nicht erkennbar, würde das CESL diesen ausschließen. Hier stellt sich wieder die Frage, ob der gänzliche Ausschluss des Erklärungsirrtums sinnvoll ist (dazu sogleich).

Wenn dann aber die Erkennbarkeit kein so geeignetes Ausschlusskriterium ist, wie die Norm vorgibt, rückt die Frage der Kausalität bzw. Wesentlichkeit wieder in den Vordergrund, was auch nicht immer zu praktikablen Ergebnissen führt[809].

---

bei Art. 48 und 49 CESL der Empfänger einer Fehlinformation individuell und nicht anhand eines durchschnittlichen objektiven Dritten bewertet werde.

808 *Ackermann/Franck ERCL 2012, 113, 116*

809 Dass diese Frage des wesentlichen Irrtums eher Verwirrung als Klarheit stiftet, zeigt z.B. der Kommentar G zu Art. II.-7:201 CFR, wonach der Irrtum über den Preis in der Regel nicht fundamental sei, auch wenn ein wesentlich zu hoher Preis gezahlt werden war. Zwar ist dem insoweit zuzustimmen, dass der Irrtum über den Preis wohl aus Rechtssicherheitsgründen stets unbeachtlich sein sollte (zustimmend *Kötz, Abschluß, Gültigkeit und Inhalt des Vertrages, Die Beteiligung Dritter am Vertrag, S. 279–280)*, aber nach jedem natürlichen Verständnis wäre ein solcher Irrtum wohl ein wesentlicher Irrtum, *Ackermann/Franck ERCL 2012, 113, 117.*

IV. Verbleiben einseitiger Irrtümer beim Erklärenden

Wenn das CESL der Erkennbarkeit in Art. 48 Abs. 1 (a) sowie (b)(iv) CESL einen so hohen Stellenwert einräumt, stellt sich im allgemeinen die Frage, wie mit einseitigen (vom Gegner unerkannten) Irrtümern zu verfahren ist. Verbunden ist damit die Frage, ob die Zuweisung des Irrtumsrisikos nach Risikosphären stets angemessen ist.

1. Einseitiger Erklärungsirrtum

Von besonderer Brisanz ist diese Frage beim Erklärungsirrtum, denn Erklärungsirrtümer bleiben typischerweise unerkannt (wären sie erkannt worden, hätte sich der Vertragsinhalt schon mittels der Auslegung geändert[810]). Wendet man den Gedanken der Abgrenzung der Risikosphären konsequent an, so wäre der unerkannte einseitige Erklärungsirrtum stets unbeachtlich, da die Gefahr, sich zu versprechen oder zu verschreiben, stets beim Erklärenden läge[811].

In der Behandlung des Erklärungsirrtums liegt die größte Schwachstelle des CESL. Dies ergibt sich aus Art. 48 Abs. 3 CESL, worin vorgesehen ist, dass ein Irrtum in der Verlautbarung (oder Übermittlung) als Irrtum desjenigen anzusehen ist, der die Erklärung abgegeben hat. Mithin ist der volle Tatbestand des Art. 48 Abs. 1 und Abs. 2 CESL entsprechend anzuwenden. Das Ergebnis ist allerdings stets das gleiche, denn der Erklärungsirrtum scheitert an den Hürden der beiden Absätze. Die Hürde des Art. 48 Abs. 1 (b) CESL wird nicht übersprungen, denn dafür müsste der Irrtum durch die andere Partei veranlasst sein, was aber nicht der Fall ist[812]. Auch die Hürde des Abs. 48 Abs. 2 CESL wird nicht übersprungen, denn das Risiko für die eine fehlerhafte Erklärung des eigenen Willens liegt beim Erklärenden.

Man darf allerdings zweifeln, dass eine Verweisung von den Urhebern der Regelung so gemeint war. Warum hätten sie eine so komplizierte Regelung mittels einer Verweisung auf eine andere Norm getroffen sollen, wenn das logische Ergebnis dieser Verweisung stets wäre, dass der Irrtum unbeachtlich wäre. Im Gegenteil ist wohl eher aufgrund der Verweisung anzunehmen, dass es auch unerkannte Verlautbarungsirrtümer bzw. Übermittelungsirrtümer geben müsse, die dennoch beachtlich sein sollen.

---

810 *Jansen, Die Irrtumsanfechtung im Vorschlag für ein Gemeinsames Europäisches Kaufrecht, in: Schulte-Nölke/Zoll/Jansen u. a., Der Entwurf für ein optionales europäisches Kaufrecht, S. 169, 194; Jansen/Zimmermann AcP 210 (2010), 196, 234*

811 *Harke ZEuP 2006, 326, 327–328*, ebenso *Ackermann/Franck ERCL 2012, 113, 122*

812 *Harke ZEuP 2006, 326, 330–331*

Insbesondere stellt sich die Frage, ob der ausnahmslose Ausschluss des Erklärungsirrtums angemessen ist[813]. Das Problem liegt darin, dass Sachverhaltsirrtümer und Erklärungsirrtümer über einen Kamm geschoren werden, obwohl sie sich wertungsmäßig unterscheiden, und zwar in Bezug auf einen Aspekt, den gerade auch das CESL zumindest mittelbar für beachtlich hält, nämlich die Vermeidbarkeit des Irrtums (bzw. des Risikos eines Irrtums).

Die Risikovermeidbarkeit ist nämlich die Kehrseite der Risikozuweisung, da in vielen Fällen das Risiko derjenigen Partei zugewiesen wird, die dieses Risiko durch Vorsorge einfacher vermeiden kann (die Ökonomie spricht vom *cheapest cost avoider*). Die Vermeidbarkeit ist nur bei Sachverhaltsirrtümern geben. Gegen Erklärungsirrtümer hingegen kann man nur begrenzt Risikovorsorge treiben. Denn selbst bei größter Sorgfalt kann man sich nicht über unbewusste Vorgänge Gewissheit verschaffen, und mündliche Äußerungen sind eben nicht kontrollfähig. Auch sind Erklärungsirrtümer, anders als Sachverhaltsirrtümer, nicht einer vertraglichen Risikoverteilung zugänglich. Denn wie soll man eine vertragliche Regelung für einen Fall treffen, der in seiner konkreten Gestalt unvorhersehbar ist.

Einschränkend ist aber zuzugeben, dass der Ausschluss des Erklärungsirrtums nicht stets unangemessen ist: Zwischen Unternehmern oder sonstigen Geschäftsleuten kann eine solche Regelung durchaus sinnvoll sein, weil hier die Verkehrssicherheit von besonderer Bedeutung ist. Aber im Verkehr zwischen Verbraucher und Unternehmer könnte es als zu hart angesehen werden, den Verbraucher stets an seinem Erklärungsirrtum festzuhalten, insbesondere wenn im konkreten Falle gerade einmal kein Widerrufsrecht besteht, z.B. weil ein Präsenzkauf vorgenommen worden ist[814]. In dieser Situation könnte die deutsche

---

813 *Ackermann/Franck ERCL 2012, 113, 122; Pfeiffer in: CESL-Commentary 2012, Article 48 CESL, Rn. 43; Sefton-Green (Hrsg.), Mistake, fraud and duties to inform in European contract law.; Jansen, Die Irrtumsanfechtung im Vorschlag für ein Gemeinsames Europäisches Kaufrecht, in: Schulte-Nölke/Zoll/Jansen u. a., Der Entwurf für ein optionales europäisches Kaufrecht, S. 169, 195; Huber, Irrtum und anfängliche Unmöglichkeit im Entwurf eines Gemeinsamen Referenzrahmens für das Europäische Privatrecht, in: Beuthien, Perspektiven des Privatrechts am Anfang des 21. Jahrhunderts, S. 199, 209*; gedanklich ähnlich formulierte das auch schon Brox im Jahre 1960 (wenn auch natürlich nur hypothetisch), dass „wenn überhaupt ein Irrtum beachtlich sein soll, vor allem der Erklärungsirrtum zugunsten des Irrenden berücksichtigt werden muss“, vgl. *Brox, Die Einschränkung der Irrtumsanfechtung, S. 65*

814 *Martens, Einigungsmängel im EU-Kaufrecht, in: Schmidt-Kessel, Ein einheitliches europäisches Kaufrecht?, S. 179, 182–183; Ackermann/Franck ERCL 2012, 113, 122; Pfeiffer in: CESL-Commentary 2012, Article 48 CESL, Rn. 43; Sefton-Green (Hrsg.), Mistake, fraud and duties to inform in European contract law.*

Lösung einen guten Ausweg eröffnen, wonach der Erklärungsirrtum zwar zur Anfechtung berechtigt, aber dem Vertrauensschutz durch den Ersatz des negativen Interesses immerhin noch teilweise Rechnung zu tragen ist[815].

2. *Sofort aufgeklärte Irrtümer*

Eine weiterhin völlig offene Frage ist, ob es auch für sofort bemerkte Irrtümer einen Vertrauensschutz geben soll (vgl. zur Erklärungstheorie, Teil IIA.II.4). Dies lehnt das CESL gegenwärtig ab.

C. Zusammenfassung

Auch die Regelungen des CESL stellen trotz jahrelanger akademischer Vorarbeiten noch keine zufriedenstellende Lösung dar. Zum einen wäre zu wünschen, dass sämtliche Irrtumsregelungen innerhalb einer Norm zusammengefasst würden. Dies ist wegen der Ausgliederung der Täuschungsanfechtung nicht gelungen.

Weiterhin scheint noch kein gelungener Ausgleich zwischen Willens- und Erklärungstheorie vorgenommen zu sein. Dabei bezieht sich meine Kritik nicht darauf, dass das CESL der Erklärungstheorie folgt. Denn auch wenn man der Erklärungstheorie folgt, muss man einige Ausnahmen zulassen, um die Regelung praktikabel werden zu lassen.

In der Summe betrachtet kommt man zu dem Schluss, dass Erklärungsirrtümer in noch geringerem Umfang als im deutschen Recht als Anfechtungsgrund zugelassen sind. Allerdings überzeugt die gegenwärtige Ausgestaltung nicht.

---

815 *Jansen, Die Irrtumsanfechtung im Vorschlag für ein Gemeinsames Europäisches Kaufrecht, in: Schulte-Nölke/Zoll/Jansen u. a., Der Entwurf für ein optionales europäisches Kaufrecht, S. 169, 194–196*; *Martens AcP 211 (2011), 845, 858*; an anderer Stelle äußert Martens, dass die Gleichbehandlung aller Irrtümer in Art. 48 CESL die weiterhin überzeugende Differenzierung des deutschen Rechts zwischen Irrtümern bei der Erklärung und Irrtümern bei der Willensbildung aufgibt, ohne dass dem eine hinreichend tiefgehende Diskussion vorangegangen wäre, vgl. *Martens, Einigungsmängel im EU-Kaufrecht, in: Schmidt-Kessel, Ein einheitliches europäisches Kaufrecht?, S. 179, 200.*

Teil VII Die Suche nach der besten Irrtumsregelung geht weiter

Schaut man sich alle in dieser Arbeit dargestellten Irrtumsregelungen der verschiedenen Rechtsordnungen an, so muss man leider feststellen, dass keine der untersuchten Irrtumsregelungen vollends überzeugen konnte.

A. Deutsches und japanisches Recht

Für das deutsche Recht kommt man zu dem Schluss, dass dieses am wenigsten systematisch durchdrungen ist. Zwar lassen sich gute Ansätze im allgemeinen Teil des BGB finden; allerdings fristen diese Regelungen zur Irrtumsanfechtung ein Schattendasein. Vielmehr wird die Mehrheit der praktischen Probleme über die Anwendung von Normen außerhalb der klassischen Irrtumsregelungen gelöst. Dies betrifft sogar den Hauptanwendungsfall des Irrtums, nämlich den, dass der Erklärungsgegner den Irrtum durch eine irreführende Äußerung hervorruft. Hierbei handelt es sich um ein wesentliches Versäumnis des BGB-Gesetzgebers. Schon früh hat daher die Rechtsprechung Wege außerhalb der bestehenden Normen zur Lösung dieser praktischen Probleme eingeschlagen.

Man hätte daher erwarten dürfen, dass der Gesetzgeber diese Versäumnisse innerhalb von über 100 Jahren, die das BGB mittlerweile besteht, beseitigt hätte. Dies ist aber nicht der Fall. Die beste Gelegenheit hätte sich wohl im Rahmen der Schuldrechtsreform, die 2002 in Kraft trat, ergeben. Leider blieb diese Gelegenheit ungenutzt. Dies mag zwar daran gelegen haben, dass sich diese Reform nur mit dem Schuldrecht befasste, also alle Regelungen im allgemeinen Teil des BGB weitgehend unberührt ließ. Allerdings übersah man, dass man bei der Kodifizierung der *culpa in contrahendo* auch die Frage hätte beantworten müssen, in welchem Verhältnis sie zur Irrtumsanfechtung steht.

Ähnlich verhält es sich im japanischen Recht. Zwar gab es Entwürfe, die ähnlich wie in den europäischen Regelungswerken die Reintegration der Irreführung vorsahen, jedoch konnten sich diese Entwürfe nicht durchsetzen.

B. Englisches Recht

Das englische Recht ging einen anderen Weg als das deutsche und japanische Recht. Zum einen in methodischer Hinsicht, weil es die Entwicklung des Irrtumsrechts bis heute allein der Rechtsprechung überlässt. Entsprechend gibt es auch keinen gesetzlichen Normentext, dessen Erstellung wohl erst die englischen Juristen dazu gezwungen hätte, das Verhältnis der Regelungen eindeutig zu beantworten. Zum anderen unterscheidet sich die Irrtumsregelung in inhaltlicher Hinsicht, da das englische Recht viel konsequenter der Erklärungstheorie folgt. Dies führte in der Vergangenheit zu einigen Fehlentscheidungen (*Rose v. Pen* zur *Rectification, Smith v Hughes)*, wohl auch deshalb, weil sich die Rechtsgeschäftslehre noch nicht hinreichend klar herausgebildet hatte. Mittlerweile sind die Versäumnisse im Hinblick auf die Rechtsgeschäftslehre ausgeräumt *(The Hannah Blumenthal)*. In konsequenter Anwendung der Erklärungstheorie lässt das englische Recht einseitige Irrtümer (egal ob Erklärungs- oder Sachverhaltsirrtümer) nicht zu, mildert aber die Rechtsfolgen insoweit ab, als dass der Irrende nur Schadenersatz auf das positive Interesse leisten muss, nicht aber wegen Erfüllung *in natura* in Anspruch genommen werden kann.

Der größte Vorteil der englischen Irrtumsregelung ist, dass sie in der Praxis wenige Streitfragen aufwirft, denn der Irrtum ist in der Vielzahl der Fälle für den konkreten Rechtsstreit ohne Relevanz. Dies liegt daran, dass die Rechtsfolgen in der Regel gleichbleiben, egal ob ein einseitiger Irrtum vorliegt oder nicht. Denn selbst wenn kein einseitiger Irrtum vorliegt, ist die typische Rechtsfolge, dass der Vertragspartner positiven Schadenersatz in Bezug auf das Erfüllungsinteresse leisten muss. Der Irrtum wird nur dann relevant, wenn der Vertragspartner sich ausnahmsweise nicht mit dem positiven Schadenersatz zufriedengeben will, sondern die Erfüllung des Vertrags in Natur begehrt. Da aber die Mehrzahl der Gläubiger sowieso einen Geldersatz vorzieht, kann die Irrtumsfrage in der Regel offengelassen werden.

Wegen dieser Besonderheit lässt sich die englische Irrtumsregelung nicht auf die deutsche Rechtslage übertragen. Denn wegen des Vorrangs der Naturalrestitution im deutschen Recht muss stets eine Abgrenzung vorgenommen werden. Anders als im englischen Recht wird der Schadenersatz in Natur als Privileg des Schadenersatzschuldners verstanden, weswegen der Gläubiger die Schadenersatzleistung in Natur erst ablehnen darf, nachdem er dem Schadenersatzschuldner eine entsprechende Frist zur Leistung gesetzt hat und diese verstrichen ist (§ 250 BGB). Angesichts dieser unterschiedlichen Wertungen wäre die Pflicht zum sofortigen Schadenersatz in Geld sogar eine weitere Benachteiligung des Irrenden, obwohl ihm ja eigentlich Schutz gewährt werden sollte.

Weiterhin ist dem englischen Recht anzulasten, dass der möglicherweise rechtsethisch unterschiedlich zu regelnde Fall des Erklärungsirrtums nicht erfasst wird.

C. Europäische Regelungen

Den europäischen Regelungen kann im Gegensatz zum deutschen Recht zu Gute gehalten werden, dass sie den Hauptanwendungsfall des Irrtums, nämlich den der Irreführung, geregelt haben. Allerdings zerfällt der einheitliche Ansatz in Anbetracht der zahlreichen, sich überschneidenden Unterregelungen in Art. 48 Abs. 1 (b) CESL, so dass der praktische Nutzen dieser Regelungen durch weitere Abgrenzungsprobleme verringert wird. Ebenso ist den europäischen Regelungen zugutezuhalten, dass sie sich um die Reintegration der Verbraucherinformationspflichten (2. Kapitel des CESL) in die Irrtumsregelung bemühen. Mehr als ein Bemühen ist aber nicht festzustellen, denn noch immer erscheint nicht klar, in welchen Fällen eine Informationspflichtverletzung nur einen finanziellen Nachteilsausgleich statt einer Aufhebung des Vertrags vorsieht.

Wie schon für das englische Recht gilt auch für das europäische Recht, dass es den Erklärungsirrtum nicht zufriedenstellend erfasst hat. Je nach Verständnis des Normentexts wird er entweder wie im englischen Recht ausgeschlossen oder es bleiben die Voraussetzungen seiner Zulassung unklar. So oder so wird man den Urhebern der Regelung vorwerfen können, dessen rechtsethische Besonderheiten nicht hinreichend berücksichtigt zu haben. Ebenfalls ist dieser Irrtum in der europäischen Regelung unklar geregelt.

D. Fazit

Insgesamt bleibt festzuhalten, dass keine der untersuchten Regelungen vollends überzeugt. Oft lässt sich zwar für eine Rechtsordnung in einem Teilbereich feststellen, dass eine konsequente Lösung gefunden werden ist. Allerdings wird dies zumindest dadurch erkauft, dass sich Brüche an anderen Stellen auftun.

So ist es im deutschen Recht, das eine ausgeglichene Lösung finden will, aber damit gerade Abgrenzungsprobleme schafft. Daneben krankt das deutsche Recht daran, dass es die fahrlässige Täuschung bei der Entstehung des BGB übersehen hat und seitdem nicht überzeugend in den Irrtumstatbestand zurückgeführt hat.

Im englischen und europäischen Recht hingegen wird eine zu Lasten des Irrenden gehende Regelung präferiert – aus nachvollziehbaren Gründen. Allerdings vermeidet das englische Recht in der Praxis viele Abgrenzungsprobleme, indem es auch für solche Verträge, in denen kein Irrtum vorliegt, die Rechtsbehelfe bei einem Vertragsbruch auf den positiven Schadenersatz beschränkt.

Ebenso scheinen englisches und europäisches Recht nicht zu beachten, dass in bestimmten Fällen die Auflösung des Vertrags als angemessen und billig empfunden wird, insbesondere wenn der Gegner noch keine Dispositionen getroffen hat und es daher für den Irrenden mit erheblichen Kosten verbunden ist, ihn am Vertrag festzuhalten.

Auch kann dem englischen und den europäischen Recht vorgehalten werden, dass man den Erklärungsirrtum doch hätte zulassen müssen, soweit sich hiergegen der Erklärende nicht ausreichend schützen kann. Dann hätte man diesen Irrtum allerdings definieren müssen – mit allen Schwierigkeiten der Abgrenzung als Konsequenz.

Ausländische Rechtsprechung

Großbritannien

Entscheidung	**Fundstelle**
Aldrich & Others v. Norwich Union Life Insurance Co Ltd.	[1999] CLC 1963, 1986
Allied Marine Transport Ltd. v. Vale do Rio Doce Navegacao S.A. (The Leonidas D)	[1985] 1 WLR 925
Associated Japanese Bank (International) Ltd v. Crédit du Nord	[1989] 1 WLR 255
Atlantic Lines & Navigation Co. Inc v. Hallam Ltd. (The "Lucy")	[1983] Lloyd's Rep 188
Bell and another v. Lever Brothers Ltd.	[1932] AC 161
Bilbie v. Lumley	(1802) 2 East 469
Boulton v. Jones and Another	(1857) 2 H&N 564
Box v. Midland Bank Ltd	[1979] 2 Lloyd's Rep 391
Brennan v. Bolt Burden (a firm)	[2004] EWCA Civ 1017
Caparo Industries Plc v. Dickman and Others	[1990] 2 AC 605
Car and Universal Finance Co. Ltd v. Caldwell	[1961] 1 QB 525
Chartbrook Ltd v. Persimmon Homes Ltd and others and another	[2009] UKHL 38
Clef Aquitaine SARL and another v. Laport Material (Barrow) Ltd and another	[2001] QB 488
Cooper v. Phibbs	(1867) LR 2 HL 149
Couturier and Others v. Hastie and Another	[1856] 10 ER 1065
Cundy v. Lindsay and Others	(1878) 3 App Cas 459
D & C Builders Ltd v. Rees	[1966] 2 QB 617
Donoghue v. Stevenson	[1932] AC 562
Downs and Another v. Chappell and Another	[1997] 1 WLR 426
Earl of Oxford	(1615), 1 W & T 615, 21,
East and Another v. Maurer and Another	[1991] 1 WLR 461
Edgington v. Fitzmaurice	(1885) 29 ChD 459
Esso Petroleum Co. Ltd v. Mardon	[1976] QB 801
Floods of Queensferry Ltd and Another v. Shand Construction Ltd and Others	[2000] 1 Building LR 81
Frederick E. Rose (London) Ld. v. William H. Pim Junior & Co Ld.	[1953] 2 QB 450
Geest Plc v Fyffes Plc	[1999] 1 All ER 672
Gordon v. Selico	[1986] 18 HLR 219
Government of Zanzibar v. British Aerospace (Lancaster House) Ltd and Others	[2000] 1 WLR 2333
Graves v. Graves	[2008] HLR 10
Great Peace Shipping Ltd v. Tsavliris Salvage (International) Ltd	[2003] QB 679
Grist v. Bailey	[1967] 1 Ch 532

Entscheidung	Fundstelle
Hedley Byrne & Co Ltd v. Heller & Partners Ltd	[1964] AC 465
Henkel v. Pape	[1970] LR 6 Exch. 7
Holwell Securities v. Hughes	[1974] 1 WLR 155
Howard Marine and Dredging Co. Ltd. v. A. Ogden & Sons (Excavations) Ltd.	[1978] 1 QB 574
Ingram and Others v. Little	[1961] 1 QB 31
Investors Compensation Scheme Ltd v. West Bromwich Building Society	[1998] 1 WLR 896
Jacobs v. Batavia and General Plantation Trust, Ltd	[1924] 1 Ch. 287
Jacobs v. Batavia and General Plantation Trust, Ltd	[1924] 2 Ch. 329
Kennedy v. Panama	(1867) 2 LRQB 580, 588
King's Norton Metal Co Ltd v. Endridge	(1897) 14 TLR 98
Kleinwort Benson Ltd v. Lincoln City Council	[1999] 2 AC 349
Krell v. Henry	[1903] 2 KB 740
Kyle Bay Ltd t/a Astons Nightclub v. Underwriters Subscribing under Policy No. 019057/08/01	[2007] 1 CLC 164 [2007] EWCA Civ 57
Lansdown v. Lansdown	(1730) Mos 364
Laurence and Another v. Lexcourt Holdings Ltd	[1978] 1 WLR 1128
Leaf v. International Galleries (a firm)	[1950] 2 KB 86
Lewis v. Averay	[1972] 1 QB 198
London Street Tramways Co, Ltd v. London County Council	[1898] AC 375
Long v. Lloyd	[1958] 1 WLR 753
Mackenzie v. Coulson	(1869) L.R. 8 Eq. 368
Magee v. Pennine Insurance Co Ltd	[1969] 2 QB 507, 514
MCI Worldcom International Inc v. Primus Telecommunications Inc	[2003] EWHC 2182 2003 WL 22074068
National Carriers Ltd v. Panalpina (Northern) Ltd	[1981] AC 675
Nicholson and Venn v. Smith-Marriot	(1947) 177 LT 189
Norwich Union Fire Insurance Society Ltd v WMH Price Ltd	[1934] AC 455
Overseas Tankship (UK) Ltd v Morts Dock and Engineering Co Ltd („Wagon Mound" No. 1)	[1961] AC 388
Paal Wilsons & Co. A/S v. Partenreederei Hannah Blumenthal (The Hannah Blumenthal)	[1983] 1 AC 854
Pankhania v. The London Borough of Hackney	[2002] EWHC 2441
Phillips v. Brooks Ltd	[1919] 2 KB 243
Raffles v. Wichelhaus	[1864] EWHC Exch J19
Regal (Hastings) Ltd. v. Gulliver and Others	[1967] 2 AC 134
Royscot Trust Ltd. v. Rogerson and Another	[1991] 2 QB 297
Rust v. Abbey Life Assurance Co Ltd	[1979] 2 Lloyd's Rep 334
Saunders (Executrix of the Will of Rose Maud Gallie, Deceased) v. Anglia Building Society (On appeal from Gallie v. Lee)	[1971] AC 1004
Scammell and Nephew Ltd v. Ouston	[1941] AC 251

Entscheidung	Fundstelle
Scott v. Coulson	[1903] 2 Ch 249
Shirlaw v. Southern Foundries	[1939] 2 KB 206, 227
Shirlaw v. Southern Foundries	[1940] AC 701
Shogun Finance Ltd v. Hudson	[2004] 1 AC 919
Smith New Court Securities Ltd v. Scrimgeour Vickers (Asset Management) Ltd and others	[1997] AC 254
Smith v. Eric S Bush	[1990] 1 AC 831, 854
Smith v. Hughes	(1871) LR 6 QB 597
Solle v. Butcher	[1950] 1 KB 671
South Australia Asset Management Corp v. York Montague Ltd	[1997] AC 191
Statoil ASA v. Louis Dreyfus Energy Services LP	[2008] EWHC 2257
The Moorcook	(1889) 14 PD 64
The Spice Girls Ltd v. Aprilia World Service BV	[2002] EWCA Civ 15
Thomas Bates & Son Ltd v. Wyndham's (Lingerie) Ltd	[1981] 1 AllER 1077
Thornton v Shoe Lane Parking Ltd	[1970] EWCA Civ 2
Torrance v. Bolton	(1872) LR 8 Ch 118
Wales v. Wadham	[1977] 1 WLR 199
West Sussex Properties Ltd v. Chichester District Council	[2000] NPC 74 2000 WL 775039)
Willam Sindall PLC v. Cambridgeshire County Council	[1994] 1 WLR 1016
William Derry, J.C. Wakefield, M.M. Moore, J. Pethick and S.J. Wilde v. Sir Henry William Peek	(1889) 14 App. Cas. 337
Young v. Bristol Aeroplane Co Ltd	[1944] 1 KB 718

Australien

Entscheidung	Fundstelle
McRae v. Commonwealth Disposals Commission	(1951) 84 CLR 377

Singapur

Entscheidung	Fundstelle
Chwee Kin Keong v. Digilandmall.com Pte Ltd	[2005] 1 SLR 502

Japan

Entscheidung	**Fundstelle**
OGH, Urteil vom 26.11.1954, Az. 1952 (o) Nr. 938	*Eisenhardt, Japanische Entscheidungen zum Bürgerlichen Recht, S. 108–113*
OGH, Urteil vom 26.3.1970, Az. 1968 (o) Nr. 27	*Eisenhardt, Japanische Entscheidungen zum Bürgerlichen Recht, S. 114–119*

Literaturverzeichnis

Ackermann, Thomas/Franck, Jens-Uwe, Defects in Consent: An Assessment of Chapter Five of the Proposal of a Common European Sales Law ERCL 2012, 113–138.

Adams, Michael, Irrtümer und Offenbarungspflichten im Vertragsrecht AcP 186 (1986), 453–489.

Adolphsen, Jens (Hrsg.), Münchener Kommentar zur ZPO, §§ 1–510c ZPO, Bd. 1, München, 2008 (zitiert: Bearbeiter in: *MüKoZPO*).

Andreae, Martin, Kaufrecht: Abschluss, Widerruf und Anfechtung des Kaufvertrags NJW 2009, 344–345.

Atiyah, Patrick, The Hannah Blumenthal and classical contract law LQR 1986, 363–369.

Atiyah, Patrick, Essays on contract, Oxford, 1986.

Atiyah, Patrick/Bennion, Francis, Mistake in the construction of contracts The Modern Law Review 24 (1961), 421.

Atiyah, Patrick/Treitel, Guenter, Misrepresentation Act 1967 The Modern Law Review 30 (1967), 369–388.

Bähr, Otto von, Über Irrungen im Contrahieren JherJb 14 (1875), 393–427.

Bamberger, Heinz Georg/Roth, Herbert (Hrsg.), Beck'scher Online-Kommentar BGB (zitiert: Bearbeiter in: *BeckOK-BGB*).

Bamberger, Heinz Georg/Roth, Herbert (Hrsg.), Kommentar zum Bürgerlichen Gesetzbuch, 3. Aufl., Bd. 1, München, 2012 (zitiert: Bearbeiter in: *Bamberger/Roth*).

Bar, Christian von, Grundregeln des Europäischen Vertragsrechts: Teile I und II, München, 2002.

Bar, Christian von, Outline Edition: Principles, Definitions and Model Rules of European Private Law, Draft Common Frame of Reference (DCFR), München, 2009.

Basedow, Jürgen, Preiskalkulation und culpa in contrahendo NJW 1982, 1030–1031.

Beale, Hugh, Damages in lieu of rescission for misrepresentation LQR 1995, 60–65.

Beale, Hugh, Points on misrepresentation LQR 1995, 385–389.

Beale, Hugh, The Draft Common Frame of Reference: Mistake and Duties to Disclosure ERCL 2008, 317–337.

Bernstorff, Christoph von, Einführung in das englische Recht, Schriftenreihe der Juristischen Schulung: Ausländisches Recht, Bd. 132, 3. Aufl., München, 2006.

Birk, Axel, § 119 BGB als Regelung für Kommunikationsirrtümer JZ 2002, 446–450.

Bönisch, Georg, Wucht der Tragödie, http://www.spiegel.de/spiegel/spiegelgeschichte/d-128395464.html (besucht am 2.3.18).

Bork, Reinhard, Allgemeiner Teil des Bürgerlichen Gesetzbuchs, Lehrbuch des Privatrechts, 3. Aufl., Tübingen, 2011.

Breidenbach, Stephan, Die Voraussetzungen von Informationspflichten beim Vertragsschluß, Münchener Universitätsschriften: Reihe der Juristischen Fakultät, Bd. 75, München, 1989.

Brox, Hans, Die Einschränkung der Irrtumsanfechtung, Karlsruhe, 1960.

Brox, Hans/Walker, Wolf-Dietrich, Allgemeiner Teil des BGB, Academia iuris, 37. Aufl., München, 2013.

Brüggemeier, Gert, Haftungsrecht: Struktur, Prinzipien, Schutzbereich, ein Beitrag zur Europäisierung des Privatrechts, Enzyklopädie der Rechts- und Staatswissenschaft, Berlin, Heidelberg, 2006.

Burrows, Andrew, The relationship between common law and statute in the law of obligations LQR 2012, 232–259.

Burrows, Andrew, A casebook on contract, 2. Aufl., Oxford, 2009.

Burrows, Andrew/Feldman, David, Oxford principles of English law, 2. Aufl., Oxford, 2009.

Canaris, Claus-Wilhelm, Ansprüche wegen „positiver Vertragsverletzung" und „Schutzwirkung für Dritte" bei nichtigen Verträgen: Zugleich ein Beitrag zur Vereinheitlichung der Regeln über Schuldverhältnisse JZ 1965, 475–482.

Canaris, Claus-Wilhelm, Wandlungen des Schuldvertragsrechts: Tendenzen zu einer „Materialisierung" AcP 200 (2000), 273–364.

Capper, David, Common Mistake in Contract Law Singapore Journal of Legal Studies 2009, 457–473.

Cartwright, John, Solle v Butcher and the doctrine of mistake in contract LQR 1987, 594–623.

Cartwright, John in: Sefton-Green, Ruth (Hrsg.), Mistake, fraud and duties to inform in European contract law, Cambridge 2005, S. 65–86.

Cartwright, John, Misrepresentation, mistake and non-disclosure, The contract law library, 2. Aufl., London, 2007.

Coester-Waltjen, Dagmar, Die Anfechtung von Willenserklärungen JURA 2006, 348–350.

Collins, Hugh, Lord Hoffmann and the Common Law of Contract ERCL 2009, 474–484.

Collins, Hugh, The Law of Contract, Law in context, 4. Aufl., London, Dayton, Ohio, 2003.

Cziupka, Johannes, Die ergänzende Vertragsauslegung JuS 2009, 103–106.

Darby, Michael/Karni, Edi, Free Competition and the Optimal Amount of Fraud Journal of Law and Economics 16 (1973), 67–88.

Dauner-Lieb, Barbara/Hüßtege, Rainer/Mansel, Heinz-Peter/Noack, Ulrich (Hrsg.), NomosKommentar, Allgemeiner Teil, EGBGB: [§§ 1 - 240], 2. Aufl., Bd. 1, 2012 (zitiert: Bearbeiter in: *NomosKommentar*).

Dernauer, Marc, Der Schuldrechtsreform-Entwurf: Eine Bewertung ZJapanR 2014, 35–72.

Doerfert, Carsten, How to conclude a contract: Bermerkungen zum Vertragsschluss nach deutschem und englischem Recht JA 1998, 435–439.

Drexelius, Matthias, Irrtum und Risiko: Rechtsvergleichende Untersuchungen u. Reformvorschläge zum Recht d. Irrtumsanfechtung, Arbeiten zur Rechtsvergleichung, Bd. 22, Frankfurt am Main, 1964.

Eidenmüller, Horst, Effizienz als Rechtsprinzip: Möglichkeiten und Grenzen der ökonomischen Analyse des Rechts, Die Einheit der Gesellschaftswissenschaften, Bd. 90, Tübingen, 1995.

Eidenmüller, Horst/Jansen, Nils/Kieninger, Eva-Maria/Wagner, Gerhard/Zimmermann, Reinhard, Der Vorschlag für eine Verordnung über ein Gemeinsames Europäisches Kaufrecht: Defizite der neuesten Textstufe des europäischen Vertragsrechts JZ 2012, 269–289.

Eisenhardt, Ulrich, Japanische Entscheidungen zum Bürgerlichen Recht: In deutscher Übersetzung mit rechtsvergleichenden Kommentierungen, Japanisches Recht: Japanische Rechtsprechung, Köln, Berlin, München.

Eisenhardt, Ulrich, Zum subjektiven Tatbestand der Willenserklärung JZ 1986, 875–881.

Enneccerus, Ludwig/Kipp, Theodor/Wolff, Martin, Lehrbuch des Bürgerlichen Rechts: Einleitung Allgemeiner Teil, Bd. 1, 13. Aufl., Marburg, 1931.

European Law Institute, Statement of the European Law Institute on the Proposal for a regulation on a common European sales law: COM(2011) 635 final, https://www.europeanlawinstitute.eu/fileadmin/user_upload/p_eli/Publications/S-2-2012_Statement_on_the_Proposal_for_a_Regulation_on__a_Common_European_Sales_Law.pdf (besucht am 15.04.2017).

Fabre-Magnan, Muriel/Sefton-Green, Ruth in: Hartkamp, Arthur S./Hondius, Ewoud H. (Hrsg.), Towards a European Civil Code, 3. Aufl., Nijmegen 2004, S. 399–413.

Faust, Florian in: Eidenmüller, Horst/Faust, Florian/Grigoleit, Hans Christoph u. a. (Hrsg.), Revision des Verbraucher-Acquis, Tübingen 2011, S. 201–221.

Faust, Florian/Grigoleit, Hans in: Eidenmüller, Horst/Faust, Florian/Grigoleit, Hans Christoph u. a. (Hrsg.), Revision des Verbraucher-Acquis, Tübingen 2011, S. 193–199.

Feldmann, Cornelia/Löwisch, Manfred/Thüsing, Gregor (Hrsg.), J. von Staudingers Kommentar zum Bürgerlichen Gesetzbuch, Recht der Schuldverhältnisse: §§ 311, 311a, 312, 312a-i BGB (Vertragsschluss), Berlin, 2013 (zitiert: Bearbeiter in: *Staudinger*).

Fleischer, Holger, Konkurrenzprobleme um die culpa in contrahendo: Fährlässige Irreführung versus arglistige Täuschung AcP 200 (2000), 91–120.

Fleischer, Holger, Informationsasymmetrie im Vertragsrecht: Eine rechtsvergleichende und interdisziplinäre Abhandlung zu Reichweite und Grenzen vertragsschlußbezogener Aufklärungspflichten, Schriften des Instituts für Arbeits- und Wirtschaftsrecht der Universität zu Köln, Bd. 85, München, 2001.

Flume, Werner, Allgemeiner Teil des bürgerlichen Rechts: Das Rechtsgeschäft, Enzyklopädie der Rechts- und Staatswissenschaft, Bd. 2, 3. Aufl., Berlin, Heidelberg, New York, 1979.

Friedmann, Daniel, The objective principle and mistake and involuntariness in contract and restitution LQR 2003, 68–93.

Gemoll, Wilhelm, Griechisch-deutsches Schul- und Handwörterbuch, 9. Aufl., Wien, 1991.

Gernhuber, Joachim, Das Schuldverhältnis: Begründung und Änderung, Pflichten und Strukturen, Drittwirkungen, Handbuch des Schuldrechts, Bd. 8, Tübingen, 1989.

Gerven, Walter van/Lever, Jeremy/Larouche, Pierre, Tort law, Common law of Europe casebooks, Oxford, 2000.

Gordley, James, Foundations of private law, 1. Aufl., Oxford, 2006.

Grabiner, Anthony, The iterative process of contractual interpretation LQR 2012, 41–62.

Graf, Georg, Vertrag und Vernunft: Eine Untersuchung zum Modellcharakter des vernünftigen Vertrages, Springer-Rechtswissenschaft, Wien, 1997.

Grigoleit, Hans, Neuere Tendenzen zur schadensrechtlichen Vertragsaufhebung NJW 1999, 900–904.

Grigoleit, Hans, Vorvertragliche Informationshaftung: Vorsatzdogma, Rechtsfolgen, Schranken, Münchener Universitätsschriften: Reihe der Juristischen Fakultät, Bd. 128, München, 1997.

Grigoleit, Hans in: Schulze, Reiner/Ebers, Martin/Grigoleit, Hans Christoph (Hrsg.), Informationspflichten und Vertragsschluss im Aquis communautaire, Tübingen 2003, S. 201–230.

Grundmann, Stefan, The Future of Contract Law ERCL 2011, 490–527.

Habermann, Norbert (Hrsg.), J. von Staudingers Kommentar zum Bürgerlichen Gesetzbuch, Allgemeiner Teil (Teil 3): §§ 90–124, 130–133 BGB, Bd. 1.3, 2012 (zitiert: Bearbeiter in: *Staudinger*).

Haley, John, The spirit of Japanese law, The spirit of the laws Series, Athen, 1998.

Harke, Jan, Irrtum und culpa in contrahendo in den Grundregeln des Europäischen Vertragsrechts: Eine Kritik ZEuP 2006, 326–334.

Haupt, Peter, Die Entwicklung der Lehre vom Irrtum beim Rechtsgeschäft seit der Rezeption, Weimar, 1941.

Hesselink, Martijn, The Common Frame of Reference as a Source of European Private Law Tulane Law Review 83 (2009), 919–971.

Hildebrandt, Heinz, Erklärungshaftung: Ein Beitrag zum System des bürgerlichen Rechts, Berlin, 1931.

Honsell, Heinrich in: Beuthien, Volker (Hrsg.), Perspektiven des Privatrechts am Anfang des 21. Jahrhunderts: Festschrift für Dieter Medicus zum 80. Geburtstag am 9. Mai 2009, Köln 2009, S. 181–197.

Hotz, Sandra, Japanische, deutsche und schweizerische Irrtumsregelungen: Ein rechtsvergleichender Beitrag zum Verhältnis von verbraucherschützenden Vertragslösungsrechten und allgemeinem Vertragsrecht, Studien zum ausländischen und internationalen Privatrecht, Bd. 176, Tübingen, 2006.

Huber, Ulrich in: Beuthien, Volker (Hrsg.), Perspektiven des Privatrechts am Anfang des 21. Jahrhunderts: Festschrift für Dieter Medicus zum 80. Geburtstag am 9. Mai 2009, Köln 2009, S. 199–221.

Isay, Hermann, Die Willenserklärung im Thatbestande des Rechtsgeschäfts nach dem Bürgerlichen Gesetzbuch für das Deutsche Reich, Abhandlungen zum Privatrecht und Zivilprozess des Deutschen Reiches, Bd. 22, Jena, 1899.

Ishikawa, Akira/Leetsch, Ingo, Das japanische BGB in deutscher Sprache, Japanisches Recht, Bd. 15, Köln, 1985.

Isomura, Tetsu, 動機錯誤と行為基礎: ドイツ錯誤論の発展, übers. Die Entwicklung der Irrtumslehre im deutschen BGB Hogakuronso 79 (1966), 20–79.

Jansen, Nils in: Schulte-Nölke, Hans/Zoll, Fryderyk/Jansen, Nils u. a. (Hrsg.), Der Entwurf für ein optionales europäisches Kaufrecht, 1. Aufl. 2012, S. 169–203.

Jansen, Nils/Zimmermann, Reinhard, Vertragsschluss und Irrtum im europäischen Vertragsrecht: Textstufen transnationaler Modellregelungen AcP 210 (2010), 196–250.

Japanese Civil Code (Law of Obligations) Reform Commission, Draft Proposal, http://www.shojihomu.or.jp/saikenhou/English/index_e.html (besucht am 16.04.2014).

Japanese Civil Code (Law of Obligations) Reform Commission (Hrsg.), Member List, http://www.shojihomu.or.jp/saikenhou/English/memberlist.pdf (besucht am 16.04.2014).

Jhering, Rudolf von, Culpa in contrahendo oder Schadensersatz bei nichtigen oder nicht zur Perfection gelangten Verträgen JherJb 4 (1861), 1–112.

Jones, Colin, The wonderful world of Japanese law: Yōkoso to endless discovery, https://www.japantimes.co.jp/community/2013/10/16/issues/the-wonderful-world-of-japanese-law-ykoso-to-endless-discovery/ (besucht am 07.05.2017).

Justizministerium (Japan), Ergänzende Anmerkungen zum Interim-Vorschlag eines Zivilgesetzbuchs (Schuldrecht): 民法（債権関係）の改正に関する中間試案の補足説明, http://www.moj.go.jp/content/000112247.pdf (besucht am 07.05.2017).

Kano, Naoko, Mistake and Misrepresentation Horitsujiho 2014, 5–10.

Kawashima, Takeyoshi in: Kobundo (Hrsg.), Minpo kaishakugaku no shomondai: übers. Auslegungsprobleme des Zivilrechts, S. 188–226.

Kersting, Christian, Die Rechtsfolge vorvertraglicher Informationspflichtverletzungen: Vertragsaufhebungsanspruch oder „Minderung" aus c.i.c.? JZ 2008, 714–721.

Kinoshita, Tsuyoshi in: Leser, Hans G. (Hrsg.), Wege zum japanischen Recht: Festschrift für Zentaro Kitagawa zum 60. Geburtstag am 5. April 1992, Berlin 1992.

Kitagawa, Zentaro: From the Viewpoint of Comparative Law in: Kitagawa, Zentaro/Riesenhuber, Karl (Hrsg.), The Identity of German and Japanese Civil Law in Comparative Perspectives: Rechtswissenschaftliche Tagung am 20./21. März 2006, ausgerichtet vom International Institute for Advanced Studies, Berlin 2007, S. 11–56.

Kitagawa, Zentaro in: Kitagawa, Zentaro/Riesenhuber, Karl (Hrsg.), The Identity of German and Japanese Civil Law in Comparative Perspectives: Rechtswissenschaftliche Tagung am 20./21. März 2006, ausgerichtet vom International Institute for Advanced Studies, Berlin 2007, S. 3–8.

Kötz, Hein, Dispositives Recht und ergänzende Vertragsauslegung JuS 2013, 289–296.

Kötz, Hein, Abschluß, Gültigkeit und Inhalt des Vertrages, Die Beteiligung Dritter am Vertrag, Europäisches Vertragsrecht, Bd. 1, Tübingen, 1996.

Kramer, Ernst, Grundfragen der vertraglichen Einigung: Konsens, Dissens und Erklärungsirrtum als dogmatische Probleme der österreichischen, schweizerischen und deutschen Vertragsrechts, Rechtsfragen, Bd. 6, München, 1972.

Kramer, Ernst, Der Irrtum beim Vertragsschluss: Eine weltweit rechtsvergleichende Bestandsaufnahme, Zürich, 1998.

Krüger, Wolfgang (Hrsg.), Münchener Kommentar zum Bürgerlichen Gesetzbuch, Schuldrecht Allgemeiner Teil: §§ 241 - 432 BGB, 5. Aufl., Bd. 2, München, 2007.

Krüger, Wolfgang/Bachmann, Gregor (Hrsg.), Münchener Kommentar zum Bürgerlichen Gesetzbuch, Schuldrecht Allgemeiner Teil, §§ 241–432, 6. Aufl., Bd. 2, München, 2012 (zitiert: Bearbeiter in: *MüKoBGB*).

Lamond, Grant, The Stanford Encyclopedia of Philosophy: Precedent and Analogy in Legal Reasoning, https://plato.stanford.edu/archives/spr2016/entries/legal-reas-prec/ (besucht am 15.04.2017).

Lando, Ole, Have the PECL Been a Success or a Failure? ERPL 17 (2009), 367–375.

Lange, Christian, Treu und Glauben und Effizienz: Das Effizienzprinzip als Mittel zur Konkretisierung zivilrechtlicher Generalklauseln, Schriften zum Bürgerlichen Recht, Bd. 432, Berlin, 2013.

Lange, Hermann/Schiemann, Gottfried, Schadensersatz, Handbuch des Schuldrechts, Bd. 1, 3. Aufl., Tübingen, 2003.

Larenz, Karl in: Flume, Werner/Raisch, Peter/Steindorff, Ernst (Hrsg.), Festschrift für Kurt Ballerstedt zum 70. Geburtstag am 24. Dezember 1975: Beiträge zum Zivil- und Wirtschaftsrecht, Berlin 1975, S. 397–419.

Larenz, Karl, Lehrbuch des Schulrechts: Allgemeiner Teil, 14. Aufl., München, 1987.

Larenz, Karl/Wolf, Manfred, Allgemeiner Teil des bürgerlichen Rechts, 9. Aufl., München, 2004.

Lehmann, Matthias, Die Zukunft der culpa in contrahendo im Europäischen Privatrecht ZEuP 2009, 693–715.

Lessmann, Herbert, Irrtumsanfechtung nach § 119 BGB: Die einzelnen Irrtumsarten dargestellt anhand von Fällen und Beispielen, Teil 1 JuS 1969, 478–482.

Lessmann, Herbert, Irrtumsanfechtung nach § 119 BGB: Die einzelnen Irrtumsarten dargestellt anhand von Fällen und Beispielen, Teil 2 JuS 1969, 525–529.

Lieb, Manfred: Überlegungen über die Rechtsfolgen der culpa in contrahendo in: Festschrift der Rechtswissenschaftlichen Fakultät zur 600-Jahr-Feier der Universität zu Köln, Köln, Berlin, Bonn, München 1988, S. 251–270.

Lieb, Manfred in: Beuthien, Volker (Hrsg.), Festschrift für Dieter Medicus: Zum 70. Geburtstag, Köln, München 1999, S. 337–352.

Looschelders, Dirk/Olzen, Dirk/Schiemann, Gottfried (Hrsg.), J. von Staudingers Kommentar zum Bürgerlichen Gesetzbuch, Recht der Schuldverhältnisse: Einleitung zum Schuldrecht, §§ 241–243 BGB, Bd. 2, Berlin, 2009 (zitiert: Bearbeiter in: *Staudinger*).

Lorenz, Stephan, Vertragsaufhebung als Schadensersatz aus culpa in contrahendo („Fahrlässige Täuschung“): Konkurrenz von §§ 123, 124 BGB zur c.i.c.: Anmerkungen zu BGH, Urteil v. 26.09.1997 - V ZR 29/96 (München), http://lorenz.userweb.mwn.de/urteile/njw98_302.htm (besucht am 31.08.2014).

Lorenz, Stephan, Vertragsaufhebung wegen culpa in contrahendo: Schutz der Entscheidungsfreiheit oder des Vermögens?: Eine Besprechung des Urteils des Bundesgerichtshofs vom 26. September 1997, ZIP 1998, 154 ZIP 1998, 1053–1057.

Lorenz, Stephan, Der Schutz vor dem unerwünschten Vertrag: Eine Untersuchung von Möglichkeiten und Grenzen der Abschlußkontrolle im geltenden Recht, Münchener Universitätsschriften: Reihe der Juristischen Fakultät, Bd. 131, München, 1997.

Lurger, Brigitta in: Wendehorst, Christiane (Hrsg.), Am Vorabend eines gemeinsamen Europäischen Kaufrechts: Zum Verordnungsentwurf der Europäischen Kommission vom 11.10.2011 KOM(2011) 635 endg, Wien 2012, S. 63–86.

MacMillan, Catharine, How temptation led to mistake: an explanation of Bell v Lever Brother, Ltd LQR 2003, 625–659.

MacMillan, Catharine, Mistakes in Contract Law, Oxford, 2010.

Malet, Dandy, Section 2(2) of the Misrepresentation Act 1967 LQR 2001, 524–528.

Mankowski, Peter, Beseitigungsrechte: Anfechtung, Widerruf und verwandte Institute, Tübingen, 2003.

Martens, Sebastian, Der Schutz der Willensbildung beim Vertragsschluss GPR 2013, 134–139.

Martens, Sebastian, Die Regelung der Willensmängel im Vorschlag für eine Verordnung über ein Gemeinsames Kaufrecht AcP 211 (2011), 845–885.

Martens, Sebastian in: Schmidt-Kessel, Martin (Hrsg.), Ein einheitliches europäisches Kaufrecht?: Eine Analyse des Vorschlags der Kommission, München 2012, S. 179–201.

Marutschke, Hans, Einführung in das japanische Recht, JuS-Schriftenreihe / Ausländisches Recht, Bd. 136, 2. Aufl., München, 2010.

Matsumoto, Naoko, Transfer europäischer Rechtsnormen nach Japan, Stand: 3.12.2010, http://nbn-resolving.de/urn:nbn:de:0159-20100921580 (besucht am 15.04.2017).

Mayer-Maly, Theo, Rechtsirrtum und Rechtsunkenntnis als Probleme des Privatrechts AcP 170 (1970), 133–180.

McCamus, John, Mistake assumptions in Equity: Sound doctrine or chimera? Canadian Business Law Journal 2004, 46–86.

McKendrick, Ewan, Contract law, Palgrave Macmillan law masters, 6. Aufl., Basingstoke, 2005a.

McKendrick, Ewan, Contract law, Palgrave Macmillan law masters, 9. Aufl., Basingstoke, 2011b.

Medicus, Dieter, Grenzen der Haftung für culpa in contrahendo JuS 1965, 209–218.

Medicus, Dieter in: Bundesminister der Justiz (Hrsg.), Gutachten und Vorschläge zur Überarbeitung des Schuldrechts, Köln, S. 479–550.

Medicus, Dieter, Allgemeiner Teil des BGB, Großes Lehrbuch, 10. Aufl., Heidelberg, München, Landsberg, 2010.

Midwinter, Stephen, The Great Peace and precedent LQR 2003, 180–182.

Mugdan, Benno, Einführungsgesetz und allgemeiner Teil, Die gesammten Materialien zum Bürgerlichen Gesetzbuch für das Deutsche Reich, Bd. 1, Berlin, Jena, 1899.

Mugdan, Benno, Recht der Schuldverhältnisse, Die gesammten Materialien zum Bürgerlichen Gesetzbuch für das Deutsche Reich, Bd. 2, Berlin, Jena, 1899.

Müller, Georg, Vorvertragliche und vertragliche Informationspflichten nach englischem und deutschem Recht, Abhandlungen zum Recht der internationalen Wirtschaft, Bd. 32, Heidelberg, 1994.

Müller-Jentsch, Ekkehard, Sexgewürz ohne Wirkung: Alfons Schuhbeck vor Gericht SZ, http://sz.de/1.2112222 (2.9.2014) (besucht am 02.09.2014).

Musielak, Hans-Joachim, Die Anfechtung einer Willenserklärung wegen Irrtums JuS 2014, 491.

Oebike, Burkhard, Wille und Erklärung beim Irrtum in der Dogmengeschichte der beiden letzten Jahrhunderte, Emsdetten, 1935.

O'Sullivan, Janet/Hilliard, Jonathan, The law of contract, Oxford, New York, 2004.

Palandt, Otto/Bassenge, Peter (Begr.), Beck'sche Kurz-Kommentare, Bürgerliches Gesetzbuch, 76. Aufl., Bd. 7, München, 2017 (zitiert: Bearbeiter in: *Palandt*).

Pawlowski, Mark, Mistake, frustration and implied conditions in leases Landlord and Tenant Review 11 (2007), 158–161.

Pfeffermann, Bruno, Der Begriff des wesentlichen Irrtums bei Rechtsgeschäften in der gemeinrechtlichen Lehre und nach dem Bürgerlichen Gesetzbuche, 1903.

Phang, Andrew, Controversy in common mistake Conveyancer and Property Lawyer 2003, 247–256.

Piers, Maud, Pre-contractual Information Duties in the CESL ZEuP 2012, 867–897.

Poole, Jill/Keyser, Andrew, Justifying partial rescission in English Law LQR 2005, 273–299.

Posner, Richard, Economic analysis of law, 7. Aufl., New York, 2007.

Property Law Bulletin, Which mistakes can be rectified? Property Law Bulletin 2003, 49–55.

Rahn, Guntram, Rechtsdenken und Rechtsauffassung in Japan: Dargestellt an der Entwicklung der modernen japanischen Zivilrechtsmethodik, München, 1990.

Remien, Oliver, Zweck, Inhalt, Anwendungsbereich und Rechtswirkung des Gemeinsamen Referenzrahmens: Eine erste Analyse des Standpunktes des Justizministerrates vom 18.4.2008 GPR 2008, 124–128.

Riesenhuber, Karl in: Kitagawa, Zentaro/Riesenhuber, Karl (Hrsg.), The Identity of German and Japanese Civil Law in Comparative Perspectives: Rechtswissenschaftliche Tagung am 20./21. März 2006, ausgerichtet vom International Institute for Advanced Studies, Berlin 2007, S. 223–247.

Roever, Wilhelm, Über die Bedeutung des Willens bei Willenserklärungen, Rostock, 1874.

Rothoeft, Dietrich, System der Irrtumslehre als Methodenfrage der Rechtsvergleichung: Dargestellt am deutschen und englischen Vertragsrecht, Tübinger rechtswissenschaftliche Abhandlungen, Bd. 18, Tübingen, 1968.

Säcker, Franz Jürgen (Hrsg.), Münchener Kommentar zum Bürgerlichen Gesetzbuch, Allgemeiner Teil: 1. Halbband: §§ 1 – 240 BGB, ProstG, 5. Aufl., Bd. 1, München, 2006 (zitiert: Bearbeiter in: *MüKoBGB*).

Säcker, Franz Jürgen (Hrsg.), Münchener Kommentar zum Bürgerlichen Gesetzbuch, Allgemeiner Teil: §§ 1 – 240 BGB, ProstG, AGG, 6. Aufl., Bd. 1, München, 2012 (zitiert: Bearbeiter in: *MüKoBGB*).

Säcker, Franz Jürgen (Hrsg.), Münchener Kommentar zum Bürgerlichen Gesetzbuch, Allgemeiner Teil: §§ 1 – 240 BGB, ProstG, AGG, 7. Aufl., Bd. 1, München, 2015 (zitiert: Bearbeiter in: *MüKoBGB*).

Savigny, Friedrich Carl von, System des heutigen Römischen Rechts, Bd. 3, 1. Aufl., Berlin, 1840.

Sawada, J., Subsequent conduct and supervening events: A study of two selected problems in contract jurisprudence, Tokio, Ann Arbor, 1968.

Schapp, Jan, Grundfragen der Rechtsgeschäftslehre, Tübingen, 1986.

Schermaier, Martin, Europäische Geistesgeschichte am Beispiel des Irrtumsrecht ZEuP 1998, 60–83.

Schermaier, Martin: Historisches und Vergleichendes zum error in persona in: Beck-Mannagetta, Margarethe (Hrsg.), Der Gerechtigkeitsanspruch des Rechts: Festschrift für Theo Mayer-Maly zum 65. Geburtstag, Wien 1996, S. 661–675.

Schermaier, Martin, Die Bestimmung des wesentlichen Irrtums von den Glossatoren bis zum BGB, Forschungen zur neueren Privatrechtsgeschichte, Bd. 29, Wien, 2000.

Schlossmann, Siegmund, Der Vertrag, Leipzig, 1876.

Schmoeckel, Mathias/Rückert, Joachim/Zimmermann, Reinhard (Hrsg.), Historisch-kritischer Kommentar, Allgemeiner Teil §§ 1 – 240, Bd. 1, 2003 (zitiert: Bearbeiter in: *HKK*).

Schönke, Adolf/Schröder, Horst (Hrsg.), Strafgesetzbuch: Kommentar, 29. Aufl., München, 2014 (zitiert: Bearbeiter in: *Schönke/Schröder*).

Schulze, Reiner, Gemeinsamer Referenzrahmen und acquis communautaire ZEuP 2007, 130–144.

Schulze, Reiner (Hrsg.), NomosKommentar, Bürgerliches Gesetzbuch: Handkommentar, 7. Aufl., Baden-Baden, 2012 (zitiert: Bearbeiter in: *NomosKommentar*).

Schulze, Reiner (Hrsg.), Common European Sales Law (CESL): Commentary, Baden-Baden, 2012 (zitiert: Bearbeiter in: *CESL-Commentary*).

Sensburg, Patrick, The Position of the German Bundestag on the Commission's Proposal for a Regulation on a Common European Sales Law ERCL 2012, 188–203.

Singer, Reinhard, Selbstbestimmung und Verkehrsschutz im Recht der Willenserklärungen, Münchener Universitätsschriften: Reihe der Juristischen Fakultät, Bd. 112, München, 1995.

Smith, John, Contracts: mistake, frustration and implied terms LQR 1994, 400–419.

Smith, Marcus, Rectification of contracts for common mistake: Joscelyne v Nissen, and subjective states of mind LQR 2007, 116–132.

Stoll, Hans in: Ahrens, Hans-Jürgen/Bar, Christian von/Spickhoff, Andreas u. a. (Hrsg.), Festschrift für Erwin Deutsch: Zum 70. Geburtstag, Köln 1999, S. 361–372.

Theisen, Frank, Rechtsfolgen eines Schadensersatzanspruchs aus culpa in contrahendo NJW 2006, 3102–3105.

Thibaut, Anton, System des Pandekten-Rechts, 3. Aufl., Jena, 1809.

Titze, Heinrich in: Festschrift Ernst Heymann, mit Unterstützung der Rechts- und Staatswissenschaftlichen Fakultät der Friedrich-Wilhelms-Universität zu Berlin und der Kaiser-Wilhelm-Gesellschaft zur Förderung der Wissenschaften zum 70. Geburtstag am 6. April 1940 überreicht von Freunden, Schülern und Fachgenossen, Weimar, S. 72–111.

Treitel, Guenter, Mistake in Contract LQR 1988, 501–507.

Treitel, Guenter, An outline of the law of contract, Oxford, 2004.

Uchida, Takashi, Contract Law Reform in Japan and the UNIDROIT Principles Uniform Law Review 16 (2011), 705–717.

Vogenauer, Stefan in: Triebel, Volker (Hrsg.), Englisches Handels- und Wirtschaftsrecht, 3. Aufl., Frankfurt am Main 2012, S. 1–89.

Waddams, Stephen, Principle and policy in contract law: Competing or complementary concepts?, Cambridge, New York, 2011.

Wieser, Eberhard, Empirische und normative Auslegung JZ 1985, 407–410.

Wilhelm, Rainer-Matthias, Anfechtung und Reurecht: Versuch einer neuen Problemlösung, 1990.

Williams, Maxine, Contract law: equitable jurisdiction in the law of mistake, a 50 year old cinema or a valid passport to a just result? Coventry Law Journal 7 (2002), 72–78.

Windscheid, Bernhard, Lehrbuch des Pandektenrechts, Bd. 1, 6. Aufl., Frankfurt am Main, 1887.

Wolf, Manfred (Hrsg.), Soergel, Allgemeiner Teil 2: §§ 104 – 240 BGB, 13. Aufl., 1999 (zitiert: Bearbeiter in: *Soergel*).

Wolf, Manfred in: Basedow, Jürgen (Hrsg.), Europäische Vertragsrechtsvereinheitlichung und deutsches Recht, Tübingen 2000, S. 85–128.

Yamamoto, Keizō in: Baum, Harald/Bälz, Moritz (Hrsg.), Handbuch Japanisches Handels- und Wirtschaftsrecht, Köln 2011, S. 461–520.

Yamamoto, Keizō, Minpō kōgi, Tokio, 2011.

Zimmermann, Reinhard, Savigny's legacy: legal history, comparative law, and the emergence of a European legal science LQR 1996, 576–605.

Zimmermann, Reinhard/Dorn, Franz (Hrsg.), Historisch-kritischer Kommentar, Schuldrecht: Allgemeiner Teil, §§ 241 – 432 BGB, Bd. 2, 2007 (zitiert: Bearbeiter in: *HKK*).

Zitelmann, Ernst, Irrtum und Rechtsgeschäft, Leipzig, 1879.

Zweigert, Konrad/Kötz, Hein, Einführung in die Rechtsvergleichung auf dem Gebiete des Privatrechts, 3. Aufl., Tübingen, 1996.

Bildnachweis

Pfarrer Christian Weigl danke ich für die Zeichnung des Titelbildes. Seine für den Kirchenrundbrief in München-Milbertshofen angefertigten Karikaturen zeichnen sich durch ein Zusammenspiel von Emotionen der gezeichneten Personen und einer innerlichen Milde, zumeist in Form einer leichten Selbstironie, aus.

Die vorliegende Zeichnung stellt einen Engländer und einen Deutschen mit entsprechenden Attributen (*horse beans*, ein Schiff namens *Great Peace* und Deidesheimer Wein), die dem Betrachter nach Lesen dieser Arbeit bekannt sind, dar. Engländer und Deutscher bemerken mit vor Schreck aufgerissenen Augen, dass sie sich über etwas geirrt haben.

Etwas abseits steht ein Japaner, möglicherweise Nobushige Hozumi, der sich die beiden Irrenden anschaut und ihren Irrtum genüsslich studiert.

www.ingramcontent.com/pod-product-compliance
Ingram Content Group UK Ltd.
Pitfield, Milton Keynes, MK11 3LW, UK
UKHW021847290926
8980IPUK00005B/694

9 783631 805725